中国电力工业简史

（1882—2021）

陈富强◎编著

中国电力出版社
CHINA ELECTRIC POWER PRESS

图书在版编目（CIP）数据

中国电力工业简史：1882—2021 / 陈富强编著 . -- 北京：中国电力出版社，2022.4（2025.10重印）

ISBN 978-7-5198-6456-9

Ⅰ.①中… Ⅱ.①陈… Ⅲ.①电力工业－经济史－中国－1882-2021 Ⅳ.① F426.61

中国版本图书馆 CIP 数据核字（2022）第 022667 号

出版发行：中国电力出版社
地　　址：北京市东城区北京站西街 19 号（邮政编码 100005）
网　　址：http://www.cepp.sgcc.com.cn
责任编辑：冯宁宁　张　旻
责任校对：黄　蓓　王海南
装帧设计：赵姗姗
责任印制：吴　迪

印　刷：三河市万龙印装有限公司
版　次：2022 年 4 月第一版
印　次：2025 年 10 月北京第五次印刷
开　本：787 毫米 ×1092 毫米　16 开本
印　张：24.75
字　数：416 千字
定　价：88.00 元

前言

拉尔夫·沃尔多·爱默生是美国重要的思想家，被美国总统林肯称之为“美国的孔子”。爱默生曾写过这样一段广为流传的话：

> 每一个煤筐里都装着动力和文明。因为煤是一种可以移动的气候。它把热带的炎热带到了拉布拉多地区和极地。并且，煤靠自身的力量把自己输送到了需要它的地方。瓦特和斯蒂芬孙悄悄告诉人类一个秘密：14克左右的煤可以运载两吨煤行驶一英里。煤就这样自己运输着自己，驶过铁轨，漂过海洋，把加尔各答的温暖带给加拿大，并雪中送炭般地给工业提供了动力。

这段话之所以为人称道，不仅仅因为爱默生采用了独特的隐喻手法，而且因为它准确地道出了煤作为最重要的化石能源在世界上流转的实质。此外，这段话还表现了19世纪的人们对煤的感激之情：有了煤，原本寒冷、残酷的世界才得以变得越来越舒适、文明。而且煤不仅仅是一种燃料，也不仅仅是一件商品。它象征着人类对自然界的胜利，正是在这种胜利的基础上，文明才得以发展。有了煤，人类才有了光明、力量、动力、健康和文明，否则，人类便只有黑暗、贫穷和野蛮。

能源和空气、水、粮食是人类生存必需的基本资源。火的发现和利用开启了人类文明，拉开了能源发展史的序幕。从薪柴时代到煤炭时代、油气时代、电气时代，每一次能源时代的变迁，都带来生产力的大发展。18世纪中期，煤炭成为主导能源，蒸汽机得到广泛应用，推动了近代工业的建立和发展；19世纪中期，煤炭、石油、天然气等化石能源成为主导能源，内燃机得到广泛应用，催生了现代工业；19世纪后期，电的发明和广泛应用，推动了现代工业转型升级和大发展。自从有了火力发电厂，煤扮演了极其重要的角色。

在中国宋朝沈括发现“磁偏角”500年以后，1600年，英国科学家W.吉尔伯特在《论磁铁磁体及地球是一个大磁场》一书中系统地论述过磁现象，并研究了两个摩擦带电物体之间互相作用力。电磁感应现象于1831年首先由英国科学家M.法拉第发现，法拉第独特地以力线概念来思考电磁现象，这一新颖的场概念深刻地影响着J.C.麦克斯韦，他以严格的数学方法概括电磁场方程组，将电磁学和光学综合为一体。电磁学说的发展促进了电工技术的广泛利用，法拉第电磁感应的发现使机械能大规模转化为电能成为现实。1875年，法国巴黎北火车站建成世界上第一座发电厂，为附近提供照明供电。1879年，美国旧金山实验电厂开始发电，这也是世界上最早出售电力的电厂。1880年后，在英国和美国先后建成世界上第一批水电站。1913年，全世界的年发电量首次达到500亿千瓦·时。此时，电力工业作为一个独立的工业部门，进入人类的生产活动领域。

1879年5月28日，英国电气工程师毕晓浦（J.D.Bishop）在上海虹口乍浦路的一幢仓库里，用7.46千瓦的蒸汽机带动自激式直流发电机，将发出的电能点燃了一盏碳极弧光灯，这是中华大地上点亮的第一盏电灯。三年后的1882年5月，上海电气公司成立。同年7月26日，建成中国第一家发电厂，装机容量11.93千瓦。从此，被马克思称之为“电力的火花”的“无比的革命的力量”，开始降临中国，并在这片辽阔的大地上生根发芽、茁壮成长。

然而，处于半殖民地半封建社会的旧中国，由于外强侵略、长期战争，加上外国资本控制和制约，国家积贫积弱，民族危难深重，电力工业的发展道路十分坎坷，前行步履颇为蹒跚。至1949年9月底，全国发电设备容量仅为184.86万千瓦，年发电量43.10亿千瓦·时（不含台湾，下同），分别居世界第21位和第25位。新中国成立后，特别是改革开放后，中国电力工业以令世人惊叹的井喷速度发展。截至2021年年底，全国全口径发电装机容量23.8亿千瓦，全国全社会用电量8.31万亿千瓦·时，发电装机容量、发电量、全社会用电量和电网规模均居世界第一。经过几代中国电力人的砥砺奋斗，以智能电网、特高压、清洁能源为主要特征的中国电力工业，成为全球电力发展的领先者。

70多年来，中国电力工业经历了由弱变强、由落后变先进的发展历程，取得举世瞩目的巨大发展成就，其基本特点主要体现在五个方面：一是发电能力从新中国成立初期的世界落后水平，跨入世界先进行列。发电装机容量从1949年的世界第21位，发展到2011年超过美国列世界第1位。2021年，发电装机容量和发电量分别比1949年增长超1200倍和1700倍，为中国经济建设提供了充足的电力供应。二是电力供应从难以保障进入高可靠性水平阶段，电网规模稳步发展，电压等级不断提升，建成世界上覆盖范围最广、能源资源配置能力最为强大、运行水平最高的电网。三是电源结构从一煤独大到多种能源发电并举。清洁能源装机规模和发电量不断扩大，电源结构持续优化，煤电占比降至50%以下，水电、风电、光伏发电装机容量均居世界第一。四是电力工业技术水平和装备能力大幅提升。特高压输电技术、新能源发电并网技术、核电技术和以超超临界燃煤机组、百万千瓦级水电机组为代表的发电设备生产能力步入世界先进行列。五是电力技术创新与电力国际合作取得重大进展，电力体制机制日趋完善。总之，中国电力工业发展为中国经济70多年快速发展提供了可靠的电力保障。

列宁曾就“共产主义的本质特征”，发表过一个著名的命题：“共产主义就是苏维埃政权加全国电气化”。列宁认为，“当时的苏维埃俄国是一个小农国家，只有在全国实现了电气化，为工业、农业和运输业打下现代大工业的技术基础的时候，无产阶级才能得到最后的胜利，最终实现共产主义”。列宁提出这个命题是在1920年，当年，苏俄拟订了“俄罗斯苏维埃联邦社会主义共和国电气化计划”，列宁十分重视这个计划，把它称之为“第二个党纲”。尽管由于电气化不再是今天的社会生产力发展的最高标志，使得这个命题本身具有某种局限，但这一命题所包含的较高的生产力和先进的政权是共产主义的基本特征的思想，一直是深刻而正确的。列宁的这一命题也是对马克思主义关于未来社会构想的新发展，证明了电气化在人类社会发展史上的重要地位和杰出贡献。

以史为镜，可以知兴替。中国电力工业史，是中国工业史的重要组成部分，而中国工业史，则是近现代中国历史的写照。中国电力企业联合会组织电力行业各单位，编纂了《中国工业史 电力卷》和《中国电力工业史》，两套史著从不同视角全面反映了140年来，特别是新中国成立以来中国电力工业波澜壮阔的发展历程。《中国电力工业简史（1882—2021）》

正是在《中国工业史 电力卷》和《中国电力工业史》（综合卷）的基础上进行编写，并辅之以其他专著和史料，力求做到结构简洁，叙事准确。本书以时间为轴，梳理和记录中国电力工业发展史上的重大典型事件，史料翔实，考证严密，细节生动，叙述流畅，让读者能在相对较短的篇幅内，手握一卷，读懂中国百年电力史。但由于编撰时间仓促，面对140年浩瀚的电力时光，难免挂一漏万，好在中国电力工业的发展方兴未艾，让世人更加叹为观止、更加层见叠出的中国电力工业奇迹，还在未来的日子。许多年以后，必然重修电力史，那时，回望更加久远的历史，再来修订本书，不失好事一桩。

"我国的建设，电力依然要做先行官，兵马未到，粮草先行，电力至关重要。"这是2011年8月20日习近平同志在成都高新区视察国网四川电力共产党员服务队时作出的指示。电是国民经济的主导力量，是社会生产力的重要载体，也是拉动国民经济增长的主要因素。所以，电力资源是整个国民经济发展的命脉。随着电力资源在经济社会发展中承载的作用和地位越来越重要，让全社会都来关注电、了解电，支持电力的发展，就显得尤其迫切和必要。本书的出版，为广大社会民众提供了一个阅读中国电力工业发展的窗口。一滴水可以折射太阳的光芒，如果社会大众通过本书的阅读，对中国电力工业发展轮廓有一个初步的了解，编写此书的目的也就基本达到了。

源浚者流长，根深者叶茂。《中国电力工业简史（1882—2021）》编写完成时，恰逢中国共产党成立100周年。一百年来，中国共产党始终以马克思列宁主义作为自己的指导思想。一百年沧海桑田，历史潮流浩浩荡荡。风云际会，大浪淘沙，方显中流砥柱英雄本色。站在这个重要的里程碑节点上，重温马克思和列宁的预言，回顾中国电力工业140年坎坷而辉煌的历程，修史立言，以泽后世，意义非凡。

目录

第二章 筚路蓝缕

新中国电力工业风雨兼程

第四章 电力先行 经济社会发展的原动力

第五章

国家意志

电力工业的历史转折点

第六章

新时代 电力央企的新使命

第一章 东方启明

电气时代的中国之光

1882年4月，上海电气公司成立，并在上海南京路创办中国第一家发电厂，装机容量11.93千瓦。同年7月26日，发电厂输出的电能点亮上海外滩的15盏电灯。这家发电厂的出现，标志着中国电力工业的起源，并且与世界电力工业的发展，几乎处于同一起跑线上，使古老的东方中国赶上现代工业文明的电气时代。但是，由于当时中国正处于半殖民地半封建社会，西方列强的入侵和不平等条约的签署，便利了列强对中国的资本输出，使列强进一步控制中国的财政和经济命脉，严重阻碍了中国民族工业的发展。再加上持续多年战乱，导致中国电力工业的发展极其缓慢。旧中国的电力工业，主要集中在东南沿海、沿长江城市及京津地区，以及日本占领的东北地区，到20世纪30年代初，全国半数以上的省份还没有电力供应。国民党政府时期，电力工业曾经有过一个短暂的增长阶段，但日本发动全面侵华战争后，电力工业遭受重创。中国电力工业历经沧桑，在新中国成立前的近七十年间，其坎坷曲折、波澜起伏的发展历程，折射出国家的兴衰和民族的兴亡。

第一节　晚清，一个时代最后的曙光

晚清，既是清朝统治的晚期，也是中国近代史的开端，还是近代中国半殖民地半封建社会的形成时期。晚清时期，西方资本主义入侵进一步强化，封建统治者赖以统治的农村自然经济开始解体。同时，伴随着西方列强在华设厂和洋务运动的发展，中国出现了民族资本主义。中国的电力工业也在这一时期开始萌芽、发展，随着中国第一座发电厂在上海创办，第一批发电厂率先在大城市出现。这批发电厂的诞生，可以看作是电气时代在晚清的中国闪耀的曙光，标志着中国是世界上最早使用电力的国家之一。

一、上海，中国第一盏灯

（一）外商创办上海电气公司

1879年5月28日，上海公共租界工部局电气工程师毕晓浦（J.D.Bishop）在上海虹口乍浦路的一幢仓库里，进行电弧灯发光试验，试验取得了成功。这盏不同寻常的电灯，宣告了华夏大地上第一盏电灯的问世。同年9月9日，福建马尾船政当局购得一套电灯设备，当晚在钦差大臣衙门后院的寺庙前进行了首次试用电展示。

不过，中国有电的标志，则是在上海南京路亮起的15盏弧光灯。1882年4月，由英国人立德尔（R.W.Little）和狄斯（C.M.Dyce）、罗（G.E.Low）、魏特迈（W.S.Wetmore）等招股集银 5 万两，成立上海电气公司（又称上海电光公司）。公司从美国购得发电设备，在上海南京路创办中国第一家发电厂，容量 11.93 千瓦。它比世界上第一座发电厂——法国巴黎北火车站电厂晚建 7 年，比英国伦敦霍尔蓬高架路电厂晚建 6 个月，比美国纽约珠街电厂早建 2 个月，比俄国彼得堡电厂早建 1 年，比日本桥茅场町发电所早建 5 年。就时间坐标而言，中国电力工业的起始，几乎与欧美国家同步。

上海电气公司投入运行后，在南京东路围墙转角处竖起第一盏户外弧光灯杆，沿外滩到虹口招商局码头立杆架线，串起 15 盏电灯。1882 年 7 月 26 日晚间，电厂供电将这 15 盏弧光灯点亮，宣告上海成为中国最早、也是全世界第三个使用电能的城市。从此，沉寂的东方古国，出现启明星般闪亮的电灯，光耀长空，开启黎明。

1887 年上海外白渡桥上的电弧灯

地处黄浦江外滩的上海俱乐部成为上海电气公司的第一批电灯用户，时间是1882年9月25日。然而，电灯的出现，也在社会上引起两种截然不同的反响。一方面，有识之士称电灯为“奇异的自来月”，并咏诗加以赞颂：“胜他无须秉烛行，圆珠替月倍分明，何须浪掷金钱买，海上天开不夜城。”另一方面，清政府上海道台却认为“电灯有患”，如有不测，甚至将焚屋伤人无法可救，并于1882年11月下令禁止中国人使用电灯，且照会英国政府领事馆，要求他们停用电灯。但是，电灯的好处显而易见，其效用是油灯、煤气灯等其他照明用具所无法比拟的，所以，政府的禁令反而让电灯为越来越多的人所接受，并争相使用。

为扩大经营，获取更多盈利，上海电气公司又从英国订购蒸汽发电机组，于1883年2月23日，将电厂从南京路迁址到乍浦路41号，另建新厂。以后几年，使用电灯的道路扩展到南京路、百老汇路（黄浦花园到汇山路）、广东路、福州路上，并沿湖北路通往洋泾浜，沿松江路通往外滩，再经上海总会通往法租界。1888年11月1日，上海电气公司改组，成立新申电气公司，公司设在乍浦路41号。1890年4月，上海开始推广使用更为方便的白炽灯，公司业务出现新的转机。但由于公共租界工部局对路旁立杆架线限制极为严格，公司又缺乏资金购置价格昂贵的地下电缆，业务受阻。于是，当时的公共租界工部局纳税人年会通过提案，并于1893年8月20日以银6.61万两收购了新申电气公司的全部产业，成立工部局电气处。工部局电气处的成立，是工部局经营电气事业的开端。

工部局电气处成立后，在乍浦路武昌路口建立了中央电站，当时有锅炉2台，直流发电机7台（容量共97千瓦），交流发电机3台（容量为100千瓦）。为北至吴淞路、南至福州路、东至外滩、西至山东路的小范围内的123盏弧光灯路灯，以及上海和近郊地区用于马路与住户照明的6325盏16烛光（早期发光强度单位：1烛光约等于1坎）的白炽灯供电。对照明用电的电价计费方式，采用包灯制，但由于电费昂贵，只有少数领馆、报社、医院、洋行、夜总会、银行、电话公司才能用上电灯。1894年，电站开始向苏州河及虹口的两家丝厂供电，又为塘沽路、七浦路、河南路桥、静安寺路等12家用户安装了英国制造的单相电度表，这是上海第一批实行用电计量收费的用户。路灯线路向西延长至静安寺龙飞马房，公共租界内总长43英里的路段，有9英里安装了电灯路灯，而用煤气路灯照明的街道则长20英里，但比较了上海与伦敦两地的供电质量，工部局认为上海的记录已相当不错了。

1896年，工部局电气处耗银2.5万两在虹口斐伦路（今九龙路）30号另行建造新中央电站，装有8台直流发电机（容量共109.5千瓦），5台交流发电机（容量共189千瓦），烟囱达36.58米，为当时上海最高的砖砌烟囱。1897年7月，法公董局电厂建成，为当时在上海设立的第二家电厂。工部局电气处按照与该局的约定，取消了在法租界内的电灯营业权。同年，电气处按照欧洲通行的做法，在人行道下敷设1条100伏、长2.27千米的地下电缆，向直流照明用户供电，这根地下电缆，成为上海使用地下电力电缆之始。1899年开始，电气处在用户比较集中的地区设立了4所简易变电站，将2000伏高压交流电源降压后，通过低压电网向沿线用户供电。

1909年1月，电气处对在主要路段的弧光路灯和动力用电实行降价，价格与英国大型电厂大致相仿，而上海的煤价则比英国高2倍。从这年起，使用电灯的小客户增多，表明电灯已开始成为普通人家的照明工具。当时不少用户埋怨电灯不够亮，电气处认为，90%以上的原因在于灯泡质量太差和使用时间过长后灯泡发黑，决定雇佣1名推销员去游说顾客，帮助他们了解这方面的知识。在电气处看来，如果想增加用户，也即增长电力销售量，电价就要更为降低，从而使公众获得好处，这是良性循环。为达到这一目的，就必须使顾客感到满意，一个满意的顾客就是1名最佳的广告商，所以，决定以微利向顾客供应头等电灯泡。1910年8月，电气处在南京路上开办一家电灯供应站，为增加电力需求，还经常展览和出租电气零配件、电动机、取暖器和电热器。同年11月，中国第一家以电力为动力的面粉厂投产，因其成本比用蒸汽机动力下降20%，很快吸引了包括华俄道胜银行在内的客户，纷纷停歇自己的煤气发电设备，接通电气处电厂的电线。1911年1月1日，电表停止收取租金，意味着电灯费减少了5%~10%，吸引了大量小用户。电扇、取暖器、碳精灯、金属丝灯、电动机、电炊具等的用户也都有显著增加。

到1928年年底，上海工部局电气处有中外职员3445人。资产总额达银4299.7万两，供电区域面积达53.6平方千米，有12个配电区，169所变电站，变压器481台，总装机容量394291千瓦，自东向西，江边电站以22千伏电缆呈放射形多回路的方式向扬州、斐伦（今九龙路）、派克（今黄河路）、东京（今昌化路）、劳勃生（今长寿路）等12座22千伏变电所供电，形成性能可靠的配电网。电力负荷系数61%。由于设备先进且注重管理，在全市各电力公司中成本最低，电价最廉。电力售量45836万千瓦·时，拥有用户64127户，并通过法商电车电灯公司体亚农等变电所向法租界供电。

1927年，汉口和九江的英租界先后被中国政府收回后，上海工部局对时局产生了忧虑，认为上海租界的地位也将不稳，担心与上海工商业发展关系密切的电力这一基础工业一旦落入中国人之手，必将会损害外商的利益。因此，开始考虑出售电气处。消息传出，上海市政府和市民极为震惊，纷纷表示反对，主张收归市有，由中国政府管理。英美财团听到此消息后也来沪准备购买。1929年3月6日，工部局董事会不顾上海市民的反对，决定组成委员会承办此事，并开始对外招标。3月19日，英美日三国财团投标，最高收购价为银8100万两。3月26日，董事会通过出售决议。4月17日纳税人召开年会，通过了美籍总董费信惇出售电气处的建议，并批准接受美国依巴斯公司3月19日的竞标。

1929年5月，美国依巴斯公司在美国特拉华州注册成立美商上海电力公司，同年8月8日，与上海工部局签订了专营契约，取得原电气处的全部资产和公共租界、越界筑路区域的电力经营权，期限40年。于是，上海工部局电气处宣告结束，电厂则更名为上海电力公司。

19世纪末20世纪初，外商在上海办电，除公共租界工部局电气处外，法租界公董局也于1896年4月筹建洋泾浜电气厂，厂址选在洋泾浜畔带钩桥，翌年6月建成，以直流电供法租界内的道路和用户照明。

（二）民族电力企业率先在上海创办

外商在上海竞相办电的同时，清政府上海南市马路工程善后局也在十六铺老太平码头创建南市电灯厂，工程于1897年动工，1898年1月21日建成，并于当晚试灯，上海县令黄爱棠亲临现场，率员观看南市这个中国地界上亮起的第一盏电灯。然而，官办的南市电灯厂因管理落后，连年亏损，加上装机容量极小，虽经两次迁厂扩建，发电量最多也只能满足1010盏电灯的照明所需。1906年，南市马路工程善后局改组而成上海城厢内外总工程局，总董李平书等集资创设商办内地电灯公司，并折价收购了南市电灯厂。此后，李平书等筹银6万余两，将经营困难的官办南市电灯厂接归商办，改名为上海内地电灯公司。与此同时，闸北地区的官绅也筹集资金，准备兴办电厂。1911年10月27日，李平书又奉两江总督之命，在闸北叉袋角、广肇山庄北首创办闸北水电公司。

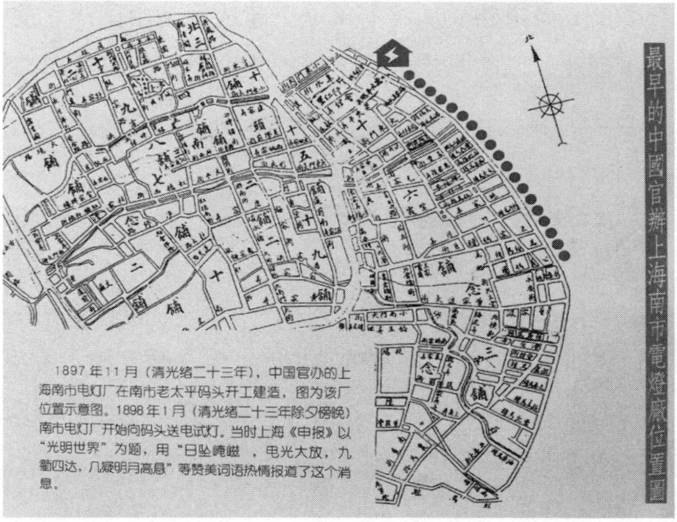

·｜ 上海南市电灯厂位置图

·｜ 1925 年建成的上海恒丰路闸北水电公司蒸汽机厂房

南市电灯厂的创办，不仅扩大了上海照明用电的地理范围，也彻底打破了陈腐的清政府禁止官民发电和使用电灯的禁令，为后续中国电力工业的发展，开辟出一条道路。从第一家电厂建成到新中国成立前夕，上海电力工业经过起步创业，已初具规模。上海的 4 家中外电力公司共拥有发电设备容量 8750 千瓦。

二、长夜里，几道明亮的光

继上海以后，北京、天津、广州、台北、旅顺等中国重要城市也相继有电，它们犹如漫漫长夜里闪耀的几道光，明亮而充满了希望。这几座城市是中国近现代工业文明的重要坐标，电的出现，加速了它们与西方国家的融合，一定程度上推动了社会的进步和发展。

（一）紫禁城亮起第一盏电灯

紫禁城亮起第一盏灯，是北京有电的标志。1888 年，北洋大臣李鸿章将发电设备和电灯作为贡品献给慈禧太后。发电设备安装在仪銮殿西门墙外盔头作胡同北侧饽饽房。1888 年 12 月 14 日，伴随着机房嗡嗡作响的发电声，仪銮殿的电灯照亮了北京城夜空，由此，北京城第一次出现电力照明。经李鸿章奏准，成立了专门的供电机构，即西苑电灯公所。1890 年，清政府从德国购进 1 台蒸汽机带动的 20 马力（约 15 千瓦）的发电机组，并于次年安装在颐和园东南角的耶律楚材祠南侧，建立了颐和园电灯公所。

根据清军《神机营档》的记载：颐和园、西苑电灯公所，官、工匠各 20 名，户部每年拨白银 6 万两，用于电灯公所的维护费用。《颐和园电灯公所房间、机器数目册》记载：机器房院共屋 68 间、东院房 18 间，蒸汽发电机 3 台。从这两处史料记载看，无论是财力，还是人力物力，当时的北京电力已开始萌芽。

颐和园排云殿的宫灯

但是，八国联军入侵北京，导致

西苑、颐和园电灯公所两套发电机组及电灯设备均被毁坏。1901 年，清政府同八国联军议和。翌年慈禧太后由西安回京驻跸颐和园内。为重修西苑与颐和园两处电力设施，清政府筹银向德商荣华洋行订购发电机设备。1904 年，西苑电灯公所和颐和园电灯公所先后恢复发电。

为扩大宫廷电灯照明范围，1907 年，清宫内廷总管崔玉贵口传太后懿旨，在紫禁城宁寿宫安装电灯设施。后在北池子大悲院寺庙内择空闲房间，动工兴建发电机房，安设了发电设施，并成立宁寿宫电灯处，隶属西苑电灯公所管理。至此，清宫廷在 1888 年至 1907 年间，先后在西苑、颐和园、宁寿宫建成三处电灯公所，发电机 3 台，但发电装机总容量不足 50 千瓦，均属清宫廷官办官用。然而，故宫装设电灯的工程一直没有停止，即使在慈禧和光绪相继病逝后，隆裕太后也依旧继续进行这项浩大的工程。到 1911 年年底，宫内各殿电灯大致安装完毕，并且在 1924 年溥仪出宫前，灯具多有更新，宫中自己发电改为市内公共电气事业供电。

（二）外国资本在天津竞相办电

天津有电与北京同年，1888 年夏季，天津德商世昌洋行在天津英租界伦敦路维多利亚花园前的绒毛加工厂，装设一台小型直流原动力发电机，除供本厂打包照明外，还向邻近的荷兰领事馆提供 1000 烛光照明用电。天津德商世昌洋行在天津的办电，加上民族工商业的发展，也带动了外国资本在天津的竞相办电，比较有代表性的电灯公司主要由法国、比利时、英国、日本、德国等创办。

法商电灯股份有限公司，也称法商电灯房。1901 年秋，一个叫科里梦·布吉瑞（也译作“克立孟·布吉瑞”）的法国人和一个在大城县落户的江苏白铁匠叶桂和伙同清政府驻法国公使“李四爷”三人，合伙经营汽灯发财起家后，经科里梦·布吉瑞提出，投标法国工部局经营发电厂。当时，科里梦·布吉瑞向瑞士 BBC 厂购买了 2 台透平发电机组，由于使用廉价劳动力和低廉的燃料，从中获取了大量的利润。1902 年，天津法租界公议局在埃菲尔铁桥旁建立了发电厂，作为埃菲尔铁桥开闭（方便海河过往船只通行）的动力，以及为法租界提供照明，这在当时是华北地区第一座营业性电厂。

在天津办电较为活跃的比利时商天津电车电灯股份有限公司，也称比商电灯房。1901 年，清朝直隶总督兼北洋大臣袁世凯，因进口军火与德商世昌洋行军火商海礼交往甚密。海礼深得袁世凯的关照，在 1902 年取得了在天津开办电

·｜ 1904 年，比商建成的天津电车电灯股份有限公司发电所

车电灯事业的特许权。但世昌洋行因自身财力有限，又将其获得的特许权转让给比利时通用财团。1904 年 4 月，比商天津电车电灯股份有限公司正式成立。

（三）中国民办电业的创始地

广州是中国民办电业的创始地。1888 年 7 月，两广总督张之洞在广州两广总督府署安装 1 台小型直流发电机及白炽灯，使用电灯照明，开创了华南地区用电的先河。而之所以说中国民办电力工业始于广州，与华侨商人黄秉常有关。1889 年，在美国旧金山的华侨商人黄秉常，向清政府驻旧金山总领事提出回国创办电灯公司的想法，得到了清政府驻美公使张荫桓的回应和支持，张公使积极协助黄秉常联系国内。在张之洞、李瀚章等官员的首肯和支持下，1889 年，黄秉常在旧金山募集资金 40 万元，派遣李荣邦勘察地形选择厂址，随后黄秉常携带采购的电气设备等回到广州创办电厂。

1890年8月，中国首个民办、侨办电灯公司——广州电灯公司正式营业。其最初的地点位于广州城西的源昌街一带，这里位于粤海关、十三行及仓库附近，靠近沙面租界区。广州电灯公司使用美国西屋电气公司制造的柴油机和交流发电机发电，供广州市内商铺和居民照明用电，其发电量约供1500盏电灯。黄秉常聘请美国人威司任总工程师，并雇用工人100名。

广州电灯公司的创办带动了广州城市电气化的进程。1892年1月，广州城街道试装电灯，亮灯时间为每日黄昏至午夜，至4月，广州十三行一带已有四里长的街道装起电灯，在商铺内安装电灯的也越来越多。1892年，广州城共有40条街上店铺和公共场所使用约700盏电灯。但是，对于当时的广州人来说，电费还是太贵了，除了少数商铺和达官贵人，一般人家无力问津。导致广州电灯公司开办头两年，用电负荷不到公司发电量的一半。由于公司的资金准备和后期筹措资本不足，经营不善，加上从美国购进的是旧机器，经常发生故障导致停电，严重影响了公司信誉。该公司于1899年被迫关闭结束经营，发电厂改为锯木厂。

尽管黄秉常创办的广州电灯公司没有获得预期的效益，但他的投资创业带动了侨商的办电热情，粤籍华侨、绅商等陆续创办电力事业。形成了以广州周边地区、五邑地区、潮汕为中心的，覆盖粤东西北以及钦廉地区、海南岛的民办、侨办电力事业热潮。清末民初，粤籍、闽籍华侨回国办电，数量多、持续时间长，广东近四成的电灯公司、电厂为华侨创办，华侨办电成为民族资本办电的一支重要力量和组成部分。

（四）台湾电力工业的起步

清政府决定在台湾正式建省是1885年，改福建巡抚为台湾巡抚，任命抗法有功的原福建巡抚刘铭传为第一任台湾巡抚。刘铭传在任职巡抚的6年（1885—1890）中，对台湾的国防、行政、财政、生产、交通、教育，进行了广泛而大胆的改革。而台北兴市公司的创办，既是台湾电力工业起步的标志，也是台湾电力公司的前身，为台湾后续的电力工业发展奠定了重要基础。1888年，刘铭传于台北创立兴市公司，装置小型燃煤蒸汽发电机，以低压供应照明为主，供巡抚、市政司各官署电灯及若干街道路灯照明用。兴市公司就中国电业史而言，意义重大，有“国人自办电业发祥地”之誉。

（五）旅顺大石船坞电灯厂的命运

在晚清时期，清政府修建的旅顺大石船坞电灯厂，在中国早期的电力工业发展史上，应该留下一笔。这家电灯厂命运的起落，几乎就是晚清中国被列强欺凌、遍体伤痕的写照。

1885 年，清政府为加强海防，扩大北洋海军，成立了海军衙门，修建船坞，兴建旅顺海军基地。1888 年 1 月，北洋大臣李鸿章奉旨在旅顺口委托法国人德威尼，兴建北洋水师旅顺船坞工程及旅顺大石船坞电灯厂等 9 座附属工厂，并派员督办。1890 年 11 月 9 日，船坞工程竣工。李鸿章委派北洋水师提督丁汝昌、直隶按察使周馥、津海关道刘汝翼等人前往检查验收，其中电灯厂装有从法国购进的发电机组，并在坞边设置大小 49 盏电灯，供修船照明用。甲午战争后，日本军队侵占旅顺口，旅顺船坞及电灯厂等附属工厂全部落入日军之手。1895 年，俄、法、德三国分别照会日本政府，要挟日本退还辽东半岛。日军在撤出前，将旅顺地区军事设施和工厂设备洗劫一空，旅顺船坞电灯厂遭损毁。1897 年 12 月 15 日，沙皇俄国派太平洋舰队以“保护中国”为名赶走了日本人，强占旅顺口大连湾，旅顺船坞电灯厂随之转落俄军之手。

三、东南三大发电厂

上海江边电站（杨树浦发电厂）、南京首都电厂（南京下关发电厂）和杭州闸口发电厂，并称为“东南三大电厂”。其中，上海江边电站入选“中国工业遗产保护名录（第二批）”，民国首都电厂入选“中国工业遗产保护名录（第一批）”。这三家发电厂在中国早期电力工业发展过程中，产生过重要影响，发挥过重要作用，为中国电力系统培养了一批优秀的行业技术和管理人才。

（一）上海江边电站

位于上海市杨浦区杨树浦路 2800 号的江边电站，曾是中国近代最大的外商电业垄断企业，前身为英商电气公司发电厂，也是世界上最早的发电厂之一。在这座发电厂，先后安装了 30 台汽轮发电机组、37 台锅炉、各类型设备的制造厂，涉及英国、美国、瑞士、捷克、德国、中国等多个国家。江边电站是全国老设备改造利用，设备种类最多、寿命最长、利用效率最高的发电厂之一。

·| 20 世纪 30 年代的上海江边电站

1908 年，上海工部局电气处决定在杨树浦沈家滩购地 39 亩（25740 平方米）筹建江边电站，此地江岸线长 360 英尺，江岸开阔，便于电厂的发展和处置机器用水、运煤问题，计划厂房可容纳 14000 千瓦的发电设备，工程于 1911 年开工。1913 年，江边电站建成投产，所属两电厂总装机容量为 10400 千瓦。1923 年，经过扩建后的江边电站共有发电机组 12 台、锅炉 26 台、总设备容量 12.1 万千瓦，称甲站（乙站则是 1929 年夏天投运的 2 台 2 万千瓦汽轮发电机组）。年发电量达 3.3 亿千瓦·时，电力最高负荷为 6.3 万千瓦，同英国 5 家最大电厂相比居第六，但负荷系数升为 49.4%，跃居第一，标志发电成本最为低廉。其时，电气处售电量已超过英国曼彻斯特、格拉斯哥、伯明翰、谢菲尔德厂这 4 家最大的市办电厂，比英国曼彻斯特电厂高 32%。随着乙站的投产，江边电站总设备容量增为 16.1 万千瓦，发电量和电力负荷也分别上升到 6.2 亿千瓦·时和 11.16 万千瓦。

江边电站是中国历史上一个重要的火力发电厂，是近代中国建造最早的大型火电厂之一，电厂扩建后，成为当时“远东第一大电厂”。1933年，公司安装了一台遥控高温高压锅炉，是远东当时唯一最先进的大型锅炉；同年拥有当时全球最高的105米钢板结构烟囱；1947年，远东地区第一台高温高压燃煤、燃油两用前置机组投产；1949年，总装机容量增至19.85万千瓦，占当时全国总装机容量的10.5%，其发电量约为上海地区总发电量的70%；1958年，首次安装了国产6000千瓦机组，结束了“洋机”一统天下47年的局面；高达105米的烟囱曾是上海最高的构筑物。江边电站因其建成时间和装机规模，有“中国电力工业摇篮”之称。

（二）南京首都电厂

南京首都电厂地处南京市鼓楼区江边路1号。这座始建于1920年的发电厂是中国第一家官办公用电气事业，是民国时期“全国模范电厂”。新中国成立后，南京首都电厂曾是江苏省装机容量最大、华东电网的主力骨干发电厂，一度承担了江苏省三分之一的发电任务。

南京首都电厂最早要追溯到1910年成立的金陵电灯官厂。1909年，当时正值推行新政时期，为了筹备清政府斥巨资举办的中国历史上第一次世界级博览会——南洋劝业会，要在南京城北一带修建会场。时任江南财政局提调许星璧向两江总督兼南洋通商大臣张人骏提议，呈准设电灯厂于南京西华门，供给江宁将军府与两江总督两个衙门的照明。再加上当时苏州、无锡等地都已经有了商办电厂，而江南第一重镇南京却只能依靠油灯、蜡烛照明，无论生活还是经商都深感不便。张人骏当即同意，核准拨款官银20万两建立了中国第一家官办电厂，定名为金陵电灯官厂。

（三）杭州闸口发电厂

围绕建设杭州闸口发电厂的官、民营权力之争，可以看出浙江电力工业发展的坎坷轨迹。1927年，南京国民政府抛出监督公用事业一案，改“监督”为“监理”，政府扩大监理职权，或派员代理，或借故收归官营。浙江省政府于1929年以建设杭州闸口发电厂和杭江铁路的名义，发行一批建设公债，同时，成立浙江省电气局，接管商办大有利电灯股份有限公司及其艮山门发电厂，改名杭州电厂，夺民营为官办。同时，由浙江省电气局负责建造闸口发电厂，订购全套发电设备，动工兴建厂房。全省各地民营电业一时哗然，俱感自危，迅即在两个月内组成浙江省民有电气事业联合会，由吴兴电气股份有限公司李彦士、沈嗣芳主持活动，联合抗拒这股收民营为官办的潮流。次年，浙江省电气局裁撤，浙江省政府又无力支付巨额建厂费用，遂向设在上海的企信银团透支300万银圆，才使闸口发电厂建设不至于半途中止。1932年7月，浙江省政府又因无力偿还借款，将杭州电厂连同已经基本建成的闸口发电厂的全部资产及为期30年的专营权让与企信银团，正式签订《让与合同》及《电气专营权协定书》，由5家银行联合组成的企信银团，从浙江省政府手中兼并了杭州电厂并接管了建设中的闸口发电厂。时隔三个月，闸口发电厂宣告成立，此时，电厂装有美国产7500千瓦中温、中压汽轮发电机组2台，装机容量15000千瓦，成为当时国内非外资电厂中首家用煤粉喷燃装置的发电厂。

闸口发电厂曾经是中国人民银行发行的第一套人民币的组成图案。电厂印在一张面值1000元的纸币上，画面整体呈橄榄绿，图案

被国民党空军轰炸后的杭州闸口发电厂

由钱塘江、六和塔和闸口发电厂组成，可见宽阔的江面上有很多船只在航行，雄伟的钱塘江大桥飞跨南北，高耸的六和塔屹立在岸边，而远处就是闸口发电厂。这套人民币发行于1948年，当时，解放战争即将胜利，为了统一解放区的货币，便由新成立的中国人民银行印制全国通用的货币。闸口发电厂能被选中印上，可见它的地位非同寻常。

四、早期电力资本的东西方谋略

（一）西方资本对中国电力的注入

电力技术被西方掌握以后，在很短时间内就引入中国，一些西方主要国家如英国、法国、德国、俄国、日本等，相继在上海、香港、天津、青岛、澳门、旅顺等地组建电气公司。西方列强根据不平等条约，控制了中国重要的通商口岸，并把许多通商口岸划出一部分土地作为它们直接管理的租界，加上他们看中发电是一笔有利可图的生意，就率先在“租界”发展公用事业和工业扩张所需的动力，从上海开始并陆续发展到其他重要通商口岸，开办了不少电厂。其中，英国商人的表现尤其突出，在香港、广东、河南和湖北等地都留下了他们的踪影。

香港地区电力主要由两个电力公司供应，一个是香港电灯有限公司（简称港灯），港灯的供电地区包括香港岛、鸭脷洲及南丫岛；另一个是中华电灯电力有限公司（简称中电），负责九龙、新界等地区供电。

香港电灯有限公司创立于1889年，是由保罗·遮打（Paul Chater）创办的香港第一家电力公司，也使香港成为亚洲最早拥有电力供应的城市之一。1888年，香港政府与香港电灯有限公司签署首份电力供应合约，港灯供应的电力把水抽上太平山顶，同时为港岛区的路灯提供电力。1890年12月1日下午6时，港灯开始为香港岛部分地区供电，包括中环商业区的电街灯。首间电厂为湾仔发电厂，位于湾仔星街，初期发电量100千瓦。除发电机组厂房外，还设有员工宿舍及办公大楼。除中环以外，今日的日街、月街、星街、光明街及电气街一带，是首先有电力供应的地区。日、月、星三条街道的命名与《三字经》里的“三光”有关，源于《三字经》里“三才者，天地人。三光者，日月星”，比喻电力带来光明。星街发电厂于1922年拆卸。1910年，西环及洋人聚居的太平山顶亦开始有电力供应。为应付需求的增长，港灯在北角炮台山兴建第二间发电厂，即北角发电厂，并在1919年启用，初期发电容量3000千瓦。北角发电厂在第二次世界大战期间曾受破坏，战后经过维修并继续使用至19世纪70年代末，其后拆卸并建成住宅城市花园。

香港中华电灯电力有限公司（简称中华电力）创始人是埃利·嘉道理（Elly Kadoorie）。早在18世纪，嘉道理家族就从伊拉克来到了中国上海，并在上海经营酒店业务。随后，埃利·嘉道理又从上海转到香港发展。在香港，埃利·嘉道理很快就在股票买卖中赚到了第一桶金。1901年，埃利·嘉道理创建中华电力。当年发电机的功率很小，香港也仅有少数洋人能用上电灯，但嘉道理已预见到电力事业是个大有发展潜力的行业。1903年，中华电力的第一座发电厂在红磡建成，当时的装机容量仅140千瓦，主要向九龙地区供电。1920年中华电力在红磡鹤园建成了新的发电厂，装机容量为3500千瓦。

1904年，澳门电灯公司成立，注册资本12万澳元，在马交石设发电厂，安装一台蒸汽发电机，供澳门1000多盏灯用电。后来经法国、英国、德国投资，电灯公司拓展了业务，由于澳门政府不允许电价波动，1967年澳门电灯公司首次出现经营亏损。澳门电灯公司与澳门政府协商，获准调整电价，从此扭亏为盈。1972年澳门电灯公司组成董事会，并改名为澳门电力有限公司，由官民合办。

除了在香港，这一时期，英国商人还先后在广州创办粤垣电灯公司，在河南焦作煤矿设自备电厂，在汉口建电灯厂。

德国商人也不甘落后，他们先后在青岛设立电灯厂，在北京东交民巷设立电气灯公司。1898年，德国强行租借了胶州湾，还攫取了从青岛到济南的铁路建筑权和铁路两侧的矿山开采权，进而把整个山东都置于它的势力范围。就在这个时期，一位名叫朴尔斯曼的德国企业主，在胶州湾的东岸一片荒滩搭起简易厂棚，安装了2台50马力（73.55千瓦）的柴油机发电。山东电力工业由此起步。

驻北京外使团为了解决东交民巷特区内的使馆用电，于1903年由德商瑞记洋行在台基厂三条德国医院附近开建电厂，设立电气灯公司，开始只有3台80马力（58.84千瓦）的卧式煤气引擎发动机，首供东交民巷使馆区用电，马路照明改换电灯。1909年向德国订购150马力（110.32千瓦）煤气引擎带动的直流发电机1台。至此，东交民巷使馆区发电总容量为390马力（286.84千瓦）。

俄国商人则在内蒙古胪滨开设电灯厂。法商在上海建成洋泾浜电气厂，并组建法商电车电灯公司，总公司设于巴黎，依法国公司条例组织注册，专事代理比商东方国际公司经营上海法租界公董局所给予的专利事业，并在上海设立办事处，主持业务。

日俄战争后，日本取代了俄国在东北的特权，加速在东北的工业投资。为了适应工业扩张对动力的需求，日本在“南满铁路”沿线各个主要城市，都建立了发电厂。“南满铁路”原为1897—1903年沙俄在我国东北境内所筑中东铁路的一部分（长春至大连段）。日俄战争后，为日本所占，改称“南满铁路”。为了管理“南满铁路”，日本于1906年11月26日成立南满洲铁道株式会社（简称“满铁”），总部设在东京。“南满铁路”沿线主要城市的发电厂有：日本“满铁”在奉天建成季天临时发电所；日本“满铁”抚顺炭矿在抚顺大山坑建成抚顺煤矿发电所；日本关东都督府在旅顺建成旅顺发电所；东北三省银圆总局于奉天建成奉天电灯厂；日本商人集资于安东建成安东电业株式会社发电所；“满铁”长春发电所建成并开始向长春“满铁”附属地内供电；中日合营的铁岭电灯局发电所建成。

早期西方资本对中国电力的注入，一方面是他们自身扩张和攫取利润的需要；另一方面，也加速了中国电力工业的萌芽与发展，同时，刺激了民族资本对电力工业的投资。

（二）民族资本投入电力创业

20世纪初叶，是中国民族电力工业与帝国主义竞争、抗衡的创业时期，各地纷纷成立官办、商办的电灯公司或电厂。东西方资本对中国电力工业的竞相投入，给这一时期的电力工业，带来难得的发展机遇。

清末时期，江苏民族资本开办发电厂。1895年，两江总督兼南洋通商大臣张之洞为“振兴商务、自保利权”，力主以“巨款大举”，创办新式纱厂、丝厂。经奏准，移用清政府向苏州等五府商民借款54.76万两（原拟用作中日甲午战争军费），成立苏州商务局开办苏经苏伦股份有限公司，安装3台以蒸汽机为动力的直流发电机组开始发电，供厂内照明用。这是江苏最早开始用电，揭开了江苏使用电能的帷幕。

19世纪末，浙江宁波、温州、杭州先后被辟为商埠，电力工业应运而生。浙江地区的电力工业，悉数为民族资本投资兴建。作为京杭大运河南端起点的杭州，是浙江电力的源头。1896年，湖州富商庞元济、杭

杭州最早创立的近代工业——缫丝业与纺纱业

州富绅丁丙合资白银30万两，在杭州府仁和县北关建成世经缫丝厂，设有上海摩宜笃公司所造直缫式缫丝车208台，自备发电机发电，首创工厂夜班照明条件，大大提高了生产效率，月产优质“西泠牌”生丝30担，成为丝绸之府的一颗明珠。世经缫丝厂的照明用电，也是浙江有电之始。而世经缫丝厂所在的如意里，地处拱宸桥西端，桥西也是浙江早期工业的重镇，京杭大运河在桥下穿过，运河上货船穿梭。1896年的秋天，千家煤油汽灯的光芒之中，唯有电灯的光孤独地照亮“来安中外客栈”，这家客栈见证了浙江最初的电力曙光。1908年9月9日的《浙江日报》罕有刊登了一则“来安中外客栈”的广告《拱宸桥——来安中外客栈广告》，文中提到：“总之，陈设之精良，装潢之华丽，膳品之适口，伺候之周到，电灯明亮，电话灵通，与他家较之，真不啻天渊之别。”广告里特别点明“电灯明亮”。让这座城市的后来人能够从这则广告中感受到拱宸桥开埠之初，这座都市的喧闹与躁动，读到拱宸桥畔当时的兴隆与繁华。

经清政府批准，清朝原官吏史履晋（康侯）、蒋式瑆（性甫）、冯恕（公度）在1905年创办京师华商电灯股份有限公司，在前门西顺城街26号建设北京第一座公用发电厂，即西城根电厂。后经扩建，全厂装机总容量为1035千瓦，是当时中国民族资本开办的最大电厂。从此，北京的电力事业由清宫廷、官府衙门用电逐步扩展为供工业、商业、市民用电，是北京公用电力事业之始。

汉口既济水电公司创建于1906年，由浙江籍商人宋炜臣发起，联合浙江、湖北、江西商人11人，集资300万元申请创办。公司下设自来水厂和电厂，取《易经》“水火既济”之意，命名为“既济”。当年6月，湖广总督张之洞批准创办，并拨官股30万元以示倡导。公司设在汉口一码头太平路，聘请英国工程师穆尔设计。水厂设在汉口宗关。电厂建在汉口大王庙，1908年8月竣工发电，发电装机总容量1500千瓦，约占当年

·| 汉江边汉口既济水电公司大王庙电厂

全国民营电厂总容量 4449 千瓦的 1/3。

1909 年，福州有识之士林友庆等人集资兴办了福建首家电力公司——福州耀华电灯公司。1910 年 10 月，毕业于日本高等工业学校的福州名门望族之后刘崇伦与其兄刘崇伟，联合陈之麟、林长民等八位福州名士集资 12 万银圆，不仅买下刚开办一年，因技术设备落后、资金不足、管理不善而难以为继的福州耀华电灯公司，创建了福州电气股份有限公司，还在台江新港、鸭姆洲另建新的发电所，由此拉开了福建民族电力工业创业发展的序幕。

除上述地区外，这一时期，民族资本还在全国其他地区创办了发电厂，分别是 1901 年创办浙江宁波电灯厂；1905 年创办广东商办电

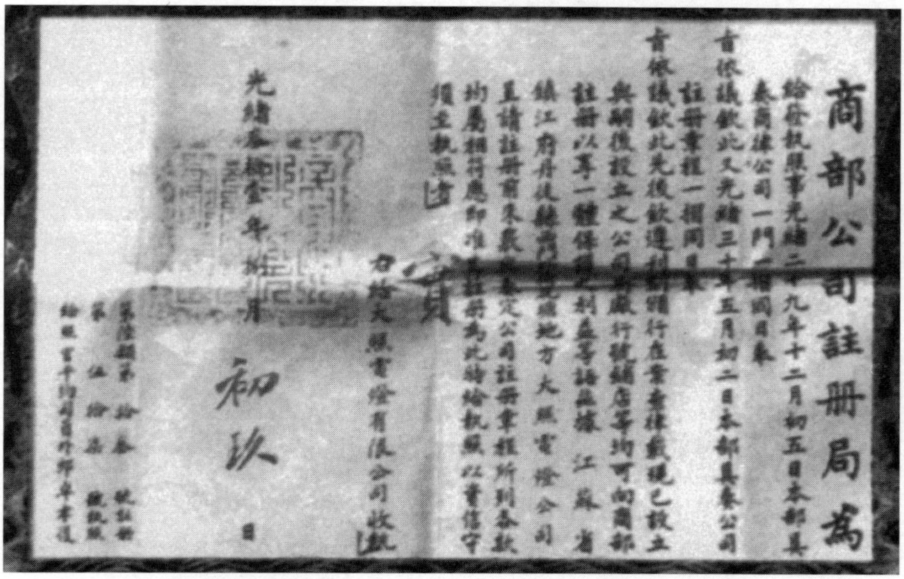

商部公司註冊局爲
給發執照事光緒二十九年十二月初五日本部具
奏商律公司一門一摺同日奉
旨依議欽此又光緒三十年五月初二日本部具奏公司
註冊章程一摺同日奉
旨依議欽此先後欽遵刊刻頒行在案查律載現已設立
與現後設立之公司局廠行號鋪店等均可向商部
註冊以享一體保護之利益等語茲據江蘇省
鎮江府丹徒縣[illegible]大照電燈公司
呈請註冊前來[illegible]定公司註冊章程所列各款
均屬相符應即准予註冊爲此給給執照以昭信守
須至執照者
右給大照電燈有限公司收執
光緒叁拾叁年[illegible]月　初玖　日

·｜ 镇江府丹徒县大照电灯有限公司执照

力股份公司、济南华商电灯公司、江苏镇江大照电灯公司；1908 年创办山西太原电灯公司、江西南昌开明电灯公司；1909 年创办奉天官办电灯厂、内蒙古海拉尔官办电灯厂、湖南电灯公司、广东广州电力公司；1910 年创办南京金陵电灯官厂、江苏无锡耀明电灯厂；1911 年创办浙江杭州大有利电灯公司、齐齐哈尔广信电灯公司、厦门电灯公司、上海闸北水电公司等。这一时期兴办的电厂有一个共同的特点，主要是向企业和居民提供照明用电。

第二节 电力工业初试啼声

德国工人运动和国际工人运动的著名活动家威廉·李卜克内西在《忆马克思》一文中称：早在19世纪50年代，马克思就曾预言“蒸汽大王在前一个世纪中翻转了整个世界，现在它的统治已到末日，另外一种更强大无比的革命力量——电力的火花将取而代之”。马克思的预言很快得以实现，电的出现，消除了黑夜对人类生活和生产劳动的限制，延长了人类用于创造财富的劳动时间，并且改善了劳动条件，丰富了人们的生活。电能生产应用于工业，不仅是世界，也是中国工业发展史上一个具有里程碑意义的事件。电力从照明向工业动力的转变，不仅提高了工业生产效率，也促进了工业文明的进步，推动了经济社会的发展。

一、电力开始应用于工业生产

中国电力初期应用于工业生产，比较有代表性的地区有湖北、河北、天津、河南、四川等地。

湖北地处华中腹地，物产丰富，商业繁盛，是全国创办电业较早的地区之一。随着汉阳铁厂、湖北纺纱局、湖北制麻局、湖北毛毡厂、平汉铁路汉口车站的相继开办，这些企业都安装有发电设备，其中汉阳铁厂除轧钢机外，全部机器均为电力驱动。继企业自办电厂之后，公用电业也陆续在汉口、武昌等主要城镇筹办。部分外商向清政府申请揽办社会公用电业，不过，湖广总督张之洞认为“公用事业，关系国家主权，不宜妄招外人觊觎”，外商办电的申请均遭拒绝。直至1906年，旅居汉口的浙江籍商人宋炜臣等认识到汉口九省通衢的重要性，呈请创办“汉镇既济水电股份有限公司”，至此，湖北始有民营公用电业。同一时期，汉口先后出现以租界为营业区的公用电业，它们是英商卜劳德公司开办的汉口电灯公司，向英、法、俄三国租界供电。德商美最时洋行、日商大正洋行也分别在德、日租界内办起发电厂。这些外商电厂除向租界区内提供电灯照明外，同时也为外商工厂提供动力用电。

河北唐山的电力工业发端于企业自建，以自发自用为主，少量多余电力则供其他单位或居民照明用。1884年，开滦唐山矿开始使用安全矿灯，这也是第一个淘汰明火灯的煤矿。1906年，开滦建成中国近代煤矿业最早、最大的自备火力发电厂。1920年，开滦赵各庄矿引进75马力电动绞车，是中国煤矿业最早使用电力绞车的记录。1906—1910年，开滦矿务局所属唐山矿、林西矿、马家沟矿和启新水泥厂相继建设自备电厂，其中，开滦林西中央电厂于1906年始建，在1916年扩建后，总装机容量2.9万千瓦，是中国近代最早的火力发电厂之一。唐山最早的33千伏等级的电网也在这时建设。开滦矿务局唐山矿和林西矿相继自建发电厂之后，开始建设33千伏输电线路，向矿务局所属其他各矿供电。到1920年形成了开滦矿务局所属的林西矿—赵各庄矿—马家沟矿—唐山矿—林西矿33千伏25赫兹交流供电环形网络，全长57.8千米。

1928年8月，由英国人出资，比利时沙勒罗伊市电气工程工作坊设计的开滦矿务局秦皇岛电厂开工建设，并于1929年正式发电。当时主要负责秦皇岛港口、耀华玻璃厂、秦皇岛火车站等工业生产及部分民用电的电力供应。因地理位置处于秦皇岛市南山北坡，该厂也称为南山电厂，是秦皇岛市现存最早的电力生产场所。这座近百年的发电厂，在完成它的历史使命之后，厂房依旧保存完好，后来被改建为秦皇岛电力博物馆，成为秦皇岛百年电力的重要实证。

1880年，提倡“自新、强国”的北洋大臣直隶总督李鸿章在天津大沽筹建北洋水师，拥有各类舰船25艘，为使日益庞大的北洋海军的舰船能够就近修理，李鸿章奏请光绪皇帝同意，在大沽海神庙周围建起一座船坞，命名为北

·｜ 始建于 1928 年的开滦矿务局秦皇岛电厂

洋水师大沽船坞，也称海神庙船坞。它是继福建马尾船政、上海江南船坞后中国第三所近代造船所，也是中国北方最早的船舶修建厂和重要的军火基地。为船舶维修和军火制造提供夜间照明，船坞安装了 2 台共 47.5 千瓦容量的直流发电机，由蒸汽引擎原动机拖动，所发电力为本厂提供照明。这是第一座由中国人所经营管理的电厂，也是天津地区第一座自备发电厂。北洋水师大沽船坞是中国北方近代工业文明的发祥地，培养了北方第一代修造船工人，也为天津电力工业早期的发展培养了一批技术工人和管理人才。该船坞是全国重点文物保护单位，2018 年 1 月，入选第一批中国工业遗产保护名录。

电力在治理水患方面也开始发挥重要作用。1887 年黄河大堤郑州十堡决口，宽达1800余米，泛滥之水患造成下游数百万人流离失所，无家可归，也给清政府带来巨大的政治和经济压力，为此，清政府组织10余万人，拨白银900万两进行修复。为了加快施工进度，督办李鸿藻、兼辖会办倪文蔚、电商北洋大臣李鸿章，请示从西洋订购小铁路5里，运土铁车100辆，发电机1台，浅水小轮船2艘，供河堤抢修工程使用。光绪皇帝批复购买了所有设备。1880年在黄河大堤郑州十堡决口处西坝上，安装了河南第一台发电机，供修复大堤夜间施工照明，从此揭开了河南使用电力的序幕。修复黄河大堤使用电力照明，不仅加快了施工进度，更重要的是，使人们从闭关自守中走出来，认识到电力的作用，为民族资本主义工商业的发展起到了启蒙作用。

20世纪初期，随着外来势力的加强和商品流通的发展，四川近代工业随之兴起。为满足近代工业动力和照明的需要，在外省办电形势的影响下，电能这一新型能源工业便在四川逐步发展起来。

四川电力生产和应用始于1905年，四川总督锡良在位于成都的四川银圆局内安设一台小型发电机，以蒸汽动力发电，供院内照明，从此拉开了四川电力工业建设与生产的帷幕。然而，由于市民缺乏用电常识，起初，对电力的惊异并且横加干涉者也不少。但当人们看到电灯在街头“大放光明”时，则全城轰动，市民扶老携幼，齐聚灯下等候观看“燃灯”。市区夜市也随之兴起。电灯事业的发展，不仅为民众提供照明，为工商业提供动力，更为成渝地区经济社会发展起到了推动作用。在维新派“振兴实业”的影响下，清政府要求各省开设劝业道以资督导。这时，成都设立劝业道并开始兴建劝业场。劝业场位于成都市中心，可容纳商户300家左右，为成都市当时的商业中心点。在建场之始，便由商家集资合办电灯公司，即成都劝业场发灯部，这是成都市第一家公用电灯公司，也是四川省首家公用发电厂。这家电灯公司经清政府农工商部批准享有专利20年。除供商业场几家大商号、茶园、浴室等处用电外，后来又向附近的昌福馆及各街道居民与商家供电。

在各地电力逐步应用于工商业的同时，电能计量也首次出现。中国的电能计量始于1894年的上海，最初是在商铺、居民、街道的照明用电安装电度表，采用直流安·时计量。出现交流电以后，开始使用交流电度表、最大需量电度表。

1894年7月，上海公共租界工部局电气处给12户用户安装了单相电度表，这是中国第一批电度表用户。当时安装的电度表是英国产的“羌盘林·霍克哈姆（Chamberlain & Hookham）表”，简称CH表。到1900年12月31日，上海公共租界内安装电度表的用户已有98户。1904年7月，电风扇进入居民家庭，上海的用户开始使用英国生产的西屋和汤姆生－霍斯顿的感应式单相交流电度表。1909年10月，位于上海斐伦路（今为九龙路）413号的一栋三层楼房建成，该楼的底层和中间楼层为电度表维修工场。随着上海开始三相交流供电，1911年7月，在上海增裕面粉厂安装了第一只三相电度表，为英国西屋公司生产，同时开始了电度表的校验业务。到1913年，全上海在用电度表的总数有11021只。1923年，第一只最大需量电度表在上海申新纱厂安装，为英国西屋公司的产品。

二、水电种子在海峡两岸萌芽

中国第一座水电站，是日本占领中国台湾地区时期，于1905年在台北附近新店溪支流上兴建的龟山水电站，装机容量600千瓦。而国人自建的第一座水电站，是1910年8月开工建设的云南昆明石龙坝水电站。

台湾近代化建设的先驱刘铭传早在1885年任巡抚后不久，就计划在台北市附近的淡水河新店溪开发建设龟山水电站。中日甲午海战后，清政府于1895年割让台湾。1905年龟山水电站建成，装机600千瓦，是中国最早的水电站。沧海桑田，斗转星移。1941年，随着台湾桂山水力发电站建成，由于其拦水坝位于龟山发电站上游，龟山发电站进水量骤减，因此龟山水电站停止运行，其发电机组被拆卸后运到台东大南水力发电站（即现在的东兴发电厂），并于1943年撤销。所幸龟山水电站发电厂房位于新店溪水源保护区，受保护区的各种开发限制，才得以幸存。虽然发电厂房已荒芜废弃，但外形保存完好。此外，与电厂相关的龟山坝、水圳、吸弯管、前池、尾水道等相关遗迹，也都有痕迹。

相反，云南石龙坝水电站，历经百年，依旧正常运行。石龙坝水电站位于云南省昆明市西山区海口螳螂川上游。石龙坝水电站一厂于1910年7月开工，1912年5月28日发电，最初装机容量为480千瓦。实际上，当时建设石龙坝水电站时，建设者就认为它是中国第一座水电站，但准确的说法是，石龙坝为“中国（除台湾省外）第一座水电站”。

石龙坝水电站的建设是在1885年中法战争后，法国为便捷掠夺云南资源，开始修建滇越铁路，并于1908年胁迫清朝滇政府准其在滇池出口的螳螂川上游建水电站。1909年，云南各界爱国人士酝酿以商界为主官商合办石龙坝电站，次年初“云南耀龙电灯股份有限公司”成立，公推王筱斋为董事，左益轩为第一任总经理，筹备前期工作，继续向社会招股筹资，向德国外商订购设备，聘请德国工程师。

螳螂川是金沙江右岸支流普渡河的上游段，也是滇池的出水河道，由平地哨经滚龙坝至石龙坝一段河道坡陡流急，集中了30多米的落差，在石龙坝修建引水式水电站条件优越，滇池则可作为调节水库。水电站于1910年农历七月十七日正式动工修建，安装2台240千瓦的水轮发电机组，发电机为德国西门子生产，水轮机为奥地利制造，于1912年农历四月十二日正式发电。电力通过输电线路输往昆明城区，一时，昆明市内灯火辉煌。至此，中国大陆第一座水力发电站问世，取名“耀龙电灯公司石龙坝发电厂”。石龙坝水电站的建成，推动了昆明造币、水厂、灌溉、五金加工等产业的发展，同时也出现了云南第一批电力产业工人，从此成为水电技术工人的摇篮，先后为云南及中国的水电事业输送了大批优秀技术人才，为云南的经济发展和社会进步作出了不可磨灭的贡献。

经过几次扩建后，石龙坝水电站在1937年前已经成为中国最大的水力发电站，到1945年三机房竣工，总装机容量达2920千瓦。1927年1月，德国《西门子杂志》第1期载文赞扬石龙坝：云南府，中国的第一个水电站。文章写道：“在中国这个大国的内地，还很少能够找到现代工业设施。但是我们认为，由于它有着极为丰富的自然资源和四亿人口，工业的发展必然会得到认真考虑。一般的中国人比其他任何人民都守旧，墨守于祖辈的东西。因此对于那些可以改善他们从祖辈以来就习惯了的俭朴生活的革新，他们自己是很难接受的。但是在这个国家偏僻的内地，在那远离世界贸易潮流和与西方文化隔绝的地方，也已有人准备将西方技术成就移植到自己的土地上。一些卓越的知

·| 昆明石龙坝水电站一期厂房内的水轮发电机

识分子和有关方面敢于开拓的人士就是这么说的……”。

石龙坝水电站先后入选中国工业遗产保护名录（第一批名单）和第二批国家工业遗产名单。

就中国水力发电史而言，台湾龟山水电站和石龙坝水电站的历史意义毋庸置疑。但从经济层面来看，石龙坝水电站另有不可多得的历史经验，就是中国民间资本成功进入基础设施领域，它所折射的民间经济智慧，为后人所称道。

三、地区电网，大电网的最初形态

在中国，最初的发电厂都是发供电合一的企业，实行一厂一网孤立运行状态，各自形成孤立的树枝型配电网。此后，由孤立电网相互延伸、联合，逐渐发展扩大为小区域电网。

中国第一个城市小电网首先出现在上海。1882 年 7 月，上海电气公司在上海公共租界沿外滩到招商局码头，架设起一条直流线路，串接 15 盏弧光灯为路灯，这既是中国有电的标志，也是中国第一个小电网诞生的标志。

1890 年，上海公共租界以交流电取代直流电，逐渐形成 2000 伏为主的配电网。到 1920 年，上海市已有 5 个小电网，分别是英商创建的公共租界电网、法商在卢家湾一带创建的电灯公司电网、华商电气公司以上海县城为中心向附近延伸扩大的电网、闸北水电公司电网、浦东电气公司电网。其中，上海公共租界的电网规模最大，1929 年，被美商依巴斯公司收购后，逐渐与附近电网联网售电。

上海也是中国城市电力电缆网络发展最早的城市。1897 年，公共租界工部局电气处敷设 1 条 2.27 千米地下电缆，向直流照明用户供电。这条线路是上海第一条 100 伏电力线路，也是上海使用地下电力电缆的起源。1915 年 6 月，又敷设小沙渡配电所（今西康路）低压 5 号（长 790 米）、低压 8 号（长 66.20 米）两条线路，投运电压 350 伏（380 伏），这两条线路是上海市最早的 350 伏（380 伏）电缆。1916 年，上海第一批 4 条 22 千伏电缆从江边电站敷设至新中央电站，每条长 8.64 千米，是当时中国电压最高、线路最长的电缆。起初，由于 22 千伏变电站设备尚未建成，电缆降压至 6.6 千伏运行，至 1919 年两端设备建成后，升压为 22 千伏运行。至此，美商上海电力公司以江边电站为起点，用 22 千伏电缆输电，连同市中心的 6.6 千伏电缆配电网，构成一个供电可靠的全地下电缆输配电网，成为全国最早和电缆最多的城市电力网。

紧随上海，早期先后建成的地区电网还有北京。1922 年，京师华商电灯有限公司建成北京石景山至前门 33 千伏输电线路，标志着北京 33 千伏电网随之形成，成为当时比较发达的电网。电网电压为 33 千伏，三相三线，联络西城根老厂及石景山新厂，全部使用架空裸线。城内送电高压为 5.2 千伏，三相三线，亦用架空裸线。用户电压为三相四线 380 伏和 220 伏，动力用户电压 5.2 千伏。

与北京建成 33 千伏输电线路的同一年，震华电厂在常州开工兴建江苏第一座 33 千伏变电所，即常州东门变电所，于 1923 年 12 月竣工。为扩大营业范围，震华电厂又在无锡西门建造 33 千伏外吊桥变电所，同时敷设从震华电厂至外吊桥变电所的 33 千伏戚墅堰—无锡输电线（戚锡 2 号线）。该 33 千伏输电线路建在沪宁铁路和运河之南，两端各设总配电所，降压至 2.3 千伏，为城市高压配电使用，是规模比较大的区域电网。

1912 年的京师华商电灯公司前门发电总厂

1917 年，辽宁、吉林、黑龙江大中城市相继建成发电厂，但都处于独立运行状态，没有联网。随着电源的增加，各电厂开始对外送电，逐渐形成了小区域联网，这是中国最早的地区电网。

随着地区电网的联网，独立于发电厂之外的电力调度室也开始出现。中国电力工业发展初期，由于电网小、结构简单，不设单独的调度机构，孤立电网的调度一般由发电车间的值班长或值班技术员，直接指挥工人操作设备，改换运行方式或处理事故。直到出现高压配电线电网或两个以上电厂送电时，电网调度才逐渐由发电厂转移到管理电网的供电企业中，供电企业的中心变电站成立调度室，专人负责调度发供电设备。

1913 年，上海公共租界电力调度工作由江边电站的值班长负责，1929 年改为斐伦路变电所调度室负责，之后迁出到康定路，成立调度室，由馈电处运行科领导，负责 22、6.6 千伏和 380 伏电网的调度操作及事故处理。从此，独立于发电厂之外的电力调度室开始在电力系统出现，并逐渐成为重要的电力调度机构。

四、电器设备制造业的中外之争

早期中国电力工业的主要设备几乎全部从国外输入，应该说，从国外引进的先进发电设备使得中国电力工业基本跟上了西方工业国家的水平。后来，国内陆续建厂开始民族电器制造。但西方列强把中国作为其原料供应地与商品倾销地，凡是技术性能高的部件，一般在本国生产，然后运到中国装配，一些技术水平不高的电器产品虽然可以在中国生产，但是工厂的技术工作则由外国人担任，不准中国人接触。因此，创办民族电器设备制造企业显得尤其迫切。

（一）民族电器设备制造业

中国生产电机比较早的一家工厂，是钱镛森创办的上海钱镛记电业机械厂。钱镛森是江苏无锡人，原来是上海德商瑞记洋行修理班领班技工，1914 年开设钱镛记电器铺，赚钱后买了设备，雇佣了工人，正式辞去洋行职务，开始专职经营钱镛记电器铺。钱镛森先向外埠收购旧的直流电机，修理后出售，电器铺得到较大的发展，改名为钱镛记电业机械厂。钱镛森虽然不懂理论计算与设计，但是能靠称铜线和硅钢片的质量来调整产品，经验丰富，工艺水平很高，他用这一方法仿制了西门子 10 千瓦封闭式纱厂用电动机，卖给申新纱厂 10 余台，使用效果良好。

1916 年，杨济川在上海北四川路（今四川北路）横浜桥附近，创办了华生电器制造厂。该厂出品的电流限制表质量堪与国外产品媲美，但价格仅为它的一半，因而订货连续不断。1918 年，杨济川开始设计制造交流三相变压器、发电机和各种配电盘，此后又研究设计较大的电机、电器产品，有 75 千伏·安三相交流发电机、500 千伏·安三相变压器、300 安电镀直流发电机和电灯厂用的全套配电设备等，并承制特定规格的电机产品。1922 年，华生电器制造的 8 千瓦直流发电机、60 安电镀直流发电机和 15 千伏·安变压器，在上海总商会商品陈列所第一次展览会获得金奖。1926 年，上海华生电器厂生产了中国第一台 150 千瓦交流同步三相发电机。1936 年，为汉口恒顺机器厂制造了 500 千伏·安、2.3 千伏 500 转 / 分交流三相发电机，这是当年中国自行设计和制造的最大发电机。

1919 年 1 月，姚德甫等 4 人集资白银 6250 两，在上海狄思威路（今溧阳路）开办华通电业机器厂。姚德甫原是上海公共租界工部局电气处变压器间的总领班，统管公司的供电及装修用户电气与电气工程等业务。华通主要生产工业电器、家用电器和铁路电器。到 20 世纪 30 年代初期，华通产品在全国就有了影响力，工业电器行销华中、华南及台湾，在国内京沪、津浦、陇海、粤汉及平汉等 11 条铁路沿线与列车上使用。特别是 20 世纪 30 年代初，因为华通试制成功了一种新型号火车用的发电机，送到上海铁路局安装试用。华通厂曾经制造过国产第一台 13.2 千伏高压油开关，产生了一定的影响和信誉，上海华商电气公司就要求他们制造 33 千伏、600 安高压油开关，该产品当时在世界上属于尖端技术，只有德国西门子公司才有能力制造出来。当时，虽然西门子公司坚决反对，但华通顶住外商压力，于 1936 年试制成功，而且质量完全符合要求，产品投入上海泗泾配电站正常运行，为上海电网电压升级立下一功，也说明当时中国电器制造已经达到了世界先进水平。

这时，国家资本的电器制造业也迈出重要步伐。

1927 年 3 月，国民革命军进驻上海后，指派国民革命军总司令部交通处长李范一接管交通部第一交通大学（即上海交通大学）。为了军事通信联络的需要，在交通大学内设立军事委员会无线电机制造厂，该厂起初生产无线电收发报机，1929 年更名为国民党政府建设委员会电机制造厂，产品有所扩充，有电动机、变压器、收发报机、收音机、干电池等，成为仅次于北洋政府交通部电池厂的第二家国家资本电工企业。

1935 年 4 月，国民政府经济部资源委员会（以下简称“资源委员会”）成立后，即将“电机、电器、电工器材、无线电机械制造”列为国家重点发展的战略行业。于是，将兴办具有一定实力的国家资本电机制造企业提上了议事日程。1936 年，资源委员会研究制订了《重工业建设计划》，规划用三年时间投资 2.7 亿元，兴建电器、机械、电力、钢铁、燃料等工业。同年 7 月，资源委员会在南京筹建中央电工器材厂，选定与湖南省湘潭县城隔河相望的下摄司建厂并征地 9430 亩。抗日战争爆发后，工厂迁往桂林、昆明等地。

民族资本电器制造工厂和国家资本相比，资金较少，技术力量也比较薄弱，办厂的困难比较多。但从经济效果看，有的厂并不亚于国家资本生产的产品，如交直流电机变压器、高低压开关、电线电池、电风扇、电热用具、灯泡、手电筒等。在这些产品中，有的是当时参数最高或容量最大的；有的是知名度比较高的，这些产品不仅畅销国内，而且远销东南亚、印度等地。

华成电器制造厂创建于 1932 年，经理周锦水原系汉口一家五金店的店主，1926 年赴日本参观电动机制造厂，回国后试制小型电动机成功，就萌生了创办电动机工厂的想法。那时，中国电动机市场为外国资本所垄断，中国人创办的电动机厂要生存下去，打破外国人对电动机市场的垄断，根本问题是要造出优质价廉的电动机。周锦水认为，中国各地电厂线路电压不一、差别很大，供电宣称 220 伏，实际供电低的到 160、180 伏，高的到 250 伏以上，如果按照以上电压范围设计，对使用和延长电动机寿命都有好处，且能形成自己的优势。于是，他们为适应各地电压过低或过高的实际使用条件，在电机材料上进行处理，适当放大电动机的出力。在销售方面，华成采用“先试后用，包修包换，用到满意后再付款”的办法，迎合客户的需求。尽管如此，有的人还是不相信中国电动机，包括国民党政府的工作人员。

这种情形直到 1934 年发生的江南大旱才得以改观。当时，为引水灌溉，政府需要一批电动机，政府采购人员坚持要买国外的电动机。周锦水经过几天的艰苦交涉，接受了非常苛刻的附加条件，才承接了抗旱所需要的部分电动机，并按要求在 10 天之内全部交货。电动机分别在无锡、常州、常熟、苏州等地安装。华成电动机与外国的电动机大都在同一地点安装、同一时间使用，各地架设的都是临时线路，电压变动很大，有的地方是 280 伏，有的地方高到320伏。外国电动机因不适应这种情况，没用多长时间都出了故障，而华成电动机则运行稳定。在事实面前，人们一下子改变了“中国电动机不如外国电动机”的老看法，都强烈要求政府将外国电动机换成国产电动机，灌溉主管机关只得同意。从此，华成名声大振，最高日产量达到27台之多。

（二）外国电器设备制造业

在中国电器设备制造企业成长过程中，也受到在华外国资本电器制造业扩张的冲击。1913年，美国通用电气在上海设立子公司，名为中国奇异安迪生灯泡厂，资本约为白银100万两，职工近千人。安迪生灯泡厂主要生产白炽灯泡，兼产线路电瓷配件、电风扇及家用电灯开关，当时是产品比较先进、质量比较好、颇具规模的大厂。灯泡厂的目标是占领中国和东南亚照明用具及其他电器市场，将制造的灯泡打上“奇异菲利浦”的商标，在市场上销售，为了控制市场，谋取更大利润，组成了国际卡特尔组织。

1931年“九一八”事变后，日本关东军吞并了东北，在那里经营的电器制造工厂一天比一天多了起来。1935年，三菱电机株式会社在沈阳组建了满洲三菱株式会社，生产电动机与变压器。1936年，日商松风工业株式会社与满洲窑业株式会社在抚顺设立电瓷厂。1937年，日商古河、住友、藤仓合股投资创建了满洲电线株式会社。1937年，芝浦电气株式会社在沈阳设立株式会社奉天制作所，年产小型电动机和变压器。1938年，日立制作所在沈阳设立了株式会社满洲日立制作所。1930—1940年，日本还在天津设立了10个电器工厂，主要产品有电线、电池、灯泡、电机等。

·| 1937年日本控制的满洲电气株式会社在吉林建成的新京发电所

五、电力交通，有轨电车在大都市登场

有轨电车首先是在德国出现的。1879 年，德国工程师维尔纳・冯・西门子（Ernst WernerVon Siemens）在柏林的博览会上首先尝试使用电力带动轨道车辆。1881 年，柏林近郊敷设了第一条电车轨道，靠一条铁轨通电，另一条铁轨作回路。一列 3 辆电车编组的小功率有轨电车，可乘坐 6 人，在 400 米长的轨道上往返运行。西门子制定了有轨电车标准。从此，有轨电车开始发展起来。而有轨电车最早作为客运交通投入使用，则是在美国，1888 年，在美国弗吉尼亚州里士满市，世界上第一条有轨电车系统投入运行。

中国最先运行有轨电车的，主要集中在北京、天津、上海的部分大城市。

北京是最早出现有轨电车的城市，1899 年，由德国西门子公司修建，这条线路连接郊区的马家堡火车站与永定门。而北京市内的有轨电车是在 1924 年开通的。紧随北京，1904 年，香港也开通了有轨电车。此后，中国设有租界或成为通商口岸的各个城市相继开通有轨电车，天津、上海先后于 1906 年和 1908 年开通。日本和俄国也相继在大连、哈尔滨、长春、沈阳开通了有轨电车线路。

天津建立有轨电车的动议始于 1901 年 11 月，当时由天津海关税务司德璀琳出面，联合了在天津的外国人，发起组织电车电灯公司董事会。1904 年，比商天津电车电灯公司成立，成为中国内地城市中最早出现的城市公交企业。同年 4 月，中国和比利时双方在天津签订了《天津电车电灯公司合同》。比商获得承办权即着手实施，共拨出 25 万英镑（约折合当时银圆 250 万元），作为兴办资金，先在东浮桥口沿海河马路购置楼房，成立天津管理处，后又购买了望海楼后金家窑地段建立发电厂。而后又在天津城西南角、南开中学北侧建起了电车库房，另附修理部于车场内，专供维修保养有轨电车之用。其运行车辆铁轨、架空线及一切机器、装备均从比利时购买。1906 年 6 月 2 日，比商的白牌电车“围城转”线路完工，长 5.16 千米，当时只能单向运行。当第一辆看上去非常简陋的有轨电车开在铁轨上时，整个天津城为之轰动。1907 年，运营天津有轨电车的比电车电灯公司在城内建成双行轨道。此后，该公司又陆续开辟了 6 条车身颜色各异的电车路线，全长近 22 千米。初期运行 25 辆机车，每辆拖四至五节车厢，环城一周用时 45 分钟。有轨电车的动力来自电

动机，与汽油发动机相比，其驱动和控制系统都相对简易。驾驶台上装有一只水平放置的摇把，司机驾驶时手握摇把轻轻转动，通过改变电阻控制电流的大小，从而控制车速。那时的有轨电车时速最快20千米左右。经宣传，电车生意日渐火爆，到1912年，该公司就收回了全部投资。1916—1928年，比电车电灯公司仅经营有轨车电车一项，就赚取了银圆2500万的利润。

上海有轨电车的出现要稍晚于天津。第一辆有轨电车出现在上海街头是1908年3月5日，其起点是静安寺，终点是广东路外滩，全程6.04千米。这不仅意味着上海现代公共交通的起步，也说明上海人就此搭上了城市现代化的快车。作为一种全新的交通工具，电车的问世在上海引起前所未有的轰动。最初，上海市民对有轨电车心存恐慌，经过短暂的怀疑观望后，有轨电车因其快速准时、舒适等优点，以及比马车和人力车更低廉的费用，成为上海市民日常出行的主要交通工具。当时测算，每辆有轨电车的输送能力，相当于73部人力车；而每辆电车所占面积，仅合73部人力车所占面积的1/26。到后来，巨大的人流充塞着每一节车厢，上班的职员、游玩的行人、跑单帮的生意人，全依赖电车把他们发送到城市的各个角落，尤其在上下班时，人满为患。一时，在上海街头，有轨电车驶过的声音，成为独特的风景。

六、农田排灌用电，开启农村电气化之门

中国应用提水工具进行农田灌溉有着悠久的历史，但使用动力机械进行灌溉却起步较晚。据刊登于《民国档案》2011年第4期的一篇署名文章《抗战前江南机械制造业对农村经济的辐射——以农田灌溉为例》记载，1897年，浙江省镇海县的绅董“设自来水灌田公司”“镇邑七乡，每乡设大机器两座，小机器十余具，以资汲引”。浙江省由此率先拉开了中国农田机电排灌事业的序幕。此后，各地陆续购买了一批抽水机，但由于当时抽水灌溉价格昂贵，因此发展较为缓慢，而且分布也极不均衡。

大规模的农田电力排灌出现在江苏常州。常州震华电厂也有开创国内农田电力灌溉先河之誉。江苏武进有使用柴油抽水机浇地的历史，无锡主政人员从关心农村生产发展出发，有意改变使用柴油抽水机浇地的现状。由于震华电厂有过量的电力亟欲扩充使用，遂于1924年6月，协同地方在武进县定西乡蒋湾桥试办电力灌溉农田3000亩。起初，因设备简陋等致使灌溉困难，但

经过整理机件杆线，使得灌溉自如，并且成效显著。试办之后，当地村民意识到电力灌溉的方便，纷纷要求参加，致使灌溉事业发展速度加快。1924 年，江南大旱，来震华电厂接洽电力灌溉者众多，次年又扩展至 5 个乡，灌地面积近万亩。

1928 年 10 月，国民党政府将震华电厂收归国有，更名为建设委员会戚墅堰电厂。鉴于电力灌溉有利于农村生产，于 1929 年年底由建设委员会牵头组建了灌溉委员会，以期推广电力灌溉。

电力灌溉受气候的影响比较大，天旱之年需求大，风调雨顺的年份，电力灌溉亩数肯定会减少。电力灌溉发展虽然不快，但其对农业生产的贡献仍然具有实质上的意义。电力灌溉不仅可减少人力、畜力戽水的费用，同时可使高地的稻田增加粮食产量，每亩原来生产 4 担的，可增至 6 担。产量既然增高，高地田价也随之而涨，原为低价的农田也有涨 3 ~ 4 倍的。1937 年，无锡、常州、丹阳等地电力灌溉的农田，约有 15 万亩以

· | 民国初年，杭州艮山门外，电力部门使用 25 匹马力抽水机进行排灌

上。可见农田灌溉发展的前景光明。

电力进入农田灌溉，为农村电气化发展打开了大门，既扩大了电力的应用范围，也为农业增产提供了必要的动力，是电力工业发展过程的重要收获。

七、电学课程与电力人才培养

清朝末年，由于朝廷的腐败，再加上受到帝国主义的凌辱，以康有为、梁启超等为代表的维新派，于 1895 年 5 月以“公车上书”为起点，开始设学会，办报馆；要求“拒和、迁都、练兵、变法”；主张“冲决网罗”效法日本维新，试图对中国的政治、经济等方面进行改革。在文化教育制度上，以提倡“西学”入手，探求救亡的道路，率先倡导设立“洋务学堂”。天津海关道盛宣怀则提出：“自强首在储才，储才必先兴学”的主张和对旧式书院进行改革的意见。在此大背景下，一批实业学堂创办，电学课程开始进入大学，为培养电力系统人才发挥了重要作用。

在中国大学中，较早设立电学专业的高等院校主要是广东水陆师学堂、京师高等实业学堂等。

张之洞到任两广总督以后，将广东实学馆改建为博学馆，教授西艺，后又将其扩建为广东水陆师学堂，额定招收水师、陆师学生各 70 名。1889 年在该学堂增设洋务五学，即矿学、化学、电学、植物学、公法学。张之洞认为发展工业，必须首先发展动力资源，也就是发展电力工业，而要发展电力工业，则必须创办电力西艺学堂，培养电力技术人才。该学堂在国内首次开设电学课程。

1903 年，京师高等实业学堂开办，设电气、机械等四科，学制三年。1908 年增设电机专业，设电学、电机、电器等 14 门课程，学制三年。这些学堂的建立，为青年们探索西洋科学技术打开了一孔之隙。辛亥革命后，政府设教育部，蔡元培任总长，积极进行教育改革。1912—1913 年颁发了教育法令，公布了新学制系统。当时把设有电学课和有电机系统的几个大学进行了改革：南洋公学改为南洋大学堂；高等实业学堂改为北京工业专门学校；京师大学堂改为北京大学；天津中西学堂改为国立北洋大学；山西大学改为山西大学校。又新设了同济医工学堂（为同济大学前身）；方言学堂（为武汉大学前身）；清华学堂（为清华大学前身）。这几个学堂前后都设置了电机科系。

中国电器工业最初的技术工人来自其他工业，如纺织厂、面粉厂、造船厂、电厂、电话局等企业中的电气修理工和维护工。中国早期的几个电器制造工厂的创办人就是来自上海电力公司、慎昌洋行等处的工人。早期成立的电器工厂多采用师傅带徒弟的方式培训技工，如华通电业机械厂建于1919年，建厂初期技术工人来自上海电力公司，只有几个人，到新中国成立的前夕，已培养出300多人。

资源委员会在接管电业资产的同时，也加强了电力人才的培养。资源委员会的前身是1932年11月成立的国防设计委员会，其设立的宗旨就是要对全国资源进行彻底的调查、开发和动员。而所谓资源其实包括物质和人才。资源委员会的人事管理可大体分为三个阶段：初期以人才资源调查为主，对各项专门人才作全国性的普查，旨在掌握人才资源，以备战争爆发时全国总动员之需；中期在后方新建、扩建或合办工矿金业，罗致和选用大量技术人员及管理人员，并初步形成了一整套人事管理制度；后期采取多种渠道培训人员，特别是出国考察、实习，为抗战胜利后接管、新建和扩建各类企业作了人员组织上的储备。

资源委员会的培养人才采取多种形式。除委托高等院校及研究所等机构培训人员，创办短期训练班培训人员外，派人员出国考察和实习，学习国外工矿企业管理和技术，是最主要的途径，并取得了显著成效。早在1936年，为了在湖南兴办中央钢铁厂，资源委员会就陆续派遣20多名技术人员到德国克虏伯炮厂学习冶炼、电机和机械制造技术，其中就有后来曾任中国电机工程学会理事长的毛鹤年。1941年年底太平洋战争爆发以后，资源委员会一方面积极制订“战后重工业建设五年计划”，一方面着眼于工业建设而急需大量人才，组织派遣大批高中级技术人员赴美考察和实习。从1942—1947年先后有七批之多。实习科目共分电力、水利、机器、电器、化工、纺织、民生工业、工矿管理、市政工程等11个部门。这七批人员在上海解放以前大多已经回国。

电气维修人员的培训也纳入计划。1937年，教育部指定规模较大、设备较好的13所工科职业学校，办理测量、机械、电讯、公路、汽车驾驶等训练班。此外，教育部为救济人才缺乏，加强抗战力量起见，除令各省市原有职业学校增办短期职业训练班外，于1938年由教育部拨款先办电讯、机械、汽车驾驶修理等科，1939年训练期满。在教材编辑上，与军事密切相关的土木、应化、机械、电机四科优先编订。1941年，教育部为了推动工矿企业办理职业补习教育，颁布了《公私营工厂矿场农场推行职业补习教育并利用其设备供给职业学校学生实习办法纲要》。由于抗战的急切需要，以及机械及电机技术人才的严重缺乏，除由教育部办理机电工程师训练以外，中等机械、电机技术人员由国防工业委员会筹设技工训练处办理，计划在5年内训练技工7000名。1940年开始，由位于西南省份的兵工厂、机器厂以及高校等25个单位代为培训，分为特种技工、普通技工、速成技工3类，到1942年在训技工2916人，速成技工结业者269人。至1947年年底止，8年内共培养超过2.17万名技术人员。

第三节　电力工业的国家垄断趋势

电力工业向国家垄断方向发展，与国民党政府的经济统制政策密切相关。而经济统制政策，则源自孙中山的《建国方略》《建国大纲》和扩张国家资本、节制私人资本的主张。1912年4月1日，孙中山在南京同盟会会员饯别会演说时提出："国家一切大实业，如铁道、电气、水道等事务皆归国有，不使一私人独享其利。"阐明了电力工业为国民经济命脉的重要性。1918年，孙中山在发表的《实业计划》中又指出："中国实业开发应分两路进行：一是个人企业；二是国家经营。各行业凡可委诸个人，或较国家经营为适宜者，应由个人为之，而由国家奖励和法律保护；如不能委诸个人及有'独占'性质的行业，则应由国家经营。"孙中山认为，带有垄断性质大公司的出现，是经济进化的必然结果，非人力所能阻止，故"拟将一概工业组成一极大公司，归诸中国人民公有。"1924年8月，孙中山讲民生主义时对节制资本作了详细说明："把电车、火车、轮船以及一切邮政、电政、交通的大事业，都由政府办理。"孙中山认为，政府办理效率快，私人办理则财力不足，必须加强国家资本，发展国家实业。毫无疑问，孙中山有关国家经济的一系列论述，是国民党政府建立国家资本的主要理论和政策依据。

一、电力工业的统制政策

1927 年，国民党政府为了解决国家连年战争带来的财政困难，将各省分割的权益收回，制定财政政策和货币政策，壮大国家资本主义，通过建设国家资本发展实业。次年，由国民党中央政治会议通过的《建设大纲草案》规定，水利电力、商港、市街公共服务等有“独占性质”的公用事业，“关系国家前途”的基本工业及矿业，“悉由国家建设经营”。地方政府则可在中央的委任和监督指导下参与国营事业的经营管理。1930 年 8 月，国民党政府公布了“十年计划”，要求十年内建设 147 万千瓦的发电厂等。1931 年 5 月，国民党举行第三届中央执行委员会临时全体会议，讨论国家经济建设政策，突出强调电力建设，认为电力建设与铁路建设同等重要，应列为国民党政府初期经济建设的中心任务，并通过了建设委员会委员长张静江提出的“以铁路电气水利事业为建设中心”的议案。此次大会最后形成的决议案指出：“电气有关各种农业、工业等，刻不容缓。”直至抗日战争全面爆发前夕，国民党政府的一切国营工业建设基本上都按照这一决议案的精神开展，其建设中心任务与进行程序没有大的变化。

国民党政府对电力工业的统制，主要是占有和控制商办资本电力企业、民营资本电力工业，将私人资本直接转化为国家资本。其方式主要有三种，第一种方式是代为整顿。全国电气事业指导委员会负责电气事业，密切关注各地电厂经营情况，积极推动各地工业发展。虽然当时全国电厂多达数百家，“然求其办理优良，售电低廉，足以促进工业之发展者无几”。因为电力工业属于公用事业，1927 年，国民党政府扩大监理职权，或派员代理，或借故收归官营。第二种方式是参股改制。参股改制是在商办企业中加入官股，或由政府购买若干股份，将商办企业转变为官商合办企业。第三种方式是强制没收接管。由民营改为官办，企业经过整顿与接管后，改变了过去管理混乱的局面，推进企业逐步走上规范发展的道路。

1927—1937 年，国民党政府采用各种手段改变电气公司的资本结构，调整债务资本与股权资本的比例关系，取得电气公司的控制权，使电力的管理由分散走向集中。与此同时，国民党政府和国家资本迅速介入电力工业，采取“中央集权监督政策”，对经办不善、无从改进的商办电厂“暂收归公营或代为整理。”国民党政府前后接管的民营电厂共11家，其中3家返还原业主，未返还的8家中，4家改变经营方式，不再由政府经营。这在一定程度上顺应了电力发展的客观要求，有助于国内电力市场的发育成长，有利于克服国内电力技术落后、效率低下等弊端，有一定的历史进步性。

但是，国民党政府推行统制政策，通过占有和控制商办企业，或将私人资本直接转化为国家资本，或用行政和法制手段，将私人资本消灭，引起民族资本电业对统制政策的强烈抵制。政府接办民营电厂造成的风波不断。1928年7月3日，上海特别市公布《商办公用事业监理规则》，上海与七省民营电气业者不满该政策，组织开展了请愿活动，最终立法院于1929年12月14日通过了《民营公用事业监督条例》。1928年10月1日，建设委员会接收震华电厂，改名为建设委员会戚墅堰电厂，原定与震华电厂合并组建永兴电气公司的耀明电灯公司，被取消了购电营业权，由戚墅堰电厂直接给无锡地区供电。永兴公司和耀明公司先后和建设委员会打了近两年官司，向国民党政府写了很多呈文申诉，直到国民党政府发行电气公债，核实估价归还股债，并对当事人实施了其他压力，这桩公案才不了了之。1932年7月，广州市政府训令：收回广州商办电力公司，改为市营。广州电力公司反对市府接管。1936年10月，广东省政府转给建设委员会广州市政府的处理意见：此案所请发还，应毋庸议；将组织评价会评定公司所值，清偿股本。

国民党政府对电力工业实行统制政策，促使电力工业向国家垄断的方向发展，这是近代中国资本主义发展的一个重大变化与重要转折。

二、国家电业垄断管理

（一）成立建设委员会

国民党政府成立建设委员会，秉持孙中山先生建设现代化国家理念，接管全国电力工业之后，迅速成立了电气处与全国电气事业管理指导委员会，开始对全国电气事业实行垄断管理，不过，十分注意从政府政策层面向电力工业倾斜。这一时期的电业垄断管理步骤主要体现在机构逐步健全，政策产生一定效益，接办政府和民营电厂。

从管理机构来看，1928年2月1日，国民党中央政治委员会第127次会议通过孙科等11名委员的提议，决定设立中华民国建设委员会（简称建设委员会），由国民党政府直接管理，从事交通、水利、农林、渔牧、矿冶、垦殖、开辟商港商埠及其他生产事业的设计和创办，建委会聘请国内外专家担任各专业委员会的委员或顾问，由张静江担任主席。同年10月，更名为国民政府建设委员会，改隶于行政院，张静江改任委员长。

出身江南丝商巨贾之家的张静江，是中国近代政治家，与蔡元培、吴稚晖、李石曾并称为“国民党四大元老”。张静江很重视电气事业建设，他根据孙中山的建国方略，提出解决民生问题首先要发展农业和工业，而农业和工业的发展必须依靠电力与水利建设，电力可以解决民生的衣、食、住、行四大问题，比铁路更重要。他曾提出：“电气之有造于国家民生殊非浅鲜”。为加强对全国电力工业的管理，1930年2月，建设委员会成立了电气处。1933年，建设委员会成立全国电气事业管理指导委员会。指导委员会首先对全国电力发展状况、各电厂设备技术与经营管理情况开展摸底调查，抽查核实了上报的情况，获得了比较真实的数据与资料，然后对各地电力企业进行重新审核、登记、注册、发照。指导委员会参照美国电力管理法规和有关制度，制定了中国电力管理法规和管理章程、管理条例等，整顿了有关电厂，对自营电厂开展了示范引导，使中国电气事业管理逐渐走向正轨。

建设委员会在接办政府电厂和民营电厂方面，接管了当时影响较大的几家发电厂。它们分别是首都电厂，其前身为金陵电灯官厂，1912年更名为江苏省立南京电灯厂。1927年5月，国民党政府在南京建都，改南京为特别市，改江苏省立南京电灯厂为南京市电灯厂。1928年4月，国民党政府将该电厂改属为建设委员会，并且更名为首都电厂。戚墅堰电厂的前身是震华电厂，1928年10月1日，国民党政府下令将该厂收归国营，改由建设委员会接办，将其命名为建设委员会戚墅堰电厂。杭州电厂其前身是杭州大有利电气公司，1916年改为官商合办，定名为“大有利官商合股商办电气公司”。时任浙江省政府主席张静江深信，“欲发展浙江经济，非经营一所大型电厂不可”。1929年4月19日，张静江提议将大有利电厂改为省办。1929年5月3日，浙江省政府接收了大有利电厂，更名为杭州电厂。

自1928年到全面抗战前夕，是中国电力工业较快发展的一个时期。从1931年到1936年短短五年间，民族电力工业发电容量增加了50%，发电数量增加了80%，如果包括外资电厂，发电容量增加了原来的1/3。地区电网及调度机构有了较大发展，过万伏级电压的电网也开始出现。部分地区开始设置电力调度机构，东北地区形成了二级调度系统。电器设备制造业也有了一定的进步。

国民党政府建设委员会出台的电业政策取得的成就主要体现在六个方面：一是对电气事业实行集中监管。为了尽快控制全国经济命脉和建立国家资本，建设委员会首先对旧有官办企业进行接管和整顿。将全国电力工业区域划分为 6 个区，即华北、黄河长江上游、黄河下游、长江下游、西南、东南。依照每个区域内农工商业用电需要，规划区域内发电设备总量。在电气事业发达地区，则筹建电网，以获得发电、供电的最大收益。二是坚持民营资本与官营电业并举发展，积极整顿、代管、收管经营不善的民营电力。建设委员会扩大对电气事业监理职权，对经营不良的民营电气事业代为整顿，或派员代理管理，或者收归官营。三是倡导电业发展的标准化与合理化。为了使企业避免浪费、提高效率和增加效益，建设委员会大力提倡电业发展的标准化与合理化，加强电价管理，确保电价平稳。四是在电气业务上，坚持“减低电价，推广用电，利惠工业”的指导思想，促进工业电气化。建设委员会规定各地电价必经慎重核定批准后才能实行，规定了各种收费最高限度，在可能范围内要求贬抑电价，以减轻用户的负担。五是多措并举，积极推动电力事业发展。在电力融资投资方面，建设委员会做了很多富有成效的工作。《民营公用事业监督条例》《电气事业条例》都规定，非经中央政府核准不得加入外股或抵借外债，体现了建设委员会维护国家主权的思想。六是奖励办理良好的电气事业。建设委员会根据每年电厂的年报及各地电业视察情况的汇总，选取办理良好并经考查属实的电气企业，颁发荣誉奖状，以资鼓励。既促进了这些电厂的业务发展，也在一定程度上鼓励了其他电厂在经营上的进步，整体上推动了电力工业的发展。

（二）资源委员会的使命

1938 年 1 月 1 日，建设委员会被并入经济部，所经营的电气事业由资源委员会接办。建设委员会的历史使命由资源委员会得以延续。

资源委员会原名国防设计委员会，成立于 1932 年 11 月，隶属于国民党政府参谋本部。蒋介石亲自兼任国防设计委员会的委员长。1935 年，日本蓄意制造了“华北事变”，意图侵占整个华北。在这种背景下，国防设计委员会与兵工署资源司合并改组为资源委员会，直属军事委员会领导。1935 年 4

月1日，资源委员会正式成立，并将工作重心转移到国防重工业的计划与建设。1936年3月，资源委员会拟订了《重工业建设计划》，要求三年内在重工业领域投资约23000万元，兴建冶金、化工、燃料、机械、电力等30余家大中型厂矿。该计划主要为了应对日本的侵略威胁，加强了国防建设，对电力事业的投资并不大，只是在重庆地区兴建一家电厂，电厂投资只占投资总额的1.4%。1937年，又陆续增设了湘潭煤矿、中央炼铜厂、四川金矿等11个项目。随着日本全面侵华战争爆发及日军长驱直入，远离战区的后方成为前线，资源委员会正在加紧建设的各项工程，均在1938年间被迫停工，重工业三年建设计划基本中断。但实施期间引进外国资金、技术与设备，培养了一批科技人员，对于加快内地工业发展，增强抗战的经济实力具有不可忽视的意义。

三、政府对电力工业的管理

（一）引导电业向着专业化的方向发展

北洋政府时期，交通部负责管理全国的铁路、轮船、电报和电气等交通事业。交通部内设电政司，负责监督管理全国电气事业。电政司下设“总务科、监理科、营业科、计核科、考工科、主计科”六科，其中监理科负责监督电气事业及请愿立案、调查审议电政改良、编纂电政统计、年报等事项，营业科负责调查、审核官商电气事业设计事项，引导电业向着专业化的方向发展。

1918年，北洋政府颁布《电气事业取缔条例》和《电气事业执照规则》。《电气事业取缔条例》是中国第一部在全国范围内实行的电气事业管理条例，对电气事业的经营活动作出规定，明确在政府批准的营业区域内，在规定的时期内，不允许有其他公司同时经营同一种业务，包括买卖电机、架设电线以及委托安装电动机、电灯等，确立了电力企业享有垄断经营权与自主经营权。

为保障电力企业的基本利润收入，北洋政府制定了电价管理办法，规定电价可以随着煤炭价格浮动，由电力企业报经当地政府批准后实行。电力工业成为当时最容易获利的企业，因此，官商各界、中外人士竞相办电。

从1927年到1937年的十年间，国民党政府通过多种经济建设提案和决议案，先后颁布全国性重要经济法规200余项，这些经济管理法规，从数量、涵盖范围、内容广度与深度，以及法规的作用与影响，都超过北洋政府时期，填补了此前的空白。这些经济法规对电力工业的发展起到了积极的推动作用。中华全国民营电业联合会作为民间电业管理组织，对促进民营电业的发展具有积极作用。中国电机工程师学会促进了电气技术和电机工程的学术交流，普及了电工知识，推动了中国电力工业科学技术和产业的发展。

1929 年，国民政府建设委员会公布《民营公用事业监督条例》，随后，立法院于 1930 年公布《电气事业条例》。《民营公用事业监督条例》和《电气事业条例》都经过了立法程序，成为电气事业法规中的母法。1931 年，建委会公布的《电气事业取缔规则》，就是根据《电气事业条例》第四条制定的。

建设委员会在工程技术管理方面也先后公布了一系列工程技术法规。1930 年公布《电气事业电压周率标准规则》《室内电灯线装置规则》，1931 年公布《室外供电线路装置规则》，1933 年公布《电力装置规则》，1935 年公布《电气事业控制设备装置规则》，1936 年公布《电气事业汽压汽温选订规则》《电线经过铁路装置规则》，1937 年公布《架空电信及供电线路平行交叉并置规划》《电气事业电度表检验规则》。这些工程技术法规规范了电业工程技术，在一定程度上确保了公用电的安全。

此时，中国电力工业发供电设备主要依赖国外进口，设备来自世界各国，标准不同，差异悬殊。建设委员会认识到，电压、周波没有一个统一的标准，不利于电气事业发展。参考各国标准，并考虑到经济效益，建设委员会制定了中国统一的电压、周波标准，并于 1930 年 9 月公布了《电气事业电压周率标准规则》。

不过，上述电业法规在经过多年施行后，在实际运用中相互掣肘，困难较多，与现行发展不相适应，急需化繁为简，予以修正。抗战胜利后，国民党政府加快了《电业法》的立法过程，并借鉴和参考了英美苏等国家的立法经验。1947 年 10 月 29 日，国民党政府立法院第 340 次会议通过了《电业法》，同年 12 月 11 日，由国民党政府正式公布《电业法》，共 9 章 117 条。这是中国历史上第一部关于电业的经济立法，也是多年电业运营实践法律法制的全面总结。这是一部比较全面、完整的法律，进一步完善了电业法规，促进了电力工业的发展，规范了电能供应与使用。

（二）成立民间电业管理和学术组织

在制定颁布一系列政策法规和标准的同时，一个民间电业管理组织——中华全国民营电业联合会于1929年8月9日在江苏成立。首届大会推选陆伯鸿为主席。民营联合会前身是1928年1月由镇江大照电灯公司经理郭志成联络常州、扬州、南通各电厂组织的江苏全省民营电业联合会。全国民营电业联合会会员分为基本会员、当然会员、名誉委员、赞助委员，在江苏、浙江、上海、湖北、广东等18省市设立分会，主要工作为援助同业，保障营业，减轻捐税，注册领照，促进电气建设，拥护监督机关增进行政效率。

中华全国民营电业联合会成立后的第二年，一些从国外学成归国的电机工程工作者在杭州创办《电工》杂志社，编辑出版《电工》杂志。1933年2月，清华大学电机工程学系主任顾毓琇，在《电工》杂志上发表《中国电工学会的发起》一文，倡议组织电机工程界的学会，这是创建中国电机工程师学会的先声。1934年7月，浙江大学工学院院长李熙谋、上海交通大学工学院院长张廷金、清华大学工学院院长顾毓琇等45人，又联署刊出《发起中国电机工程师学会缘起》一文，倡议国内从事电机工程事业的同行，组织中国电机工程学术性团体，进行学术理论和技术方面的研究，作为政府建设的后盾。1934年10月14日，在上海八仙桥新青年会九楼西厅，中国电机工程师学会（中国电机工程学会的前身）举行了成立大会，出席会员67人。经会议选举，李熙谋当选为会长，组成了第一届董事会，董事会为学会最高决策和执行机构。大会通过了学会章程，确定学会宗旨是“联合电工界同仁，研究电工学术，协力发展电工事业”。这是中国电机工业发展史上首创的行业性学术团体，也是中国学术团体中创建较早的一个学会。

第四节　抗日战争时期的电力工业

日本侵华战争对中国的民族工业和经济建设产生了巨大的破坏，也导致处于初始发展阶段的电力工业损失惨重。“七七”事变后，凡被日军占领地区的中国电力企业均转入日本的战时体制。当时，中国的电力企业大多集中在沿海、沿江城市。为了应对战争时局，资源委员会组织了中国历史上最浩大的工业大搬迁，把处于沿海、沿江的电厂设备拆迁至大后方，保住了中国电力工业微薄的家当。在电力工业发展的进程中，注重调动发挥各方积极性、注重水利电力开发、注重与电力工业发展关系密切的电工企业的建设，在很大程度上促进了大后方电力企业的建设。

一、日军对电力的侵吞和破坏

（一）对东北地区电力资源的掠夺

东北地区江河纵横，湖泊众多，有着丰富的水力资源。早在1930年前，日本侵略者为了强化对东北地区的经济掠夺，就已经开始勘测东北的水力资源。1933年伪满“产业部国道局”，1934年伪满“实业部临时产业调查局”先后对东北的水力资源进行了详细的规划和勘察，共选出50多个建坝地点，可装机660万千瓦，包括黑龙江、乌苏里江等国际界河，有1000万千瓦以上水力资源可资利用，且造价低廉，盈利丰厚，引起“日伪”政权开发水电的极大兴趣，使日伪政权由单纯开发火电转变为实施水、火电同时开发，以建设大型水电机组为主的“水主火从”的开发方针，作出建设 54 座水电站的远景规划。日本投降之前，除丰满、水丰和镜泊湖水电站基本建成之外，其他如桓仁（浑江）、义州、云峰三大水电站均已开工。这些水电站的建设给以后的东北建设水电站留下了一批设备和相当多的珍贵资料。

1936 年，东北伪满政府开始了第一个产业计划，提出“水主火从”的电力建设方针，建设的重点是开发大型水电站，并以这些水电站为中心建设高压输电网，联系全东北各地。第一批水电站在 1937 年开工，工程项目是牡丹江上的镜泊湖、鸭绿江上的水丰及第二松花江上的丰满 3 座水电站，总容量为 76.85 万千瓦。

水丰水电站位于中国与朝鲜的界河鸭绿江中下游，1937 年开工，1941 年建成发电。该水电站控制流域面积 51200 平方千米，属多年调节水库。水电站厂房设在朝鲜一侧，电站共有 7 台单机容量为 9 万千瓦的机组。1945 年日本投降后，苏联军队占据水丰水电站，拆走部分 50 赫兹机组，由于苏联没有相应水电站可以使用此类机组，后来归还给朝鲜。水电站由朝鲜方面管理，向中国东北电网送电 18 万千瓦，直到 1956 年把一半产权归还给中国。

·| 1940 年修建丰满水电站时的建设工地现场和埋葬中国死亡劳工的“万人坑”

地处吉林省第二松花江上的丰满水电站，1937 年 11 月开工，到 1945 年日本宣布投降时尚未建成，只有部分机组发电。日本占领者修建丰满水电站时，使用中国劳工 10 多万人，由于对劳工的残酷压迫，导致劳工大量死亡。据史料统计，仅

1937至1941年的5年中，死亡劳工数字达6021人，若再加上1942年至1945年8月的死亡人数，劳工总死亡人数在万人以上。从这组数据可以看出，当年建设水电站安全环境之险恶，特别是丰满水电站，几乎就是用劳工的生命筑起来的。

镜泊湖水电站位于中国东北黑龙江省东南牡丹江流域的宁安县四季通。1931年，日本侵占东北后，于1937年开工建设镜泊湖水电站，1945年6月30日全部工程竣工。1945年8月，日本投降时，水电站遭受严重破坏，生产设备破坏殆尽，房屋及生活设施被焚烧成一片瓦砾，镜泊湖水电站呈现一片凋零破败景象。截至日本投降时，东北全区发电装机容量为178.2万千瓦，其中，水电59.85万千瓦，火电118.35万千瓦，是当年全国不折不扣的电力工业重镇。

在东北全部94座发电厂中，抚顺发电厂和阜新发电厂是较有代表性的两座火力发电厂。

抚顺发电厂创建于1908年，是东北地区较早建成的火力发电厂之一。20世纪初，日本帝国主义为掠夺抚顺的煤炭资源，由“南满洲铁道株式会社”出资于1908年在今天的胜利矿以南2千米处兴建大山坑发电所，称抚顺炭矿发电所。1914年在今大官屯北窑地东侧又兴建以煤气为主要燃料的门特瓦斯发电所，与大山坑发电所合称为抚顺煤炭发电所，大山坑为第一发电所，门特瓦斯为第二发电所。1921年“南满洲铁道株式会社”兴建大官屯第一发电所（即今抚顺发电厂东厂），1930年开始兴建大官屯第二发电所，1931年年末改称为抚顺发电所，统管第一、第二发电所。1937年以后，第二发电所扩建，至1943年全厂装机容量已达28.5万千瓦，成为全国最大的火力发电厂。

阜新发电厂坐落在辽宁省西部闾山北麓，辽西大凌河支流细河南岸，与海州煤矿毗邻，是个典型的坑口电厂。20世纪30年代初，日本帝国主义为掠夺中国煤炭资源，于1936年开始建设阜新发电厂。分期安装2台5.3万千瓦和2台2.7万千瓦的汽轮发电机组和8台120吨/小时的锅炉，总容量为16万千瓦。

（二）对其他地区电力资源的侵吞

发生于1937年7月7日的“卢沟桥事变”揭开了日本全面侵华的序幕。连年战火之下，中国电力工业在拆迁和战乱中损失惨重。国民党政府西迁重庆后，在后方建了一些电厂。而在沦陷区，大量电力设备和整座电厂则不断沦落于日本军国主义之手。日本为掠夺中国资源及战备之急需，也加强了对日占区的电力建设，因而这一时期电力生产能力反而有较大幅度的增长。国民党政府在撤退时，将汉口、沙市、宜昌、长沙、湘潭、常德等地的发电设备共 2.5470 万千瓦拆迁至后方各地，但在运输过程中损失巨大。杭州和广州两电厂来不及撤走，被迫就地炸毁。其他如戚墅堰电厂、南京下关电厂，因受敌机轰炸，部分设备被毁。上海华商、闸北、浦东等的发电设备、输电杆线器材等，多被日军拆迁移用，损失严重。在宁、沪、杭沿线，如镇江大照、武进、嘉兴永明等电气公司来不及拆走的电力设备，均被日军掠为军用。

日本侵华期间，对中国电力工业的控制主要体现在“以企制企”。在华北方面，设立华北电业公司以控制平津一带的电业。在华中和华南方面，设立华中水电公司分别控制华中江南一带的电业。在东北方面，早已设立“满电”以控制全东北的电业。这些公司对沦陷区的电业，原官营者予以没收，原民营者强行予以收买或合营，即对所有电力企业强行兼并，为日本帝国主义的侵略战争服务。

在华北地区，早在 1935 年 12 月 20 日，日本就成立兴中公司，作为侵略华北、华中、华南公开活动的经济机构。1936 年，以“中日合办”为名吞并天津电业并进而兼并冀东电业。“七七”事变后，日军陆续侵占华北各地，将电气事业委托兴中公司代军管。1938 年 9 月，日本政府决定成立华北开发股份有限公司代替兴中公司。1940 年 2 月，在华北开发股份有限公司之下组成华北电业公司。北平沦陷后，日军强行接管北平的电气事业，成立北京电业公司。1940 年 2 月，日伪政府又逼迫购买原华商电灯公司股票，成立华北电业股份有限公司后，北京电业公司改称为北京分公司，石景山发电厂改称为北京发电所。1936 年，作为各方面妥协产物的冀察政务委员会成立，宋哲元委派张自忠担任天津市市长。在日租界当局的鼓吹与压迫下，张自忠同意与兴中公司合作建立发电厂，即天津电业股份有限公司，由中日双方出资各半，但成立后即被吞并。1940 年 2 月 1 日，华北电业股份有限公司在北平成立，合并天津电业股份有限公司，改称华北电业股份有限公司天津分公司。

在华中地区，1938 年 6 月 30 日，日军在上海成立“华中水电公司”，公司的资产由抢占上海租界以外的南京、戚墅堰、杭州、镇江、芜湖、安庆等地的电厂、自来水厂组成。1938 年 11 月，日本成立华中振兴株式会社，总部在上海、分社设在日本东京，在南京、杭州设立办事处。华中振兴株式会社也是日本的国策会社，是日本政府筹划设立的华中地区经济统制机构，从事华中各省的铁路、水电、航运、电报、电话、无线电等项目，其本身不直接经营业务，主要是决策、管理和协调，具体业务由其所属的16个子公司经营。

（三）战时体制下的东北联网

东北地区自有电以来，经历了在日伪统治掠夺开发和满电垄断电业的特定状态下，从孤立电厂供电，小区域联网供电，跨地区联网供电，到各省和全东北地区主网形成的发展过程。供电设备容量不断由小到大，逐步扩充，电压等级不断由低压向高压发展。

东北地区两座发电厂并列运行开端的标志，是1922年7月大连发电所和天之川发电所之间的一条2.3千伏联络线实现联网运行。而跨地区送电，则首先是在抚顺、奉天、辽阳、铁岭和本溪地区联网。1922年，抚顺地区建成44千伏送电线路，由抚顺向奉天输送电力，这是东北第一条44千伏送电线路，也是两地跨区联网的第一条线路。从1935年开始在抚顺、沈阳等地区先后建成东北地区第一条154千伏送电线路，形成辽宁省中部及南部地区154千伏超高压联络网络。

1942年9月，黑龙江镜泊湖水力发电厂建成投产后，同时架设的4条110千伏线路向牡丹江和吉林的石岘、延吉、珲春等送电。从此，吉林省和黑龙江省同时出现了110千伏电压等级的输变电设施，并形成跨两省的地区性110千伏的镜（泊湖）、牡（丹江）、延（吉）电网。东北第一条220千伏线路出现在1941年，由水丰水力发电所向鞍山送电，随后，又以220千伏线路经安东向大连送电。220千伏电压线路在鞍山变电所与154千伏网络相联络，实现了以水丰和丰满两大水电所与抚顺、阜新两大火力发电所并列运行，形成了全国第一个跨省的东北大电网，并且是当时输电电压等级最高的超高压大电网。

从1944年开始，以丰满发电所为中心，用154千伏向长春、哈尔滨、抚顺地区送电；以抚顺、阜新发电所为中心，向沈阳、鞍山、营口、锦西地区送电，构成联结黑龙江、吉林、辽宁三省主要负荷中心的154千伏电网。以水丰发电所为中心的220千伏电网，向中鞍山、安东、大连地区送电，与鞍山一次变电所154千伏网络相联结，实现了以水丰、丰满两大水力发电所与抚顺、阜新火力发电所并列运行，从而形成一个北至哈尔滨、南至大连、东至安东、西至锦西的超高压东北主网。这是全国第一个跨省的电力系统。

东北最早的调度机构开始出现。为达到掠夺东北资源的目的，日本军队通过收买、兼并及强迫等手段，把大量中国官办、民营的电气企业吞并，划归到满洲株式会社。经过发供电设备的统一改造，将发电频率改为50赫兹，并规定输出和配电的电压标准，这样为统一的电网形成客观上创造了条件。1943年，随着丰满水电站的运行和154千伏送电线路的建成送电，满洲株式会社设立中央给电司令部，即电网调度所，负责电网调度工作，这是东北最早的调度机构。跨省送电联络线的调度指挥工作，主要由设在丰满水电厂的中满调度事务所和南满送电事务所负责。同时，在新京的满洲电业株式会社设运输部中央调度所，负责当时154千伏的松长线、松滨线、松抚线的年度季度供电量和电力的协商确定工作。

二、电力工业的战时布局

日本发动全面侵华战争后，中国沿海、沿江各省市相继沦陷。为战时需要，国民党政府将建设委员会归入资源委员会，资源委员会隶属经济部，管理国营电气事业，其主要任务是大力发展电力工业，为军工、机械、化学等其他工业的建设打下良好的动力和能源基础，并满足大后方电力照明需要。1937年以前，中国电气事业除外资经营外，大多数为资源委员会所管理。资源委员会基于电力建设和生产对于国防和民生的重要性，加强电力工业的建设与管理工作，制定了多项规章制度，指导民营电厂，并先后建成首都电厂、西京电厂、安庆电厂等示范工程。

抗战爆发后，在极其艰苦的条件下，资源委员会发动并资助上海主要民族工业150余家内迁武汉等地，又辗转迁往川滇各省，形成后方军需民用的生产力，同时在川滇各省建立国营重工业基地支援抗战。沿海、沿江地区大批工厂迁入内地，对电力的需求猛增。资源委员会作为抗日战争时期国民党政府的最高经济领导部门，将电力工业作为建设的重点。当时，后方电厂大多缺少设备，从国外进口又因海上通道被封锁，内运困难重重，缓不济急。为保证生产和战时供电需要，不得不将邻近战区的发电设备拆迁至后方，尽量修复利用，重新安装发电。在常熟、九江、汉口、连云港、郑州、长沙、宜昌等地拆移设备30余套，器材总重量在5000吨以上，后方电力设备的供给大多数都依赖这些拆迁的旧设备。

到1938年，沿海城市内迁的工业，除一部分迁入四川外，大多因川江运输困难而分别设厂于湖南湘潭、株洲、衡阳等地，湘桂路沿线，以及湘西沅陵、辰溪一带。为加强电力建设，1938年，国民党政府调整机构，国营电气事业悉归资源委员会主办。资源委员会为解决一些地区的缺电困难，首先在湘潭办理湘江电厂，在湘西设立沅陵、辰溪电厂；在贵州扩充贵阳电厂；在云南设立云南电厂工程处筹办昆明电厂；在四川与省政府合办万县电厂，并独办宜宾、岷江等电厂；在西部重镇兰州，与甘肃省政府合办兰州电厂；在汉中开办四川自流井电厂。因战局变化，向海外订购的新机除昆明电厂两套已运进外，其余多套均告沦亡，致使贵阳等电厂的扩建工程停建。在全面抗战的后5年中，在国民党政府统治时期共筹建了19个单位，共27个电厂，总计新增发电设备容量为28399千瓦，其中资源委员会独资经营的有龙溪河水电厂及泸县、岷江、宜宾、汉中、天水、衡阳、沅陵、辰溪、柳州、昆明、西昌等12家电厂；由资源委员会和地方合资经营的有万县水电厂及灌县、自流井、西京、兰州、西宁、贵阳、碧湖、丽水、金华、松阳、龙泉、大港头、云和、小顺等15家电厂。在这些电厂中，有2家为水电厂，其余均为火电厂，而且规模不大，容量最大的不过6000千瓦，且多为旧机修复，东拼西凑而成，出力水平不高，有些机组直到抗日战争胜利时，也尚未完全建成投产。

战争给中国造成了经济社会的全面破坏，且影响巨大而深远。从电力工业方面来看，由于战前中国的电力工业企业大多地处沿海发达地区，战争爆发后，沿海险恶的环境给这一地区的工业企业带来致命打击，大多数电力企业损失殆尽，严重威胁了国民党政府的生存。在此背景下，国民党政府不得不在中日战争全面爆发后重新考虑其电力工业的调整与布局，把发展电业的眼光转移到电力工业企业短缺的大西南、大西北，重建其抗战基地。不过，在战时，中日双方都在抓紧生产战争和民众生活必需的产品，这就强烈刺激了各自工业体系的基础工业——电力工业的发展。在中国大后方的19个单位27个发电厂，正是这种背景下发展起来的。战时电力企业的内迁，也为国民党政府在大西南和西北后方重建经济基地提供了必不可少的能源动力，在一定程度上满足了战时军需民用的电力供给，有力地促进了战时大后方的经济开发和建设。此外，中国战时电力工业的发展，初步改变了中国电力工业不合理的布局，为中国电力工业的发展积累了宝贵经验，培养了一大批电力人才，为以后中国电力工业的建设奠定了一定的基础。

三、沦陷区电力工业资源接管

抗日战争胜利后，修复被战争破坏的公用和民营电厂成为当务之急。国民党政府经济部派员对全国沦陷区敌伪经营的电业进行了接收。资源委员会对全国沦陷区的电业接收分为七个区，即东北区、冀热察绥区、鲁豫晋区、苏浙皖区、湘鄂赣区、粤桂闽区、台湾区，并制定了《收复区电气事业处理办法》，据此接收敌伪电业资产。接收的日伪经营的各地电业，均由资源委员会管理。国民党政府对日伪强占的民营或外商经营的电业，经接收查明后，分别归还原业主继续经营。国民党政府接管的电厂发电设备总容量为115.8599万千瓦，但资产质量却不容乐观。

东北的装机规模在当时是最大的，但受战争的破坏，以及被苏军撤离时作为战利品拆走（合计139.84万千瓦），具备生产能力的发电总容量不超过20万千瓦。其中最大的三个发电站中，丰满水电站仅存2台机组，抚顺发电厂只残存半数机组，阜新发电厂只剩下空厂房。

1946年3月，资源委员会接收北平、天津、唐山、秦皇岛、保定一带的电力企业后，在北平成立资源委员会冀北电力股份有限公司（简称冀北电力公司），后又管辖张家口、下花园发电所。1945年11月，接管石门支店和石门发电所、微水发电所，称石微电厂。1945年10月，绥远省政府接管了伪蒙疆电业株式会社厚和支店、包头支店、萨县发电厂。此外，其余五个区的电业资产也先后被接管，并进行修复。

1946年，资源委员会接收了满洲电业株式会社，成立东北电力局，在长春设立北部电网事务所，由长春一次变电所值班长负责执行和传达电力调度命令。同时，在鞍山设立南部电网送电处负责南部电网调度指挥工作。

第五节 中国共产党登上电业历史舞台

1941 年，中国共产党在延安阎店子创建发电厂，尽管发电功率只有 3 千瓦，但却支撑着几十个无线电台，把中国共产党的联络范围扩展到国统区乃至苏联，这也成为中国共产党登上电业历史舞台，领导中国电力工业事业的开端。在解放区，中国共产党领导广大军民克服资金短缺、物资匮乏、技术薄弱、交通不便等重重困难，建设了一些小型发电站，为军工生产提供了电力保障，在支援解放战争中立下不朽功劳，同时也为新中国培养了一批电力建设和管理人才。

一、解放区星光闪耀

延安阎店子发电厂建成投产后，通往枣园的输电线路也在两年后架通。毛泽东在窑洞里彻夜不灭的灯光下，先后创作出一批马克思列宁主义基本原理和中国革命具体实际相结合的经典之作。宣传部门利用发电厂电力运转的无线电台，将中国共产党的声音传向更为辽阔的远方。当时，在解放区建成的发电厂装机容量都很小，但发挥的作用却十分巨大。它们犹如闪耀的星光，照亮了解放区的夜空。

1942 年 2 月，八路军 129 师积极响应党中央“自己动手，丰衣足食”的号召，组织群众，在清漳河上游开挖漳南渠引水灌溉。同时利用漳南渠和清漳河之间的 5 米落差建成了河北涉县赤岸水电站。电站引用流量 0.5 立方米 / 秒，用自制的木质水斗式水轮机带动 10 千瓦发电机发电，供应当地军工、司令部照明和机要通信用电。

1944 年 7 月，晋察冀豫军区西达兵工厂在其驻地涉县，兴建了一座装机容量为 28 千瓦的西达水电站，为兵工厂动力和政治部大礼堂（驻王堡村）照明供电。水电站利用永顺渠与漳河之间的磨坊木质冲击式水车带动发电机发电，落差 7 米，引用流量 0.5 立方米 / 秒。1948 年，该水电机组随军工厂搬迁到山西省长治县。

1945 年 3 月，晋察冀豫军区在河北省涉县和山西省左权县交界处的渠水茅岭底村，利用封南渠与漳河之间的 6 米落差，引用流量 0.5 立方米 / 秒，用木质水斗式水轮机带动发电机，建成装机容量为 10 千瓦茅岭底水电站，为太行山银行二局三厂提供动力和照明用电。

地处西柏坡的沕沕水水电站在解放区名声颇为响亮。1947 年 4 月 16 日，刘少奇、朱德率中央工委机关来到河北平山县西柏坡。原在张家口、宣化一带的晋察冀军区第 33 兵工厂，也分散迁驻到平山县西南部一带，急需能源动力提高生产能力。平山县西南边缘的险隘河上游，有一个三面环山、一面临水的山村——沕沕水村，因村西高山上有一股泉水，长年不断，水声“沕沕”，由此得名。这里距离西柏坡不到 50 千米，建设水电站的条件得天独厚。

·| 西柏坡沕沕水水电站设备

这座水电站的发电机是解放井陉时，在井陉矿区缴获的一台155千瓦的发电机。水轮机是设计人员按照旧书摊上买来的一本日文水电技术书，由略懂日语的技术员龚蕴章连蒙带猜、边译边同大家研究，以木材为主制作出来的。输电导线则是电厂人员乔装成收破烂的商贩，混入国民党军队控制的石家庄城内，收购粗细不一、材质不同的旧导线，细股并粗股、粗股拆细股解决的。

负责电站设计的是边区工业交通学校校长黎亮，教师芦成铭、周土富负责土建和机电设备安装，孟宪章负责施工管理。工程于1947年6月20日开工，解放军战士、边区工业交通学校学员和乡农会的农民参加了施工。水泥不足，就用90%的红土和10%的石灰拌和而成"土水泥"代替。沕沕水水电站设计水头95米，设计流量0.3立方米/秒，引水渠长688米，压力池容积4200立方米，压力管道为明铺铸铁管，地面式封闭厂房，装机容量155千瓦，架设输电线路46千米，安装变配电设备8处。工程历时7个月，1948年1月25日竣工。1948年7月，沕沕水水电站至西柏坡27千米的输电线路架通，沕沕水水电站不仅为军工生产提供电力保障，而且为党中央驻地西柏坡点亮了电灯，为发报、广播提供了电源。在这里，党中央、毛泽东主席指挥了决定中国命运、震惊中外的三大战役，并在这里召开了具有重要历史意义的中国共产党七届二中全会。沕沕水水电站为中国革命作出了特殊贡献，朱德总司令评价沕沕水水电站是"边区创举"，并亲笔题写"红色发电厂"。

解放战争时期，晋察冀边区在曲阳、阜平、涞源等一带建起一批兵工厂，上级决定在葫芦旺再建一座大容量的电厂。电厂的发电机和锅炉分别安装在南北两个山洞里，烟筒顺山爬上去。蓄水池建在山洞前，引唐河支流供发电用水。发电设备是从山西阳泉电厂拆迁的一台650千瓦发电机组，德国西门子公司制造。设备运输是在国民党飞机轰炸下完成的。200多千米山路，历时四五个月才运到。机组安装条件简陋，工人们自制绞磨机，将笨重庞大的锅炉和汽包移进了山洞，安装就位。1948年5月，电厂正式投入运行，电力主要供应军工厂用电，以及相邻的边区工业局化工总厂生产用电。

1947年，在晋绥军区司令员贺龙的直接领导下，在山西兴县创建了全国解放区第一座火力发电厂，即晋绥军区工业部第六厂，俗称"贺龙电厂"。贺龙电厂装机总容量116千瓦，安装50千瓦和66千瓦发电机组各1台。1946年9月，由下花园发电厂等单位电业职工组成的赴延安的电灯安装工作队到达了兴县，带来的一台柴油发电机和大批电气材料，就留在了兴县。1947年初春，晋绥军区后勤工业部将这台50千瓦的发电机和一台60马力（44千瓦）的立式蒸汽机运到兴县发达村后，从山西崞县拆迁来1台66千瓦发电机、两台锅炉和1台蒸汽机，作为晋绥兵工六厂的发电机组。为了防止敌人空袭，将主厂房设计在较为隐蔽的土丘下面，机房为土崖打洞、再用石块砌筑的洞式结构。发电机和锅炉分别安装在相邻的两个大窑洞内，烟囱与贮水池都安装在土丘顶端。同时配套架设从电厂到兵工一厂、五厂及边区主要党政军机关的输电线路。1947年7月1日正式发电，供电电压3.3千伏，供电线路16.5千米。1948年，供电线路向东延伸至廿里铺，向西延伸至高家村，主要供机械厂、炮弹厂、西北农民银行钞票厂、《晋绥日报》印刷厂、造纸厂生产用电，以及军区司令部、后勤部和边区人民政府照明用电。

在解放区，与“贺龙电厂”类似的，还有一座“刘伯承电厂”。在以长治为中心的上党八路军129师的根据地，先后创办了机械、铸

刘伯承电厂建设者在电厂投产时合影

铁、化学、纺织、造纸和酿酒工业，急需能源动力支撑，于是，太行军区决定建设一座发电厂。发电厂厂址选在长治市郊西白兔村南三面环山的山坳里，定名为华北军工部第四总厂军工一分厂，俗称“刘伯承电厂”。这座发电厂的机组设备分别从河南焦作煤矿、河北峰峰煤矿拆迁运来。尤其是从河南焦作运输发电机的任务非常艰巨，1500千瓦的发电机重达20吨，焦作距此175千米，没有任何机械设备，全靠人抬肩扛跨过太行山千沟万壑。1947年年初，电厂开始建设，同年7月，装机容量350千瓦的1号机组投产；同年11月，装机容量320千瓦的2号机组也投入运行。1948年12月，装机容量1500千瓦的3号机组投产，全厂总装机容量达到2170千瓦。“刘伯承电厂”投产后，电力通过10千伏线路送往长治西关、故县、枣臻、安居、宋村、石圪节等解放区，以及太行军区军工厂和地方工矿企业，为稳定解放区、促进上党地区革命发展，发挥了不可低估的作用。

二、接管电力资产与护厂复产

抗战后期，八路军在华北建立了巩固的晋察冀、晋冀鲁豫和晋绥三个解放区，接收了部分发电厂。

下花园发电厂成为抗战胜利后中国共产党接管的第一家发电厂。始建于1937年的下花园发电厂，至1943年，共安装有7台汽轮机、8台锅炉，总容量1.8万千瓦。1945年8月16日，八路军来到下花园发电厂，组织起工人武装队保护电厂，直到8月25日下花园解放。1946年9月，国民党军队进攻晋察冀解放区。10月，八路军转移时忍痛将下花园发电厂大部分机组炸毁，仅留下1台1000千瓦机组和未安装完成的1台1万千瓦机组，下花园发电厂的干部和职工，则随八路军向太行山腹地转移。

抗战胜利后，中国共产党先后接管的发电厂还有：1945年9月，晋冀鲁豫军区太行军区六分区接管顺德发电所。1945年8月，上党战役结束，长治市解放，长治电厂由边区人民政府接管。1947年5月2日，阳泉解放。晋察冀边区人民政府接管了阳泉电厂。1946年4月28日，哈尔滨市解放。长期停运失修的哈尔滨发电厂经抢修后向哈尔滨市供电。接管后经抢修恢复运行的还有镜泊湖水电站。

1948年，中国人民解放战争取得决定性胜利。国民党见大势已去，在溃逃之前制定了破坏电力设施的计划，疯狂地破坏重要城市的电厂。国统区的电力工人在地下党组织的领导下，配合城市解放，开展了英勇的护厂斗争，并积极恢复生产，迎接解放。

1948 年 3 月，国民党军队败退前，派人到丰满水电站进行破坏。当时电厂运行值班室班长张文彬临危不惧与敌人巧妙周旋，机智地把敌人引向电厂次要部位，使水电站重要设施免遭破坏。1948 年 12 月，在平津战役包围北平的战斗中，解放军一连指导员王世振等八位战士在地下党和石景山发电厂护厂工人的配合下，占领了发电厂的高楼以保护电厂。战斗一结束，工人们就立即投入到了恢复生产的工作中。1949 年 5 月，上海的电力工人们在上海电力公司地下党组织的带领下，全厂党员、群众日夜守卫在发电机房，对重点岗位严密控制，日夜不离，保护了江边电站、闸北电厂。青岛电厂的职工在地下党的领导下，护厂队伍由最初的三四十人发展到全厂职工，他们争取了警卫班、保安队，形成了群众性的护厂运动，先后挫败国民党反动军警三次企图破坏发电设备的阴谋，有力配合了解放军解放青岛。广州西村发电厂的工人们安装了围绕厂房长达 1000 米的铁丝网，还在电厂门口设置可通高压电的活动铁丝网“木马”，阻挡国民党军队破坏电厂，使电厂完好无损地回到人民怀抱。柳州电厂职工成立护厂队，设法买到 20 多支枪支，荷枪实弹保卫电厂，粉碎了国民党军队炸毁电厂的阴谋。重庆大溪沟电厂以工人为主体，劳资双方以“人在工厂在，人亡工厂亡”的共同意愿，与国民党军队进行周旋和斗争，迎接人民解放军解放重庆。在保护鹅公岩电厂的护厂斗争中，有七名工人牺牲。

随着解放战争形势的迅速发展，各地电力企业，如湖北既济水电公司、鄂南电力公司、河南新乡水电厂、浙江宁波永耀电力公司、浙江闸口发电厂、福建泉州电灯电力公司、甘肃天水电厂、江西赣州电厂、江西九江映庐水电公司、广西南宁电厂等许多电力工人，在配合城市解放的护厂斗争中作出巨大贡献，为保护国家电力设施立了功。据统计，约有 134.81 万千瓦电力设施完好地回到人民手中。

1948 年，东北地区大片土地先后获得解放。如何恢复生产，巩固东北革命根据地，支援全国解放，这是东北工人阶级包括东北电力工人的首要任务。当时，东北的电力设施遭到日本军队和国民党的破坏，损失严重，约 97.3 万千瓦的设备又被苏联红军拆走，残存的电力设备仅 60 万千瓦。面对困难，电力工人没有被吓倒，他们为恢复生产殚精竭虑，发挥了聪明才智。随着解放战争的最终胜利，全国广大电力工人以建设新中国为己任，在中国共产党的领导下，想方设法克服困难，对被破坏损毁的电力设施进行抢修，恢复生产。

1949 年 5 月 3 日，杭州解放。6 月，杭州市军事管制委员会进驻杭州电气股份有限公司，领导杭州地区电力工业的恢复和发展。同年年底，全省最大的闸口发电厂的发电设备容量即恢复到 1.56 万千瓦，接近全省发电设备总容量的一半。1949 年 5 月 20 日，西安解放。西京电厂职工昼夜不停抢修损毁较轻的 2 号机组，5 月 22 日修复发电。接着，又将 3 号机组、1 号机组修复发电。5 月 31 日，西京电厂更名为“人民电厂”。1949 年 10 月 14 日傍晚，国民党军队逃跑时炸毁了广州海珠大桥，附近的五仙门发电所发电机组受剧烈震动而停止运行，配电线路被炸断。电力工人迅速进行设备抢修，仅用两天时间就恢复机组发电。10 月 15 日凌晨，冒着头顶上盘旋的国民党军队的飞机抢修配电线路，迅速恢复供电。江苏解放初期，国民党军队对南京下关、戚墅堰、镇江、振扬等电厂频繁轰炸，电力工人临危不惧、奋勇抢修，保证供电。

在广大电力工人的努力下，实现了“解放军打到哪里，电灯就亮到哪里”的目标。电力工人怀着无比喜悦的心情，坚守岗位，恢复生产，以实际行动迎接新中国的诞生。

三、中国电力工人在风雨中成长

（一）投身抗日救亡运动

中国电力工人是在 19 世纪 80 年代，在外国资本创建的电厂中首先产生的，之后随着外国资本、中国官僚资本和民族资本兴办电力工业而逐渐增加。至 20 世纪 20 年代，初步形成了中国早期的电力工人队伍。但在新中国成立前的近 70 年中，中国电力工业的发展极其缓慢，电力工人队伍的增长速度也不快，到新中国成立前，只有 2 万多人。他们深受帝国主义、封建主义和资本主义的残酷压迫和剥削，没有政治权利可言，既无生活保障、也无劳动保护，更没有任何生产资料。他们的政治和经济地位低下，没有平等和自由，凭自己的双手付出艰辛的劳动，也难以解决家庭的温饱问题。他们对当时的社会极为不满，内心怀有提高生活水平、改善劳动条件的朴素而强烈的愿望。

饱受剥削和奴役的中国电力工人，具有较强的民族意识和反抗精神。电力生产发供用同时完成和电力大生产相互协同的特点，锻造了电力工人较强的组织纪律性。这些特点决定了中国电力工人是现代新兴生产力的代表，是近代中国最进步的无产阶级的组成部分。中国共产党成立后，组织中国工人阶级开展革命运动。中国电力工人在中国共产党的领导下，同日本侵略者和国民党反动派进行了坚决而有智慧的斗争。

抗日战争时期，各地电力工人积极投身抗日救亡运动，参加集会、游行，开展宣传、捐款、认购公债等活动，成立工会工人自卫队，投奔抗日队伍。沦陷区的电力工人进行了反对日本帝国主义的英勇斗争。在东北，著名抗日英雄赵一曼被哈尔滨人民尊称为“白山黑水”民族魂。在赵一曼的革命生涯中，曾经于 1933 年 4 月在哈尔滨发电厂领导过电业工人大罢工。作为中国近代史上一次早期的大规模的罢工运动，这次针对日伪当局的哈尔滨电业工人大罢工，坚持了三天，取得全面胜利，极大地鼓舞了沦陷区内外的中国人民的抗战士气。党中央机关报《斗争》连续三期刊文介绍这次罢工情况，将哈尔滨电业工人罢工胜利的消息迅速传遍全国。

丰满水电站施工时有 1000 多名劳工“犯人”被关在大屯监狱。1940 年 1 月 21 日，丰满劳工深夜用汽油点燃了仓库，举行暴动，打死日本警备队 2 人、白俄监工 4 人、汉奸把头 2 人。同年春季的一天，大屯“犯人”炸狱，与监工和警备队英勇搏斗，打死警备队十多人。

1937 年 11 月，无锡、常州沦陷，戚墅堰电厂工人不愿为日军工作，纷纷离厂，导致日军半年无法开机发电。在华北，电力工人参加的党的地下活动连续不断，石景山电厂、秦皇岛柳江煤矿电厂的工人们有力支持了八路军的袭击活动。在 1939 年夏天的上海，江边电站重新建立了党组织，和日本帝国主义展开各种斗争，1941 年 12 月，党组织领导工人进行了“反鞠躬”斗争，1942 年夏初和 1943 年 3 月先后发动三次规模较大的“无头斗争”。1944 年，日本投降前夕，美国飞机轰炸上海，电力工人又进行了“警报斗争”，还制造变压器支援新四军。

1939 年春天，周恩来以中共中央革命军事委员会副主席、南方局书记兼国民政府军事委员会政治部副部长的身份，赴浙江视察抗战形势。3 月 28 日至 31 日，周恩来以回乡祭祖的名义，回到他的故乡绍兴。在绍兴期间，周恩来与绍兴大明电气公司的五位青年职工夜谈，夜谈的主要内容是团结抗战、坚守电气公司的岗位为国为民分忧。这五位青年电力职工分别是陆与可、史美钰、周文元、蒋桐生、顾康年。在与电力职工夜谈后，周恩来为他们题词，分别是“前途光明”“光明在前”“无限光明”“光明灿烂”“为光明而奋斗”。陆与可获得的题词是“前途光明”。这也是五幅题词中唯一保存下来的。据陆与可的儿子陆德明回忆，一开始，父亲想把题词藏在身上。为此，他特地跑到绍兴火车站查看，发现日军荷枪实弹戒备森严，一旦查获，后果不堪设想。他掉头回到公司宿舍，目光落在书桌上，他灵机一动，将题词用牛皮纸包好后，用图钉将题词揿在抽屉板下。陆与可在1950年辗转找到“前途光明”题词条幅之后一直挂在家里。1960年，他将这幅题词捐献给了浙江省文保单位。

·｜ 1939年春天，周恩来为绍兴大明电气公司青年职工陆与可题词：前途光明

（二）与国民党反动派作斗争

抗日胜利后，电力工人又与国民党反动派进行了不屈不挠的斗争。抗日战争胜利后，党组织随即在丰满水电站诞生，工人中一批最优秀分子加入了共产党。随着国民党的疯狂进攻，1946年5月，抗日民主联军撤出丰满，党的组织转入地下。由于叛徒出卖，共产党员孙洪善和积极分子邢子英遭到逮捕，他们坚贞不屈、英勇就义。国民党反动派要炸毁大坝溢流口，工人们通过怠工等形式进行了几个月的斗争，溢流口仅被炸去1.5米，有效地保护了大坝。

1945年10月20日，上海电力公司成立了民主工会筹备委员会，党组织把广大职工团结在自己周围，为反对美国资本家和国民党反动派的奴役和压迫而斗争。1946年1月，组织电力工人以反对解雇工人、要求同职同薪为正当理由，发动了“九天八夜大罢工”，成为抗战胜利后轰动全上海的第一次大规模罢工斗争。1946年4月，上海电力公司民主工会成立，成为上海市的民主堡垒之一。1948年4月，国民党当局阴谋制造了“铁屑事件”，逮捕工会理事积极分子14人，并杀害了常务理事、共产党员王孝和。

王孝和被誉为中国工人阶级的杰出代表。王孝和（1924—1948）是浙江宁波鄞县人。在上海励志英文专科学校读书时参加爱国学生运动。1941年5月加入中国共产党。1943年，由党组织安排进杨树浦发电厂工作。1946年，在“上电”工人“九天八夜”罢工斗争中表现出色，当选为厂工会干事、工会常务理事，为维护工人利益，不顾特务威逼，领导工人与厂方斗争。1948年4月被捕，虽备受重刑，仍威武不屈，以监狱与法庭为战场揭露国民党的罪恶。同年9月30日，在上海提篮桥监狱被枪杀。面对死刑，王孝和坚定地表示：“从我被捕的第一天起，就做好了这个准备。”“死无所惧，只要我活一天，就要同敌人斗争。我的武器是公开揭露敌人的残酷和对人民的仇视。”牺牲前，他先后写下三封遗书，号召战友们“为正义而继续斗争下去！前途是光明的！”1949年11月5日，上海各界1万人在逸园举行追悼王孝和烈士大会，灵柩安葬于虹桥公墓，后迁往上海烈士陵园。1988年，上海各界隆重集会纪念王孝和英勇就义40年，江泽民同志题词：“不愧是优秀的共产党员，工人阶级的杰出代表”。

·｜ 王孝和慷慨就义

有“铁窗诗人”之誉的革命者何敬平1918年出生于四川省巴县栋青乡（今重庆市巴南区木洞镇）一个贫农家庭。1935年，北平“一二·九”抗日救亡运动爆发后，正在巴县中学读书的何敬平参加了“重庆学生救国联合会”的活动。1941年皖南事变后，经朋友介绍进入重庆电力公司工作。1945年2月，重庆电力公司发生“胡世合事件”。中共南方局领导发起了以工人阶级为主的带动全市的争人权、争民主的群众革命斗争，有力地打击了国民党反动势力。由于勇于斗争、表现突出，何敬平被吸收为中国共产党党员。1946年上半年，中共重庆电力公司党支部成立，何敬平任组织委员。党支部根据白区工作方针，在公司成立了公开合法的“职工福利社”，以组织、团结、发动广大职工配合当前形势，参加争取和平、反内战、反独裁和改善职工生活的斗争。1948年春，在即将取得全国胜利的大好形势下，因叛徒出卖，何敬平被捕入狱，先后被关押在石板坡第二模范监狱、渣滓洞集中营等地。在狱中，他受尽酷刑、坚贞不屈，同敌人进行了顽强斗争。借助渣滓洞牢房外小院坝“放风”时机，何敬平与难友们相互传递着各方面情况。1948年秋，何敬平与难友们一起分析形势，共享胜利前夕的喜悦。他饱含革命激情，用几天时间，在一片小纸上写下题为《为了免除下一代的苦难》一诗。后经同牢房的周光复、胡春圃等人更名为《把牢底坐穿》，并谱上曲子在难友中传唱，极大地鼓舞了大家的斗志：

为了免除下一代的苦难，我们愿——
愿把这牢底坐穿！
我们是天生的叛逆者，我们要把这颠倒的乾坤扭转！
我们要把这不合理的一切打翻！
今天，我们坐牢了，坐牢又有什么稀罕？
为了免除下一代的苦难，我们愿——
愿把这牢底坐穿！

1949年11月27日，国民党当局发动了惨无人道的渣滓洞大屠杀，何敬平被敌人枪杀在牢房中。为追求革命理想，他献出了31岁的年轻生命。

在解放南京的渡江战役中，诞生了“渡江第一船”，它的名字叫“京电号”小火轮。1949年4月21日，中国人民解放军已完全占领了南京的江浦、浦镇、浦口，第三野战军第35军通过中共地下党与南京首都电厂取得联系，要求尽快将停泊在中山码头的船只开往浦口码头，迎接解放大军过江。4月23

·| 陈列在渡江胜利纪念馆广场的国家一级文物，南京首都电厂“京电号”小火轮

日晚，黄兴发等9名船工以发电厂运煤炭为掩护，将“京电号”小火轮开往浦口，悄悄地护送解放军过江。当晚，“京电号”先后运送1400多名解放军指战员过江，攻占国民政府总统府的解放军三野35军104师312团的绝大部分指战员，都是由“京电号”送过江的。4月26日，邓小平同志听说了“京电号”的故事，连声夸赞：“了不得，了不得，头一个到达对岸，渡江第一船嘛！我也要坐这条船过江。”随后，他欣然登上“京电号”，由中山码头进入南京城。从此，“京电号”小火轮便有了“渡江第一船”的美誉。“京电号”小火轮原名“云泰轮”，是一艘钢质蒸汽机动力船。1925年，由上海人赵章麟在香港从英国人手中购得。船身长23.1米，宽4.25米，吨位49.84吨，排水量41.4吨。上海沦陷后，小火轮落入日本人手中。1945年抗日战争胜利后，小火轮被时任国民政府南京首都电厂厂长兼总工程师的陆法曾收购，更名为“京电号”。

产业工人是先进生产力的代表者，这个群体的鲜明特点，是最富于组织性、纪律性和革命性，最能代表工人阶级的特性，是工人阶级的主力和骨干。作为中国产业工人的重要组成部分，在与各种反对势力的斗争中，中国电力工人逐渐淡化了小生产者思想，增强了无产阶级意识，不断从早期自发斗争转向有组织的政治和经济斗争。特别是在中国共产党的领导下，逐渐成长的中国电力工人开始在中国政治和经济舞台上发挥着日益重要的作用。

第二章

筚路蓝缕

新中国电力工业风雨兼程

1949 年 10 月 1 日，毛泽东主席亲手按动电钮，第一面五星红旗在天安门广场升起，标志着中华人民共和国成立，从此，开辟了中国历史新纪元。新中国的诞生，从根本上结束了帝国主义、封建主义、官僚资本主义的统治历史，劳动人民第一次成为国家的主人。随着新中国的成立，中国的电力工业也开始进入恢复时期。但是，旧中国的电力工业基础十分薄弱，技术落后，既没有发电设备制造能力，发电厂的生产能力也十分低下。到 1949 年，中国大陆的发电装机容量仅为 184.86 万千瓦，年发电量为 43.10 亿千瓦·时。这既是旧中国电力工业 67 年留下的全部家当，也是新中国电力工业发展和崛起的起跑线。在几乎一张白纸上开始恢复和重建的中国电力工业，虽历经坎坷、艰苦卓绝，但也为后续的快速优质发展打下了良好基础。

第一节　经济恢复时期的电力工业之路

中国电力工业的计划经济体制，有着苏联经济模式的鲜明烙印。在三年经济恢复时期之后，中苏签订《中苏友好同盟互助条约》。自此开始学习苏联的经济模式，建立高度集中的计划经济体制。国家设置了计划职能部门，在当时的政务院财经委员会内设计划局主管全国计划工作。1950年年中，燃料工业部召开第一次燃料工业计划会议。根据会议部署，电力工业开始建立计划经济体制，着手编制全国电业三年发展计划轮廓和水力发电第一期工程初步轮廓，从此，开始建立编制年度计划制度。与此同时，在学习苏联的基础上，逐步制订有关计划、技术、财务等各个方面的规程制度，建立了中央集中统一领导的管理体制。

一、医治战争创伤

电力工业在长期的战争硝烟中，许多电力设备毁于战火，电厂遭到破坏，设备残缺，电网接近瘫痪，电力生产处于停顿或者半停顿状态。修复被战争破坏的电力设备，恢复国民经济正常运行，成为新政府的当务之急。

1948年12月15日，石景山发电厂因战事停电，北平全城电源中断，当年12月17日18时，经电力工人抢修恢复发电，并于次日

·｜ 20 世纪 30 年代的石景山电厂

恢复向北平送电。到 1949 年 1 月 31 日北平和平解放，发电机组全部运行发电，最高负荷达到 1.5 万千瓦。平津战役胜利后，1949 年 4 月，华北电业公司成立，在将原有发电设备恢复发电的同时，电力部门抓紧组织修复遭战争破坏的发电设备，将一些小机组拆迁到急需的工矿地区，新安装了一批积存发电设备。1949 年 5 月，随着西部地区的解放，西安市军管会接管西京电厂。1950 年 9 月，建设安装兰州郑家庄电厂 1 台 1000 千瓦机组。在华东地区，安徽马鞍山电厂安装投产 1 台 5000 千瓦机组。在华中地区，湖南、湖北和江西省从 1950 年至 1952 年安装投产 4 台 5000 千瓦机组。在西南地区，贵阳电厂 1950 年 3 月投产 1 台 1000 千瓦机组，重庆大溪沟电厂分别于 1950 年 8 月和 1951 年 7 月各投产 1 台 5000 千瓦机组，广西西湾电厂 1952 年安装投产 1 台 1600 千瓦机组。

新中国成立前后，电业职工克服重重困难保证发电、送电、变电和配电设备安全运行，最大限度地减少停电次数和时间。黑龙江牡丹江镜泊湖水电站工人冒着严寒，抢修冰冻中的水轮发电机。吉林丰满水电站职工奋战 7 天，恢复机组发电。山西太原解放时，供电职工仅用 35 天就完成需要 2 个月的修建任务，恢复了城市供电。江苏戚墅堰电厂被敌机轰炸后，经过职工们 4 天奋力抢修，全部恢复供电。1950 年 2 月 6 日，退守台湾的蒋介石命空军派出轰炸机，轰炸了承担上海 80% 电力供应的江边电站，电厂被炸弹击中，损失惨重。电厂职工奋勇抢修，只用了 42 小时就恢复生产。

1950 年 2 月 10 日，燃料工业部发布《关于 1950 年实行发电厂与线路主要电力设备大修及日常检修的通令》。该通令附有锅炉、汽轮机、发电机、变压器等主要设备大修及日常补修的期限表，高压设备试验、油样试验的期限表，以及火电厂锅炉、汽轮机、发电机大修主要工作项目表。在 1950 年第一次全国电业会议的决议中，提出电力建设和电力生产恢复等目标，努力在三年恢复时期达到全国电源设备新增 32 万千瓦、恢复原有电力设备出力 31 万千瓦的目标。同时，提高发电设备利用小时数，降低电力企业的能源消耗。

在全国电业职工努力医治战争创伤期间，1950 年 6 月 25 日，朝鲜战争爆发。同年 10 月 25 日，中国开始抗美援朝。全国电业职工响应中共中央“增强生产，厉行节约，以实际行动支援抗美援朝”的号召，各电业单位成立了增产节约委员会，制订了以增加发售电量和降低消耗指标为主要内容的增产节约计划。

二、“前驱部门”的三年恢复时期

从新中国成立到第一个五年计划开始前的 1952 年年底，是中国国民经济的恢复时期。电力工业在 1949 年 10 月燃料工业部设立以后，特别是在 1950 年召开的全国第一次电业工作会议后，按照会议明确的三年恢复时期的基本方针和任务，恢复工作的进展速度很快。在恢复时期完成了工业生产所需要的电源建设，并改进了技术和管理制度，保证了安全供电，促进了电业生产。在这次会议上，明确“电气事业是恢复和发展工业生产最重要的前驱部门”。

1952 年 10 月 31 日，政务院财经委员会颁发 1952 年煤、电、油生产控制数字及各项生产方针。其中，电力工业生产方针主要有三条，一是提高设备出力并改善负荷曲线，为全国设备利用率在 1954 年提高到 50% 做好准备。二是改善运转和管理效率，争取降低计划成本 5% ~ 10%。三是提高供电质量，争取无事故供电。

到 1952 年年底，电力工业完成了恢复时期的任务，共恢复 30 多万千瓦发电机组的出力。1949 年东北、华北和华东三个大区的国营电厂的设备容量为 88.9 万千瓦，而实际出力仅 57.9 万千瓦，占设备总容量的 65%。经过恢复改建，到 1952 年年底基本都恢复了铭牌出力，提高了发电设备利用小时数。基本建设原定两三年内增加发电设备容量 32 万千瓦，到 1952 年超额完成了任务。在此期间，逐步推行了生产、技术和经营管理制度，包括定额管理、经济核算制和预算制度，强调生产上实行定期检修制度、安全规程、各种运行规程等，基本上改变了国民党统治时期企业管理的混乱现象，为实现计划经济创造了条件。

电力工业的迅速恢复和发展，有力地保证了国民经济恢复任务的完成。1952 年，全国工农业生产快速发展，其中工业总产值比 1949 年增长 145%，农业总产值比 1949 年增长 48.5%，工业产值比重由 1949 年的 17% 增长到 26.7%。生产资料产值和消费资料产值所占的比例关系也由 1949 年的 29：71 转变为 39.7：60.3。工农业主要产品产量均超过了历史最高水平。在新中国成立后的短短三年时间里，电力工业在党和政府的领导下，为国民经济恢复作出重要贡献。电力工业自身也从千疮百孔带有深厚殖民地色彩的“旧电业”彻底改造成为全新的“人民电业”，为后续的健康发展打下了良好基础。

在三年恢复时期，电力工业的管理也渐趋正规。1949 年 10 月，燃料工业部成立。随着从南到北、从东到西解放大军进展的步伐，各地人民政府相继成立，并陆续建立电力管理部门，初步形成区域电力工业管理机构，以领导电力建设和生产的顺利进行。

毛泽东主席对电业职工的关怀，则极大地鼓舞和激励了广大电力职工。在贯彻第一次全国电业会议精神、开展增产节约运动和支援抗美援朝的运动中，广大电业职工齐心协力，全面超额完成发电和售电任务。石家庄电业局所属石家庄、微水、凤山发电厂开展了无事故签名活动，他们和天津电业局第三发电厂职工一起，分别给毛泽东主席写信，报告他们以安全发供电的实际行动，支援抗美援朝保家卫国的决心。

1950 年 8 月 8 日和 9 月 5 日，石家庄电业局和天津第三发电厂的全体职工，请燃料工业部陈郁部长转交了向毛泽东主席汇报工作的信件。1950 年 9 月 11 日，毛泽东主席写信给燃料工业部部长陈郁，信件内容如下：

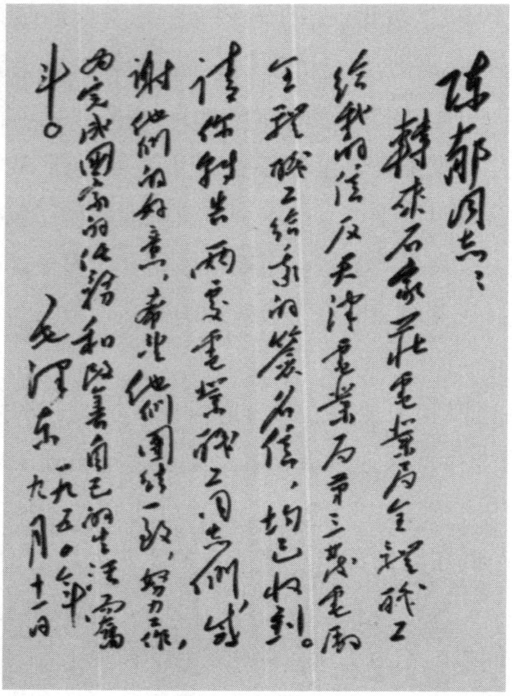
陈郁同志：
转来石家庄电业局全体职工给我的信及天津电业局第三发电厂全体职工给我的签名信，均已收到。请你转告两处电业职工同志们，感谢他们的好意，希望他们团结一致，努力工作，为完成国家的任务和改善自己的生活而奋斗。
毛泽东 一九五〇年九月十一日

·| 毛泽东主席写信给燃料工业部部长陈郁

陈郁同志：

转来石家庄电业局全体职工给我的信及天津电业局第三发电厂全体职工给我的签名信，均已收到。请转告两处电业职工同志们，感谢他们的好意，希望他们团结一致，努力工作，为完成国家任务和改善自己的生活而奋斗。

毛泽东

1950 年 9 月 11 日

经过三年恢复时期，到1952年年末，全国500千瓦以上的发电厂共有283座，发电设备总容量为196.6万千瓦。全国共有35千伏及以上线路8391千米。发电量达到73亿千瓦·时。电业职工人数达到102350人，其中电业生产职工78300人，基本建设职工24050人。仅生产工人比1950年就增加了61.91%。

三、电力工业计划经济体系的初步建立

新中国成立之初立即建立的计划经济管理模式，一方面是借鉴苏联的经济管理模式，另一方面也符合中国当时的实际情况，对稳定国民经济、迅速恢复生产，以及在一段时间内集中国家有限的财力和物力，组织实施一些影响国计民生的重大项目发挥了不可替代的作用。当时，还特别强调计划的严肃性，把国家计划提高到法律的地位，明确提出计划就是“法律”。从此以后，各级领导部门都把计划工作提到重要的议事日程，千方百计调动各种积极因素去努力完成国家计划。

1950年年中，燃料工业部召开新中国成立后的第一次燃料工业计划会议。这次会议的重要成果之一，是电力工业开始建立计划经济体制，并逐步建立起中央集中统一领导的管理体制。这对保证顺利完成三年恢复任务起到了重要作用，也为之后编制第一个五年计划打下了基础。

1953年8月，燃料工业部党组在给中共中央《关于目前燃料工业情况及今后工作部署的报告》中提出，“燃料工业包括煤炭工业、电力工业和石油工业，它是一切工业与运输事业发展的基础，是国家工业化的先行工业，在发展国民经济中占有极其重要的地位”。同年11月4日，中央领导在对报告的批示中指出，“燃料工业的基本建设工作是很艰巨和重要的，建设一个年产一百万吨煤的矿井或处理一百万吨原油的炼油厂，约需七八年时间，建设一个大型水电站所需时间更要多些。而煤、电和石油工业是国家工业化的先行工作，其发展的快慢是直接关系到所有重要工业和交通事业发展速度的”。从这个批示中可以看出，电力工业必须“先行”的地位在“一五”初期就已经被肯定下来。

通常，电力工业计划是按国家统一的规定进行编制的，20世纪50年代国家颁发了《国民经济计划编制暂行办法》和《编制国民经济年度计划的暂行办法（草案）》，对国民经济计划编制方法作出原则规定，在实践中，又不断充

实和丰富了计划工作的内容。电力工业计划的编制，一般经过自下而上和自上而下的反复过程，计划一旦经过全国人民代表大会审查批准，就必须坚决贯彻执行，不能任意修改。

电力工业计划可分为长期规划（十年或十年以上），中期计划（五年）和年度计划。按计划的层次，可分为全国电力计划、部门电力计划、地方电力计划和电力企业计划。各类计划互相衔接，协调一致，通过计划的制定和执行，保证电力工业与国民经济协调持续发展。电力计划的编制，采取自上而下、自下而上、上下结合的程序，这是民主集中制原则在编制计划中的具体体现。五年计划和长远规划的编制，一般采取“两下一上”的程序。

编制和下达计划，只是计划管理工作的一部分，更重要的是计划的执行。为了有效地贯彻执行国家批准的电力计划，一般都要在计划实施前一年末或当年初召开全国电力工作会议，布置计划实施方案及措施。计划下达后，还要对电管局、电力局、工程局的计划执行情况进行经常的、系统的检查，对各级计划执行单位完成计划情况进行全面考核。

第二节　第一个五年计划

“一五”计划是国家第一次制订的国民经济五年计划。“一五”计划的实施，标志着中国社会主义现代化建设的全面启动，在社会主义建设进程中具有非常重要的历史地位。而电力工业的“一五”建设，有力地支撑了一大批国家重大工业项目的实施，支持了中国工业化的发展。电力工业“一五”计划的胜利完成，奠定了中国电力工业发展的良好局面，不但为电力工业增加了新的生产能力，还为电力工业培养出一大批建设人才。在管理体制方面，初步建立起电力工业适应社会主义计划经济的管理体制，各种规章制度也相应地建立起来，各项技术经济指标逐年向好，新生的人民电业呈现出欣欣向荣的良好景象。

一、电力工业“一五”计划的实施

电力工业“一五”计划的制定和实施，是在国家制定“一五”计划统一部署下进行的。“一五”确定的电力工业方针是：适应工业发展特别是新工业地区建设的需要，努力发展电力工业，建设新的电站和改建原有电站。“一五”计划期间，将以建设火力发电站为主（包括热力与电力联合生产的热电站）。同时利用已有的资源条件，进行水力发电站的建设工作，并大力进行水力资源的勘探工作，为今后积极开展水电建设创造条件。

“一五”期间，国家共安排电力工业限额以上建设项目 107 个，其中电站项目 92 个，建设规模 376 万千瓦，送变电工程项目 15 个。这 107 个项目包括由苏联援建中国的 156 个重点工程项目中的 25 个电力项目。另有限额以下的建设项目，规模合计为 30 万千瓦（包括西藏两个水电站）。五年计划建成投产电站 54 个（其中苏联援建的 9 个），增加发电容量 174 万千瓦，加上限额以下的项目，“一五”计划共增加发电设备容量 205 万千瓦（其中，电力部计划为 186.5 万千瓦，自备电厂计划为 18.5 万千瓦）。

在 92 个电站建设项目中，火电项目有 76 个。其中，采用高温高压火电机组的，其设计容量占总设计容量的 32%；热电厂 19 个，其设计容量为火电厂设计容量的 47%。“一五”开工建设的主要电厂，除苏联帮助设计建设的外，还有华东地区的望亭、淮南电厂和云南普坪村电厂。水电项目有 16 个，计划到 1957 年，水力发电装机容量在全国发电装机容量中的比重由 1952 年的 9.3% 提高到 17.1%。在火电厂项目中有一个列车发电站项目，包括 5 套列车电站设备，作为流动电源，以供应孤立地区短期用电需要。还有 15 个自备电厂，其中属煤矿的有 6 个，大中型工厂的有 9 个。建成 15 个送变电项目。在全国主要地区形成 10 个以区域电站为核心的大小不同的电网。

太原第一热电厂是“一五”期间苏联援建的 156 项重点工程之一，是新中国成立后华北地区第一座热电联产型主力电厂。

阜新是著名的煤电之城，阜新发电厂是东北早期重要火电厂，培养了一大批技术工人，为后续东北其他发电厂的运行和管理输送了不少人才。

五年计划发电量从 1952 年的 72.6 亿千瓦 · 时，增长到 1957 年的 159 亿千瓦 · 时，增长 119%，年平均增长率为 17%。计划到 1957 年工业和运输业用电比 1952 年增长 129%，公用事业和居民用电增长 79%。“一五”计划规定全国工业总产值的平均增长速度为 14.7%，发电量计划年平均增长 16.4%。五年计划国家投资列入电力部系统的资金为 27.35 亿元，建筑安装计划 12.86 亿元。

经过全国电力职工的共同努力，“一五”计划得以超额完成。

·｜ 太原第一热电厂

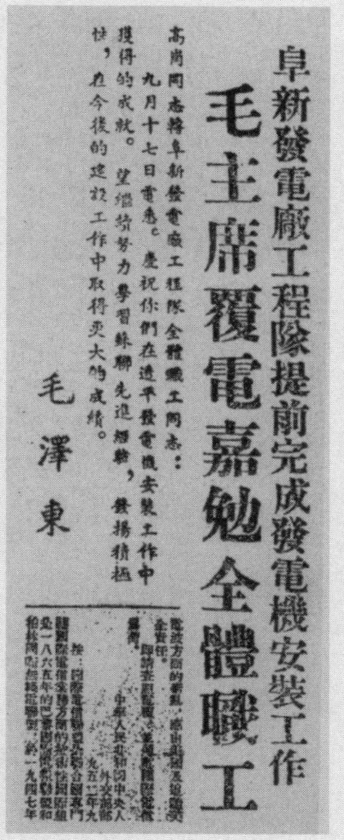

阜新發電廠工程隊提前完成發電機安裝工作

毛主席覆電嘉勉全體職工

高崗同志轉阜新發電廠工程隊全體職工同志：

九月十七日電悉。慶祝你們在這次發電機安裝工作中獲得的成就。望繼續努力學習蘇聯先進經驗，發揚積極性，在今後的建設工作中取得更大的成績。

毛澤東

·｜ 1952 年 9 月 25 日，毛泽东给阜新发电厂发嘉勉电

·｜ 望亭发电厂

到1957年，全国发电设备容量达463.50万千瓦。五年内，新增发电机组容量实际完成246.9万千瓦，超额完成20.4%。其中，电力部门实际完成217.6万千瓦，超额完成16.7%。“一五”时期，水力发电一直处于领先地位。五年发电量平均增长，水电为21.1%，火电为18.6%；五年装机容量平均增长，水电为40.2%，火电为15.3%。1957年，全国年发电量达193.35亿千瓦·时，超额完成21.6%，使中国的年发电量在世界上的排名从1949年的第25位上升到1957年的第13位。“一五”期间，职工队伍得到了锻炼成长和发展壮大。至1957年年底，电业生产工人已有4.1万多人，工程技术人员8600多人。电业基本建设队伍有11万人，其中工程技术人员9000多人。设计力量也获得空前加强。

作为“一五”计划执行的结果，投产发电装机中，单机6000千瓦及以上机组投产183.4万千瓦，进口设备单机6000千瓦及以上为161.36万千瓦，占该类机组的88%。由于采取了以进口设备为主的计划安排，不仅保证了“一五”计划装机投产任务的超额完成，而且还提高了单机容量的水平，其中，水电提高到单机7.25万千瓦，火电单机提高到中压机组5万千瓦、高压机组2.5万千瓦的新水平，这也对中国电力工业向着大机组迈进起到了积极的推动作用。

二、“新中国第一”纪录

新中国成立后，电力建设得到快速发展。“一五”计划中，计划建设电站92座，设计能力376万千瓦，其中，火力电站76座，输电工程和相应的变电工程15个。水电建设除苏联援建的丰满水电站和三门峡水电站外，中国依靠自己的力量，相继建设了四川的狮子滩、福建的古田溪一级、江西的上犹江、广东的流溪河、河北的官厅、新疆的乌拉泊、西藏的夺底等水电站，同时建设新安江、以礼河三级等大型水电站。这些水电站的建成在中国乃至世界水电史上都有一定的地位。

“一五”时期，共新建和改建水电站19座，比原计划增加了8座，建设规模为185.59万千瓦，比原计划增加99.5%，超额完成了

福建古田溪水电厂一级水电站大坝

“一五”计划的水电建设任务，并组建起一支从事水电规划、勘测、设计、施工的队伍。这期间，火电装备研制也有突破，国产6000千瓦汽轮发电机组在田家庵发电厂投运，标志着中国自行设计、制造、安装国产发电设备的重大进步。“一五”期间的输变电工程领域也取得了重大进展，中国依靠自己的力量建设了第一条跨省、长距离输电的220千伏超高压线路。“一五”期间，诞生了新中国电力工业多个自主建设第一的纪录，它们是新中国电力工业发展的里程碑。

在水电方面，地处浙江省建德县的新安江水电站，是新中国自主兴建的第一座大型水电站。工程主体于1957年4月开工，电站建成后，有力促进了华东地区的工农业生产发展。

狮子滩水电站位于重庆市长寿区长寿湖镇，建在新中国第一条梯级开发的河流——龙溪河之上，电站于1954年8月动工兴建，1957年3月全部建成发电，装机容量4.8万千瓦，是当时西南最大的水力发电站。

“一五”期间建成的具有标志性的水电站还有以礼河水电站，它是中国第一座高水头梯级水电站，也是中国第一个跨流域开发的水电站。流溪河水电站是广东第一座中型水电站，也是中国第一座薄拱坝水电站。上犹江水电站位于江西上犹县陡水镇，是中国第一座坝内式厂房水电站。

在煤电方面，安徽淮南煤矿地处华东腹地，煤炭资源丰富。1953年11月，燃料部决定在淮南建设一座火电厂，并安装第一台国产6000千瓦汽轮发电机组。1954年1月，经综合比较，决定在田家庵发电厂第一发电所原址扩建。1957年11月29日，4台机组全部竣工投产，证明了中国已具备自行设计、制造、安装6000千瓦发电机组的能力和水平，与国外同类型设备相比，运行时的机组振动和汽轮机调速系统工作情况都达到了优良水平。田家庵发电厂是中国成套发电设备国产化的起点。

·｜ 1956年2月，国产第一台6000千瓦汽轮发电机组在安徽淮南田家庵发电厂安装完毕，投入运行

在电网建设方面，新中国成立后，丰满发电厂迅速恢复发电，向急需电力的辽宁省重工业基地送电，1953年7月15日，纵贯辽宁、吉林两省的220千伏超高压松（丰满）—东（沈阳东陵）—李（抚顺李石寨）输电线路工程破土动工。松—东—李输电线路工程是新中国自行设计与施工的第一条跨省、长距离输电的220千伏超高压线路，工程编号506工程，是“一五”时期国家重点建设工程之一。当时，国外运行的最高电压是瑞典1952年建成的380千伏线

·｜ 松（丰满）—东（沈阳东陵）—李（抚顺李石寨）220千伏输电线路

路，220 千伏一级电压仍属世界先进水平。

在电器制造业方面，“一五”时期，电器工业进行了大规模的基本建设，其中不少产品的制造填补了中国电器工业的空白。在此期间，建设了一批生产汽轮发电机组、高压电器、电力电容器、控制微电机、整流器、精密电表等产品的工厂。东北电工设备、上海发电设备、西安输变电设备等三大电站设备基地开始形成。这些工厂的建成，对中国电器工业发展具有重要意义，也为电力工业的发展提供了技术装备条件。

三、苏联援建工程的作用与影响

新中国成立以后，以美国为首的西方工业发达国家对中国采取了敌视和经济封锁的政策。中国工业建设所必需的资金和技术，只有通过争取苏联援助来解决。根据中苏两国的条约和协定，苏联将援建中国 156 项工业项目。这 156 项工程，构成了“一五”计划的核心和骨干建设项目，拉开了中国社会主义现代化工业建设的序幕，也为中国能源基地建设打下了基础。在 156 项工程中，电力工业共 25 项、占 1/6，其中火电 23 项、水电 2 项。除阜新发电厂等 6 项为扩建项目外，其余 19 项均为新建项目。

苏联援建 25 项电力工程的布局和建设，是根据这一时期中国工业的分布状况而建设的。电力工业以建设火力发电厂为主，一方面配合全国重点建设，加强东北、华北、中南和华东电力工业的建设，另一方面为开发西部做准备，在西南和西北新建、改扩建一批电厂。技术政策上，强调大电力系统、大型项目和大容量机组的建设，陆续投产单机容量 2.5 万千瓦的中温中压机组和供热机组，以及单机容量 5 万千瓦的高温高压机组。25 项电力工程的建设规模是：装机容量 298.65 万千瓦，实际形成 213.65 万千瓦的生产能力，其中，“一五”时期形成 120.35 万千瓦的生产能力。

在东北地区，建设了中国第一座高温高压电厂——黑龙江富拉尔基热电厂，这是当时全国重点工程。承担施工任务的建设者克服重重困难，在苏联专家的指导帮助下闯过了装卸工具落后、严冬季节漫长、焊接技术不适应大机组需要等一道道难关，在工程中创造了“蒸汽外套法”“冬季砌砖法”“模板通气法”等一系列冬季施工法，高质量按时完成了建设任务。富拉尔基热电厂的建成投产使中国的电力工业进入了发电设备高温高压的时代，标志着中国火电建设技术水平的提高。

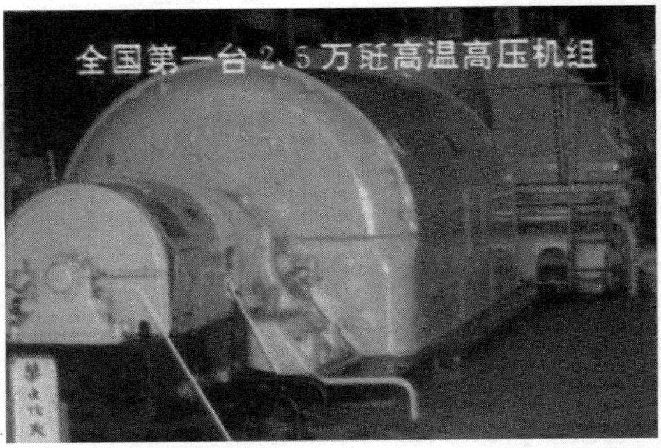

·｜ 富拉尔基热电厂安装了全国第一台 2.5 万千瓦高温高压发电机组

地处华北的北京热电厂是北京市第一座高温高压热电联产电厂，它的建成投产对服务中央领导机关，缓解首都用电紧张局面，改善北京人民生活条件发挥了重要作用。

三门峡工程是新中国成立后在黄河上兴建的第一座以防洪为主、综合利用的大型水利枢纽工程，是当时国内规模最大、技术最复杂、施工机械化程度最高的工程，被誉为万里黄河第一坝。工程由苏联电站部水电设计院设计，原建工程仅用了 4 年时间基本建成，比设计工期提前 1 年零 10 个月。但由于苏联专家对黄河泥沙淤积认识不深，工程规划工作存在严重失误，以及中国盲目迷信苏联专家，导致大坝建成后出现了严重泥沙淤积、库容迅速减少等问题，威胁到关中地区安全。工程后来只得进行改建。三门峡工程是在历代前人未能治好水患的情况下，开创性地在中国乃至世界含沙量最多的黄河上建设的第一个大型水利枢纽，历经较长时间的工程增建和改建，在防洪、防凌、灌溉、发电、供水等方面发挥了较好的综合效益，探索出了多泥沙河流水沙运行的理论，为后来兴建小浪底、三峡等大型水利工程奠定了理论基础，为中国水电建设培养了大批人才。从这个意义上讲，兴建三门峡工程具有开创性的意义。但是，三门峡工程远没有达到原规划设计的开发治理目标。当时，急于解决黄河下游防洪问题，采用高坝大库、蓄水拦沙的规划观点，对黄河中游水土保持成效的乐观估计和忽视中国人多地少的国情实际等，都是造成决策失误的重要原因，为此付出了沉重的代价。

苏联援建的 156 项工程，是新中国在工业基础极其薄弱、建设经验近乎空白的条件下，首次通过利用国外资金、技术和设备在全国范围内

三门峡水利枢纽

开展的系统性工业建设，几乎是在中国完整复制了一套苏联的工业体系，使中国迅速从一个落后的农业国进入工业国行列，为中国实现工业化奠定了基础。苏联援建中国电力工业的25个项目，使中国迅速重建或新建了一批骨干发电厂，是新中国成立后大规模电力建设的开始。通过援建工程，中国的新装火电机组单机达到5万千瓦中温中压和5万千瓦高温高压、水电机组单机达到7.25万千瓦水平，标志着中国电力建设技术的迅速提升。这些电力项目的建设和发展，为中国"一五"时期国民经济发展注入了动力。当然，苏联对中国的援建并非是无偿的，为了偿还156项工程援建的19亿美元债务，中国支付了大量的原材料、战略物资和优质的农产品，尤其是在1960年苏联撕毁协议、撤走专家、逼迫还债的时候，中国人民勒紧腰带，克服难以想象的困难，终于在1964年提前1年还清了债务。

四、列车电站，新中国建设的“开路先锋”

所谓列车电站（简称列电），就是把发电设备安装在列车上，能沿着铁路线流动到各地发电的发电厂。中国的流动电站主要是列车电站，还有少量的船舶电站、拖车电站，但习惯上统称列车电站。列车电站是新中国电力工业的重要组成部分，被誉为电力系统的“轻骑兵”，新中国建设的“开路先锋”。

新中国成立后，随着国民经济恢复任务完成，实现国家工业化成为新中国经济建设最主要的任务，随着“一五”计划的实施，大批重点项目开工建设。建设事业发展、人民生活改善，特别是实现工业化，迫切需要电力支持，需要电力工业有一个较大的发展。当时发电装机少，电网规模小，加上战争、灾荒等应急需求，更需要一种机动灵活电源的支持。为了适应这种需求，列车电站这一特殊的电力生产方式应运而生。伴随新中国电力工业的恢复和发展，中国的列电事业开始起步，并迅速发展起来。列车电站是社会需求的产物，同时也借鉴了苏联和英美电业的发展经验。列车电业局所属2、3、4、5、19、20、22、50站等列车电站，都是由英美移动发电设备和快装机改装而成。这些机组是20世纪三四十年代购进的，适应应急需要，用于流动发电。而1站则是从苏联进口，是苏联使用过的旧机组，苏联用于二战及经济建设的列车电站曾经达到百台以上。

1946年10月，国民政府经济部所属扬子公司从英国茂伟公司购进一台移动发电机组，容量2500千瓦，1947年2月运抵上海，之后安装在江苏常州戚墅堰电厂。同年10月试运，11月1日并入电网。苏南解放后，国民党空军的飞机曾两次轰炸戚墅堰电厂，为防止国民党空军飞机轰炸，这套设备于1949年12月拆迁至无锡双河尖发电所。1950年10月，燃料部电业管理总局修建局第四工程队负责拆迁这台机组，开始执行流动发电任务，成为中国第一台列车电站。这台列车电站在列车电业局成立时编为2站，又称“老2站”。老2站虽然屈居第二，但成立之初的表现令人刮目相看，最突出的是两次应急调迁发电。

一次是1952年7月上旬，由于鸭绿江水丰发电厂在大规模空袭中被炸，位于抗美援朝前哨的安东失去主要电源，老2站奉命从河北石家庄急调安东。在安东市郊八道沟就位，伪装隐蔽，取鸭绿江水为冷却水，经过7天紧急安装，开机发电，保障了空军机场、高炮部队、防空雷达等重要军事设施以及安东市用电。老2站冒着敌机轰炸的危险，坚持安全生产。为了表彰电站职工英勇卓越的贡献，燃料部特制“抗美援朝纪念章”，每人获颁一枚。

另一次是1954年7月初，在湖北武汉防汛抗洪关键时刻，老2站接到紧急调迁命令。电站昼夜兼程，开进汉口，停靠在长江边丹水池列车机务段。经过72小时紧张安装，7月10日投产发电，承担市区水泵排水供电任务。电站职工多次排除生产故障，保证安全供电，同时参加紧急抢险，直到10月8日防汛斗争取得完全胜利。在武汉防汛中，老2站获得二等红旗奖，一批职工立功受到表彰。

老2站发挥的应急作用及电站职工的不凡表现，对列电事业的发展有着重要的示范和先导作用。华东、东北、中南等地区电力部门，几乎同时开始组建列车发电厂，4台列车电站相继改装、进口，投入运行。截至1955年年底，中国已有5台列车电站投运，总容量1.3万千瓦，职工678人。而且，电力工业部已经开始考虑国外订

·| 1962年5月，列车1站奉命调往甘肃酒泉低窝铺，为核工业基地（404厂）发电

购、国内改装、自己制造列车电站的计划了。同年7月，第一届全国人大二次会议通过的国民经济发展“一五”计划，就列入“购置流动发电设备5套”，并计划增订20套流动发电设备，共6.5万千瓦。

为加强列车电站的统一管理，1956年3月，列车电业局正式成立。到1983年4月撤销，列车电业局先后拥有列车电站68台、船舶电站2台，另有拖车电站13台，总容量近30万千瓦，曾经占到全国发电装机总容量的1.9%。列车电站作为战备应急电源，曾经为中国的国防科技、三线建设、抢险救灾，为石油、水电、煤炭、铁路、钢铁、化工、纺织各个行业，为严重缺电的城市生活和农业抗旱，应急调迁、发供电力。30余年间，历经425台（次）调迁，足迹遍及全国29个省（直辖市、自治区），解决各行业用电之困难，满足各地区用电之急需，发挥了特殊的作用。

第三节 “大跃进”，电力工业历史的重要印记

“一五”计划的提前完成，极大地鼓舞了中国共产党人和中国人民的建设热情。同时，由于缺乏经验，脱离实际、急于求成的情绪滋长起来，导致了“大跃进”运动的发生。在“大跃进”的氛围下，各地区、各部门竞相修改和调高计划指标，电力工业也不例外，电力“二五”计划指标在党的八大提出的指标基础上一再“暴涨”。从1957年年底到1958年8月，9个月内指标调增了6次。“大跃进”期间，在片面追求“高速度”的同时，以高指标、瞎指挥、浮夸风和“共产风”为主要标志的“左”倾错误，使电力工业的建设、生产遭受严重损失。“二五”期间，电力工业虽然存在不少的问题和失误，但仍然取得了可观的成绩，主要表现在年发电量和发电设备容量成倍增长，电力工业技术装备的现代化水平有了很大提高，电力工业布局改变了原来偏集于一些地区的不平衡状态，基本上适应了整个工业布局的需要，也为以后的农村电气化打下了初步基础。

一、技术政策十项建议

在党的八大通过发展国民经济的第二个五年计划以前，对发展中国电力工业需要执行什么样的技术政策，电力部的领导和主管部门曾作过一些探讨。1954年，国家计委和燃料部计划司电气化工作组在苏联专家的帮助下，编制了电力工业远景发展轮廓方案，第一次提出中国电力工业应采取的技术方向。"二五"计划公布以后，电力部组织人员征询收集多方面意见，并于1957年上半年召开动力科学研究会议，综合提出了发展中国电力工业技术政策的十项建议。这些建议对以后的电力工业计划和电力建设指明了方向。

十项建议之首是"大力发展电力系统"。建议认为，要使能源得到最经济的利用，不能仅依靠建立孤立发电厂，而是要同时建设大电力系统。当时，西欧诸国已经把3000万千瓦的发电容量连接在一起。美国东部互相连接系统的总容量达8000万千瓦。苏联正在建立连接中部、南部和乌拉尔的容量达3000万千瓦的大系统，并在考虑与西伯利亚连接起来。这说明大系统是各国发展趋势。建立和发展电力系统的优点是显而易见的，比如可以允许建设大型电厂和安装大型机组，使发电厂投资降低，建设期限缩短；满足国防上的需要和增加供电的可靠性；可使系统按最经济的方式运行、提高效率、节约运行费用等。对于一些具体问题，如直流输电方式等也进行了讨论。

其次是"积极建设水力发电厂"。有关水力发电厂的优越性，当时报刊上已有很多文章进行论述，但中国电力建设依然把极大部分资金用在火电建设方面，而把水电建设推后。多建设水电，还是多建设火电，争论的焦点主要在两个方面。一个是投资问题。由于中国地形地质的特殊条件，水电厂的造价并不比火电厂高出很多。但有观点认为，水电厂的保证出力一般远比装机容量低，为了充分利用水能，必须有火电厂来辅助，这部分费用合并起来计算，水电成本就显得高了。另一个是施工时间。有观点认为火电施工时间短，可较快解决工业缺电问题，还可早一些收回成本。但持不同观点的人认为，火电建设时间短的优点在中国并不十分显著，建设水电厂也并非不可以解决工业缺电和早一些收回成本的问题。

再次是"发展高温高压及超高温超高压大型火力发电设备"。高温高压的火力发电设备，虽然投资较中压稍高，但在降低煤耗方面有显著效果，可以在短期内补偿投资增加值。使用高压高温设备还可显著减少发电厂的运行费用和人力。从技术经济比较看来，中国需要走高温高压大机组的道路。

另外七项建议分别是“结合工业需要大力建设热电厂”“必须最大限度地利用当地劣质煤，利用选煤厂洗渣及其他二次动力资源，尽可能综合利用燃料”“电厂设备自动化”“在电业基本建设中尽量采用工厂化和机械化施工方法”“农村电气化”“采用原子能电厂”“综合性意见”。

这十项电力工业技术政策的提出和讨论，不仅在编制电力工业“二五”计划中发挥了重大作用，也给主要领导干部进行了一定的思想武装，使得电力工业的发展即使在“大跃进”过程中，也没有偏离科学轨道太远。十项电力工业技术政策的研究讨论和最终形成的建议，对之后中国电力工业的科研工作起到了积极指导和促进作用。其中几项具有持续发展战略意义的电力工业技术政策，如在建立大电厂的同时要建立大电力系统，积极开发水力发电站，积极发展高温高压火力发电设备等，一直到现在，甚至在今后长远发展规划中，都能体现出其可贵的价值。

二、从“水主火辅”到“水火并举”

1958年1月11日至22日，中共中央在广西南宁召开有部分中央和地方领导人参加的工作会议。在这次会议上，毛泽东主席提出“不断革命”的思想，指出要来一个技术革命，把党的工作着重点放到技术革命上去。就是在这次会议上，提出以“水主火辅”作为电力工业的长远发展建设方针。为了实现这个方针，国务院副总理薄一波建议从组织上把水利、电力两部合起来，有不同意见在部内讨论，部内解决，统一计划、统一思想、统一使用力量、统一领导，把水电赶快搞上去。在1958年2月召开的第一届全国人民代表大会第五次会议上，薄一波作了《关于1958年度国民经济计划草案的报告》。报告提出，今后电力工业建设，应当坚决执行中共中央所提出的以水电为主、火电为辅的长期建设方针。中央有关部门应当帮助地方建设中、小型水电站。长江三峡枢纽工程，从今年起应当积极进行流域规划和勘探设计等准备工作。在组织上将电力工业部和水利部合并为水利电力部。这一报告得到大会通过。

水利部副部长李葆华、电力部部长刘澜波在会上的发言被整理成《为五年内全国初步电气化而奋斗》的专题材料，作为水利电力部党组向中央的工作报告，于 1958 年 5 月 31 日报送毛泽东并中央。

报告着重谈了水电问题："关于中国电力工业的长期建设方针，中央确定为水电为主、火电为辅，这是极其重要的决定，其意义绝不止于电力工业本身，对整个国民经济也将发生深远的影响。"报告从资源条件、综合利用和成本效益三个方面，说明了中国开发水电的特殊优势。同时指出："第一个五年计划中，水电建设得少了，固然由于当时用电急，以及电力投资的限制等原因所致，但是更重要的原因是，大家对中国水电建设的优越条件还理解不深。"报告指出，人们常在以下三个问题上抱着怀疑的态度：一是水电站的造价是不是真正便宜，二是水电站能不能很快建设起来满足用户的需要，三是我们自己有没有能力更多地建设水电站。经过第一个五年的实践，这三个问题可以作出正面的肯定回答了：水电每千瓦造价只比火电贵 10%（与容量相同的新建电站相比）；建设时间比火电一般只长 1/3；自己可以独立设计、建造各种类型的大水电站，并由国内供应大型设备。报告指出，"加速实现'水主火辅'方针的关键，在于第二个五年中水电要有一个大跃进。"

这份报告还指出，"电力工业是当前最薄弱的环节，需要更快的发展速度。电力工业一马当先的关键，在于增加足够的发电设备，在于发电设备增长的速度要大于发电量的增长。电力工业必须有一定数量的发电设备作备用，否则就必然会影响整个工业的发展。依靠地方，依靠群众，大中小并举，才能使电力工业高速度发展。"

"水主火辅"方针提出后，紧接而来的"大跃进"运动将水电建设推向高潮，一大批水电建设项目开工建设。但是，由于无视客观经济规律，给水电建设造成了灾难性的后果。对"水主火辅"电力建设方针也一度引起争论。1959 年 3 月，水利电力部党组在给中共中央的报告中阐述了自己的意见："我们认为，在全国范围，从长远打算，必须贯彻水电为主、火电为辅的方针。在今后四五年内，实际上是水电火电并举，因地制宜的，全国电力中还是火电为多。但是，在可以发展水电也应当发展水电的地方，如西南各省和华中、华南、西北许多省份，还须在水火并举的同时积极发展水电。"报告同时指出，"在安排水、火电的建设项目时，既要掌握在长远发展上水主火辅的方针，又要照顾到当前火主水辅的现实情况；既要掌握全国范围内的水主火辅，又要照顾到某些地区的火主水辅（如东北、华北）；在电网布置上，更要注意合理利用当地资源，使水、火电站充分结合。"在 1960 年的全国电力会议上，正式确定电力建设的方针为“水火并举，因地制宜”。作为电力建设方针，水电仍然保持优先发展的地位，但在水力资源缺乏而又有煤的地区，则多发展火电。至此，“水主火辅”的长期建设方针改变成了“水火并举，因地制宜”。

世界上大多数国家，特别是发达国家在电力建设中往往是优先开发水电。考虑中国水力资源开发利用的优势，党中央决定“水主火铺”方针，有其合理性和必然性。“水主火辅”方针的提出，提高了当时人们对水电作为可再生能源的认识，引起对开发水电的重视，对促进水电事业的发展，起到了相当大的推动作用。但从电力生产来说，水电与火电是相辅相成的，应当在运行上进行最适当的配置，以发挥最大效益。加之中国是一个大国，水力资源分布不均，各地区社会经济条件也有较大差距，将电力建设方针调整为“水火并举，因地制宜”，既符合中国国情，也从整体上更加有利于国民经济的发展。

三、“大跃进”时期的电力建设

“二五”计划的前三年，恰逢“大跃进”时期，电力工业也像全国各行业一样，在“鼓足干劲、力争上游、多快好省地建设社会主义”总路线的指引下，解放思想，破除迷信，计划指标不断攀升。为赶超英美，满足经济社会大干快上的电力需求，如何千方百计多增加“千瓦”容量成为当时电力工业主要任务，“多快好省”的“快”也成了工作的核心。在一片“高指标”的浮夸风中，电力工业受影响最大的是“二五”水电新增装机容量的计划指标。这个时期水电发展速度受到两个方面的影响，一个是“大跃进”，另一个是要求尽快实现“水主火辅”，两个方面都要求加快。在五年全国新增发电设备容量541.1万千瓦的指标中，水电新增129万千瓦；在新增7500万千瓦容量计划中，水电要求新增3500万～4500万千瓦。直到“二五”计划后两年，电力工业按照中央“调整、巩固、充实、提高”的八字方针进行调整，纠正了盲目追求高指标的错误倾向，形势才逐步开始好转。

1958年1月1日，电力工业部和电业工会全委会发出《关于进一步开展先进生产者运动，组织生产建设新高潮的指示》，随着全国性的反保守、反浪费运动的开展，电力工业系统开始了“大跃进”，要在15年内，同钢铁和其他重要工业产品一样，使中国的发电量也要赶上或者超过英国。

“大跃进”时期，虽然政治运动和生产运动不断，但在先进生产者红旗竞

·| 闸北电厂 5 万千瓦双水内冷发电机组

赛、学赶帮社会主义劳动竞赛等各项运动中，广大职工群众在奖金减少、生活降低的条件下，还是发挥了很大的干劲。电力建设的工地上，夜晚灯火通明，加班夜战的动人情景处处可见，许多施工的新纪录不断刷新。火电建设如上海闸北电厂，1958 年下半年安装完成第一台 6000 千瓦汽轮发电机组仅用了 5 天半时间，杨树浦电厂用了 4 天零 21 小时；望亭电厂两台 6000 千瓦机组第一台用了两天零 13 小时，第二台只用了 1 天零 11 小时。水电建设如云南水槽子电站 9000 千瓦机组安装（包括二期混凝土浇筑）全部工期 38 天；广东流溪河水电站从第一台 1 万千瓦机组发电起，5 个月时间内就将其余 8 台机组安装完毕。在轰轰烈烈的生产高潮中，涌现出了一大批先进集体和先进生产者。

"大跃进"期间，电力工业建设在跃进浪潮下高速发展。1958—1960 年，发电量从 275.3 亿千瓦·时增加到 594.2 亿千瓦·时。发电设备容量从 628.8 万千瓦增长到 1191.8 万千瓦。随着大中型水火电厂的建设和地区用电负荷的增长，电网也有了很大发展。一大批输变电工程陆续建成，至 1960 年，逐步形成了一些 110、220 千伏地区电网，其中以 110 千伏线路工程较为普遍。到 1960 年，全国连接 1 万千瓦以上装机的电网由新中国成立之初的 15 个增加到 66 个，其中超过百万千瓦的电网 2 个。110 千伏以上输电线路 15158 千米，其中主要是110千伏，达到11083千米；220千伏以上线路2845千米，占18.8%，主要分布在华北和东北地区。这些输变电工程和电力网的建成，加强了各发电厂（站）之间的联系与调度，提高了供电可靠性，扩大了电力供应的区域范围，为主要经济区域的发展奠定了动力基础。

1958—1960年，三年间中国电力建设共装机751.79万千瓦，超额完成了党的八大通过的“二五”计划的指标。但是，由于这是在整个国民经济采取了过高积累率的大环境中实现的，因此难以为继，并带来一系列严重后果。加上大规模经济建设的经验不足，许多工程盲目上马。在缺乏必要的前期工作的条件下，不执行基本建设程序，以致工程地质等方面存在很多问题。最主要的还是超过了国家财力的可能，大批工程不得不停工下马。

“大跃进”对电力工业的影响是显而易见的。在全民大办钢铁的群众运动中，电力工业在1958年的确有了很大发展，但同钢铁翻一番所带来的新形势仍然远远不相适应。为加快电力工业发展，解决国民经济部门跃进中所需的电力，不少电力企业按照党中央提出的“大中小并举，土洋结合，两条腿走路”的方针，开展了以“小洋群”“小土群”为主的全民办电运动。存在的突出问题是没有从实际出发，不按科学规律办事。在“双反”（反保守、反浪费）运动中，提出了“大破陈规，粉碎枷锁”的口号。破了许多不应当破的规章制度，使电力企业的生产管理、技术管理和经营管理受到了一次大的挫折。同时，“大跃进”时实行的“边勘测、边设计、边施工”，打乱了基建程序。在缺乏必要的前期工作的条件下，许多工程，尤其是水电项目，不顾基建程序，片面追求速度，仓促上马。上马以后才发现存在许多问题，又被迫下马，造成巨大经济损失，浪费大量人力和物力。这些工程有的后来恢复建设，有的由于无法施工而废弃，有的由于停工太久，损失无法挽回。在“破除迷信，解放思想”的指导下，加上上下左右的“压力”，提高电力设备出力这条技术措施，便完全冲破了1957年电力部通知中的规定，潜力被大大地夸大了。由于提高出力超铭牌运行，再加上规程制度与技术管理的废弛，使得电力事故连续上升，接连发生汽轮机掉叶片、隔板断裂、锅炉水管破裂、发电机绝缘劣化甚至烧毁等事故。据统计，1960年全国发电事故达到3902次，全国发电事故率达到8.84次/台，比1957年全国发电事故次数猛增10倍。超铭牌发电表面上多发了电，实际是以拼设备为代价取得的。到1960年，损坏发电设备近100万千瓦，最终得不偿失。

在贯彻落实国民经济“调整、巩固、充实、提高”的方针下，加上对电力工业发展政策的有益探索和贯彻执行《国营工业企业工作条例（草案）》（简称“工业七十条”），电力企业生产能力有所回升，有效规章制度得到恢复，安全生产形势得到了明显好转。通过填平补齐、恢复性大修、改造设备缺陷和加强管理，发电综合出力与设备健康水平有了很大提高，已有的1300万千瓦发电设备基本上达到安全满发。基建投资逐年增加，一些停缓建项目陆续复工，续建新建工程也有了很好的进展。

到“二五”末，电力工业取得的成就可以从三个方面来体现，一是发电量和发电设备容量成倍增长以及电网的发展，进一步改善了电力工业的布局，保证了国民经济发展所需的电力供应。二是电力工业技术装备的现代化程度有了很大的提高，为安全、经济生产提供了物质基础；技术经济指标有了改善，为国家节约并积累了资金。三是整个电力工业的生产建设，从设计施工、运行管理到成套设备供应，基本走上独立自主、自力更生的发展道路。

四、电业管理体制的变革

“大跃进”期间，电力工业的管理体制进行了一次重大改革。1958年2月，第一届全国人民代表大会通过决议，将水利部与电力工业部合并，成立水利电力部，任命原水利部部长傅作义为水利电力部部长。水电部成立后不久，按照管理体制改革方案进行了精简紧缩，要求减少人员，提高工作效率。按照当时的计算，部机关精减人员近50%。

20世纪50年代初期，中国电力工业的特点是电网小、电厂小、机组小、技术参数低，除东北和京津唐电网较大外，其他都属于孤立小电网、分散经营型的电力企业。燃料工业部对全国电业实行行业管理，各大行政区设区域电业管理局，统一规划和管理本地区内的电力企业，各省（区、市）政府不设专门管电的机构。1955年成立电力部后，进一步加强了专业的统一管理，结合基本建设，将较大的地方国营和公私合营以及私营电力企业划归电力部领导。

1957年下半年，中央国家机关开展反官僚主义运动，批判了机关和各级管理机构庞大臃肿、层次过多、分工过细、集中过多以及配合协作不够等缺点，要求改革体制，权力下放和精简机关。电力工业部根据国务院《关于改进工业管理体制的决定》精神，制定了电力管理体制的改革方案，经国务院批准，从 1958 年 1 月起实行。这个方案确定按省建制和电网系统组建电业局，由电力部直接领导。其主要内容是：撤销 6 个大行政区的地区（区域）电业管理局，将 25 个电业局分别改组为省电力局或供电局，将部分电力企业下放给地方政府，实行中央和地方双重领导的体制。全国除东北电网的辽吉电业局和京津唐电网的北京电业局仍然是跨省、市的电网管理局外，其他省（区、市）都设立了管理电业的专业机构——电业局。

当时认为，通过这样的调整，可以解决两个方面的问题。一是撤销了地区（区域）电业局，精简了一层中间管理机构，使电力工业部更接近于生产单位，对深入群众、改进领导、克服官僚主义和主观主义有好处；二是使企业组织的设置适应于行政建制，便于加强地方党和政府对企业的监督和领导，从组织上保证更好地实现中央关于双重领导的规定。这次改革也解决了集中和分散的统一问题，适当地扩大了基层企业的管理权限。

但这次改革也留下了一些后遗症，其中比较突出的是，撤销大区管理局以后，也相继不同程度地分割了电网。东北电网在新中国成立前已经具有雏形，下放后黑龙江成立省局，从电网分出去，东北电网只留下一个辽吉电业局。华东电网本来就是个弱联系，下放后基本上是苏、浙、皖三省和上海市各自平衡，只在高峰时少量地调剂一下余缺。最后只剩京津唐电网，因靠近中央才勉强保留下来。没有联网的地区，在规划计划上只能是以区块为主进行平衡，大大削弱了从战略布局、系统规划上合理充分地利用资源的能力。

此外，在“二五”计划结束后，水利电力部也客观地总结了第二个五年计划期间电力工业的经验教训。对“大跃进”时期“想过了头，做过了头”的情况也进行了深刻剖析和反思。在 1963 年 2 月召开的全国电力工业会议上，对中国电力工业发展的规律进行了研究探索，对电力工业的一些基本问题有了更为清醒的认识。会上提出的电力工业八个方面的问题，在后来被称为“八条经验”。这“八条经验”分别是：以安全生产为中心，保证安全、经济发供电，满足国民经济各部门的电力需要，是电力工业最根本的任务；为了适应国民经济的不断发展，电力工业必须先行一步；要多快好省地发展电力工业，还必须有一套科学地体现党的总路线的技术经济政策；以电网为单位布置电力供应基地，实行电网高度的集中统一管理，是电力生产、建设的客观要求；严格保证质量，制订适当的建设标准，遵守基本建设程序，建立一支熟练的成套的勘测、设计和施工的专业队伍，是多快好省地全面完成基本建设任务的关键；要搞好安全、经济生产，提高工程质量，必须不断地加强技术管理，严格贯彻责任制度，实行专业管理与群众运动相结合；社会主义企业必须坚持勤俭办一切事业的方针，严格实行经济核算；坚持政治挂帅，坚持群众路线，领导核心团结一致，是做好一切工作的根本保证。

“八条经验”可以说是“大跃进”后对这一时期电力超速发展现状的冷静思考。1963 年 3 月，国务院批转了水电部关于全国电力工业会议的报告，这在以往是不多见的。报告中指出的“电力必须先行一步”“水火并举，因地制宜”“电网需要高度集中统一管理”等原则问题，几乎贯穿了此后整个电力工业的发展史。这些规律的揭示与总结，为电力工业沿着正确道路前进奠定了基础。

第四节　“文化大革命”，电力工业的沉重翅膀

“文化大革命”爆发，全国呈现一种无政府主义与半无政府主义状态。1967年年初掀起的“全面夺权”，使得“层层揪斗”的“动乱”很快波及电力系统，当年全国发电量和新增发电设备容量都大幅度下降。军管会临时取代了原水电部正常的领导机构。随着“以阶级斗争为纲，狠抓战备，促进国民经济新飞跃”等口号的提出，以及一系列不切实际的“高指标”，国家用于军工及其配套项目的基本建设投资逐年增加，各主要工业部门争相提出翻番目标，重工业比重不断加大，进而导致了全国性的严重缺电局面，当时，全国33个连接10万千瓦以上装机的电网中，已有将近一半电网严重缺电。这一时期也是“三线”建设取得重要成就，推动中国电力工业合理布局的重要时期。全国电力系统广大干部职工尽最大努力抵制和克服了“文化大革命”动乱的冲击和各种极“左”思潮的干扰，使中国电力工业虽大起大落、坎坷曲折，但总体保持了较快的发展和进步。初步建成了独立的、较为完整的电力工业体系，为国民经济发展和人民生活水平的提高发挥了显著作用。

一、军事管制，“文革”特色的电业管理

1966年，“文化大革命”在全国范围内兴起，全国处于“打倒一切”的全面内乱状态，各级党组织和政府失去了应有的权威，难以正常工作。1967年年初，受上海所谓“一月革命”风暴的影响，电力系统从领导机关到各地发、供电企业纷纷掀起了“造反”“夺权”的高潮，各单位主要领导干部多数被打成“走资派”，遭到“打倒”“炮轰”和“靠边站”。面对这种情境，周恩来总理决定采取保护措施，把包括水电部副部长刘澜波、钱正英在内的数十位国务院的部长、副部长安排到中南海工字楼“避难”。

为了稳定局势，1967年7月，中共中央、国务院、中央军委、中央“文化大革命”领导小组发布了《关于对水利电力部实行军事管制的决定》，成立了以陈德三为主任的水利电力部军管会（简称水电部军管会）。水电部军管会于1967年7月11日进驻部机关。之后，各电管局、省电力局一律实行军管。同年11月，经水电部军管会和沈阳军区后勤部批准，东北电管局与东北电建局合并成立东北电力局，隶属水电部领导。同月，根据中共中央关于变更内蒙古自治区行政区划的规定，经水电部军管会批准，将内蒙古电业管理局所属的呼盟电业局、通辽热电厂、赤峰发电厂、海拉尔发电厂、牙克石发电厂、扎兰屯电厂、扎赉诺尔电厂和新牙克石发电厂共8个单位划归东北电力局领导。次年1月11日，中共中央和国务院作出决定（国发〔1970〕4号文件）：“东北电网由沈阳军区领导，水利电力部所属东北电力局作为办事机构处理日常业务”，沈阳军区设第九办公室领导东北电网。在军事管制时期，水电部原有机构撤销，人员精简下放，电力工业的管理权又一次下放给了地方政府。

水电部军管会的组建和进驻，对于尽快恢复秩序，稳定全国电力工业生产局面发挥了重要作用。这期间的军管会，积极应对各地进京冲击水电部的造反派，为维护水电部机关和各驻京单位的工作秩序，保护干部、保护工程技术人员做了大量工作，发挥了关键作用。各地电力部门和生产、建设单位的军管会或军代表，为促成群众组织的大联合和消除派性干扰，也都殚精竭虑，积极工作，促进了正常生产秩序的尽快恢复，从而基本避免了因派性斗争和武斗等可能引发的发电厂全厂停电和电网重大事故的发生。

1970 年 1 月，水电部军管会改组，陈德三主任奉命调回部队，由曾先后任南京军区装甲兵政委、工程兵政委的张文碧接任军管会主任。1970 年 4 月，水电部结束军管，由水电部革委会领导。至此，水电部军管会完成了其历时近两年半的特殊使命，除继续在部革委会任职的以外，其余人员都调回部队。

客观上，水电部军管会对电力生产建设是重视的。但由于军管会人员不熟悉电力生产建设的特点，对电力工业规律也缺乏相应了解，在全国缺电的巨大压力下，他们从片面追求发展速度的主观愿望出发，盲目追求高指标、高速度，再加上对专业技术人员不信任，盲目决策，强制提高发电设备出力，造成这一时期电力生产事故不断增加，给电力生产建设带来不良后果。

二、“三线”建设中的电力工业

“三线”一般是指当时经济相对发达且处于国防前线的沿海地区向内地收缩划分的三道线。三线地区通常是指长城以南、广东韶关以北、京广铁路以西、甘肃乌鞘岭以东的广大地区。在 1964 年 5 月至 6 月的中共中央工作会议上，毛泽东主席提出把全国划分为一、二、三线的战略布局，下决心搞好“三线”建设。之所以作出这个重要决定，是依据当时国际局势日趋紧张的情况，为加强战备和逐步改变中国生产力布局所作的一次由东向西转移的战略大调整，建设的重点在西南和西北。中国电力工业也制定了以“三线”建设为纲的发展方针，1965 年电力“三线”建设的方针是“靠山、分散、隐蔽”，进入“文化大革命”后，改为“靠山、分散、进洞”（简称“山、散、洞”），但这一变化给电力工程建设带来诸多困难与严重影响。

根据国家“三五”计划的安排，从 1966 年开始的五年中，“三线”地区的发电量要从原有的 85 亿千瓦·时增加到 210 亿千瓦·时，比 1965 年增加 125 亿千瓦·时。发电量在全国的比重要从 12.8% 提高到 19.1%；五年内，“三线”地区的发电设备容量将从 1965 年的 230 万千瓦增加到 539 万千瓦，新增发电容量 309 万千瓦，所占比重也将从 15.4% 提高到 21.7%。

在此背景下，水电部提出了五项发展任务：一是以“三线”建设为纲，供应好各行各业的需要，首先供应好国防尖端、基础工业的电力需要；二是积极备战，按“靠山、分散、进洞”的原则建设新的电厂；三是积极支援农业，在第四到第五个五年计划内，基本上实现农业电气化，70% 的耕地面积实现有电，农村用电量达到约 300 亿千瓦·时；四是大搞技术革新和技术革命，特别是设计革命和设备革命，赶超 20 世纪 60 年代的世界先进水平；五是大力开展综合利用和多种经营。

根据这个发展要求，水电部对“三五”计划期间“三线”地区的电力建设作出重点安排。在投资比例上，90 亿元电力基建投资，“三线”地区建设安排了 36 亿元，占电力总投资的 40%。根据资源情况，对“三线”地区的水电建设作了突出安排。“三五”期间水电新项目中，“三线”地区新开工的水电规模合计达到 551 万千瓦，占全国水电新开工总规模的 84.4%。在“三线”地区，为减少输煤压力，在煤矿附近安排建设了一批骨干火电厂。与此同时，全国电力行业也开展了对“三线”地区电力工业的对口支援。电力在“三线”建设中所担当的“先行官”的角色，不仅为“三线”建设发挥了重要作用，也完善了全国电力工业的结构和布局，并且为之后解决东西部经济发展差异、开展西部大开发作出了贡献。

按照“三线”建设“靠山、分散、进洞”的方针，在山区建设电源点，厂址的选择成为一个重要问题。因为发电厂生产需要解决燃料运输、输电线路架设以及水源、灰渣排放等诸多问题，与在平地不同，山区建厂只能在狭小的空间里进行，而且还要受到地质条件的极大限制，如要能防止山体塌方、滑坡，要能避免山洪、泥石流侵害等。因此，确定选址需要详尽的勘测作为依据。然而，在当年备战形势日益紧迫的情况下，许多重点项目的选址根本等不及勘测任务的完成，便匆忙开始建设。一些电厂项目靠山或入洞建设，电厂所需的燃料、交通、水源成为严重问题。这导致了一些项目建设成本过高，建成后的生产布局不尽合理，以及受环境限制而形成的其他问题。当然，出现这些情况的项目在全部“三线”电源建设项目中占比很小，但其经验教训是值得总结和汲取的。

在“三线”地区被誉为“洞府明珠”的 503 地下战备电厂，是一家保密电厂，主要为攀枝花钢铁基地提供动力。503 地下战备电厂的建设遵循“山、散、洞”的布局，在机械设备一时无法全部运到的情况下，建设者们靠着坚强的意志，历时 4 年从大山中挖出 30 多万立方米的土石方，开出了一个两万多平方米的洞室，完成了举国罕见的地下电厂工程。因建在洞中，当时，无论是从陆地上还是飞机上，人们都很难发现这座电厂。2007 年，因环保和能耗等问题，电厂关闭。2008 年被确定为区级文物保护单位。

电力设备制造业是“三线”建设的一个重要领域。从20世纪60年代中期开始，国家在经济调整时期停建、缓建的“三线”地区工程大都重新启动，并且还新建了一批项目。以生产锅炉、汽轮机、汽轮发电机为核心的中国第三个大型发电设备制造基地——四川东方发电设备制造基地，被列为“三线”建设的重点项目之一。由此中国形成了哈尔滨、上海、四川东方三大发电设备制造基地。国家从1964年年底到1980年历经了三个五年计划时期，共投入2500多亿元，安排了数千个“三线”建设项目。在“三线”建设的推动下，形成了以四川德阳为重点的产业基地，开发了一批新产品、新技术，制造的电力设备产品容量、技术等级不断提高。电力设备制造业布局有所改善。

在“三线”地区各项建设展开的时候，很多建设项目地处荒山野岭，缺乏基本生活条件，工作和生活环境极为艰苦。在这种情况下，两支特殊的队伍真正成为“三线”电力建设的“先行官”和“突击队”，它们是水电部列车电业局所辖的列车电站和奉中央军委之命于20世纪60年代中期组建的人民解放军基建工程兵水电部队。其中，基建工程兵是一个比较特殊的兵种，在部队建设上仍贯彻执行中国人民解放军的建军原则，执行“劳武结合、能工能战、以工为主”的方针，主要担负国家基本建设重点工程和国防工程施工的任务。基建工程兵水电部队则是源自地方部门“地改军”，即大量地方单位人员转入基本建设工程兵部队。水电部队在军事工作和水电工程建设方面分别接受中央军委和水利电力部领导，为水电工程建设作出了重大贡献，在“三线”建设中也发挥了不可替代的作用。1983年6月，经国务院、中央军委批准，基建工程兵水电部队移交水电部管理。1985年1月，正式转入武警部队序列，受公安部和水电部双重领导，以水电部为主。后又划归武警总部统一领导管理。

三、重点工程与省际联网

“三五”“四五”计划时期，恰逢“文化大革命”，也是中国电力工业迈上大机组、高电压等级的重要发展阶段。10万千瓦以上的高参数、大容量国产化机组相继装备电厂，逐步建成了北京高井、辽宁朝阳、江苏谏壁等一批现代化的大型火力发电厂，成为电网安全稳定的重要骨干和国民经济发展的重要支撑。水电开发的力度进一步加大，刘家峡水电站、丹江口水利枢纽工程等建成

·| 高井电厂

·| 1972 年国产第一台超高压参数 20 万千瓦汽轮发电机组在辽宁朝阳发电厂投入运行

·| 千辆独轮车苦战黄土岭——当年刘家峡水电站施工的一个场景

·| 丹江口水电站

发电，这些大型水力发电工程，在极大地改善电力能源结构的同时，有效加快了中国大江大河的科学治理，为更大规模的水利建设和能源开发利用积累了经验，奠定了基础。随着第一条 330 千伏超高压输电线路的投运，建设更高电压等级的输变电工程，满足长距离大容量电力输送的技术更加成熟，省际电力联网步伐加快，安全稳定的输变电网络架构在全国逐步形成。

（一）大型水电站建设

"文革"时期建成的刘家峡水电站，是中国第一座完全自主设计、自主制造、自主安装、自主调试的百万千瓦级大型水电站。1958 年 9 月 27 日正式动工兴建。1969 年 4 月 1 日第一台机组并网发电。1974 年 12 月，5 台机组全部投产发电。刘家峡大型水利枢纽工程以发电为主，同时兼有防洪、灌溉、防凌、养殖等综合功能，使甘肃、宁夏、内蒙古地区的灌溉面积增加到 1600 万亩，粮食每年平均增产 150 万吨；有效抵御了多次黄河洪峰，确保了黄河中下游地区的安全；使当地的养殖、旅游经济蓬勃发展，绿化面积也不断增加，取得了巨大的经济效益、社会效益和生态效益。

同样建成于"文革"期间的丹江口水利枢纽工程是治理和开发汉江的关键性工程。1958 年 9 月 1 日，丹江口水利枢纽工程正式动工兴建。十万建设者（实际在册人数高达 13 万人）分别从河南的淅川县、邓县，湖北的均县、郧县、襄阳、谷城、天门和沔阳等 18 个县的 117 个公社（乡）陆续到达工地。湖北省委、省政府把武汉市水利公司的技术干部和工人全部调到丹江口作为施工骨干力量，会同河南、湖北两省的 10 万民工，组成 8 个民兵师。水电部也把转战淮河佛子岭、梅山和磨子潭等水利工地的千余名技术干部和工人调至丹江口，组成机械师，开进工地。1959 年 12 月 26 日，丹江口工程实现汉江截流。1968 年 10 月 1 日，丹江口水电站第一台机组正式发电，这是一台从三门峡水电站调来的苏联产 15 万千瓦发电机组，也是中国当时单机容量最大的水轮发电机组。1974 年，丹江口水利枢纽初期工程的主体工程全部建成。丹江口水利枢纽是中国自主设计、自主施工，第一座集防洪、发电、灌溉、航运和养殖等效益于一体的大型水利水电工程。周恩来总理曾称赞"丹江口工程是全国唯一五利俱全的水利工程"。它的建成，为中国大型水利水电工程建设提供了极其宝贵的经验，尤其是在实践中打造了一支经验丰富、能打硬仗的水电勘测设计和施工队伍。

（二）输变电工程建设

刘家峡水电站建成时，甘肃省电力负荷不足50万千瓦，相邻的青海省不足9万千瓦。要将刘家峡的水电送至500多千米外极度缺电的陕西关中地区，发挥水火电相济、调峰节能的效益，就需要建设更高电压等级的输变电工程，才能满足长距离大容量电力输送的要求。1964年，大西北成为国家“三线”建设的重点之一。当时因甘肃的刘家峡水电厂正在建设，酒泉地区的嘉峪关正准备建设一座西北最大、年产300万吨左右的大型钢铁联合企业。因此，国家计划修建一条刘家峡至酒泉的330千伏输变电线路，并把有关技术研究列为全国重大科研项目之一。邓小平同志视察酒泉地区时，提出该项目不应放在酒泉，而应掉头向东，建设刘家峡到天水到关中（简称刘—天—关）输电线路。由此便有了中国第一条超高压330千伏刘—天—关输电线路。

1969年年初，国家正式批准把刘—天—关输变电工程列为重点建设项目，要求力争在两年内建成。同年3月，成立了由兰州军区和

青海日月山上的刘—天—关330千伏超高压线路

水电部双重领导的330工程建设指挥部，对工程的筹建、设计、施工和生产实行统一指挥。为加快建设，水电部抽调了西北、东北、西南电力设计院和电力建设研究所的设计技术人员120余人组成设计组，负责线路、变电站的勘测设计以及与设计有关的试验研究。1970年春天，工程施工全面展开。1972年5月，刘家峡和关中电网一次并网试验成功。同年6月正式投入运行。自此，陕甘青电网形成，刘家峡的水电开始送往严重缺电的陕西，使黄河上游的水电"富矿"和关中北部的煤炭资源发挥了作用，实现了水火电相济、调峰节能。陕甘青电网的形成，还使网损管理和电压管理提高到了一个新的水平，陕甘青电网成为国内经济效益、社会效益体现最为充分的跨省电网。这是新中国成立后形成的第二个跨省电网，也是第一个330千伏的跨省电网。刘—天—关输变电工程的建成，标志着中国已经掌握设计和建设超高压输变电工程技术，在制造超高压电气设备和超高压输电线路等方面都跨上了一个新台阶，代表了中国20世纪70年代输变电建设的最高成就。

从1966年开始的十多年里，随着大中型水电站及火电厂的建成和投产，供电区域逐渐扩大，同期建设的输变电工程陆续投运，全国各地电网不同程度地得到扩大和发展，电网主网结构有所加强。1967年4月，闸北至浦东变电所220千伏线路投入运行，实现了上海地区220千伏线路环网运行，提高了上海地区供电的可靠性。1967年7月，谏泰线（谏壁—泰州）投产，华东220千伏电网延伸到长江以北，形成了江苏南北电网的主要通道。1972年7月，华东220千伏电网延伸到浙江东部沿海地区，为1977年上海、杭州和常州三角单环网发展为双环网，从而建成华东电网骨干网架创造了条件。1973年4月，合肥—芜湖—南京—谏壁220千伏线路相继投入运行，由此形成了从淮南至谏壁全长378千米的"一条龙"跨省电网结构。

省域电网和跨省电网格局开始形成。东北电网已扩大到吉林省的蛟河、白城和内蒙古的赤峰。湖北、山东、广东等省的电网几乎覆盖了全省，发展为全省统一电网。京津唐电网建成了跨越京、津、唐3座城市的220千伏双环网络和220千伏环城网络，220千伏网络成为京津唐电网的骨干网架。此外，河北省的石家庄和邯峰，山西省的太原和阳泉、临汾、运城，内蒙古自治区西部的呼和浩特和包头，内蒙古自治区东部的海拉尔和满洲里，黑龙江省东部的佳木斯和鸡西、牡丹江，黑龙江省西部的大庆、齐齐哈尔，吉林省西部的白城和扶余，辽宁省的辽西、朝阳等多个地区实现了110千伏或220千伏联网。

四、唐山大地震中的电力抢修

1976年7月28日3点42分53.8秒，河北省唐山市发生里氏7.8级地震，震源深度12千米。在《世界损失最大的十次大地震排名》中，唐山大地震排为第二位，是20世纪全世界伤亡最大的一次地震，也是20世纪中国伤亡最大的一次地震灾难。唐山大地震对电力系统造成了巨大的破坏。唐山发电厂、陡河发电厂、列车电站及输变电系统遭到严重损坏。唐山地区电力、通信中断，除在迁安水厂矿区的第42列车电站还在发电外，其余发电厂都被震停机，26台发电机跳闸，受损发电设备容量110万千瓦，约占京津唐电网发电容量的30%。地震导致唐山电网全面瘫痪，唐山地区发电机组全停，全系统35千伏及以上电压等级的36座变电站中有33座被震毁，80%以上的输电线路倒塌倾覆，1724千米输配电线路倒杆、断线，通信联络中断，调度失灵。

强烈地震波及北京、天津、秦皇岛、廊坊等周边地区，京津唐电网被解列，负荷由225万千瓦下降到94万千瓦，频率高达51.28赫。唐山大地震导致唐山地区对外通信几乎全部中断，仅有电力系统载波电话仍能连通外界。这是唯一的对外联络渠道，在抗震救灾中发挥了重要作用。

地震导致唐山地区电业职工、相关单位人员及家属伤亡惨重，共死亡3782人，重伤274人。驻唐山华新纺织厂的水电部列车电业局第52列车电站，因路基塌陷，铁轨断裂，列车电站严重倾斜，部分发电设备遭到了破坏，职工宿舍全部倒塌，地震时在站职工、家属共

唐山大地震破坏情况

156人，地震中死亡104人，重伤28人，死亡率超过60%，是唐山市在地震中伤亡最多的单位之一。

电力系统的抗震救灾抢修复电关系到整个抗震救灾的重要一环。地震发生后，按照水电部的统一安排，各地支援灾区的电力抢修救援队伍以最快的速度组织起来，大多在震后的24小时以内完成了人员、物资准备，赶往灾区。这些抢修队出发前都自备干粮，食宿自理。据不完全统计，从全国赶来支援唐山电力抢修的人员，最多时达到5000多人。遵照水电部传达国务院的指示，震后抢修本着“三先三后”（先供电后发电，先简易送电后健全，先保重点供电后扩大供电范围）的方针，按照统一部署，经历了电力抢修“四个战役”。

在“电力抗震抢修指挥部”的统一指挥下，东北电管局派出的抢修队伍承担了唐山东部地区供电的修复工作。北京电管局调动了京津唐电网、保定、张家口、承德供电局以及北京送变电公司组成的抢修队伍，负责唐山南部的恢复供电工作。经过北京电管局抢修队的努力，首先修通了从唐山市最西端的玉田县变电站到唐山市贾庵子变电站的输电线路和载波电话。因为玉田县变电站到北京的220千伏输电线路没有断电，因此，具备了从北京向唐山送电的条件。经过来自各地抢修队夜以继日的抢修，15天后，先是19个110千伏变电站，之后是55个35千伏变电站陆续恢复了送电。大约一个月以后，唐山地区的供电恢复工作基本完成。

唐山发电厂和正在建设中的陡河发电厂是京津唐电网的主力电厂，在地震中受损严重，人员伤亡大，抢修难度大、周期较长。初期的抢修是在“电力抗震抢修指挥部”统一领导下开展的。唐山地区供电恢复任务基本完成后，北京电管局成立了新的指挥部，统一指挥唐山发电厂和陡河发电厂的抢修工作，在两厂职工、参建单位和各支援单位的共同努力下，唐山发电厂于当年11月发电能力达到震前水平，陡河发电厂1号机组于1978年1月修复移交生产，同年8月恢复发电。

唐山大地震期间，正在唐山市及周边的水电部列车电业局所属的列车电站，经受了严峻的考验。在伤亡惨重的情况下，列车电站艰苦自救，及时修复电源供电，迅速调迁应急供电，在抢险救灾中发挥了重要作用。

唐山大地震后，电力系统抗震救灾反应速度之快，救援队伍集结之快，供电恢复之快，受到了广泛的表扬，发挥了电力“先行官”的作用，为抢险救灾的全面展开和有效推进，提供了及时而有力的电力保障。

五、“文化大革命”对电力工业的影响

“文化大革命”十年，对中国电力工业的影响是多方面的。虽然这期间除了三个年份出现负增长或增速放缓，其余多数年份的电力生产基本能够正常开展，但“文化大革命”“左”倾思想深深地影响了人们的思想。例如，正是由于批判了“条条专政”，当电网发展开始省际联网、急需加强集中统一管理的时候，不敢下决心改变现有管理体制。正是由于多年强调“突出政治”、反对“管卡压”，当安全生产受到威胁的时候，不敢理直气壮地坚持“安全第一”“质量第一”，以至于企业管理的建章立制严重滞后，规程制度得不到严格遵守，发生问题得不到严肃的责任追究。一段时间内，曾经在“大跃进”时期被证明是违反电力生产基本规律的“一厂变一厂半”“超铭牌出力”“简易发电”等做法仍然大行其道。1975 年的全面整顿，对于电力工业的发展和电力企业的管理，是非常及时和必要的。但这一整顿刚开始不久，就因反击右倾翻案风的兴起而被迫中断了。

“文化大革命”的十年间，原来的生产秩序被打乱，与“大跃进”时期采取的手段如出一辙，甚至变本加厉，大量合理的规程制度被视为“管卡压”，大量予以缩减、修编或废除，使许多生产环节无章可循，正常的生产秩序遭到破坏。在建设路线上，提出的“山、散、洞”给电力建设带来很大的后患，给一些工程造成不可弥补的损失和浪费。

水电部军管会为解决全国缺电的压力，提出了一个更高的指标，要求 1975 年发电设备装机容量达到 7000 万千瓦，即在“四五”计划期间要求增加装机容量 4623 万千瓦，比原定的计划指标又提高了近 1 倍，比“三五”计划的实际新增装机容量增加了 4.3 倍。在这种高指标压力的要求下，除了重蹈“大跃进”年代超铭牌运行的覆辙，还传播了许多不科学的“经验”，使得生产事故不断增加，连续发生烧毁发电机、汽轮机断叶片、锅炉爆管和设备磨损加剧等事故。

自然灾害的雪上加霜，也导致对电力建设和生产的冲击。1976 年 5 月，云南西部发生两次 7 级以上强烈地震，同年 7 月，发生了唐山大地震，8 月四川松潘、平武相继发生了三次 7 级以上强烈地震。面对灾难，在党中央的坚强领导和水电部的协调指挥下，全国电力系统紧急动员起来，干部职工第一时间

赶赴灾区奋力抢修和恢复灾区供电，为震区抗灾自救提供了及时而有力的电力保障。

1976 年，全国电力系统发电设备利用小时数由 1975 年的 4147 小时下降到 3565 小时，其中火电厂下降到平均 3565 小时，为历年来最低。全年发电量 2031.31 亿千瓦·时，仅比 1975 年多发 72.9 亿千瓦·时。其中水电 456.40 亿千瓦·时，火电 1574.90 亿千瓦·时。1976 年当年新增发电装机容量 309.98 万千瓦，比上年减少了 134.35 万千瓦，其中水电新增装机减少了 37.79 万千瓦。在已投入运行的历年投产发电设备中，还有约 400 多万千瓦容量的机组达不到正常生产水平。其中由于设备严重失修而限制出力的约有 140 多万千瓦，由于设备制造质量或缺少配套设备而限制出力的约有 118 万千瓦。

“文化大革命”十年电力工业发展的实践证明，电力工业是一个资金和人才技术密集的生产行业，事关国计民生，任何时候都必须坚持“安全第一”“质量第一”，任何时候都必须坚持“尊重科学、实事求是”，离开科学精神，背离实事求是原则，必然会造成不可挽回的损失。

第五节 转折时期，电力工业蓄势待发

“文化大革命”结束到改革开放前的两年，被称为转折时期。这一时期，缺电成为国家经济发展的突出矛盾。经测算，当时全国缺电 400 亿～500 亿千瓦·时，超过年用电量的 20%。党和国家最高领导层高度重视，提出“突出抓电”口号。电力工业系统开展了一系列拨乱反正和生产整顿工作，“安全第一”“质量第一”的生产方针重新被确立，发供电单位将安全发供电作为生产的首要任务和中心环节来抓，全面实现安全、满发、经济、多供，电力工业技术经济指标得以有效改善。1977—1978 年，全国电力生产事故和电网系统事故大幅度下降，“文化大革命”以来生产事故年年上升的局面得到扭转。到 1978 年，全国各大电网相继结束低频率运行状态，恢复了正常运行。通过对基本建设领域的整顿，基本消灭了电力基建“三边”(边勘测、边设计、边施工)现象，电力工程建设投资成本得到有效控制。

一、恢复性整顿

转折时期的整顿，首先是拨乱反正，清除政治上的障碍。在思想认识上澄清了是非，明确了企业必须以生产为中心，全面和超额完成国家计划。水电部强调了坚持正确的方针政策，加快电力生产，提高供电质量，加强电网的统一管理和安全生产等重要原则和要求。在平反冤假错案和领导班子调整方面，水电部党组对“文化大革命”期间电力系统的冤假错案进行了全面复查，作出了正确结论，对被迫害的同志进行了平反昭雪。在全国各行业中较早地落实了知识分子政策，为“文化大革命”中受到错误批判和不公正待遇的工程技术人员恢复了待遇、职务，并逐步恢复了总工程师制度。水电部和各级电业主管机构、企业调整了领导班子，恢复和建立正常的生产秩序。到1979年，各发供电单位都落实了党委领导下的厂长责任制。

在电力科研方面，水电部相继恢复了电力科学研究院和水利水电科学研究院两个重要的科研机构，并在1978年5月，成立水利电力部核电科学研究所。这三个研究机构的恢复和设立，对电力工业的建设和发展起到了重要的技术支撑作用。

为响应中共中央开展创建“大庆式企业”运动，电力工业领域生产规范和规章制度得到了建立和健全。1977年，水电部调整充实了电力生产企业的生产指挥系统，建立健全了以岗位责任制为主要内容的“三规”“九制”，恢复并修订完善了“文化大革命”前制定颁布的安全生产、运行管理等规章制度。制定出台了一些新的生产规范制度，基本上实现了事事有人管，人人有专责，消除了无人负责的现象。通过开展拨乱反正、“学大庆”、企业整顿，电力系统“兢兢业业搞安全生产”的优良传统逐步恢复和发扬。1979年，开始试行以安全生产为主要内容的奖励制度，安全生产开始出现了新的局面，安全生产上的被动局面开始扭转。

现有设备整修工作也取得了较大的进展。至1976年年底，全国已有的4400万千瓦发电设备容量中，有400万千瓦发不出电。针对这400万千瓦机组的出力问题，水电部提出了“内部挖潜400万千瓦”的任务。在国家经委、建委的支持和第一机械工业部、财政部、国家物资局的帮助下，将设备整修列入了国家专项计划，及时解决了资金和设备配套问题。在1978年年底全国恢复机组出力240万千瓦，部分机组修改铭牌核减出力33万千瓦，发供电设备完好率达到了90.8%。随着设备状态的提升，发电设备平均利用小时数逐年提高，电网频率、电压恢复正常，水电站也逐步恢复正常运行。

通过一系列的企业整顿，抓生产、抓安全、抓质量等措施、规章制度的落实，电力工业的技术经济指标在“文化大革命”后有了一个恢复性的改善。电力系统54%的单位的各项技术经济指标达到或超过了历史最好水平。一批电力企业建成了“大庆式企业”，一批电力单位被国务院授予全国先进企业称号。

二、“突出抓电”，转折时期的特殊使命

“文化大革命”结束后，在全面加快国民经济发展的背景下，全国缺电情况严重，一方面是电力工业产能不足和无法充分发挥，另一方面是用电领域的严重浪费和需求的急速扩大。电力工业部经过对全国缺电的定量调查，全国各地反映 1978 年缺电合计达到 523 亿千瓦·时，占当年实际发电量的 20.6%。

电力的严重短缺成为制约经济发展的突出问题，引起了党和国家领导人的高度重视。1977 年 9 月 11 日，中共中央主席、国务院总理华国锋召集李先念、纪登奎、余秋里、谷牧等国务院领导和有关部委研究加快经济发展速度问题，花了 5 个小时的时间研究电力问题。在讨论加快电力发展问题时，华国锋指出：“对近期计划，国民经济中电力不足，成为比较突出的问题。……就是要下决心把电和相应的突出一下，……把电搞上去，近期要突出这一点。今年初见成效，三年大见成效，我的意思要突出抓电……”同月，华国锋在召集国务院领导和有关部委负责人研究加快经济发展速度时，再次强调，要把电力作为突出矛盾抓上去。1977 年 10 月 26 日，华国锋等中央领导用了 8 个小时的时间听取水电部汇报。华国锋在听取汇报后作出的指示中明确指出“电的问题，在三年大见成效中还是个薄弱环节……三年大见成效，一定要电大见成效”。

为配合大型电站的建设需要，各大区成立了电力规划领导小组，加强了选厂和规划工作，水电部从国外引进了一批大型先进施工机械。“五五”期间，新增火力发电装机容量 1413.88 万千瓦，超过历次五年计划的水平，创历史最高纪录。新增 110 千伏线路里程，年均增速为 21.4%。全国发电量从 1975 年的 1958.4 亿千瓦·时增长到 1978 年的 2565.5 亿千瓦·时，年均增长率为 9.4%。全国发电设备容量由 1975 年的 4340.60 万千瓦，增长到 1978 年的 5712.21 万千瓦，三年净增 1371.61 万千瓦，年均增长率为 9.6%。

1977 年 11 月，国家计委在全国计划会议上提出《关于经济计划的汇报要点》，建议今后 23 年（1977—2000 年）经济上要打几个大战役。1977 年下半年，国家计委编制的国民经济发展《二十三年设想》中，再次提出规划建设 30 个大电站基地的初步计划。1978 年 2 月召开的五届全国人大一次会议上，国务院总理华国锋在政府工作报告中正式提出，国家计划新建和续建 120 个大型项目，主要是基础工业和交通领域的大项目，其中包括 30 个大电站，总装机

容量将近 4000 万千瓦，大体相当于 1975 年年末全国发电装机总容量的 90%。其中，20 个水电站，总规模 1760 万 ~ 1799 万千瓦，要求 1985 年前投产 1112 万千瓦。8 个火电基地，共 19 个电厂，总规模 2055 万千瓦，要求 1985 年前全部投产。2 个核电站，未确定具体的项目。与此同时，国务院在酝酿“五五”计划后三年和“六五”时期外贸和引进时，大幅增加了成套设备、单机、技术专利的引进规模，其中要进口 1 套 60 万 ~ 90 万千瓦的核电站，争取新增发电能力 100 万千瓦，并进口一批先进的大型施工设备，加快电站的建设速度。

“文化大革命”结束后的三年多时间，电力建设的指导思想受到“高指标”“高计划”的影响，规划计划上有发热倾向，提出了一些超出当时建设能力的高指标，但由于历史欠账较多，原材料和建设能力跟不上，实际开工的项目有限。这一时期，国民经济总体冒进，在各行业用电增长较快的大背景下，电力工业虽然快速发展，但用电需求增长也快，本来供不应求的电力工业实际上还是“旧账未还完，又欠新账”，导致全国缺电的局面更为严重。

针对严重的缺电问题，1977 年，中共中央特别强调了要加强节约用电和严格执行计划用电，明确提出“从今年开始，对煤、油、电的供应，要像口粮一样实行定量供应”和“电力部门要按照重新核定的电力消耗定额和生产任务供电”的要求。1978 年 1 月，国务院批转国家计委等部门《关于燃料、电力凭证定量供应办法的通知》，从 1978 年二季度开始，所有工矿企业、事业、人民公社、机关、部队各单位用电一律实行凭电证供电制。电证由各地工交部门责成“三电”办公室（计划用电、节约用电、群众办电办公室）颁发。电力工业在节约能源方面，一方面是通过开展增产节约运动，有效降低煤耗和线损；另一方面是开展“油改煤”工作，节约石油资源。

转折时期的电力工业建设，虽然规划、投资建设规模比较大，但主要还是集中在“文化大革命”时期开工建设的一批重点电源项目的继续建设上，如天津大港发电厂、唐山陡河发电厂、元宝山发电厂、潘家口水电站和贵州乌江渡水电站等，新开工建设的较大规模电厂是青海龙羊峡水电站。这时期的电力工业基本建设投资增长较快，1978 年当年新开工、扩建、复建的发电工程规模达 868 万千瓦，在建工程规模达到 2799 万千瓦，创历史最高值。电力工业投资规模居国民经济各部门财政投资规模第一位。1978 年，中国发电装机容量和年发电量排名居全世界第八位，列美国、苏联、日本、联邦德国、加拿大、英国、法国之后。

·| 天津大港发电厂

·| 20 世纪 80 年代初的元宝山发电厂

·| 黄河梯级开发的龙头电站龙羊峡水电站

在电力科技发展方面，通过自主研发攻关，在大电网调度控制装置和 500 千伏输电设备上取得了技术上的突破。

经过“文化大革命”后转折时期电力工业的整顿和发展，特别是“突出抓电”的发力与积累，为随后到来的改革开放奠定了扎实的基础，中国电力工业发展的黄金时代也随之到来。

第三章 凤凰涅槃——体制释放的巨大能量

1978年12月召开的中国共产党第十一届中央委员会第三次全体会议，决定把全党的工作重点转移到经济建设上来。中国改革开放的大门由此打开，一个改变国家和民族走向的黄金时代喷薄而出。随着经济社会开始全面复苏，经济发展需要“电力先行”，面对改革开放初期全国普遍性缺电的局面，国家确立了电网统一集中管理的体制，确保了电网安全稳定运行。电力工业以改革为引领，以创新为驱动，全面加快电力基础设施建设，持续扩大发电装机规模，积极发展跨省区大电网，实施城乡电网建设与改造，显著提高城市安全可靠供电能力和农村民生用电保障能力，长期以来严重缺电的局面在1996年以后基本得到缓解。中国电力工业形成了改革促发展的局面，投融资体制改革、管理体制改革、农电体制改革和法制化建设稳步推进，规划设计体系、基本建设管理机制、环境保护机制、重大技术发展和装备研发、安全标准等领域逐步与国际接轨，电力工业迈上跨越式发展之路。

第一节 大门打开，电力工业征途辽阔

在“调整、改革、整顿、提高”的“新八字方针”指导下，电力工业发展从“文化大革命”后“突出抓电”的快速发展转入了调整时期。党中央、国务院确立了“电网统一集中管理”“管电力就是管电网”两条政策，明确了发展大电网、推动全国联网的电网发展方向，强调了电网安全稳定运行在全国电力工业生产中的重要基础性作用。“电力要先行”重要战略得到确立，为“六五”“七五”期间电力工业“以改革促发展”创造了政治条件。在此基础上，电力工业体制机制改革得以快速推进，大大加快了电力工业的发展，尤其是促进了电源建设的快速发展，全国性的缺电问题得到逐步缓解。

一、国家电力主管部门的变迁

电力工业是我国工业部门中体制变化最频繁、最复杂的一个部门。从新中国成立初期开始，电力管理部门经历了军事管制、燃料工业部、电力工业部、水利电力部、电力工业部、水利电力部、能源部、电力工业部等八次大的变革，先后两次成立水利电力部，三次成立电力工业部。国家电力主管部门几经变化，一方面可看出国家对电力系统的重视，另一方面，也在不断探索最适合中国电力工业管理体制的道路。

1979年2月，经全国人大常委会批准，国务院撤销水利电力部，分别成立水利部和电力工业部，由刘澜波任电力工业部部长。这次水电分家的主要原因是为了加强对电力工业的统一集中领导，落实“突出抓电”的方针，加快电力工业的发展。这是继1955年国务院首次设立电力工业部之后，第二次设立单独管理电力工业的部门。电力工业部（简称电力部）代表国务院行使对全国电力工业的行业管理权限，自1979年设立后，对加强电力工业的管理，尤其是在强化电网统一集中管理、进一步拨乱反正与整顿和恢复生产秩序、完善和调整电力工业内部比例关系等方面都发挥了重要作用。电力部在改革开放初期，有力地推动了电力工业和电网的统一集中管理。

但这个过程不长，1981年12月，五届全国人大四次会议通过了《国务院机构改革的报告》，1982年3月8日，五届全国人大常委会第二十二次会议通过了《国务院机构改革的决议》，决定对部分经济管理部委进行调整，水利部与电力部合并成立水利电力部。这是继1958年国务院首次设立水电部后，第二次将分设的水利、电力两部合并。钱正英任部长、党组书记，李鹏任第一副部长、党组副书记，从副部长、司局长到一般工作人员都进行了精简。还按照干部“四化”的原则，选拔了一批比较年轻的干部进入各级领导班子。

管理体制改革是一个不断探索和调整的过程。在中央政府层面，有意识地将管理煤炭、电力、石油天然气等能源工业的部，合并成能源部，以促进能源工业的政企分开和基层的企业化改造。1987年4月，七届全国人大一次会议通过了国务院机构改革方案。为了统筹管理和开发能源，对能源工业实行全行业管理，调整能源结构，加快能源建设，对包括电力工业在内的能源工业管理部门进行了较大幅度的改革。撤销了煤炭工业部、石油工业部、核工业部，成立能源部，水利电力部中的电力部分划归能源部。黄毅诚任能源部部长。

新组建的能源部是国务院统管全国能源工业的职能部门。主要职责是拟定能源工业的方针政策和战略布局，搞好综合平衡和宏观决策；促进能源的合理利用和开发；拟订有关的法规、条例和经济调节政策，监督、协调生产建设，提高经济效益；拟订技术政策；协同国家计委推动社会节能和能源的综合利用。能源部的成立及相关机构的调整和电力工业其他机构的配套改革，是中国电力管理体制上一个较大的突破。能源部的职能定位，突出了政企分开，转变职能，下放权力，扩大企业自主权，从过去的水电部（电力部）直接管企业，转变为能源部“四管三不管”，即管政策、管规划、管服务、管监督，不管企业人、财、物。能源部的成立，在中央政府层面迈开了电力工业“政企分开”的步伐，是电力工业管理体制改革的重要一步。

电力工业的“政企分开”改革，一方面是网局、省局的企业化改造；另一方面是电力工业行政主管部门的职能转变。1988 年，在能源部成立后，电力行业管理方面的部分职能从行政部门剥离，成立了电力行业的中介和自律管理组织——中国电力企业联合会（简称中电联）。

1988 年 9 月，能源部向国务院办公厅和机构改革办公室上报了《关于组建中国电力企业联合会的报告》。1988 年 11 月，《国务院办公厅关于组建中国电力企业联合会的复函》下发，批准能源部组建中国电力企业联合会。国办复函中明确中电联的性质定位是“全国电力行业企事业单位的联合组织，是非营利的社会经济团体”，主要任务是“为电力企业服务并协助能源部加强对电力行业的管理，在政府和企业事业单位之间发挥桥梁、纽带作用，成为企业的好参谋和政府的得力助手。”此后十年间，中电联一直作为事业单位，先后由能源部和电力工业部归口管理，受主管部门委托或协助承担一部分行业管理服务工作。

二、电网统一集中管理

改革开放初期，电力工业发展的一个突出问题是电网管理体制、管理水平与电力工业的发展水平和规模不相适应的矛盾日益凸显。长期以来，由于对电网发展规律缺乏认识，电网发展缺乏规划，加之“文化大革命”的干扰破坏，致使输变电建设赶不上电源建设，电网的发展既跟不上电源建设，也不能满足用电需要。随着以 220 千伏网架结构为主的省网和跨省联网的大电网逐步形成，“文化大革命”期间形成的由各省（自治区、直辖市）管理电网的做法已成为电力工业发展的一种阻力。此外，调相、调压、继电保护、通信、远动等设施赶不上输变电建设，电网运行管理还不健全，造成很多电网结构薄弱，经不起风吹草动，并导致 1970 年后的 11 年间，电网稳定破坏事故大大增加，改革开放后，事故仍然不断发生。其中，220 千伏电网稳定问题突出。在较为严重的缺电形势下，电力工业作为现代化大工业，已逐步进入大电网时代，却不能有效地发挥大电网的规模优势。针对电网这一电力工业生产和发展的关键，中共中央、国务院从管理体制上作出电网实行集中统一领导的决定，电力部通过抓电网稳定运行，有效地促进了电力工业的恢复与发展。

1980 年年初，中共中央副主席、国务院副总理李先念在会见全国电力工作会议代表时，就加强电网的统一管理，他表示："国务院要下命令，能联网的都要联网，要把这个问题解决好。这是先进的办法，科学的办法，要把电网统一到部里来管。不联网是个体经济办法。陈云同志从医院打电话要我向大家传达，电网要扩大，能联网的都要联网。电网要统一管理，由电力部领导，一定要坚持这一条。"随后，国家经委党组提出了"跨省区的和一个省区范围内的电网由电力部统一管理，电力由国家统一分配供应"的意见，形成了由电力工业部统一管理电力工业和电网，由国家经委分配电力的格局。同年，为进一步完善电网集中统一管理和扩大企业自主权，增加网局权力，电力部颁布了《关于加强跨省电网集中统一管理的若干规定》，就跨省电网的计划管理、生产调度管理、电力分配、燃料和物资管理、财务管理、劳动工资管理等方面的工作，作出具体明确的规定。

在电网逐步扩大，区域联网逐步形成的基础上，按照党中央和国务院的要求，为集中电网的统一管理，从 1980 年 1 月至 1985 年 2 月，电力部（水电部）陆续成立了西北、华北、华中、西南电管局和华南电网办公室，加上原有的东北电管局、华东电管局，初步建立起了几大区域电网管理机构。随着电网建设的加快，这一时期，逐步形成了东北、华北、华东、华中、西北五大电网的格局。

1979 年 8 月，华东电业管理局回归电力工业部领导，管辖上海、江苏、浙江、安徽三省一市的电力工业和电力建设。同年，电力工业部开始了华北电力体制的改革试点，对电网进行统一管理。到 1980 年 1 月，华北电业管理局（兼北京电力工业局）成立，下辖天津市、河北省、山西省电力工业局，并对内蒙古自治区电业管理局实行行业管理，统一管理华北电网。华北电业管理局既是电力工业部派出管理华北地区电力工业的机构，又是经营华北电网的经济实体。1981 年 9 月，河北省石邯电网与山西电网实现联网运行。至此，京津唐电网、石邯电网、山西电网联成一个跨两省、两市的华北电网。

1980 年 1 月，在陕甘青三省联网的基础上，西北电力管理局成立，统一管理陕西、甘肃、青海、宁夏三省一区的电力工业，代行陕西省电业局的职能，并成立西北电力建设局，统一领导三省的电力建设工作。1980 年，西北电管局组建黄河上中游水量调度委员会办公室。1983 年，新疆维吾尔自治区电力工业局划归水电部，纳入西北电管局管理。1985 年 11 月，宁夏电网与西北电网主网连接。

1979 年 5 月，河南、湖北两省电网联网运行，形成了华中电网主网。1980 年 5 月，华中电业管理局正式成立，管辖河南、湖北两省的电力工业。1982 年 1 月，湖南、江西两省电力工业局上划归电力工业部，由华中电管局管理。1983、1984 年，湖南、江西两省电网并入华中电网。

1981 年 5 月，西南电业管理局成立，管辖云南、贵州、四川三省电力工业，并在四川省设立川东、川西、川南、渡口 4 个电业局。1982 年 3 月 2 日，贵州电网与四川省并网运行。

1982 年 3 月，广东、广西两省区电网联网，广西向广东送电。1985 年 2 月，华南电网办公室在广州成立。该办公室既是水电部派出机构，也是此后成立的华南电网领导小组的常设机构。

“文化大革命”结束后，各省、自治区、直辖市的水利电力厅（局）陆续分设水利局和电力工业局。新设立的省级电力工业局，陆续上划电力工业部（水利电力部）领导。各省局既是电力部的下属企业，又是本省的电力行业行政管理部门，实行以部为主、部省双管的体制。上划电力部（水电部）的省电力工业局，其管理的省级电网属于区域大电网范围内的，由电力部（水电部）委托各大电管局管理。原属各省管理的，省网未联入区域大电网的，如山东、福建、广西等省（区）电力局由电力部（水电部）直接管理。1982 年 3 月，福建省电力工业划归水电部，成立水电部福建省电力工业局，管辖省内电力工业生产和建设工作。1984 年 9 月，经国家经委批准，广西壮族自治区电力工业划归水电部，实行以部为主，部、自治区双重领导的管理体制。考虑到中央已批准了广东省实行特殊政策和灵活措施，广东电力工业未上划电力部统一领导，而由广东省政府管理，重大电力项目建设，按照相关规定由国家计委、国家建委、水电部等部委审批。1983 年 5 月，广东省电力工业局改名广东省电力工业总公司。1984 年 3 月，广东省政府决定恢复广东省电力工业局名称，并与广东省电力工业总公司并存，实行一套机构、两块牌子的管理体制，既是电力工业经济实体，又是负责对全省电力工业实施行政管理的机关。到 20 世纪 80 年代中期，除广东、内蒙古、西藏外，全国各省、自治区、直辖市的电力工业局都实现了由电力部（水电部）领导，或部委托网局领导的集中统一管理格局。

三、企业管理，为有源头活水来

“文化大革命”结束，经过拨乱反正等一系列整顿，电力工业生产秩序和经济技术指标有所恢复，但电力工业与国民经济其他门类间的比例关系失调问题并未得到改善，缺电反而更加严重，电力工业成为国民经济中的突出薄弱环节。电力工业内部也存在比例失调问题，主要体现在规划和前期工作被严重削弱，制约建设发展。水、火电比例长期没有改善。电力建设投资不足，电力设备陈旧且更新难。发电厂内部公用系统和设施不配套，影响生产。输变电建设落后于发电建设。配电网、农村电网发展和供电服务不能满足需要。电网调度现代化水平低，经济效益发挥欠佳。电力供应紧张和能源利用效率低并存。

电力工业部认真分析了以上情况，多次向中央及有关部门报告了电力工业存在的问题，受到了中央的重视。电力工业在国民经济中的比例失调及其严重后果，逐步为越来越多的人所认识，加强电力工业管理也受到越来越多人的支持。随着国民经济的调整，通过政策调整、体制改革、企业整顿、加强前期工作、强化节约用电和用电管理等，电力工业发展的效益有了显著提升。

1979 年 4 月，中央工作会议召开，会议对电力工业的整顿和发展提出了要求，“电力要搞好原有设备的配套和完善化，在积极发展火电的同时多搞水电。要认真搞好水电站建设的勘察设计，做好水力资源综合利用的规划。建设条件具备的水电站，要立即组织力量，尽快上马加快施工。农村有条件的地方，要大力发展小水电。”同时，会议还要求调整电力供应的保障重点，向轻工业、出口外贸、轻纺工业倾斜。要求各行业都要节约用电，实行更加严格的计划用电政策，“必须采取最严格、最有效的措施，节约能源，杜绝浪费。所有企业，都要按照历史最高水平，实行定量凭票供应煤、电、油，并且在这个基础上再努力节约百分之五”。会议还强调，要坚决压缩基本建设战线，使建设规模同可能供应的燃料动力、原材料、设备和资金相适应。中央工作会议为国民经济调整时期的电力工业发展确定了原则和基调。

随后，电力工业部组织召开全国电力工作会议，重申了新中国成立后 17 年电力工业发展中所提出的一系列正确原则，如“水火并举，因地制宜”“大中小并举，以大型为骨干”，有条件地发展“大机组、大电厂、大电网”“电网集中统一管理”“安全第一”“质量第一”等，会议就贯彻落实“调整、改革、整顿、提高”的新八字方针进行了讨论，并制定了详细方案。

自1979年起，电力企业开始进行内部改革的初步试验，首先进行的是扩大企业自主权试点。试点工作从增产节约入手，各省电力工业局和发电、变电、送电、供用电各个单位在服从对国民经济的、社会的、全网的最大经济效益前提下，都必须千方百计地降低劳动消耗，在增产节约的基础上，企业可以提取一定数额的利润留成，职工个人可以得到一定数额的奖金，这种做法调动了企业和职工的积极性。通过实行多种形式的经济责任制，明确了各级责、权、利的关系，体现了“按劳分配、多劳多得”的分配原则，促进了企业由生产型向生产经营型的转变，调动了企业和职工的积极性，增强了企业的活力，推动企业扭亏、挖潜，提高经济效益。

1982年1月2日，《中共中央、国务院关于国营工业企业进行全面整顿的决定》发布，中央决定用两三年时间，分期分批地对所有国营工业企业开展全面整顿工作。这次企业整顿的重点是提高企业经济效益，解决国家财政困难问题。水电部根据中央精神，结合电力企业的特点，明确了整顿的指导思想，即在坚持“安全（质量）第一”方针的前提下，以提高经济效益为中心，进行综合治理，全面整顿，保证安全和经济、企业的经济效益和社会的经济效益相统一。通过几年的整顿和企业升级工作，电力工业企业生产管理效益、干部职工精神面貌、安全生产局面发生了明显好转。从“工业学大庆”运动到全面的企业整顿，电力企业的整顿工作从初期恢复正常的生产管理秩序、恢复安全生产管理规章制度，逐步转变到强化生产指标管理，改善企业经济效益，并开展覆盖生产、经营、管理等环节的改革。电力工业企业从着重抓安全生产到抓安全和抓经济效益并重，这在中国电力工业企业发展的历史上是首次。

20世纪80年代后期，在全民所有制电力企业管理层面，提高企业效益是改革发展的核心，改革上主要是落实扩大经营自主权和承包经营责任制，“七五”计划期间，国家将电力部门作为七个包干的部门之一，实行企业承包经营责任制，并配套开展了人事、劳动、工资三项制度改革。通过经营管理方式的改革，改进电力企业经营机制，增强了电力企业活力。电力企业经营承包责任制和工资制度改革中，实行了万千瓦时售电量工资含量包干及物质消耗挂钩考核，实现了企业工资制度和工资计划管理体制的根本性改革。在落实国家关于国营企业和全民所有制企业整顿的各项要求中，“七五”“八五”期间的电力企业管理方面开展的主要活动有企业升级活动、全国发电厂治理整顿工作和“安全、文明生产创水平达标”活动。能源部成立后，组织开展“安全、文明双达标”活动，作为提高电力企业管理水平的重要办法。通过开展“安全、文明双达标”活动，电力企业，尤其是火电厂的安全生产水平、技术经济指标、管理水平、厂容厂貌有了很大改善。达标的电厂都能做到干净整齐、无泄漏、安全满发，电厂锅炉零米、汽轮机零米等地方干净整洁，杜绝了有水、有泥、有油的现象，管理水平基本上达到了日本电厂的水平。

第二节　“电力要先行”，电力工业方针政策的重要转变

经过4年时间的国民经济调整，电力工业发展内部关系比例和生产管理领域积累的问题得到了较好的调整。1982年前后，国民经济进入了全面快速发展的时期。这一时期，面对着更为严重的缺电局面，仅通过挖潜增效和控制需求的手段难以平衡供用电矛盾，加快电力工业投资建设力度势在必行。在政策层面，中共中央确立了“电力要先行”的战略。在制定“六五”计划和“翻两番”的规划期间，电力工业发展的速度、重点电力项目建设成为事关“翻两番”如期实现和国民经济长期发展的重要战略性问题，电力工业被置于能源建设和基础设施建设的突出位置。

一、势在必行，电力改革重要政策调整

“六五”计划开始后，电力工业的建设规模虽然有所提高，但电力工业的发展速度追不上国民经济发展的速度，缺电现象持续加剧。一些地区不断发生煤炭告急的现象，电力供应紧张的状况有增无减。到1984年，全国缺电量已达450亿～500亿千瓦·时，电力缺口达1200万～1400万千瓦。东北、华东、华北、华中以至西南等电

网，拉闸限电现象十分严重，不少工厂只能“停三开四”，严重影响了经济发展和人民生活。按照“六五”计划规定的投资建设规模，年发电量增长赶不上国内生产总值增长，电力弹性系数[1]只有0.64，缺电情况进一步加剧。

随着缺电形势日益严峻，如何加快电力工业发展成为中共中央、国务院领导经常过问、反复研究的重要问题。1981年10月，邓小平在中央政治局扩大会议上提出“建议国家计委和管理经济的同志，立即准备一个能够在‘七五’计划时期、‘八五’计划时期发挥作用的骨干工程的单子，包括利用外资、筹集内资，也包括劳动力投资。骨干工程包括动力、能源，特别是水电、交通”。1983年12月22日，邓小平在听取经济情况汇报时指出：“电力建设一定要超前一些。经济发展，现在快点慢点并不重要，问题是有没有后劲，为以后准备得怎么样。”

1983年9月7日，水电部党组向党中央、国务院提出《关于提高电力投资比重的报告》，报告再次重申了电力必须先行，建议把电力投资占基建投资比重，从9%左右提高到15%左右。这个报告引起了中共中央主要领导的重视，于9月20日在报告上批示：发展电力问题，要有两篇文章，而且同等重要，一篇是提高电力的投资比重，另一篇是要降低建设造价，选择最优方案，缩短建设周期。

1984年8月，中共中央、国务院在北戴河召开会议，研究电力工作，再次强调了“把电搞上去”，特别强调了“集资办电、大家办电”“统一电网、统一调度”，更多地运用“经济办法”来管理电力和电网。同年12月，国务院副总理李鹏组织召开利用外资加快电力建设的会议，决定进一步扩大利用外资的规模和实施方法。同月，李鹏还组织召开了电力工业体制改革座谈会，就打破一家办电，积极开展集资办电、大家办电，统一并分级管理电网，实施政企分开、扩大企业自主权等问题进行讨论。

1985年3月，水电部党组向党中央、国务院上报《关于根本改革电力工业体制的建议》，提出“电力工业的根本改革必须为自我发展所需的资金找到出路”“按照对内搞活、对外开放的改革方针，电力工业也必须从独家办电、统收统支、统管、统分、价格背离的僵化模式中解脱出来。从长远看，电力企

---

[1] 电力消费弹性系数是指一段时间内电力消费增长速度与国民生产总值速度的比值，用以评价电力与经济发展之间的总体关系。

业应成为自主经营、自负盈亏、具有自我改造和自我发展能力的经济实体。国家在政策、法令、税收、信贷、价格上给予优惠，使电力企业有充分的自主权，真正能够搞活。”另外，还附有草拟的《鼓励集资办电的暂行规定》（送审稿），请求审批转发实施。尽管当时对市场经济还处在初步认识阶段，但提出的电力工业改革思路基本符合市场经济原则。1985 年 12 月，水电部党组向中共中央财经领导小组提交了《关于电力工业当前问题的报告》，深入分析了严重缺电的原因，指出了投资建设规模不够是电力工业发展不能满足国民经济和社会需要的根本原因，并就进一步加大电力工业投资和筹集资金等问题提出了设想。

至此，“电力要先行”已经水到渠成。1986 年，国务院成立了以李鹏为组长的电力体制改革小组，组织研究电力工业体制改革，核心是通过电力工业体制改革加快电力发展。1987 年 8 月，国务院在北戴河召开多次会议，研究缓解电力供应的问题。国务院领导提出，电力工业的发展要贯彻大中小结合，近期与长远兼顾的方针，千方百计多安装一些机组，多发一些电。在党和国家领导人的决策下，中共中央、国务院对电力工业发展作出重要政策调整，从“节约与建设并重”，逐步过渡到了“电力要先行”，将电力工作为能源交通建设的中心，突出电力建设。针对加快电力建设巨大的资金缺口，陆续出台了一系列改革措施，打破“一家办电”的局面，大力推进“集资办电”。

二、计划用电，一个时代的产物

计划用电是计划经济时代的产物，但在电力短缺的特定历史时期发挥了重要作用。在改革开放初期的国民经济调整中，节约能源、节约用电是调整国民经济比例关系的措施之一。1980 年 2 月，《国务院批转国家经济委员会、国家计划委员会关于加强节约能源工作的报告》指出：近几年工业生产增长所需要的能源，必须主要靠合理利用和节约来解决，以节能求增产。在这一导向下，相继出台了更为严格的用电管理政策，按照国家产业政策安排和分配各行业、各部门的用电指标，实行“有保有压”，将有限的资源分配到保证群众生活、重点行业、企业生产方面。随后，由国家经委牵头，进一步强化了用电计划管理，突出了产业政策方面的差异。

为加强用电管理，节约用电，提高电能利用率，1981 年 4 月，国务院颁布《国务院关于节约用电的指令》，就节约用电提出了明确的要求：严格实行定量用电，严格控制使用电热设备；实行择优供电；调整用电负荷，实行均衡用电；节约生活用电；更新改造用电设备；合理配置电器设备；减少无功电耗；加强电网经济调度；挖掘无功潜力；整顿改造农村电网。

即使采取如此严厉的计划用电措施，但电力缺口依旧有增无减。1982 年 5 月，更为严苛的管理办法出台，《国务院批转水利电力部关于按省、市、自治区实行计划用电包干的暂行管理办法》（简称《办法》）发布。《办法》规定，电力部门按照国家计划发电、分配电；各省（自治区、直辖市）实行计划用电包干，省级经委负责本地区电力分配，电力分配要首先保证国家下达计划内的产品、产量的用电；限制耗能高的产品生产和出口；实行择优供电；耗能高的产品转移地区生产；加强电网调度纪律；调整电价；部分企业实行季节性生产。

实行计划用电包干后，各级地方政府加强了以“三电办”为核心的用电管理机构。各地电业部门在当地经委指导下，进一步加强各地“三电办”的建设，已经撤销的重新建立，与电力部门实行一套人马、两块牌子，对外称“三电”办公室，对内称用电管理部门，并将“三电”工作的重点从“计划用电、节约用电、群众办电”逐步调整为“计划用电、安全用电、节约用电”。跨省电网对各省、自治区、直辖市按照电网领导小组商定的分电比例分配用电量和用电负荷。各省（市、自治区）内的电力分配由省、（市、自治区）经委负责，经委对电网分配的用电指标进行综合平衡，包干使用，用完为止。

缺电不缺服务。1981 年 9 月 18 日，电力部召开全国供用电电话会议，号召全国电力部门广泛开展为用户服务的教育活动，树立全心全意为用户服务的思想，把整个供用电工作置于人民群众的监督之下。针对个别单位少数职工供电服务中的不正之风问题，再次颁发了包括遵纪守法、钻研业务、用户至上、礼貌待人、办事认真、执行规定、不徇私情、接受监督等八项内容的《供电部门职工服务守则》。这是全国电力行业第一个真正意义上的服务守则。

三、鲁布革冲击，思想解放的里程碑

鲁布革水电站坐落在滇东罗平县和黔西南兴义市交界的深山峡谷中，装机容量 60 万千瓦，多年平均年发电量 28.49 亿千瓦·时，是南盘江左岸支流黄泥河梯级电站的最后一级，其下游与南盘江干流的天生桥一级水电站水库相衔接。工程采取高坝、长引水道的混合式开发，为高水头地下式发电站。

鲁布革工程的筹建工作，始于20世纪70年代末，在国家计划经济行政指令的安排下，由水利水电第十四工程局进点安营扎寨，按自营制方式开始作施工准备。但初期施工，由于受资金不足，企业办社会头绪很多等制约，工程进展缓慢，到1983年年初，才基本完成“四通一平”。此时国家决定利用世行贷款，并以鲁布革作水电基建体制改革的试点，对引水系统土建工程实行国际招标，国内施工的项目改按投资包干。为适应新形势的需要，水电部于1983年9月确定组建鲁布革工程管理局（简称鲁管局），于1984年4月正式挂牌成

·| 鲁布革水电站大坝

立，同时明确业主单位是云南省电力工业局。还明确业主单位负责电站的运行经营和建设贷款偿还。鲁管局是建设单位，对外商施工项目是业主代表和“工程师”（监理）单位，对国内施工项目是甲方单位，对国外采购主要机电设备是买方总代表。

作为改革开放的产物，鲁布革水电站成为中国“六五”至“七五”计划期间建设的重点工程，是中国水电建设史上第一个利用外资、实行部分国际招标，全方位、全过程对外开放的窗口，并且是实行基建体制改革的试点。工程于 1985 年 11 月截流，1988 年年底第一台机组发电，1992 年通过国家整体验收。鲁布革水电站作为中国水电建设管理体制改革和对外开放建设的试点项目，在完成电站建设的同时，也较好地完成了试点项目的任务，为快速、低耗、优质建设大型水电站工程，进行了成功的探索，对后续工程提供了有益的借鉴。

20 世纪 80 年代伊始，改革开放给各条战线带来勃勃生机。水电建设要大发展，但面临的迫切问题是如何摆脱长期以来的资金不足、技术装备落后、效率低下和工期过长等。恰好在此时，中国恢复了在世界银行的合法席位，水电决策层经过深入研究并和世行初步接触，毅然提出从世行贷款，弥补建设资金不足，并以此为契机，推动水电基建体制改革。鲁布革工程由于工程规模适中，开发目标单一，属于世行重点支持的能源项目，加之工程初步设计已经过审批，前期工作较为充分，中方承担的风险最小等原因，而被推荐为首批备选项目。此动议一经提出，很快得到国务院有关委（办）的支持和世行的积极响应，1981 年 9 月，世行即派出首批专家来华考察，接着开始复核设计和预评估工作。出于借、贷双方系初次合作，并且贷款量较大，双方均存在一定的风险和需要深入研究解决的问题，大家都持非常审慎的态度，所以贷款谈判和评估工作花费了较多时间。直至 1984 年 1 月，世行专家组才提出正式评估报告。结论认为，鲁布革水电站经济指标优越，建议给予工程贷款，并且很快得到世行总部的认可，最终确定，世行贷款 1.454 亿美元。而后，中国政府和世行董事会分别批准了贷款协议和项目协定两个文件，于 1984 年 6 月 12 日生效。在世行的推动下，又获得挪威政府赠款 900 万挪威克朗（合 1200 万美元），澳大利亚政府赠款 780.5 万澳元（合 510 万美元），加拿大政府赠款 25 万加元以及世行的少量软贷款，形成多渠道引进外资的局面。此后，中国政府又安排国家自由外汇 7000 万美元，用于购买国外先进的主机设备。

当时，正值改革开放的初期，鲁布革工程又是中国第一个利用世界银行贷款的基本建设项目，根据与世界银行的使用贷款协议，鲁布革部分项目实行国际招标，工程三大部分之一的引水隧洞工程必须进行国际招标。鲁布革电站工地先后引来了7个国家的承包商、制造商和世界银行聘请的近百名咨询专家。在中国、日本、挪威、意大利、美国、德国、南斯拉夫、法国八国承包商的竞争中，日本大成公司中标，比标底低了43%。鲁布革冲击由此引发。

国际招标带来了合同制管理模式。当时，在鲁布革项目并存着两种管理体制：一种是以云南电力局为业主，鲁布革工程管理局为业主代表及“工程师机构”，日本大成公司为承包方的合同制管理体制；另一种是以鲁布革工程管理局为甲方，以中国水利水电十四局为乙方的投资包干管理体制。日方按照合同制管理，对工人按效率给工资。日本大成公司派到中国来的仅是一支三十多人的管理队伍，从水电十四局雇了400多名工人。他们开挖了两三个月，单月平均进尺222.5米，相当于中国当时同类工程的2~2.5倍。1986年8月，大成公司在开挖直径8.8米的圆形发电隧洞中，创造出单头进尺373.7米的国际纪录。1986年10月30日，隧洞全线贯通，工程质量优良，比合同计划提前了5个月。相比之下，中方施工企业承担的工程进展迟缓。世界银行特别咨询团于1984年4月和1985年5月两次来工地考察，都认为按期完成截流的计划难以实现。用的是同样的工人，两者差距为何那么大？此时，中国的施工企业意识到，奇迹的产生源于好的机制，高效益来自科学的管理。在计划经济体制下，中国基本建设战线“投资大、工期长、见效慢”的弊端在这个工程中暴露无遗。

于是，鲁布革工程指挥部开始推行新的管理体制，在首部枢纽工程建设中，施工人员发动了千人会战。此后，中国的施工企业在学习先进管理经验的基础上，提出了“项目法施工”。1985年11月，国务院批准鲁布革工程厂房工地开始率先进行“项目法施工”的尝试。参照日本大成公司鲁布革事务所的建制，建立了精干的指挥机构，使用配套的先进施工机械，优化施工组织设计，改革内部分配办法，产生了中国最早的“项目法施工”雏形。通过试点，提高了劳动生产力和工程质量，加快了施工进度，取得了显著效果。在建设过程中，水利电力部还实行了国际通行的工程监理制和项目法人负责制等管理办法，取得了投资省、工期短、质量好的经济效果。到1986年年底，历时13个月，不仅把耽误的3个月时间抢了回来，还提前四个半月结束了开挖工程，安

·｜ 鲁布革水电站正在施工中的引水隧洞

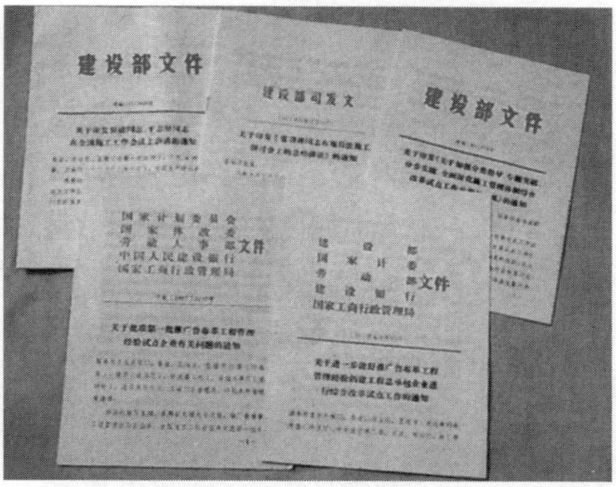

·｜ 国家有关部、委、局推广鲁布革经验的文件

装车间混凝土工程提前半年完成。

1986 年，国务院副总理李鹏在视察鲁布革水电站工地时感叹："看来同大成的差距，原因不在工人，而在于管理，中国工人可以出高效率。"1987 年 6 月，李鹏在国务院召开的全国施工工作会议上提出全面推广鲁布革经验，要求国家有关部门对鲁布革管理经验进行全面总结，在建筑行业推广鲁布革经验。1987 年 10 月，国家计委、城乡建设环境保护部（简称建设部）、国家经济体制改革委员会、劳动人事部、建设银行、国家工商行政管理局联合下发文件，确定各系统的 12 个大型施工企业为推广鲁布革工程改革经验的试点单位，全国基建体制改革由此全面展开。

鲁布革工程管理经验的精髓是改革、发展和创新。鲁布革冲击波带来了思想的解放。中国水电建设率先实行业主负责、招标承包和建设监理制度，推广"项目法施工"经验。新的水电建设体制逐步确立，计划经济的自营体制宣告结束，改革成效逐渐显现。这种新的管理模式带来了效率的极大提升，加快了中国水电开发进程，促进了中国水电建设管理体制改革。在此之后，全国大小施工工程开始试行招投标制与合同制管理，对中国工程建筑领域的管理体制、劳动生产率和报酬分配等方面产生了重大影响。它的影响早已超出水电系统本身，对人们的思想造成了强烈冲击，是中国水电建设改革史上的重要里程碑，在中国改革开放史上也占有一席之地。

第三节 电力体制改革路径探索

“文化大革命”结束后，电力工业的发展受到党中央的高度重视，“电力要先行”成为国民经济发展的战略性举措。在落实“电力要先行”战略的过程中，国家采取了“以改革促发展”的办法，通过加快电力建设，缓解电力供需紧张局面。逐步形成了电力工业改革发展的“二十字方针”，即“政企分开、省为实体、联合电网、统一调度、集资办电”的方针，并在实践中增加了“因地、因网制宜”。电力工业改革发展“二十字方针”，是对改革开放后中国电力工业改革发展实践经验的总结。在“二十字方针”指导下，《电力工业管理体制改革方案》出台，并在改革中起到了关键性、基础性的作用。

一、“二十字方针”，20世纪80年代电力体制改革的基本路径

20世纪80年代中后期，国务院明确了电力工业改革发展的“二十字方针”，指明了20世纪80年代末至整个90年代电力体制改革和发展的路径，成为指导这一轮电力体制改革的基本原则。

20世纪80年代，电力工业进入高速发展时期。电力工业基本建设投资额从1980年的41.23亿元增长到1987年的154.81亿元，年均增长幅度达到20.8%，其中，“六五”期间的年均增幅达到18.6%，

长期保持各年度国民经济各部门投资额的第一位。然而，尽管20世纪80年代电力工业的发展速度高于同期国民经济增长的平均速度，但由于全社会用电量尤其是工业用电量的快速增长，电力工业的发展还是满足不了社会用电量的需求。到20世纪80年代中期，全国电力工业最为突出的问题是电力需求的增速远远超出了电力工业供给的增速，全国性的缺电愈发严重。其中，既有电力建设投资不足的历史欠账原因，也有电力建设投资的体制机制不适应新形势的原因。

针对严重的缺电局面，党中央、国务院高度重视加快电力工业发展、改革的问题，中央领导就缺电和加快电力建设问题作出了“加速电力建设要有一整套新办法”的指示。国务院多次召开会议研究电力工业发展的问题。

1986年6月底，电力工业体制改革小组向国务院提交了《加快电力工业发展的改革方案（草案）》。方案从改革电力工业管理体制、进一步扩大企业经营自主权、调动各方面尤其是地方办电积极性、多方筹措电力建设资金等方面，提出了六大方面的改革意见，分别是改革跨省区大电网和省区电网的关系；改革电网与电厂之间的关系和扩大电厂权限；“七五”期间电力基本建设的问题，鼓励多渠道办电；改革现行的更新改造投资结构和增加发电厂和电网自我更新设备的能力；改革电力工业税率、贷款利率和调整电价加收电力建设资金。

1987年9月中旬，国家计委、国家经委、水电部召开加快电力发展与改革座谈会。会议进一步明晰了电力工业体制改革的方针、管理体制改革，改革和扩大电力建设资金来源。根据李鹏的提议，在原十六字原则的基础上，形成了电力工业体制改革“二十字方针”，即“政企分开、省为实体、联合电网、统一调度、集资办电”“因地、因网制宜”。“二十字方针”具有鲜明的时代特征和承前启后的意义，作为加快电力建设和发展的方法和路径，既总结和固化了加快电力建设所采取的有效做法和经验，如“集资办电”“联合电网”“统一调度”，又综合运用改革开放所采取的各种政策，如“政企分开”“省为实体”。“二十字方针”为后续的电力工业行政管理体制改革、企业改革乃至按照建设社会主义市场经济体制为目标的改革，提供了体制创新的基础，指明了方向。

1988年10月，国务院印发由新成立的能源部提出的《电力工业管理

·| 1988 年 6 月 22 日，能源部成立大会

体制改革方案》。方案提出，为了加快中国电力工业发展，扭转电力供应紧张的局面，适应国民经济发展的需要，要按照“政企分开、省为实体、联合电网、统一调度、集资办电”“因地、因网制宜”的方针，改革电力工业管理体制，加重地方在办电和用电方面的责任，调动各方面办电的积极性，形成多渠道、多层次、多模式办电的局面。该方案主要从改革电网管理体制、改革企业经营机制、改革实施步骤三个方面，就电力工业管理体制改革提出了要求。

在改革电网管理体制方面，主要体现了“省为实体、联合电网、统一调度”三个方面的原则。方案提出，在财政实行分省包干制的情况下，将跨省电网作为独立核算单位、集中统一管理体制改为省电网实行独立核算、联合电网作为经济实体的管理体制。联合电网的组织形式因地、因网制宜，不强求一致。在联合电网的体制下，将省电力局改为省电力公司，将网局改建为联合电力公司。省电力公司和联合电力公司都是独立核算、自负盈亏的经济实体，具有法人地位。电网内部的各发供电单位的资产关系不变。

电力建设资金紧张、来源不足，电力建设速度跟不上用电需求增长，是造成中国长期严重缺电的主要原因。《电力工业管理体制改革方案》抓住这个核心问题，提出了解决问题的根本办法——“集资办电”。进而从改革管理体制、创新投融资体制、巩固发展基础三个方面入手，打破“一家办电、大家用电”老格局，提出了“政府管电、集资办电、大家用电”的改革路径。实行管理体制上的“政企分开”是基础，明确中央政府要将电力工业置于发展战略上的优先位置，强化筹集资金、确保投资力度上的政策导向，逐步构建中央对地方放权、政府对企业放权，政府在电力投资建设领域实行优惠政策和进一步放宽融资渠道的格局。明确与当时省级财政包干、电网发展规模相匹配的“省为实体”是核心，扩大省一级政府和电力部门在投资、融资、建设、发电、供电、用电、管理等环节的权限，增加了地方政府在办电、用电的矛盾协调上的权限，提高了地方政府办电的积极性，为进一步扩大办电资金渠道提供了更多的空间。方案在以改革促发展的总基调下，不仅重视通过“放”来促进改革动力的释放，还明确和巩固了电力工业体制改革的基础，即坚持发展大电网、保持中央政府对全国电网的统一管理和调度。

二、找到打开电力建设资金短缺的金钥匙

集资办电是多渠道集资与多家办电的简称。中国的电力体制改革以投融资体制改革为先导，通过集资办电促进了电力工业大发展、大跨越。集资办电从根本上解决了电力建设资金短缺这个导致缺电和电力工业发展的核心问题。

为了拓宽电力工业发展的资金来源，在国民经济调整时期的1980年，电力部率先响应国家“拨改贷”改革试点，成为国家第一个进行试点的行业部门，走出了拓宽建设资金渠道的第一步。所谓“拨改贷”，是指由财政拨款改为中国人民建设银行贷款的制度，简称“拨改贷”，这是中央决定用经济办法管理经济的一项重要措施。1980年，电力部在《电力工业十年计划汇报提纲》中，提出了部门与地方、部门与部门联合办电，集资办电，利用外资办电等办法来解决电力建设资金不足的思路。

由于各级各部门各层次办电的积极性越来越高，集资的方式也多种多样，形成了中央与地方联合办电、利用外资办电、使用“煤代油”专项

资金办电、地方自筹资金办电、发行电力专项债券和企业专项债券办电、设立电力建设专项基金办电等各种渠道。通过实施集资办电，新模式、新企业、新业态不断涌现，突破了一家办电的旧格局，形成了投资主体多元化、资金来源多渠道、产权所有多层次、资金使用有偿化的多家办电新格局。1988 年，电力建设资金来源扩大到 9 种，电力基建投资增加到 214.8 亿元，为 1978 年的 4.35 倍；投资中国家预算内资金只有 30.07 亿元，比 1978 年减少了 19.26 亿元，所占比重由 94% 减至 14%；银行贷款及债券 52.31 亿元，占 24.3%；利用外资 22.41 亿元，占 10.4%；地方集资 51.53 亿元，占 26.2%，超过了国家预算内资金；“煤代油”专项资金 22.14 亿元，占 10.3%；节能、自筹及其他资金 31.75 亿元，占 14.8%。当年新增发电装机容量达到 1083 万千瓦，为 1978 年投产容量 504.8 万千瓦的 2 倍，十年翻了一番。

集资办电的形式之一是出售用电权与发行电力建设债券。从 1985 年起，各电网每年从国家投资建设电厂的新增发电装机容量中提留 10%，作为卖用电权集资办电的资源，并按电力短缺程度及用电经济效益、燃料供应的可能等条件，分不同情况，将电力出售给各电网的有关省、自治区、直辖市及大型用电企业。卖用电权集资办电按“一年办理一次”的办法，于每年全国计划编制期间，由水电部与省、自治区、直辖市政府，有关大型用电企业主管部门（公司），根据国家计委确定的年度计划，签订有关“卖用电权集资办电”的协议，并由国家计委监督执行。

（一）出售用电权

在缺电较为严重的华东地区，相继出现了一些集资办电的成功实践。1980 年，上海闵行发电厂 11 号机组建设率先在集资办电上取得突破。上海闵行发电厂扩建一台 12.5 万千瓦机组，由于资金不足，电力部和上海市政府达成协议，合资建设闵行电厂第四台 12.5 万千瓦机组。资金来源主要分为国家计划投资、电力部门自筹、地方政府投资三部分，其中，华东电管局从大修技改基金中拨付 1700 万元，作为“拨改贷”试点向建设银行上海市分行贷款 3700 万元。三方出资合建闵行电厂第四台 12.5 万千瓦机组，打破了电力部“一家办电”的局面，在集资办电方面取得了重要突破。按照集资办电的模式，1981 年 7 月，浙江省政府与电力

·| 龙口电厂

·| 龙口电厂当时发行的建设股票

部签订合资建设台州电厂的协议。同年，电力部与山东省合资建设龙口电厂，通过地方发行股票集资、电厂建成后独立核算等一系列打破常规、传统的新做法、新实践，使龙口电厂成为集资办电的重要典型。

上述实践形成了集资办电的三种不同模式。一是“闵行模式”，即由地方贷款给电力部门建设电厂。电厂投产后地方按贷款所占新建电厂投资总数的比重，分得相应的电力。贷款本金由电厂用发电获得的利润，在若干年内逐年偿还。贷款还清后，电厂发出的电力纳入电网统一分配。二是“台州模式”，即由地方政府和电力部门联合投资办电。电厂投产以后，地方政府可按实际投资的比例，年年提取相应的利润，并留取相应的电力归地方使用，其余电力归电网统一分配。三是“龙口模式”，即按国家批准的电力建设项目通过银行发放地方电力建设股票。这种股票，由新建或扩建电厂地区的城镇全民所有制企业、集体所有制企业、公社企业和生产大队自愿认购，不强迫摊派。电厂建成后，购买股票的单位按投资比例优先分电、分红。

1984年7月底到8月初，水电部党组在北戴河向中共中央书记处、国务院汇报时，再次提出了“发动各行业集资办电，农村办电、集煤办电、热电结合和办自备电厂”。中共中央书记处、国务院听取水电部党组汇报后，明确提出要转变电力工业业务指导思想，实行多家办电、集资办电，尽快把电力搞上去。至此，“多家办电”“集资办电”从部门与地方实践上升为了国家政策。

改革开放之前，大中型水电项目全部由中央政府投资。大中型水电项目的建设涉及水库淹没补偿、征地移民和当地交通等各类问题，处理起来往往比较棘手，而采用中央与地方合作办电、合资办电，为此类问题解决提供了一个渠道。装机容量150万千瓦的漫湾水电站是第一个中央和地方合资建设的大型水电项目。1985年3月，水电部和云南省签订合资协议，云南省投资3亿元（占比30%），其余投资由水电部安排。由于云南省各级政府的大力支持，漫湾水电站建设仅用8个月的时间就基本完成了施工准备工程，实现了1986年5月主体工程正式开工，1987

·|　漫湾水电站

年12月提前一年实现截流。1993年6月首台机组投产发电之后，又以每年投产2台机组的速度进行建设。至1995年6月，漫湾水电站一期工程5台机组全部投产发电，比预定工期提前半年建成。除云南漫湾水电项目之外，在“七五”初期，通过集资办电方式实行合资建设的大型水电项目还有四川宝珠寺和广西岩滩等水电站。与此同时，部分地方在中小水电工程中也采用集资办电的方式。

（二）多方集资建电网

在地方参加集资建设的输变电工程方面，有水电部和湖南省合资建设的500千伏葛洲坝—常德—株洲超高压输变电工程。为配合葛洲坝大江电厂的投产，缓和湖南严重缺电的局面和发挥联网效益，1984年9月，国家计委批准了兴建500千伏葛洲坝—常德—株洲超高压输变电工程。该工程总投资2.89亿元（含银行利息），其中湖南段由湖南省财政集资3600多万元，是湖南省集资办电较早的项目之一。该工程全线于1988年6月以500千伏电压投入运行，湖南电网跨入全国超高压电网的行列。500千伏葛洲坝—常德—株洲超高压输变电工程之后，水电部又与辽宁大连合资建设了500千伏大连至营口送电线路等。

（三）发行电力建设债券

进入“七五”后，电力建设规模迅速扩大，资金缺口巨大，出售用电权等方式筹集到的资金规模有限。为保证完成1987年投产大中型发电装机550万～800万千瓦的任务，以及解决1988年和以后投产项目的建设资金，1987年1月，国务院会议讨论决定，在1987年发行国家重点建设债券55亿元，重点企业债券45亿元，其中包括30亿元的电力建设债券。1987年3月，国务院出台了《关于发行电力建设债券的暂行规定》。电力建设债券作为国家重点建设债券的一部分，统一安排，优先落实。国务院要求，各省、自治区、直辖市要采取积极措施，压缩预算外资金开支和自筹资金安排的一般加工工业和非生产性建设，完成电力建设债券的认购任务。

电力建设债券是电力企业筹措电力建设资金所发行的有价证券，由各网局、省局作为发行单位，委托建设银行各分支行发行管理。发行电力建设债券，是一种非常规意义上的资金募集方式，是在电力建设资金不足和严重缺电局面下所采取的一种特殊手段，对拓宽电力建设资金渠道、调整电力建设和其他工业建设资金投入比例，保证重点企业用电起到了重要的作用。

（四）利用外资办电

利用外资办电，也是这一时期重要且有效的决策。20 世纪 80 年代，国际上经济发达国家电力设备制造能力过剩，外国财团、制造商看好中国电力市场，不断放出信息，愿意为中国的电力工业提供先进设备和优惠贷款。改革开放后，中国也相继加入了世行、亚行等国际金融合作组织，与西方国家的经济合作和经贸往来逐渐增多。一些西方国家政府出于自身对外政策的需要或其他目的，以政府或国家金融机构名义，向中国提供具有双边经济援助性质的优惠贷款用于电力建设。这些都为中国利用外资办电创造了良好的国际环境。改革开放后，党和国家领导人果断决策并积极推动利用外资办电，加快电力建设。

在党和国家领导人就利用外资办电作出一系列指示的同时，部分地方也开始利用外资办电。“六五”计划期间共利用外资 14.54 亿元，“七五”期间提高到 99.82 亿元，外资在全国电力基建投资总量占比由“六五”计划时期的 4.8% 上升到“七五”计划时期的 10.1%。电力工业利用外资办电弥补了中国电力建设资金的不足，也促进了电力工业技术装备和调度自动化整体水平的

·| 沙角 A、B、C 电厂远眺

提高。

粤港澳利用境外资金合作办电，也在这一时期风生水起。改革开放初期，广东省电力供应紧张，电力建设的资金缺口较大，而香港地区电力则存在谷期富裕，澳门地区存在电源结构单一的问题，港澳地区在电源上都面临着长期难以实现本地平衡的供需矛盾。通过实现粤港、粤澳电网联网，在广东省建立大电源，满足粤港澳三地电力需求，是粤港澳三方的共同愿望。

1978 年，在粤港联网实现香港向内地供电的同时，广东省与香港方面即着手研究和推动利用外资建设核电。1981 年，按照“借贷建设、售电还钱、合资经营”的模式，水电部、广东省和香港中华电力公司共同提出了成立合营公司建设核电，建设资金的 85% 由境外设备供应方提供卖方贷款，剩下的由粤港双方按持股比例分摊，内地的贷款主要通过向香港售电的外汇收入偿还。核电站建成后，70% 的电量售给香港，电费以外汇结算。经过严格的经济测算、可行性研究和慎重决策，1985 年 1 月，中英双方在北京签署了合营广东核电的协议。协议规定：广东核电合营有限公司注册资本为 4 亿美元。广东核电投资有限公司占股 75%，香港核电投资有限公司占股 25%，合营期为第二台机组投产后的 20 年。

·｜ 大亚湾核电站

此后，国家批准了大亚湾核电站配套的广州抽水蓄能电站（简称广蓄电站）建设项目，由水电部、广东省和核工业部三方按照 23%：54%：23% 的出资比例组建广州抽水蓄能电站联营公司（简称广蓄联营公司）。广蓄电站首期 4 台 30 万千瓦水电机组，利用了 2 亿美元的法国政府混合贷款。

1984 年起，广东省与胡应湘合作，以 BOT 模式利用外资银行贷款建设沙角 B 电厂。沙角 B 电厂项目的融资方式获得了世行和联合国的认可，被作为发展中国家基础设施建设的典型经验在全世界推广。以 BOT 模式建成的沙角 B 电厂投产后，与其所在地广东省电网、广东省电力局形成了以"购售电合同"关系为基础的经济关系，这在电力工业体制"厂网分开"改革前是厂网关系领域的一个重大突破。沙角 B 电厂建设、运营、管理方面的诸多突破，在一定程度上对当时中国电力企业的经营管理具有"教科书"般的意义。

改革开放初期，广东省在利用外资建设大亚湾核电站、广蓄电站、沙角 B 电厂等重点电源项目的过程中，逐步摸索出的利用外资办电的模式，被称为"借钱买鸡，养鸡生蛋，卖蛋还钱，还有钱赚"。在与香港方面合作开展电力建设的过程中，相继成立了广核联营、广蓄合营等新的企业载体，形成了以经济合同为基础的新型厂网关系。

随着改革开放后外交和经济对外合作的发展，1981—1992 年，先后有日本、奥地利、加拿大、法国、科威特、意大利、瑞典、挪威、澳大利亚等 9 个国家向中国提供了以混合贷款为主的政府贷款用于电站建设。

根据电力部的统计，1979—1992 年，国家和地方利用外资的电力建设项目一共 55 个，装机容量 3372 万千瓦，协议总金额 119 亿美元。其中，国际金融机构贷款协议金额 20.628 亿美元；外国政府贷款 29.009 亿美元；华能国际公司利用出口信贷 21.88 亿美元。与苏联及东欧国家易货贸易进口电站设备，合同金额 30 亿美元。到 1992 年年底，合计完成 89.4 亿美元。中国大规模利用外资办电，是在改革开放实行经济领域大规模对外合作交流基础上实现的。国际资金为中国电力建设提供了亟须的资金，也在一定程度上缓解了国产主机设备供应不足的情况。同时，在利用外资办电的过程中，中国电力工业的技术装备水平和企业经营管理水平也得到了提高。

三、投融资体制改革，“电力先行”的重要推手

电力工业投融资体制改革是电力工业体制改革的重要内容，是电力行业大发展的保障。改革开放以后，先后形成的中央与地方联合办电、利用外资办电、利用“煤改油”专项资金办电、鼓励地方自筹资金办电和华东地区率先试点的利用电力建设基金办电，都拓宽了电力工业发展的资金来源。这些措施在计划内“存量”和计划外“增量”两个方面为电力工业的快速发展提供了资金保障，促进了电力工业的快速发展。1987 年后，中央进一步明确和肯定了前期电力工业投融资体制改革的成效和做法，根据国家财政体制大包干改革、国有企业利改税的决定，在全国征收电力建设专项基金，并配套完善相关的税收政策，最终形成了一套系统支持加快电力工业发展的投资政策体系，进一步强化了地方政府尤其是省级政府在电力建设上的积极性，形成了财政、拨款、基金、债券、配套税收返还与优惠，地方集资、外资多渠道大规模电力投资的体系。多渠道办电资金为电力工业的快速发展提供了相对稳定的资金来源，保证了电力工业的快速发展。

在投融资方式上也进一步创新，在水电部（能源部）、地方政府、电管局、省电力局这些传统的政府主体外，又增加了国家能源投资公司、华能集团、省级电力发展公司等新的电力投资建设运营主体。办电形式进一步丰富，中央与粤、桂、滇、黔四省区联合办电，开发西南水电送广东；中央与地方联合办电从单个的电源工程项目，扩展到西电东送。

作为一种简政放权，投资体制改革既是“集资办电”，更是深层次的“政企分开”，其核心是提高电力建设资金的使用效率。弱化了电力工业行政主管部门分钱、分物、直接干预企业经营投资的职能，从体制和机制上有助于实现电力建设的效率和企业经营效益。1988—1992 年，电力工业基本建设完成投资共计 1412.73 亿元，年均基本建设投资额 282.54 亿元。从 1989 年开始，发电及送变电完成投资以每年增加 50 亿元的规模持续增长。1992 年电力基本建设完成投资 400.23 亿元，比 1987 年增长的 245.42 亿元，涨幅 63.07%。

随着改革开放的深入，电力工业充分利用国内国际两个市场、两种资源、两种资金，逐步建立和培育社会主义市场机制，在解决电力建设资金的同时，促使一批新型独立发电公司的出现。这批新型独立发电公司主要有申能电力开

发公司、安徽省电力开发公司、江苏省投资公司和浙江省电力开发公司。

“七五”计划的实施，使“电力先行”成为现实。1985 年 9 月，中国共产党全国代表会议通过了《中共中央关于制定国民经济和社会发展第七个五年计划的建议》(简称《建议》)。《建议》明确指出：“能源工业的发展要以电力为中心。要积极发展火电，大力开发水电，有重点、有步骤地建设核电站，争取到 1990 年全国发电量达到 5500 亿千瓦 · 时左右。”

“七五”时期，电力工业实现了两个突破，即一年新增装机突破 1000 万千瓦，全国发电设备总容量突破 1 亿千瓦。1990 年，全国总发电量完成 6213 亿千瓦 · 时（水电 1263 亿千瓦 · 时），超计划 713 亿千瓦 · 时。五年间发电量增长 2106 亿千瓦 · 时，平均年增长速度 8.6%，大于同期国民生产总值平均年增长速度 7.7%，电力弹性系数达到 1.12。“七五”时期投产发电装机容量 4555.7 万千瓦（水电 815.5 万千瓦）。1990 年，全国发电装机总容量达到 13789 万千瓦（水电 3604.6 万千瓦），发电装机容量平均年增长速度为 9.6%。“七五”时期建成 220 千伏以上线路 33357 千米，变电容量 6488 万千伏 · 安。

第四节　改革开放，电力工业推进的发动机

“六五”和“七五”，是电力工业发展改革极为关键的时期，电力工业发展水平大幅提升。党中央、国务院确立了“电力要先行”的重要战略，明确了电力工业改革发展的基本路径。在此基础上，电力工业体制机制改革得以快速推进。国家从战略层面明确能源建设以发展电力为核心，以加快电力建设作为主要办法解决长期以来的缺电问题。水电的发展在这一时期形成了较为成熟的水电流域开发规划。农村电气化事业发展进入新阶段，形成了农电“多家办电、集资办电，以电养电”的农电发展战略。电力工业发展不仅在规模和速度上有了较大的提升，也从解决供应不足逐步向解决供应不足与注重发展质量并重转变，并将解决环境污染问题作为一项重要工作。

一、山河间，六大区域电网

在多渠道办电的带动下，电网建设规模显著提升。在管理体制上，各省区电力管理权限完成上划中央，建立了水电部—区域电网管理局—省电力工业局的三级管理体制，中央对电网的集中统一领导的管理体制逐步完善，大电网和电力工业发展的基础更加稳固。跨省区

联网迅速发展，区域大电网网架覆盖范围扩大，形成了东北、华北、华东、华中、西北、西南六大电网格局，粤港澳地区实现联网。输变电设备、电力调度运行设备等技术装备科技含量大幅提升，电网调度和通信水平显著提高，电网运行事故明显下降。大电网安全稳定运行为电力工业的快速发展提供了基础与保障。

东北电网是中国较早形成的跨省区大电网。“文化大革命”结束后，东北电网主网以 154 千伏与 220 千伏两个电压等级为主网架，由南向北覆盖辽宁全省及内蒙古自治区昭乌达盟，吉林省长春、四平、辽源地区，黑龙江省哈尔滨地区。在改革开放初期，内蒙古东部地区的哲里木盟、兴安盟孤立电网随着蒙东地区火电基地的建设逐步与东北主网联结。黑龙江省内西部、北部、东部孤立电网逐步与东北主网联网运行。到 1987 年，除呼伦贝尔盟和兴安盟部分地区外，东北地区形成了一个南北纵长 2700 多千米，东西横贯 1900 多千米，覆盖面积约 120 万平方千米，联结辽宁、吉林、黑龙江省和内蒙古自治区东部三个盟的、统一的跨省区大电网。

随着华北地区电网建设规模的扩大，内蒙古西部地区电网逐步与华北电网主网联结。1981 年，内蒙古自治区西部的蒙西电网从呼和浩特和包头向外扩展，向南延伸至伊克昭盟、松定地区，向东延伸至乌兰察布盟、商都、兴和地区。1985 年 7 月竣工的大同—丰镇—呼和浩特的 220 千伏联网工程，成为内蒙古西部电网与华北电网相联结的第一条通道。1987 年 7 月，内蒙古西部电网与华北电网，通过山西电网的大同第二发电厂与蒙西电网的呼和浩特东郊变电站，以 220 千伏输电线路正式联网运行。1987 年 9 月至 1989 年 5 月，内蒙古西部电网与华北电网经过了三次并、解列运行，最终于 1989 年 10 月正式联入华北电网，成为华北电网的一部分。至此，华北五省（区、市）电网以 220 千伏全部相连，实现了 220 千伏华北电网的联网运行，华北电网 220 千伏电压等级网架基本形成。

华东电网 220 千伏网架持续扩展与完善。1986 年，220 千伏丽水变电所建成，紧水滩水电站经紧丽线接入华东电网。随后，丽水与金华变电所之间的 220 千伏丽金线和丽华线相继投运，实现了浙江省各地区均以 220 千伏线路与华东电网相连。在皖北地区，以淮北电厂为结点，1980 年 6 月向西经涡阳送电至阜阳，1982 年建成淮北电厂与淮南田家庵电厂之间的 220 千伏联络线，1985 年 5 月淮北电厂的 220 千伏出线徐湘线投运，实现了淮北与江苏徐州地区的 220 千伏电压联网。合肥肥西变电所投运后，其 220 千伏线路经庐江向南延伸至安庆，合肥至皖南长龙山变电所之间亦建成 220 千伏线双通道。1987 年 6 月，500 千伏繁昌变电所竣工投运，其次级电压 220 千伏成为皖南 220 千伏电网新的支撑点，铜陵电厂亦经双回 220 千伏线路接入繁昌变电所，使皖南 220 千伏电网进一步加强。

在华中地区，虽然鄂豫两省联网运行，但联络结构非常薄弱，为了将河南姚孟电厂的电能送至武汉，满足武汉钢铁公司 1.7 米轧机正常生产的用电需要，并充分发挥两省水、火电的调节效益，1981 年建成投运了中国第一条 500 千伏线路，即平（河南平顶山）武（湖北武昌）线。随后，为了配合葛洲坝电站各机组的投产，1982—1983 年相继建成 500 千伏葛洲坝—双河（葛双线）、葛洲坝—武昌凤凰山（葛凤线）线路，暂以 220 千伏降压运行。1983 年建成投运了 220 千伏湖北黄石至江西柘林输电线路，1984 年又建成投运了 220 千伏武昌至湖南岳阳巴陵输电线路，完成了鄂、豫、湘、赣四省电网的联网，初步形成华中电网。至 1986 年，葛凤、葛双线相继升压至 500 千伏电压运行，1988 年又建成投运 500 千伏葛洲坝—常德—株洲、姚孟—郑州输电线路，使鄂、豫、湘三省电网之间有了 500 千伏线路强联络。1989—1990 年又建成投运了葛洲坝至上海 ±500 千伏直流输电线路。至 1990 年建成拥有发电容量 199.83 万千瓦，以 500 千伏线路为骨干，以 220 千伏线路为主体网架，跨越鄂、豫、湘、赣四省并与华东电网联络的华中电网。

葛洲坝—上海 ±500 千伏直流输电工程建设中采用直升机放线和安装

西北地区的用电负荷主要集中在陇海—兰新铁路沿线及黄河沿岸地区，重点以东部陕西关中以北地区和宁夏的煤电、甘青宁三省区的水电为主。新中国成立后，随着黄河中上游水电的开发和关中北部地区的煤炭资源开发，逐步形成了“西水东火”的电源格局。改革开放前，西北地区以330千伏超高压刘—天—关输电线路为主干网架，覆盖沿陇海—兰新铁路和黄河的陕西关中、甘肃中南部、青海东部，联结汉中的陕甘青电网。按照就近供电原则，陕南的安康地区初期接受湖北、四川的电力供应，在川陕甘交界地区形成了跨省区的独立电网。改革开放后，随着电源建设和电网的逐步发展，西北地区以220千伏和110千伏电压等级的主网覆盖范围逐步扩大。1985年建成330千伏甘肃靖远至宁夏古城输电线路。1985年11月，甘肃靖远发电厂至宁夏青铜峡变电站的330千伏输电线路建成，宁夏电网正式并入西北电网，形成陕甘宁青四省区联网的西北电网，成为全国五大电网之一。

改革开放前，在西南地区的四川、贵州、云南等省区电网逐步从分散的小电网发展到了全省联网、跨省联网和跨区域联网。1981年5月，在四川省电业局基础上成立了西南电业管理局，管辖云南、贵州、四川三省电力工业，并在四川省设立川东、川西、川南、渡口4个电业局。1993年，鲁布革至天生桥220千伏线路建成后，云南电网主网融入了南方四省区电网。贵州省在1988年形成了以220千伏电压等级为主干网架的，覆盖贵州全省并联结四川、云南的贵州电网。1982年3月，四川綦江至贵州遵义220千伏输电线路建成，四川、贵州两省电网联网运行，形成了西南电网。

广东、广西两省区地处华南，两广地区的水电比重大，电网调节能力较弱。随着改革开放的推进，广东缺电日益严重，广西水电资源的开发力度加大，形成了两省联网、西电东送的基础。1979年，广东省向中央提出，加快开发云南广西交界地区南盘江、红水河的水电资源向广东送电。这一方案其中就包括了两广联网。1982年，两广联网方案获批。1983年12月，广西大化水电站首台机组建成投产，广西电力出现富余，具备送电广东的条件。1984年12月，两广联网工程分别在两省区动工建设。1985年12月，220千伏珠山线竣工投产，两广电网联网，广西向广东送电。至此，广东、广西两省区电网组成了华南电网。两广联网后，广西电力供需紧张，没有多余的电力供应广东，1987年两广联网解列运行。华南电网存在的时间并不长，但以“两广联网”为基础开展的中国南方地区的水电及电网规划，为后来发展超高压跨省区大电网、实施“西电东送”战略打下了基础，对此后中国电力工业发展的格局产生了重要影响。

二、500 千伏，电网迈入超高压时代

1981 年 12 月，中国第一个电压等级为 500 千伏超高压输变电工程平（河南平顶山）—武（湖北武昌）输变电工程投入运行。平武线全长 594.88 千米，输电能力 120 万千瓦。湖北武昌凤凰山变电站安装两台 75 万千伏·安变压器，是当时全国最大的变电站。平武 500 千伏超高压输变电工程的建成，标志着中国输变电技术达到了新的水平，中国电网正式迈入 500 千伏超高压时代。

建设 500 千伏平武输变电工程的决策是在 1978 年做出的。20 世纪 70 年代末，武汉钢铁公司从联邦德国、日本引进的 1.7 米轧机，对供电要求很高。根据国外提出的条件，电网出力应为冲击负荷的 20 倍，即电网旋转备用容量在 300 万千瓦以上才能满足试车和投产的用电要求。当时的湖北电网装机容量仅为 251 万千瓦，无法满足这个要求。国务院决定尽快建设一条 500 千伏输变电线路，联通河南、湖北两省电网，以保证武钢 1.7 米轧机试车的需要。

1979 年 11 月开工，1981 年 12 月投入运行的 500 千伏平武输变电工程采用了“择优引进国外设备”的方案。我国自己承担设计、自行配套，择优引进日本、法国、瑞典等 6 个国家 7 个公司的变电、继电保护和通信设备。引进设备的同时，还引进了相关技术，并且明确要求引进关键技术和生产装备要与原材料国产化同步进行，要能够用国产原材料生产出合格产品，使引进技术和装备适应国产化要求。一旦设备安装调试后，便可很快使用国产原材料生产出合格产品。

平武线长江大跨越

通过引进消化，随后建设的国家重点工程上所用的国产输变电设备都不同程度地运用了引进的先进技术，使产品性能、技术水平和质量得到明显的提高，国产输变电设备的技术水

平基本达到了国外20世纪80年代初的先进水平。此外，引进了不少国外先进制造技术和装备，国内装备制造企业的生产条件大大改善，生产效率有所提高，质量稳定性及合格率明显提高，输变电设备制造行业的整体实力得到显著提升。500千伏平武输变电工程既是中国电网电压从330千伏升级至500千伏的里程碑工程，也是中国在电力建设及电力设备制造领域引进国外先进设备和制造技术的开始。

500千伏平武输变电工程投产后，建立了鄂豫两个省级电网的联系，总装机容量超过500万千瓦，电网运行的频率稳定性大为改善，保证了武钢1.7米轧机的正常生产，取得了显著的社会、经济效益。500千伏平武输变电工程实现了鄂豫强联网，加上葛洲坝电力外送的500千伏工程投运，湖北形成500千伏网架后，两网水、火电调剂作用巨大。

500千伏平武输变电工程“技术与贸易相结合”的方式和“以市场换技术”的政策，使中国重大技术装备的研发制造步入了“引进、消化、吸收、再创新”的时代，不仅保证了电力重点工程建设的成功投产运行，而且为后来输变电设备制造企业“引进国外技术”或“合作生产”提供了案例和经验。全面提升了中国输变电工程装备及生产运行水平，锻炼了中国首批从事500千伏输变电工程的科研、规划设计、安装、调试、生产、调度、管理、维护的技术力量，对推动中国大规模500千伏电网建设起到了促进作用。

随着500千伏平武输变电工程的投产，其他区域电网的500千伏网架也逐步形成。华北地区第一条500千伏超高压输电线路大（大同）房（房山）一回线于1984年5月建成，因两端500千伏升压站和变电站未建成，暂以220千伏降压运行，1986年6月升压至500千伏运行。“八五”计划期间，华北电网共建成500千伏输电线路11条，总长度1034.57千米；新建、扩建500千伏变电站6座，新增主变压器总容量502.2万千伏·安。“九五”计划期间，华北电网500千伏供电网络结构日趋完善。于1995年10月开工，翌年9月竣工的安保500千伏输电线路工程，是冀南电网第一条500千伏超高

大同—房山500千伏输电线路

压输电工程。该线路起于河北华能上安发电厂，止于河北保定北郊变电站，线路全长 197 千米，共组立铁塔 508 基。

在华东电网，1987 年 6 月，安徽省洛河至繁昌第一条 500 千伏输电线路建成投运，随后又相继建成多条 500 千伏线路，形成贯穿华东三省（江苏、浙江、安徽）一市（上海市）的 500 千伏“U”形网络，与 220 千伏电网并列运行，大大加强了华东电网的结构。华东地区一次能源比较贫乏，需要从华中电网输入部分水电。1989 年，从湖北葛洲坝到上海南桥的 ±500 千伏直流输电线路（单极投运）建成，形成华中与华东两地区电网的联网，1990 年第二极又正式投运，从而两大电网以 ±500 千伏直流输电线路联网运行，输送电能可达 120 万千瓦。葛—上 ±500 千伏直流输电线路是中国建成投产的第一条 ±500 千伏跨大区直流输电线路。它的建成投产，标志着中国超高压直流输变电建设技术已进入世界先进行列，标志着中国电网发展进入了西电东送和全国电网联网的新时代。

三、火电，电源主角发力

1988 年至 1992 年间，中国的火电建设发展迅速，工程建设速度大大加快。安徽平圩发电厂、广东沙角 A 电厂、北京石景山热电厂、山西神头第二发电厂、浙江北仑发电厂、山东黄台电厂及内蒙古海勃湾电厂等一批重点骨干火电厂先后建成投产，成为各大电网的重点电源。在创新的体制下，华能集团通过“煤改油”专项资金、利用外资建设的华能大连电厂、华能德州电厂等相继开工和投产，有效缓解了沿海地区及重点工业城市的电力紧张局面。

华能大连电厂

华能大连电厂一期工程堪称中国电力工业改革开放的一个标志性项目，它是中国第一个尝试利用外资和地方集资联合办电的项目，也是当时国内电厂建设速度最快的典型项目之一。华能大连电厂原名大连第四发电厂，一期工程是1985年5月经国务院批准，由华能国际电力开发公司利用外资和辽宁省、大连市集资贷款建设的国家“七五”期间的重点能源项目。1986年8月，大连电厂一期工程正式开工，规划安装2台35万千瓦汽轮发电机组。2台机组分别于1988年9月和1989年1月正式移交生产，总的建设工期为30个月，比计划工期提前了8个月。华能大连电厂一期工程提前投产发电，缓解了辽宁地区严重缺电的局面。

广东沙角A电厂是广东省在用电负荷中心建设的大型临港火力发电厂，也是广东省继黄埔电厂后，在珠三角负荷集中区域建设的第二座大型现代化火电厂。沙角A电厂总装机容量120万千瓦，分两期建设。一期工程建设3台20万千瓦国产超高压汽轮发电燃煤机组。1984年10月开工建设，3台机组分别于1987年4月、1988年7月和1989年8月建成投产。工程总投资8.42亿元，单位千瓦造价1403元。沙角A电厂扩建工程建设2台30万千瓦亚临界压力汽轮发电燃煤机组，发电设备采用上海电气联合公司引进型机组。工程于1988年11月开始建设，2台机组分别于1993年5月和7月移交生产。工程决算投资15.99亿元，其中输变电配套1.96亿元，单位千瓦造价2665元，是“八五”计划期间广东省同类型机组造价最低的工程。沙角A电厂的建成，

沙角A发电厂卸煤码头和露天煤场

对缓解广东省严重缺电，平衡全省水火电比例起到了积极的作用。由于沙角 A 电厂在选址方面的成功，为建设临港大型火电厂积累了经验。

浙江北仑发电厂是中国大型临港型火电厂，也是中国首次利用世界银行贷款建设的大型电力项目。工程分两期建设，总投资动态概算为 150.655 亿元人民币，其中利用世行贷款或担保的联合融资贷款为 9.1623 亿美元，其余为内资部分。北仑发电厂的锅炉、汽轮发电机等主设备，全部通过国际招标，分别从美国、日本、加拿大、法国、瑞士等国家引进，主要设备的技术性能达到 20 世纪 80 年代国际先进水平。一期工程于 1988 年 1 月正式开工，建设 2 台 60 万千瓦引进型燃煤发电机组。1 号机组于 1991 年 10 月 30 日移交投产。一期工程 2 号机组为续建工程，采用国家贷款和部分利用世界银行贷款（主要用于设备和材料的采购）的方式，通过国际招投标进行采购，分岛引进 60 万千瓦亚临界燃煤发电机组及配套设备。1990 年 4 月 26 日，主厂房基础开始打桩。1992 年 11 月 18 日，2 号机组通过华东网局组织的 168 小时满负荷联合试运转质量监督检查，并移交投入试生产。北仑发电厂的建成投产，从根本上改变了浙江用电紧缺的局面，标志着浙江电力继超百万千瓦镇海发电厂、台州发电厂之后，又上了一个新的更大的台阶。电力建设、电厂运行、电网管理都达到了国内先进水平。

浙江北仑发电厂

华能上海石洞口第二电厂（简称石洞口二厂）是由华能国际电力开发公司（简称华能国际）和上海申能电力开发公司合作，利用外资建造的中国第一座超临界压力机组发电厂。该工程于1988年6月破土动工。1号机组于1992年6月移交投产，2号机组于同年12月移交投产。一年投产2台60万千瓦超临界压力机组，建设工期短、质量好，在中国火电建设史上谱写了光辉的一页。石洞口二厂建成后，较快地形成了生产能力，主要技术经济指标连续十余年居国内领先水平。

华能上海石洞口第二发电厂

安徽平圩电厂投产了中国首台国产60万千瓦火电机组，其建成和投产在中国火电发展史上具有标志性意义。平圩发电厂建设规模为240万千瓦，分两期建设。首期工程是中国从美国引进火力发电设备制造技术和电厂设计技术、中美联合设计的“双引进”工程，具有20世纪80年代初期国际先进水平。平圩发电厂一期工程2台国产60万千瓦汽轮发电机组，分别于1990年5

中国第一台国产60万千瓦发电机组，在安徽平圩电厂投产

月、1992 年 12 月投产，对华东地区的工农业生产和国民经济建设发展发挥了重要作用，也为中国以后的大型火力发电厂的设计、制造、施工、生产运行提供了宝贵经验。平圩发电厂工程是中国发电设备的制造、设计、安装、调试、运行诸方面在技术上更新换代战略决策的具体实施，使中国电力工业更接近于世界先进水平。发电机组中引进不少新技术、新工艺、新概念，从借鉴、消化到应用，积累了许多经验，应用于后来的国产大机组。

至 1992 年年末，中国火电装机容量 1.2585 亿千瓦，比 1987 年年末增长 73.08%，5 年间新增 5314 万千瓦。1992 年火电年发电量 6227 亿千瓦・时，比 1987 年增加 2256 亿千瓦・时，增幅 56.81%。1987—1992 年，随着一大批火电厂建成投产，中国电力工业进入大电厂、大机组、高电压、高自动化的发展新阶段。同年，中国年发电量超过联邦德国，世界排名从第五位升至第四位，仅次于美国、苏联和日本。但是，全国电力供需矛盾仍未得到根本性缓解，电力工业依然不能满足国民经济发展的需要。截至 1992 年年底，中国人均发电量仅为 647 千瓦・时 / 人，相当于世界平均水平的 40%。

四、水电规划与流域梯级开发

“不尽长江滚滚流，流的都是煤和油。”这句民间俗语，生动地表述了以长江为代表的、丰富的水电资源。中国的水能资源可开发水电量巨大。做好水电规划，是水电建设中重要的基础性工作。“文化大革命”结束后，在恢复水利电力勘测设计机构，加强规划、前期工作，加快水能和水电资源开发的大背景下，国家组织开展了全国性的水能资源调查及水电基地规划。1977 年国家着手编制《十大水电基地的安排设想》，1979 年重新编制了《十大水电基地开发设想》，并于 1981 年又作了修改；1989 年编制《十二大水电基地》，形成了按流域滚动开发、修建骨干电站的水电开发思路。

1977 年 7 月 8 日开始编制的《十大水电基地的安排设想》中指出：为了加快水电建设，逐步改变中国发电燃料构成的格局，要在水力资源丰富的西北、西南和中南地区的主要河流上，选择条件优越的河段，建成三峡及长江中游、金沙江、黄河上游、黄河中游、大渡河、雅砻江、乌江、澜沧江、红水河、湘西等十大水电基地，除供电本地区外，以超高压输电线路向东部送电。为此，要集中人力、物力、财力，加强队伍建设，提高装备水平，有计划、有重点地组织会战，以期在20世纪内逐步建成十大水电基地，走中国特色的水电发展道路。十大水电基地的总规模为1.39亿千瓦，1977年已投产的容量仅266万千瓦，当时计划1980年装机容量达到451万千瓦，1985年1160万千瓦，2000年达到1.1亿千瓦。安排设想中提出先抓“五个重点”及“一个准备”。五个重点是黄河上游、长江中游、湘西、红水河和澜沧江；一个准备是金沙江，抓紧规划选点工作。

1979年电力工业部成立后，即根据新的规划资料，重新编制《十大水电基地开发设想》。这次编制工作中的最大变化是将黄河中游水电基地删除，增加了闽、浙、赣水电基地，其他各大水电基地的河段有所延长，所以各水电基地的规模也随之扩大。十大水电基地规划总装机容量增加到1.7亿千瓦，年发电量增加到8408亿千瓦·时。计划1985年装机容量达到1200万千瓦，1990年达到3500万千瓦，2000年达到1亿千瓦。后来逐年修正，到1983年时，又将黄河中游与黄河上游合并为一个水电基地，弥补了删去黄河中游水电基地的缺陷，由此使得十大水电基地的总规模增加到18752万～19532万千瓦，年发电量达到9733亿～9988亿千瓦·时。所谓十大水电基地，实际上是对经济可开发水电的一次研究和尝试。

1979年编制《十大水电基地开发设想》以后，情况有了相当大的变化。1981年12月，电力工业部要求各有关勘测设计院重新编写水电基地资料。在全国15个重点河流河段，除十大水电基地之外，新增了东北诸水、广东诸水、西藏诸水、黄河中游与新疆诸水5个河段或流域的相关资料。

1989年10月，水利水电规划设计总院在各水电勘测设计单位大量工作的基础上，根据当时积累的材料，又编印了《十二大水电基地》的规划性文件。《十二大水电基地》在原来编制的十大水电基地规划基础上，增加了东北和黄河中游水电基地。十二大水电基地规划的总装机容量达到2.1亿千瓦，年发电量达到9945亿千瓦·时。当时，十二大水电基地已建和在建水电站的总装机容量为3083.59万千瓦，年发电量1308.75亿千瓦·时，分别占各基地装机总容量和年发电量的14.65%和13.16%。

十二大水电基地规划完成后，水电建设的速度加快，到1998年年底，十二大水电基地投产和在建的水电站总装机容量已达到5804.8万千瓦。其中，已投产的为3094.5万千瓦，开发率达27%。1999年又新增投产633万千瓦，到1999年年底已建中型水电站200多座，大型水电站57座，其中100

万千瓦以上水电站20座，全国水电装机容量7297万千瓦，年发电量达2129亿千瓦·时。到2000年年底，中国水电装机容量达7935万千瓦，年发电量达到2431亿千瓦·时。

2003年，在怒江水电规划完成后，形成了十三大水电基地，分别是金沙江干流、长江上游、澜沧江干流、雅砻江干流、大渡河干流、怒江、黄河上游、南盘江红水河、东北、湘西、乌江、闽浙赣和黄河北干流水电基地。十三大水电基地技术可开发总规模约2.78亿千瓦，年发电量12030亿千瓦·时，分别占全国技术可开发的51.3%和48.6%。

五、农村电气化发展的中国实践

1960年3月中旬，毛泽东主席乘坐专列从江西出发前往杭州，3月13日，火车在金华停了下来。次日，毛泽东视察了位于金华山南部山麓的双龙水电站。车子经过双龙水库时，金华地委书记李学智向毛泽东汇报："这个水库是1955年农业合作化高潮中，当地干部带头参加劳动和群众一起兴建起来的。水库上面就是双龙水电站，利用双龙洞流出的水建起了八个梯级电站，叫作'一垄八站'。"毛泽东听了频频点头。听完李学智的汇报，看着远处湖光山色相映成趣的画面，毛泽东指着双龙水库风趣地说："这种水库既可以灌溉，又可以发电，还可以用来养鱼，也是游泳的好地方。"又说："浙江水力资源丰富，搞水电大有前途。"从厂房出来之后，毛泽东还去看了双龙水电站的尾水渠，并由尾水渠步行到高压输水管房，他抬头看着从山峰处直贯而下的高压输水泵问："这么小的水池发电量那么大，水从哪里来？"负责汇报工作的工人告诉他："这里的水有两股，一股是双龙的水，一股是九龙的水。两股水通过盘山渠道和穿山隧洞，汇合进入水管。"毛泽东听了半开玩笑地说："一个双龙，一个九龙，合起来不就是十一条龙治水吗！"大家听了毛泽东风趣又形象的话，不约而同地笑了。

金华双龙水电站

（一）中国小水电建设的国际影响

毛泽东离开金华之后，作出指示，要求将利用水位落差发电的“一垄八站”模式作为全国发展农村小水电的典型加以推广，这让双龙水电站在20世纪六七十年代名噪一时。毛泽东视察金华双龙水电站的消息像长了翅膀一样飞到大江南北，变成了一股巨大的推力，推动了各地群众办电的脚步，将中国小水电的建设带入了一个史无前例的高峰期。其时，双龙水电站不仅在中国，在国际上也拥有了较高的知名度。先是联合国亚太地区小水电会议代表来这里考察取经，紧跟着，全世界共有105个国家的专家、学者到此参观学习。毫不夸张地说，双龙水电站在当时已成为小水电站建造方面的一个标杆，引得无数的专家学者将这里列为他们学习的必经之地。

1979年5月，联合国工业发展组织（UNIDO）组织了15个国家的专家到中国考察小型水电站。1979年9月，联合国工业发展组织在尼泊尔加德满都召开国际小水电经验交流与技术转让研究讨论会，中国介绍了小水电的发展经验。中国还开展小水电的援外工作，1958—1983年，由国家外经贸部等组织的主要小水电援外工程有蒙古、几内亚、尼泊尔等国家的水电站12座，中国的小水电技术和设备开始走向国外。

1980年10月24日，国际小水电会议代表考察浙江丽水盘溪梯级电站

以小水电为主要内容的中国农村电气化建设取得了国际瞩目的成就。改革开放后，农村经济快速发展，农村电气化面临新的形势和要求。因地制宜地加快农村电气化建设，提升农电管理水平，增加广大农村地区发电量，保证用电需求，为农业机械化、乡镇经济发展和农民生活改善提供动力，成为农村电气化发展的重要课题。

（二）形成农电体制改革和发展的 20 字方针

小水电和农电管理领域改革在新的历史时期，提高了管理层级，统一了规划建设标准，逐步改变了过去以社队（乡镇、村）管理为主的分散管理模式，形成了以县为主管、全省统筹的局面。到 1984 年形成了"地方为主，县为实体，统一规划，集中调度，分级管理"的农电发展 20 字方针。明确和延续了谁管理、谁投资、谁受益的基本原则。加大了中央、地方财政对小水电和农村电网投资建设力度。为农电发展管理、农网建设与运营提供了指导与方向。标志着农电发展从人民公社化时代以社队（乡镇、村）管理为主进入了以县级政府管理为主的新阶段。

根据农村经济体制改革、农村基层政权体制改革、农业发展的现实需要，总结新中国成立后小水电事业发展的经验与教训，形成了中国式农村电气化的发展模式，即以农村小水电为基础、以县为单位建设农村水电初级电气化。经过 1983 年到 1991 年首批 100 个农村水电初级电气化县建成，为因地制宜地发展农村电气化树立了示范，对促进全国农村电气化建设起到了带动作用。在此基础上，继续建设的 200 个农村水电初级电气化县，与扶贫开发、消灭无电县、解决偏远地区农村（牧区）困难群众生活生产用电相结合，起到了示范带动作用，以及普及电气化、普及公共服务的重要作用。

在中国电气化建设过程中，在城乡二元结构的背景下，形成了以大电网为主的城市电气化道路，和以农村小水电小火电起步的农村电气化道路。前者是以城市和工业化为基础的大电网管理模式。在大电网覆盖下，以大电厂为电源，大输变电工程构成的电网为网络，服务大厂矿、大项目、大城市及城市周边的部分农村，由电力工业局集中管理。后者是在广大农村、未能连入大电网的县，形成的农电管理模式。有的趸售大电网电源，更多地以中小型水电、火电为电源，以局部的小电网为网架，由地方、社队自建、自办、自管，国家在政策上、业务上给予指导。在新中国成立以后改革开放之前，中国的农村电气化在大规模的农田水利建设的带动下，有了长足的发展，农电发展速度很快，用电比重越来越大，到 1978 年，全国农业用电 287 亿千瓦・时，占全国用电的 13.5%，87% 的公社用上了电，62% 的大队用上了电，电力已成为农村发展生产、改善人们生活的重要能源。

农村电气化的发展，也带来一些突出问题，比较典型的是管理混乱，缺乏综合平衡的发展规划，设备质量差，供电质量差，安全事故频发，线损率过高，一些地区的工农业用电矛盾突出。1979 年年底，电力部向国务院提交了《关于整顿农电的报告》，报告指出，农村电力体制改革，要着眼于解决多头领导、一个地方几家管电的混乱状况，实现一个地、县一家管电，机构的隶属关系靠一头。明确电力部归口管理全国农电工作。网局、省局成立农电机构，综合管理县级及以下的电力工作，地区级电力单位，非部（省）属的，一律改为部（省）属，不搞层层趸售，实现人财物和供应统一，并在人民公社成立电管站，加强社队的电力管理工作。在业务上，农电基本建设要严格按照基建程序办事，计划、规划和设计由省、市审批，资金和物资纳入省级财政和物资渠道。计划用三年时间，对农电现有设备进行整改，提升设备质量和运行状态。随后，电力部制定了《关于农电管理体制改革的意见》《农村人民公社电力管理办法》《关于农电基建问题的若干规定》《关于农电设备整改的意见》等四个规范性文件，明确了农电体制改革与整顿的基本原则和方向。

（三）农村电气化是八亿农民的大事

农村电气化建设，自始至终得到中央主要领导的关注和支持。1982 年 9 月，在听取四川省有些县自办小水电的汇报时，邓小平同志指出："这件事，不要很多投资，国家不吃亏，群众有利，减少浪费，容易解决。可先在四川、湖南试点，要制定政策，把权力交给省。……中央、国务院给个政策，群众、国家都得利。这就是搞活，就是解放思想"。

1983 年 12 月，国务院批转水电部《关于积极发展小水电，建设中国式农村电气化试点县的报告》。国务院在转发通知中强调：农村电气化是八亿农民的大事。在国家兴办大中型电力项目的同时，应当在那些水利资源较好的地方，提倡以地方和群众自力更生为主，积极发展小水电建设，实现电气化。有关部门要在技术和资金等方面，给予指导和资助。全国已选定的一百个试点县要加强领导，及时总结经验，起示范、带头作用，为推进中国式的农村电气化事业作出贡献。

经过 5 年多的建设，到 1990 年 6 月底，全国已有 109 个县经省、自治区人民政府组织验收，达到了初级农村电气化的标准，按期超额完成了国务院下达的农村电气化试点县的建设任务。这 109 个县分布在全国 20 个省、自治区，共有农户 710 万，人口 3039 万，其中 95% 的县属老、少、山、边、穷地区，长期以来缺少电力，很多农民用不上电，经济发展缓慢。农村电气化的建设给这些县带来了生机，当地丰富的水力资源得到开发。109 个县共计投入农村电气化建设资金 41 亿元，其中由地方自筹和银行贷款 36 亿元（地方自筹 24 亿元，群众投工、投劳、集资 12 亿元），占总投资的 87.8%，而国家投入（拨改贷）扶持资金只有 5 亿元，占总投资的 12.2%。这不仅减轻了国家办电的经济负担，而且充分调动了地方和群众办电的积极性。

据统计，到 1991 年年底，全国小水电装机容量达到 1385 万千瓦，在供电方面，已拥有 35 千伏以上供电线路 8.3 万千米，35 千伏变电容量已超过 1700 万千伏·安，大体相当于 1965 年全国电网水平。在用电方面，年用电量超过 500 亿千瓦·时，接近 1965 年全国用电水平。第一批 109 个农村电气化县的建成，使这一百多个县的经济状况和社会面貌发生了历史性的变化，实现了十

浙江仙居北岙水电站

年经济翻两番。据统计，109 个县工农业总产值增长 5.58 倍，工业产值增长 24.4 倍，县财政收入增长 8.8 倍，农民人均收入增长 5.3 倍，1994 年达到 1200 元，超过当时全国平均水平。农村电气化推动了山区经济的全面发展和地方财力的增强，促进了农村物质文明和精神文明建设，初步改变了这些地区的贫困落后面貌。由此，小水电的发展已成为中国电力工业的重要组成部分，不仅填补了国家电网覆盖面的不足，减轻了国家电网供电的负担，缓解了用电矛盾，而且促进了近三分之一的边远山区工农业生产的发展，特别是对山区、少数民族地区的安定团结作出了重要贡献。

（四）“四个赶上”与“五个促进”

国家计委和水电部（水利部）在“七五”“八五”“九五”期间连续组织实施了三批农村电气化县建设，全国共建成农村电气化县 653 个。这 653 个农村电气化县有 82% 以上位于中西部地区，80% 以上属“老、少、边、穷”地区。这项工程建设被群众誉为“符合国情、持续时间最长、覆盖面最广、效益最显著的光明工程、扶贫工程、鱼水工程”。

农村电气化带动了山区经济和社会的全面发展。实现了“四个赶上”，即经济发展速度赶上全国水平。工农业总产值“七五”期间的发展速度低于全国 8.3 个百分点，到 1994 年增长速度达到 26.9%，高于全国平均水平。电力发展速度赶上全国水平。县财政收入增长速度赶上全国水平。农民人均收入由 1991 年的 550 元增长到 1994 年的 1155 元，年均增长 16%，赶上并超过全国 15.47% 的水平。还实现了“五个促进”：一是促进了农业的发展。农村水电初级电气化建设，治水办电相结合，减轻洪涝灾害，增加灌溉面积 165 万亩，解决了 1091 万人及 881 万头牲畜饮水困难，旱涝保收面积达到人均 0.49 亩，五年粮食增长 13.8%。二是促进了农村工业化进程。有了电，乡镇企业和地方工业得到迅速发展，年增长速度达 27%，工业产值占工农业总产值的比重由 55.9% 上升到 72.9%，300 万农村富余劳动力得到安置。三是促进了生态环境的改善，有 430 万农户利用风、水发电，以电代柴，农产品烘烤改用电，保护了森林，每年节约木材约 670 万立方米，森林覆盖率由 29.68% 增加到 33.8%。四是促进了农村精神文明建设。有了电促进了电影、电视和电化教学的普及，改善了学校的办学条件，儿童入学率由 89% 增长到 97%，家庭副业得到了发展，丰富了文化娱乐活动，文化素质提高，人口自然增长率下降，

1994年为11.1‰，低于全国水平。五是促进了全国农村水电的发展。“八五”期间全国平均年新增装机容量128万千瓦。

为了巩固和加快农村电气化县建设，1995年12月颁布的《中华人民共和国电力法》（简称《电力法》）规定：“国家提倡农村开发水能资源，建设中、小型水电站，促进农村电气化。”“国家对农村电气化实行优惠政策，对少数民族地区、边远地区和贫困地区的农村电力建设给予重点扶持。”《电力法》关于农村电气化的相关规定，从法律层面为农村电气化的建设、小水电事业的发展提供了保障和支持。

六、引进优化，大机组与大电网技术装备

党的十一届三中全会提出“在自力更生的基础上积极发展同世界各国平等互利的经济合作，努力采用世界先进技术和先进设备”。尽管当时国家财力十分紧张，但中央仍从战略高度，积极支持电力装备行业大规模引进先进技术。1978年年底，第一机械工业部（简称一机部）赴欧洲和日本的两个考察访问团组回国后，对开展对外经济技术合作作出具体部署，推动了技术引进联合设计、合作制造、技贸结合、合资或合作生产在电力装备行业的全面展开。

（一）引进制造30万千瓦、60万千瓦火电机组和电站设计技术

改革开放以后，电力工业发展很快，大型火电机组的需求越来越大。20世纪60年代至70年代初，国产的10万千瓦、12.5万千瓦、20万千瓦、30万千瓦火电设备质量欠佳，难以满足市场需求。同时，由于科学试验手段不足，关键技术未掌握，工艺装备落后，立足国内开发30万千瓦及以上火电机组的条件尚不成熟。在此背景下，一机部与水电部联合请示国务院，建议在进口30万千瓦、60万千瓦火电设备的同时，引进设计制造技术，提高大型火电设备研发水平，缩小同国外的差距。两部的报告得到国务院的大力支持。根据“技术先进、价格合理、条款优惠、择优引进”的原则，一机部、电力部经过货比三家和艰苦谈判，于1980年9月和11月，分别与美国西屋（WH）公司和美国燃烧工程（CE）公司，正式签订了引进汽轮发电机组和电站锅炉的技术转让合同。经两国政府于1981年2月、3月相继批准生效。这次30万千瓦、60万千瓦火电机组是成套技术的引进，不仅发电设备及配套企业引进了

设计制造技术，而且电力设计院也引进了美国依伯斯科（Ebasco）工程公司的燃煤电厂设计技术。除了电站锅炉、汽轮发电机组设计制造技术和电站设计技术之外，还包括锅炉的鼓引风机、给水泵、循环水泵、给水泵汽轮机、空气预热器、磨煤机、高压加热器，以及大中型电动机、大型变压器、大电流断路器、高压开关等设备和技术，涉及中国主辅机制造工厂、科研院所、电力设计院共计210个单位。引进技术总体达到20世纪70年代末到80年代初的世界水平。

中国成功引进30万千瓦、60万千瓦火电机组设计制造技术，在中国电机工业发展史上具有重要意义。一是提高了火力发电设备制造业的总体技术水平。通过引进先进技术和进行技术改造，发电设备主辅机制造企业大大增强了产品研发能力、工艺制造水平和成套装备能力。二是培养了大批技术和管理人才。在引进消化吸收过程中，各科研院所和制造企业有计划地派出设计、工艺、质量、标准、管理等专业人员出国培训，积累了丰富的经验。三是实现了发电设备行业技术标准的转轨。发电设备设计和制造标准，由采用苏联标准转而采用美国标准，为进一步发展超临界、超超临界火电机组打下了坚实的基础。四是推动了材料的国产化进程。发电设备用钢材牌号由此开始采用与国际主流相适应的美国钢材牌号，并开创了材料国产化的新进程。

通过持续15年的消化吸收、国产化和优化创新，30万千瓦、60万千瓦火电机组形成了批量生产能力，其技术经济指标和安全可靠性，均达到了当时国际同类机组先进水平。20世纪90年代以来，引进型30万千瓦、60万千瓦火电设备成为中国发电设备企业的主要产品。到2002年年底，全国电网已投入运营的引进型30万千瓦机组200余台（套）、60万千瓦机组20余台（套），30万千瓦、60万千瓦火电机组成为中国电网的主力机型。

电站设计技术的引进也在同步进行。1979年11月至1980年3月，经电力部报请国务院批准，由当时的电力建设总局主持邀请美国柏克德、斯通·韦伯斯特和依柏斯柯三家著名工程咨询公司，与各直属院和省院以及电力部和机械工业部有关的研究、情报、制造和施工等单位，就经营管理、系统规划设计、机电土建各个专业以及技术转让等业务进行了座谈。会后两部向国家建议引进30万千瓦、60万千瓦亚临界机组的设计和制造技术的同时，引进电站设计技术，获得国务院批准，并于1980年12月16日与依柏斯柯公司草签了引进30万千瓦和60万千瓦机组电站设计技术合同。合同正式生效之后，由总局组织西北、华东两院的技术人员赴美国依柏斯柯公司总部，联合进行石横电厂 2×30 万千瓦和平圩电厂 2×60 万千瓦机组的初步设计（以美方为主）。施工图设计则于 1982 年 6 月开始由两院设计人员为主进行，美方派出各专业设计人员来华协助指导。这次技术引进是中国发电设计史上的一次重大转折，通过这次技术引进，使中国的电力勘测设计人员开始了解并逐步掌握了西方先进国家高参数、大容量机组的设计技术，从此，发电设计翻开了新的一页。到 20 世纪 90 年代，随着石洞口二厂 60 万千瓦及绥中电厂 80 万千瓦等一批超临界机组发电厂的建成投产，中国的发电设计技术已步入世界先进水平的行列。

（二）引进国际先进水电机组

随着鲁布革、五强溪、二滩、水口、漫湾等大型水电站的建设，国际著名水电设备制造厂商陆续进入中国市场。中国水电设备制造企业抓住这一有利时机，在政府主导下，开展了一系列国际合作。通过合作设计制造，中国水电设备制造企业的科研设计和制造水平取得了长足进步。

五强溪水电站

云南鲁布革水电站的 4 台（套）15 万千瓦高水头混流式水电机组项目，是中国获得的第一个世界银行贷款国际招投标项目，招标文件明确规定：中标者必须与中国公司合作制造水电机组。通过多次与不同的国际一流水电设备制造商的分包合作，哈尔滨电机厂和东方电机厂掌握了高水头转轮的水力设计和焊接工艺，以及顶盖取水等新技术，提高了大型水电机组的设计制造水平。福建省闽清县水口水电站 7 台（套）20 万千瓦转桨式水电机组，是当时世界最大容量的轴流转桨式水电机组，转轮直径为 8 米，重量为 360 吨。1987 年，在水口水电站 1 号、2 号水轮发电机组国际竞争性招标中，经国内外6个厂商投标，最后选定由中国国际贸易信托投资公司和日本伊藤忠商事株式会社组成的联合体承制，主要制造厂商是哈尔滨电机厂和日本日立公司。通过联合设计，合作制造了技术经济指标和结构较为先进的水电设备。

在与国外一流发电设备制造商的合作中，国内设备制造商从中国实际需要出发，通过单项技术引进，突破瓶颈，解决关键技术问题。如东方电机厂在与加拿大通用电气公司合作过程中，通过青海李家峡水电站40万千瓦混流式水电机组，引进了水力设计技术和水轮机转轮软件技术。通过云南漫湾水电站25万千瓦机组和大朝山水电站22.5万千瓦机组，引进了筒形阀设计制造技术等。技术合作与引进，成为中国水电设备制造企业迅速成长的加速器，带动了自主创新，最终实现了大部分设备由国内制造厂设计制造。

20世纪80年代，以哈尔滨电机厂、东方电机厂为代表的中国水电设备制造企业与联邦德国西门子、加拿大通用电气公司等国外知名水电设备制造商合作，先后设计制造了一批各种类型的大型水电机组，包括混流式机组、轴流转桨式机组、贯流式机组、冲击式机组和抽水蓄能机组等，容量从几万千瓦到40万千瓦、55万千瓦不等。这些水轮发电机组的研制与制造成功，极大地提高了中国大型水电设备的设计制造水平。这些水轮发电机组，为鲁布革、五强溪、二滩、水口、漫湾等大型水电站的建设，提供了现代化技术装备。

（三）引进输变电关键设备和自动化制造技术

输电和变电设备是电力输送的重要组成部分，直接影响一个国家电力工业的先进程度。在中国完成220千伏输变电设备的自主设计制造后，经过较长时间的论证和大量的前期研究，1978年，国家决定，除西北地区以外，将500千伏作为各大区域的主要电压等级。进入20世纪80年代，中国电力工业和电机工业大规模向发达国家购买技术和设备，输变电设备进入以技术引进与自行研发相结合的发展阶段。

为了提高中国500千伏交直流输变电关键设备制造技术水平，各输变电制造企业与世界一流设备制造商建立了广泛的联系，并陆续从国际知名公司引进了门类比较齐全的输变电设备设计制造技术，包括220～500千伏大型变压器、环氧浇注和缠绕式干式变压器、110～500千伏高压开关、500千伏六氟化硫（SF_6）断路器和全封闭组合电器、大型变压器用电容式套管、高压膜纸及全膜电容器、静止无功补偿装置、碳化硅避雷器、发电机断路器、SF_6组合电器用电流及电压互感器、氧化锌避雷器、电力系统继电保护装置、交联聚乙烯电缆、无氧铜杆、变压器用M型和V型有载分接开关等设计制造技术。通过技术引进、消化吸收和国产化，中国超高压输变电设备技术开始迈上新台阶。

随着国外先进技术的引进和自行研发能力的提升，中国电工行业培育了一批重点骨干输变电设备制造企业。在高压直流输电设备领域，西安电力机械制造公司和西安高压电器研究所等单位，结合浙江舟山、长江三峡等直流输电工程，在引进、吸收国外公司先进技术的基础上，取得了直流输电系统模拟设计及直流输电设备研制等多项重大技术成果，为以后发展国内±800千伏特高压直流输电创造了有利条件。在超高压开关设备领域，三大骨干企业，即西安高压开关厂、沈阳高压开关厂、平顶山高压开关厂，形成了以高压、超高压SF_6断路器和封闭式组合电器为主导，包括敞开式高压开关设备（AIS）、电流互感器、中压开关及配电装置等完整的高压、超高压开关产品结构体系，逐步实现了国产化，部分产品的设计水平和制造能力已经达到了国际水准。尤其值得关注的是，三大骨干企业在提高自身研发能力的同时，都为未来特高压开关设备的研制储备了技术和人才。

电网调度自动化系统设备技术的引进，在较高层面上实现了“引进、消化、开发、创新”，20世纪90年代，调度部门配置知识产权能量管理系统（EMS）支撑平台和应用软件。在改革开放以前，国内一些电网虽然安装了部分远动设备，但远动信息不能覆盖全网。中国第一套数据采集与监视控制系统（SCADA），随着1979年500千伏平武线输电工程建设，从瑞典ASEA公司引进SINDAC-3系统。SINDAC-3的引进，确立了计算机与远动相结合的数据采集与监视控制系统理念。经消化、开发、汉化并接入其他远动终端后，该系统扩充为整个湖北电网调度自动化系统，稳定运行达15年以上。为了实现与数据采集与监视控制系统结合接入实时系统并直接控制发电过程目标，20世纪80年代后期启动了东北、华北、华中、华东四大电网调度部门能量管理系统（EMS）的引进工作。

从英国西屋公司引进的WESDAC-32系统，采用了美国ESCA公司的HABITATR支撑平台和AGC软件。和第一次数据采集与监视控制系统的引进不同，这次调度部门配置能量管理系统（EMS）的引进是有选择地引进。其中包括从英国进口四大电网调度自动化系统，以及同时引进了应用软件和技术等。与此同时，电力部通信调度局还从日本日立公司引进了用于通信调度的仅含主站的 H80E 系统。由数据采集与监视控制系统发展到调度部门配置的能量管理系统（EMS），其广度和深度要求是不同的。广度方面，单纯的数据采集与监视控制系统对远动终端（RTU）的数量并无要求，可多可少；但支持调度部门能量管理系统（EMS）的 RTU 的数量必须满足构建全网实时分析的需要。深度方面，调度部门能量管理系统（EMS）除需实时数据库和数据采集与监视控制系统功能的支持外，还必须部署各种智能型高级应用软件。这就带来了支持网络接线拓扑分析及元件参数的网络数据库和接入不同应用软件的应用编程接口问题。

四大网调度部门配置能量管理系统（EMS）投入运行不久，随着电力部通信调度局升为国家电力调度中心，电力部通信调度局的 H80E 系统也由西门子的 SPECTRUM 分布式系统所取代。各级调度机构在管理体制上也逐渐将计算机和远动两个专业合并为自动化专业。四大网调度部门配置能量管理系统（EMS）投入运行后的 20 世纪 80 年代末 90 年代初，分布式系统和面向对象技术得到了很大发展。这一系列先进电力装备与技术的引进与优化，为中国电力工业的改革发展、技术提升发挥了积极作用，促进了中国电力工业整体实力的提高。

第四章 电力先行——经济社会发展的原动力

经过改革开放后十几年的发展，中国电力工业取得了举世瞩目的成就。电力工业初步形成“国家管网、多家办电”的总体发展格局，发供电快速发展。中国电力工业在进入大电网、大电厂、大机组、高电压和高自动化的发展基础上，电力建设继续稳步发展，到2002年，发电装机容量达到3.15亿千瓦。电网建设进入历史上最快发展阶段，电网主网架建设逐步加强，城乡电网改造成效明显。一大批重点项目开工或投产，具有标志意义的三峡工程兴建，西电东送和全国联网启动，形成了一个完整的、初步现代化的电力工业体系。困扰多年的全国电力供需基本实现平衡。为了更好地适应社会主义市场经济的发展，国家开始转变政府职能、实行政企分开、深化电力工业体制改革。1997年1月16日，国家电力公司成立。一年后，电力工业部撤销。这是一个重要的历史转折点，标志着中国电力工业管理体制由计划经济向社会主义市场经济转变，为后续电力工业大发展奠定了良好的制度基础。

第一节　政企分开，高瞻远瞩的选择

政府和企业是两类具有不同性质、任务、职能但又相互紧密联系的组织系统。政企分开是指政府的职能与企业的职能分开。实行政企分开，可以减少政府对企业的控制和干预，扩大企业经营管理的自主权，使企业成为自主经营、自负盈亏、自我约束、自我发展的商品生产者和经营者。1992 年，党的十四大报告明确了建立社会主义市场经济体制的改革方向并做出部署，政府的产业管理部门将逐步撤销。十四大报告明确指出，政府部门要缩减，要放权。在此背景下，国务院决定组建国家电力公司。之后，“厂网分开，竞价上网”改革试点在部分省市落地。这是中国电力工业适应社会主义市场经济发展的一项重大改革措施，是电力管理体制和电价形成机制改革的基本方向，有利于确保电网调度的公平、公开、公正和电厂之间的平等竞争，为形成统一、开放、竞争、有序的电力市场创造了条件。

一、电力企业公司化改制大步迈进

党的十四大后，中国进入建立社会主义市场经济体制和加快发展国民经济的新时期。要适应新时期国民经济快速发展的需要，就必须进一步解放电力工业的生产力，使电力工业实现快速发展。当时，社会主义市场经济体制尚在形成过程中，电力工业作为关系到国计民生

1993 年 5 月，电力工业部成立大会

的基础行业，既要抓改革，又要抓发展，任务艰巨而繁重。为此，中共中央下决心组建新的电力工业部，集中力量抓好电力工业的发展与改革。1993 年 3 月，八届全国人大一次会议审议通过了《关于国务院机构改革方案的决定》，1988 年成立的能源部被撤销，组建电力工业部（简称电力部），作为国务院主管全国电力工业的职能部门。

党的十四届三中全会作出的《中共中央关于建立社会主义市场经济体制若干问题的决定》，标志着中国的改革进入整体配套、重点突破和全面攻坚的新阶段。此后，按照“产权清晰、权责明确、政企分开、管理科学”的现代企业制度思路，国有企业改革和股份制试点步伐进一步加快。1993 年，电力工业部成立后，按照建设社会主义市场经济体制的总要求，继续深化了政企分开的改革，实行“公司化改组、商业化运行、法制化管理”。在电力部权限范围内，主动下放权力给电力企业，积极为电力企业的发展创造条件。在建立企业集团方面，能源部部属的五大电力公司改组为五大电力集团，实行计划单列。在推动股份制改革方面，电力部颁布了电力工业试行股份制的规范性意见，一批发电项目实行规范化股份制改革，山东、上海开展了股份制改革试点。

在 1993 年 12 月召开的全国电力工作会议上，电力部提出了电力工业改革与发展的总体目标和战略措施，其中加快电力改革的目标是“按照 20 世纪末建立起有中国特色的符合社会主义市场经济规范的新型电力工业管理体制的要求，构筑现代电力企业制度，完善电力集团的组织结构与功能结构。”为实现这个目标，电力部提出，积极稳妥推进公司制改组。按《公司法》的规范，将电力公司逐步改造成有限责任公司或股份有限公司。为保证电网的安全、经济、优质运行，发挥最大的经济效益和社会效益，必须坚持统一规划、统一调度、依法完善五级调度系统。骨干网架由国家兴办，由电力集团公司直接向国家开发银行等政策性银行、商业银行和其他金融机构贷款建设，并偿还本息，统一建设，统一管理。对增强电网调峰能力的大型骨干电厂，包括抽水蓄能电厂和担负调峰任务的电厂，由电力集团公司代表国家实行有效控股和直接管理。鼓励国内外出资方采用控股、参股方式兴建电厂。推进多种形式的电厂股份制试点工作。

1987 年以后，在网局层面，成立了华北电力联合公司、华东电力联合公司、东北电力总公司、华中电力联合公司、西北电力联合公司五大跨区域的联合电网公司，跨区电网形成了多个企业法人的联合体，省电力公司进行独立核算，加入电网。1993 年 1 月，分别组建成立中国华北电力集团公司、中国华东电力集团公司、中国东北电力集团公司、中国华中电力集团公司和中国西北电力集团公司。

五大电力集团公司的成立是政企分开的进一步深化。在政企关系上，五大电力集团公司在国家计划中单列，由能源部（后为电力部）管理。考虑到电力行业是专业性管理，电网为垄断经营，要保证大电网的统一调度和安全运行，五大电力集团成立后，实行政企职责分开，作为政企分开的过渡阶段，五大电力集团公司与电管局、省电力公司与省电力工业局保持“两块牌子一套人马”的格局，电力行业行政管理由电力集团和省电力公司负责，省级政府不再另设电力行政主管部门。

运营机制方面，五大电力集团对联合电网公司模式进行了更深一步的公司化改组，商业化运营程度更高。1993 年，国家相关部门批准了五大电力集团享有类似于华能集团公司的投资、融资、外经和外贸等自主权限，并逐步建立起类似于华能集团公司的运营机制。在外贸、外经权限上，享有进出口经营权、自营对外承包工程及外派劳务业务权、派遣临时出国人员和邀请国外人员来华审批权。在投资、融资方面，国家信贷资金可以由集团直接向银行借贷还款等。另外，五大电力集团成立后，执行了国家新颁布的财务管理制度，结合电网实际制定了新的会计核算和财务管理制度。

五大电力联合公司改组为电力集团，在机制上进一步促进了“集资办电”和“统一管网”。五大电力集团为一级法人，省电力公司为二级法人，分开核算。五大电力集团统一负责联合电网调度，管理超高压线路，并保持一定的发电容量，省电力公司加入电力集团，企业性质不变，仍为本省内的中央、地方及其他所有权不同的电力企业的联合企业。1993 年 11 月，东北电力集团公司成为国家体改委组织的现代企业制度改革试点单位。

电力企业股份制改造是集资办电的深化和发展，也是电力行业适应市场经济发展的企业经营模式的改革。1993 年电力部成立后，即将股份制改造试点工作作为拓宽电力工业融资渠道和深化企业改革的重要举措。1993 年 9 月，电力部印发《电力行业股份制企业试点暂行规定》，明确了电力行业股份制企业试点的目的、原则、范围和组建方式、申报及管理。股份制企业试点的目的，是为了适应社会主义市场经济体制的建立，进一步理顺生产关系和产权、投贷、利益分配、经营管理等关系，调动投资者的办电积极性；保障投资者、经营者合法权益，实现资产的保值增值；拓宽融资渠道，利用国内、国际两个市场筹集电力建设资金，增强企业投资功能，加快电力发展速度，力争电力先行；促使电力企业从根本上转换经营机制，实现自主经营、自负盈亏、自我发展和自我约束；推动电价改革，建立合理可行的保证电力企业具有简单再生产和扩大再生产能力的价格体系，实现社会资源优化配置。山东、上海、华能、大唐、葛洲坝和内蒙古、广东等电力企业的股份制改造和境外上市的成功，开辟了电力工业投融资和经营模式的新途径。

二、组建国家电力公司，政企分开的关键一步

1997 年 1 月 16 日，国家电力公司成立大会在北京人民大会堂举行。中共中央总书记江泽民、国务院总理李鹏为国家电力公司成立题词，国务院副总理吴邦国出席会议并讲话，为国家电力公司揭牌。国家电力公司首任总经理由电力部部长史大桢兼任。成立大会上，国家工商行政管理局向国家电力公司颁发了营业执照。成立大会后的第二天，国务院在中南海召开电力工业管理体制改革座谈会。李鹏出席会议并讲话，李鹏在听取史大桢等人汇报后表示，组建国家电力公司是政府深化改革的重要一步。

国家电力公司由国务院出资设立，采取国有独资的形式，是国务院界定的国有资产的出资者和国务院授权的投资主体及资产经营主体，是经营跨区送电的经济实体和统一管理国家电网的企业法人，按企业集团模式经营管理。注册资本为 1600 亿元人民币。按照《国务院关于组建国家电力公司的通知》精神，明确国家电力公司的主要职责有五个方面：一是经营国务院界定范围内的

国有资产，承担保值增值责任；盘活存量资产，优化资源配置和产业结构；运用国家资本金并开展经批准的公司融资业务，对电力项目进行投资并负责偿还本息。二是享有产权收益，决定全资子公司的经营方针、重大产权变更、分配方式以及其他重大经营决策等事项；任免全资子公司的主要经营者及监事会成员；对控股、参股子公司派出董事会成员；研究决定所属事业单位的工作方针、发展规划等重大事项，任免其领导成员。三是研究制定公司发展战略、中长期发展规划和年度计划、投融资计划并组织实施；负责全国电力联网建设，经营管理联结区域电网的主干网络和跨区送电的大型电厂以及必要的调峰、调频骨干电厂。四是对国家电网实施统一规划、统一建设、统一调度、统一管理；依法对与国家电网相联结的发电厂和电网实施统一调度；监督全国电网安全、稳定、经济、优质运行，不断提高供电质量和服务水平。五是指导公司系统精神文明建设和思想政治工作。承担国务院及有关部门委托的其他工作。

1997 年 1 月 16 日，国家电力公司成立大会

国家电力公司的组建成立，标志着中央层面中国电力工业管理体制改革正式进入实施阶段。1997—1998 年，电力工业部与国家电力公司实行两块牌子、两套班子、一套人马运行。电力工业开始政企分开。新组建的国家电力公司是一个对发电、输电、配电、供电实行资产和经营垂直一体化管理的巨型企业，拥有当时国内近 48.3% 的发电总装机容量和 77% 的总售电量，经营管理电力部直属或管理的全部电力企业集团公司、省级电力公司及其他电力企业的股权，国家电力公司按企业集团模式经营管理。国务院文件规定，电力工业部继续行使对电力工业的行政管理职能，而原有的国有资产经营职能和企业经营管理职能则移交给国家电力公司。

1998 年，国家电力公司经过一年多的改革、调整与探索，确定了“四步走”的改革战略框架：第一步，1997 年 1 月—1998 年 3 月，以成立国家电力公司、撤销电力工业部为标志，在中央层面上实现政府职能的移交和行业管理职能的转移；第二步，1998—2000年，坚持政企分开、省为实体的方针，完成国家电力公司的公司制改组，培育发电侧电力市场，完成省级电力公司的公司制改组，组建一批独立发电公司；第三步，2001—2010年，在实现全国联网的基础上，“厂网分开、竞价上网”全面推开，建立竞争性电力市场；第四步，2010年以后，根据电力市场的发育程度和政府监管的要求，放开配电和售电环节，实现电力市场全面竞争，使市场化改革到位。理顺管理职能的国家电力公司依照《中华人民共和国公司法》和现代企业制度，遵循“公司制改组、商业化运营、法制化管理”的方针，开始按照实体化、集团化运作，逐步成为经济实体。

1998年3月，全国九届人大一次会议批准国务院机构改革方案，决定撤销电力工业部，实行政企分开，将电力工业部的行政管理职能移交国家经济贸易委员会（简称国家经贸委），行业管理职能移交给中国电力企业联合会。国家电力公司承接了电力工业部下属的全部资产，作为国务院出资的企业独立运营，自此，电力工业从中央层面实现了政企分开。

在中国电力管理体制的改革历程中，成立国家电力公司、撤销电力工业部，标志着中国电力工业管理体制由计划经济向社会主义市场经济转变，是实现政企分开的历史性转折。国家电力公司成立后，确立了建设“控股型、经营型、现代化、集团化管理和国际一流电力公司”的战略目标。

随着国家电力公司的组建和电力工业部的撤销，电力管理体制改革也从国家级层面逐步向下延伸。经国务院同意，2000年6月，中央机构编制委员会办公室和国家经贸委联合下发了《关于调整电力行政管理职能有关问题的意见》，要求2000年继续推进电力工业政企分开的改革，逐步撤销大区电业管理局和省级电力工业局。同时强调各省要将分散在各专业管理部门、行政性公司等单位的政府管电职能一并划入经贸委，实行政企分开。

各省（区、市）电力工业政企分开改革，按照党中央、国务院对省级政府机构改革的总体部署和要求，与省级政府机构改革同步进行。各省级政府根据国务院赋予国家经贸委的电力工业行政管理职能，结合本地区电力工业实际情况，逐步将相关工作移交省级经贸委，各省（区、市）电力工业局也相继撤销。

2002年6月，国家电力公司宣布，按照此前国家经贸委的批复，撤销华中电业管理局。至此，继华北、东北、西北、华东电业管理局撤销之后，在中国承担电力行政管理职能50多年的五大电业管理局，实现政企分开，全部退出历史舞台。

三、以《电力法》为标志，中国电力工业进入法制化时代

党的十四大提出，要在五年内建成社会主义市场经济法律体系框架。到党的十五大召开前，电力工业领域的法制建设快速推进，逐步形成了一个以《中华人民共和国电力法》（简称《电力法》）为核心，相关法律规定、条例为主要支撑的电力法律法规体系，中国电力工业进入了法制化时代。这一时期颁布实施的电力法律法规，以法律的形式确认了电力工业体制改革实践中取得的成果，为电力生产、供应、使用等领域的各类型主体利益提供了法律保护，同时以法制化的方式规范和约束了各主体行为，为电力工业体制的进一步改革和电力市场的构建提供了法律依据。

《电力法》于1995年12月通过，1996年4月1日正式施行。在此前后，国务院相继发布了《电力供应与使用条例》《电力设施保护条例》《电网调度管理条例》，使电力工业进入了规范化、法制化管理阶段。

1996年4月16日召开的全国电力系统法制工作会议，明确了“九五”计划期间电力法制建设总体目标：按照“依法治国、建设社会主义法律国家”的战略方针，到20世纪末，建立起较为完整的符合社会主义市场经济要求和电力生产特殊规律的电力法规体系；形成依法办电、依法管电、依法用电的法治环境和市场秩序，实现电力工业的法制化管理，保证并促进电力系统两个文明建设。1997年，国家电力公司成立后，设置了法律事务机构，负责全公司的法律顾问管理、普法及法制教育、诉讼与非诉讼活动、重大法律事务、对外法律咨询等，同时配合国务院法制局修订《电力知识产权保护规定》《外商投资电力项目规定》等法律法规。随着电力法制的不断完善和电力法律事务的增加，电力法治工作机构的建立与工作职责的健全，依法治企与依法治电已成为国家建设法治社会、法治国家的重要组成部分。

《电力法》是电力领域第一部法律，是中国电力法律法规体系的核心。《电力法》的立法过程长达10年。1985年2月，六届全国人大三次会议上，38名代表提议起草和制定电力法。1986年，电力法被列入国务院立法计划，水电部成立电力法起草小组，在调研的基础上提出了《电力法》草案，并在电力系统内部征求意见。1988年能源部成立后，根据国务院立法计划继续开展《电力法》的起草工作。1991年3月，能源部提出了征求意见稿，经广泛征求意

见并修改后，同年10月，提请国务院审议《电力法》送审稿。1995年，国务院第36次常务会议讨论通过了《电力法》草案，同年9月30日，国务院提请全国人大常委会审议。同年12月28日，八届全国人大常委会第十七次会议表决通过了《中华人民共和国电力法》，1996年4月1日正式施行。

1996年4月3日，国务院办公厅印发通知，就实施《电力法》的有关问题作出了部署和要求。为了准确、全面、完整地理解、执行《电力法》，全国人大常委会法工委、电力部共同编写了《电力法释义》。同年10月，电力部发布了《电力法释义》。《电力法》全文共10章、75条，对电力建设、电力生产与电网管理、电力供应与使用、电价与电费、农村电力建设和农业用电、电力设施保护、监督检查、法律责任等作出规定。《电力法》通过严格的法律管理制度，将电力生产、供应和使用纳入法治轨道，对维护发电、供电、用电的正常秩序，维护电力企业和用户的合法权益，维护公共利益有着积极的意义。该法对保护电力投资者、经营者的合法权益，吸引国内外经济组织和个人投资发展电力工业，对促进电力建设项目符合电力发展规划，电网建设与电源建设协调发展，促进电力工业发展有着积极作用。

四、电力教育的变迁

在1949年以前，由于中国电力工业落后，发电厂寥寥无几，电力技术力量薄弱，电力院校教育除在一些普通大学和高等工科学校中设有少量电机系（科）外，没有一所独立的电力院校。全国每年毕业的电力类大学毕业生只有100多人，中专程度毕业生也只有数百人。1949年以前，广大电力职工几乎没有接受文化教育的权利和条件，文化水平普遍很低。据统计，1949年全国省、自治区、直辖市以上电业部门的职工只有3.9万人，其中电厂职工1.9万人，供电部门职工1.5万人，共3.4万人，占电业职工总数87%。全国电力系统职工中文盲和半文盲占职工总数的70%，其中水电基建系统的职工，多数来自山区和农村，文盲和半文盲更高达80%。

（一）改革开放前的电力教育

新中国成立后，教育部按照“以培养工业建设人才和师资为重点，发展专门学院，整顿和加强综合大学”的方针，进行院系调整。1952年，由交通大学、同济大学、南京大学、浙江大学和华东水利专科学校等校的水利系，合并组建了华东水利学院，1985 年恢复河海大学校名。同年，由武汉大学、湖南大学、广西大学、南昌大学等校的水利系合并成立了武汉大学水利学院。1954 年，天津大学、华东水利学院、河北农学院、沈阳农学院等院校的水利土壤改良专业也并入武汉大学水利学院后，正式成立了武汉水利学院。这两所为培养水利、水电等专业人才的专门学院的成立，标志着为水利电力行业服务的水利电力高等教育初步形成。

1953—1957 年，水利电力高等教育通过学习苏联先进经验并与中国实际相结合，在教育思想、教育方针、教学内容、教学制度、教学方法等方面，进行了全面改革。该时段所做的主要工作和采取的主要措施有：改变原有系科，重新设置专业，按专业制定教学计划和教学大纲；翻译借用苏联教材和自编教材；学习苏联的教学方式、方法，增加工地实习、课程设计等教学环节；建立有关教学研究室等基层组织，加强教学工作计划性；建设师资队伍，提高师资水平；加强思想政治工作；培养研究生和招收留学生；提出教学改进措施，减轻学生负担，提高教学质量。

至此，电力高等教育体系初步形成，教育规模有了一定的发展，教学质量有了较大提高。但是，在学习苏联经验的过程中，在一定程度上存在着没有真正从中国的实际出发，盲目地、机械地搬用苏联高等教育的经验，产生了对高等教育统得过多、管得太死的不足。

同一时期，电力职业技术教育诞生，并形成初步框架。建国初期，各地军事管制委员会和地方人民政府，接收、接办、整顿、接管了旧中国遗留下来的公立、私立、教会办的旧职业学校，但这些学校中没有单独建制的电力职业技术学校。随着电力工业的恢复与发展，迫切需要大批初、中、高级技术人才，遵照政务院《关于整顿和发展中等技术教育的指示》要求，燃料部电业管理总局于 1952 年秋起在对有关工业学校进行整顿、调整的基础上，以华北、东北、西北、西南、华东、中南等大区进行布点，相继筹备和建立了北京、西安、上海、郑州、南京、重庆等电力中等技术学校，北京、武昌、沈阳等水力发电工程学校，以及沈阳、太原等电力技工学校。至 1957 年，全国电力行业的中等专业学校和技工学校共有 20 多所，初步形成了以中等专业学校和技工学校为主体的电力职业技术教育体系的框架。当时，遵照中央领导有关办学体制的指示和意见，电力中等职业技术学校实行以电力部门领导为主的、按系统归口管理的体制，使学校布局、规模、专业设置等同电力生产、建设、计划发展相适应，做到有计划地安排人才培养。20 世纪 50 年代初建立的电力中等专业学校和电力技工学校，基本仿照苏联中专和技校的办学思想、办学模式、专业设置、教学计划、教学方式等，还采用了苏联中专和技校教材的译本。这些苏联教学经验对中国电力职业技术教育影响很深，且在相当长一段时间内保留下来。

这一阶段，中国电力职业技术教育迈出了坚实的第一步，为当时电力生产建设输送了大批初、中级技术管理人才和技术工人，初步摸索出一套办学的经验，为日后职业教育事业的发展创造了条件。但工作中也有一些问题，如在学习苏联过程中忽视国情、盲目学习、照抄照搬等，这都给电力职业教育的发展造成一定消极影响。不过，回顾中国的电力职业技术教育，为电力系统提供了大批应用型人才，各类职业技术学校已经成为电力系统初中级技术人才、管理人才和技术工人的主要来源。相当数量的职业技术学校毕业生在生产第一线起着骨干作用。由于各类职业技术学校毕业生注入电力职工队伍，优化了职工队伍结构。

新中国成立初期，遵照中央人民政府“关于扫除文盲的决定”和“关于开展职工业余教育的指示”，全国电力企业根据燃料工业部电业管理总局和电业工会的要求，先后组织开展了两次扫盲运动，全国各电力部门及企业普遍开办了职工业余文化学校。到 1957 年，全国电力系统有上万名职工摘掉了文盲帽子。各地电力系统初步形成从扫盲、小学、中学、中专到大专的职工业余文化教育体系，提高了职工文化业务素质。“一五”期间，燃料工业部电业管理总局和嗣后成立的电力工业部，根据政务院《职工业余教育暂行实施办法》等一系列指示，两次召开全国电力职工业余教育工作会议，制定了《电力工业职工业余文化技术教育 12 年远景规划》和《关于加强职工业余文化技术教育工作的决定》。根据这些会议和文件精神，全国电力单位积极开展多种形式的技术培训，如实行师徒合同制和举办学徒工培训班，针对生产急需组织专业技术培训班和开展现场培训活动。设立技术干部学校和建立干部培训基地，建立电力企业厂（局、公司）、车间（分厂、工区）、班（站）三级培训网络。逐步在培训内容、形式、方法等方面得到不断完善和发展，形成可行的制度和方法，使电力技术培训工作初步走向规范化和制度化，有效地提高了职工的技术水平，保证和促进了电力生产建设工作的健康发展。

“一五”后的电力教育培训领域和全国一样，经历了积极探索、曲折前进的历程，其中前几年是在“大跃进”的背景下盲目发展的“教育革命”运动阶段，先后兴办了一批本科院校和10所专科学校及一大批中专、技工学校。后几年是在“调整、巩固、充实、提高”八字方针指引下的调整和恢复发展阶段。到1965年年底，水利电力部直属学校保留5所高校，15所中专学校，5所技工学校。各级各类学校认真贯彻执行“科研十四条”“工业七十条”“高校六十条”等有关条例，正确执行党的知识分子政策，学校教学秩序日益稳定。通过加强教材和师资队伍的建设，积极探索学制、教学方法、考试制度的改革，开展半工半读教育制度的试点，使电力教育培训重新走上健康发展的道路，教学质量逐步提高。

“文化大革命”时期，电力高等教育和其他各个领域一样，经历了“停课闹革命”“斗批改”“红卫兵”组织搞武斗打派仗等浩劫，使电力高校陷于动乱之中。“文化大革命”十年对电力高等教育事业的破坏是极其惨重的，给人们留下的教训也是极为深刻的。

（二）改革开放的电力教育

党的十一届三中全会后，电力高等教育经拨乱反正开始迈出新的步伐。这一时期的电力教育培训工作也进入了前所未有的大好时期，大体可分为三个阶段：第一阶段（1976年10月—1985年12月），以拨乱反正、调整改革和整顿提高为主要内容；第二阶段（1986年1月—1995年12月），以深化改革与高速发展为主要内容；第三阶段（1996年1月—2000年12月），抓住机遇迎接挑战、创建一流教育培训体系，全面推向21世纪。

2000年3月，国家电力公司召开所属学校管理体制调整工作会议，贯彻国务院的决定，部署所属学校管理体制的调整工作。按照国务院的决定，国家电力公司所属高等学校的调整方案是：除华北电力大学仍由国家电力公司管理外，从2000年开始，武汉水利电力大学划归教育部领导，并与武汉大学、武汉测绘科技大学、湖北医科大学合并组成新武汉大学。北京电力高等专科学校划归教育部领导，并与北方交通大学合并。其他学校由所在省、市人民政府领导。具体情况是：武汉水利电力大学宜昌校区由湖北省领导。东北电力学院由吉林省领导。上海电力学院由上海市领导。长沙电力学院由湖南省领导。沈阳电力高等专科学校由辽宁省领导。长春水利电力高等专科学校由吉林省领导。太原电力高等专科学校与山西大学合并，成立山西大学工程学院，由山西省领导。南京电力高等专科学校由江苏省领导。山东电力高等专科学校与山东电力试验研究所合并，仍归属山东省电力公司管理。郑州电力高等专科学校、重庆电力高等专科学校和西安电力高等专科学校的管理体制和布局结构，暂由所在地区的省电力公司管理。电力高校划归地方领导以后，有关省又对本省的高等学校进行调整，有的电力高校与其他高等学校合并组建新的大学，这些学校是：武汉水利电力大学宜昌校区与湖北三峡学院合并组建三峡大学。长春水利电力高等专科学校与长春建筑高等专科学校、长春工业高等专科学校合并组建长春工程学院。南京电力高等专科学校与南京机械高等专科学校合并组建南京工程学院。

从 1952 年院系调整、组建培养水利、水电人才的专门学院开始，至 2000 年电力高等学校管理体制发生重大变化为止，电力高等教育走过了近 50 年的历史。在这期间，电力高等教育和全国高等教育一样，经历了艰难的探索和曲折的发展，特别是改革开放以来，取得了巨大成就，积累了丰富经验。电力高等教育的产生和发展是一个历史阶段的产物，是与计划经济体制和实行部门办学体制相适应的，对中国高等教育的发展发挥了积极作用，是中国高等教育的重要组成部分。电力高等教育在近 50 年的发展中，无论是高校的数量和办学规模，还是办学的层次、学科专业结构和教学质量，都迈上了新的台阶。为中国电力工业的建设和发展作出了重大贡献。

五、电力需求侧管理

电力需求侧管理，是指通过提高终端用电效率和优化用电方式，在完成同样用电功能的同时，减少电量消耗和电力需求，达到节约能源和保护环境，实现低成本电力服务所进行的用电管理活动。

从 1953 年开始，中国即开展了以提高负荷率为目标的调整负荷和提倡合理用电的需求侧管理活动，以行政手段推动和引导供电与用电企业调整负荷、合理用电、降低消耗、节约用电。20 世纪 70 年代末，中国政府提出“能源开发与节约并重，把节约放在首位”的能源发展方针，各级政府部门建立以“计划用电、节约用电、安全用电”为主体的工作体系，重点加强和完善用电单耗及用电负荷管理，发展高效节电设备，推广节电新技术等。1987 年 3 月 30 日，国务院批转国家经委、国家计委《关于进一步加强节约用电的若干规定》，在全国范围内开展以合理使用能源、节约用电、提高终端电能效率为目标的需求侧管理活动，并颁布了一系列指导合理用电的经济运行技术标准，在工业领域推广应用降损节电技术。1984—1993年间，通过推行各种节电技术措施和加强用电管理，节约用电量约1000亿千瓦·时，对国民经济的持续高速增长和环境保护发挥了重要的作用。

20世纪90年代初，电力需求侧管理的新概念被引进中国，引起中国政府和电力部门的高度重视。在开展电力需求侧管理研究的同时，组织了一定范围的试点和示范工程建设，并开展宣传培训和经验交流、节电调荷技术推广应用等工作，使传统的节约用电工作得到全面提升。1993年6月，在深圳试点将需求侧管理纳入综合资源规划。在政府电力主管部门的组织下，中国电力企业参与了亚太经济合作组织（APEC）能效与节约工作组的活动。1994年与丹麦电力公司合作，开展世界银行技术援助项目——江苏电力需求侧节能项目的研究。1996年开始，与日本、美国、加拿大、法国、意大利的电力公司合作，对石家庄、武汉、重庆等城市的电力需求侧管理进行考察和诊断，并开展电力需求侧管理的技术讲座与经验交流。推广应用节电和蓄能技术，主要在大型商场、饭店等公共场所推广紧凑型节能照明灯，在浙江、上海、北京、福建、广东等地区，推广应用冰（水）蓄冷空调技术，在西安、上海、郑州、兰州等地区，推广应用蓄热式电锅炉。

1997年12月，国家电力公司成立电力需求侧管理指导中心，负责电力需求侧管理的政策研究、宣传培训、技术推广、信息交流等工作。1991—2000年间，累计节电1300亿千瓦·时，节煤6000万吨，减排二氧化硫130万吨。2004年夏季，国家电网公司系统通过峰谷电价、季节性电价、可中断电价等政策，平抑了400万千瓦以上的高峰负荷，约占错避峰负荷总量的20%。

进入21世纪，中国工业化、城市化进程加快，能源需求出现前所未有的大幅上升态势。随着电力供需矛盾突出，电力需求侧管理更加受到关注和重视，并日益成为中国用电管理的核心和重点。

以2000年12月29日国家经济贸易委员会和国家发展计划委员会发布的《节约用电管理办法》为标志，电力需求侧管理第一次纳入中国用电管理法规。《节约用电管理办法》要求，要积极推动需求侧管理。对终端用户进行负荷管理，推行可中断负荷方式和直接负荷控制，以充分利用电力系统的低谷电能。电力规划或综合资源规划中应当包括电力需求侧管理的内容。电力企业应当加强电力需求侧管理的宣传和推动工作。

鉴于电力需求侧管理是一项促进电力工业与国民经济、社会协调发展的系统工程，涉及社会生活的各个领域，因此，国家加强对电力需求侧管理的指导就显得十分必要。为此，国家发展和改革委员会、国家电力监管委员会在充分听取各方意见的基础上，共同研究形成了《加强电力需求侧管理工作的指导意见》(简称《指导意见》)，并于2004年5月27日发布。《指导意见》明确电力需求侧管理工作要由各级政府大力推动和主导，要加强规划管理、负荷管理、节电管理，大力开展宣传与培训，监管机构实施有效监管，利用经济、技术及必要的行政措施等多种手段，充分调动电网经营企业、发电企业、用户及能源中介机构等各方积极性，共同参与，共享收益，以取得最佳的社会效益和经济效益。《指导意见》要求各省区市政府主导推动本地区电力需求侧管理工作，电网经营企业是实施电力需求侧管理工作的主体，受政府委托研究提出电力需求侧管理规章、标准、规划及政策建议，并在电力系统规划、生产、运行管理中落实电力需求侧管理的各项工作。

2008年4月1日，经十届全国人大常委会修订的《节约能源法》正式实施。该法明确规定："国家运用财税、价格政策，支持推广电力需求侧管理、合同能源管理、节能自愿协议等节能办法"。2010年11月4日，国家发展改革委、工业和信息化部、财政部、国资委、国家电监会、国家能源局联合制定了《电力需求侧管理办法》；2011年4月21日，国家发展改革委印发了《有序用电管理办法》。以这些规范性文件为指导，中国开展了电网企业实施电力需求侧管理目标责任考核、电力需求侧管理城市综合试点等工作。

2014年6月25日，国家电力需求侧管理平台正式发布。这是国家发展改革委为广泛深入推进电力需求侧管理工作而组织开发的综合性、专业化、开放式的网络应用平台，具有经济分析、电力供需形势分析、有序用电、需方响应、电力需求侧管理目标责任考核、在线监测、网络培训、信息发布等功能，旨在向政府有关部门、电力企业、电力用户、电能服务商等各类群体提供最全面、最权威的决策支撑和技术服务，促进中国节能减排事业的发展。

2017年9月20日，国家发展改革委等六部委发布了《电力需求侧管理办法》(修订版)。新修订的《办法》进一步强调电网企业是电力需求侧管理的重要实施主体，应依法依规开展工作，并实施目标责任考核评价制度；应推广使用节能先进技术，采用节能输变电设备，采取技术措施减少供电半径，增强无功补偿，加强无功管理，稳步降低线损率；应通过电力负荷管理系统开展负荷监测和控制；应加强电能替代配套电网建设，推进电网升级改造，提高环保用电的供电保障能力，做好环保用电的供电服务。同时明确，支持电网企业会同电力用户探索建设大规模源网荷友好互动系统，有效平抑可再生能源带来的波动，提升电网“源”“荷”互补能力，助力可再生能源大规模替代化石能源。

自 2010 年《电力需求侧管理办法》印发以来，电力需求侧管理工作取得了积极成效。按照科学用电、节约用电、有序用电的理念，有关部门和地方政府各司其职、电网企业全力配合、电力用户积极参与，无论是电力紧张时期保平衡，还是电力宽松时期提能效，电力需求侧管理工作都发挥了非常重要的作用。在保障电力供需平衡、促进用户能效提升、确保重点用户用电、支撑国家节能减排等方面作出了积极贡献。

六、里程碑，电力供需实现基本平衡

1992—1996 年，在股份制改造、上市融资、境外融资和集资办电等措施的作用下，电力工业有效应对了增大的还贷压力，开辟了新的资金来源，电力建设速度进一步加快。在电力供需矛盾突出的情况下，电源建设依然是这一时期的重点，并继续实行因地制宜、水火电并举和适当发展核电的方针。三峡水电站、大亚湾核电站、广州抽水蓄能电站、秦山核电站二期和天生桥二级水电站等一批重大电源建设项目相继开工或建成。利用外资建设的广东沙角 C 电厂、福建后石电厂和浙江嘉兴发电厂等临港型骨干电厂也相继开工和建成。到 1992 年年底，全国发电设备容量达 1.66 亿千瓦，比 1987 年新增 6563 万千瓦，5 年间增长 61.84%。新增规模超过了 1979 年年底的全国发电装机总量。随着电源建设的快速发展，全国年发电量逐年攀升。1992 年全国年发电量为 7542 亿千瓦·时，比 1987 年增加 2569 亿千瓦·时，增长幅度 51.66%。1992 年年发电量超过联邦德国，从世界排名第五位前进到第四位，仅次于美国、苏联和日本。1995 年 3 月，以河北马头发电厂 8 号机组投产发电为标志，中国发电装机容量超过 2 亿千瓦，发电量 10794 亿千瓦·时。长期以来困扰国民经济发展和人民日常生活的全国性缺电基本上得到了缓解，电力供需实现基本平

浙江嘉兴发电厂

衡。这是一个具有里程碑意义的重大事件。

1992—1996年，中国的火电建设获得了快速发展，地方集资办电与利用外资办电拓宽了投资来源，装机容量持续增长，建设质量水平和安全施工管理水平有了提高。建设管理体制改革取得新的进展，项目资本金制度、项目法人责任制开始建立和实行，招投标制、建设监理制、合同管理制逐步推行。1992—1996年，火电新增发电装机容量5955.15万千瓦。其中，香港合和能源有限公司主席胡应湘与广东省合作建设沙角B电厂、C电厂的经验，开创了发展中国家借助国际资本和技术发展电力工业的新模式，成为90年代外资投资建设中国电力工业的重要借鉴，同时也受到了世界银行的高度重视，在发展中国家和南北合作中被广泛推广。

位于内蒙古自治区呼伦贝尔盟（今呼伦贝尔市）鄂温克族自治旗的伊敏煤电一体化项目，是国务院批准的全国第一家煤电联营试点工程，也是中国第一家借鉴国外煤电联营管理模式，突破传统行业界限，实现大型煤电一体化开发经营的试点。伊敏煤电因煤而生，因电而兴，因走煤电一体化发展道路而成长壮大，成为具有引领示范意义的国内首个煤电一体化项目。

热电联产是能源高效利用和使用的重要形式，具有节能、改善环境质量、缓解电力紧张、提高供热质量、有利于综合利用灰渣和节约用地等多方面的优越性。20世纪90年代的热电建设以区域热电厂为主，同时也发展以企业为主兼供周围企业的联片供热的热电厂和企业纯自备热电厂。热电厂的建设已由电力部门独家建设，发展为电力部门、地方政府和企业共同建设。随着城市供热规模的扩大，开始采用20万千瓦和30万千瓦抽汽冷凝供热机组，这些高参数大容量机组，在非采暖期与凝汽机组效率基本相同，在采暖期有明显的节能效益，在热电联产集中供热中发挥了巨大

·｜ 华能内蒙古伊敏煤电一体化项目

作用。

水电建设遵循客观经济规律，按照市场机制运行，建设管理体制改革进一步深入，主要体现在：建设项目管理不断加强，有效保证和提高了工程质量，确保工程建设顺利进行；按照市场经济要求，逐步规范和完善了建筑市场；施工企业逐步度过困难期，保持了稳定发展；勘测设计单位加快改革步伐，水电前期工作取得新的进展。1992—1996 年，水电新增单机 500 千瓦及以上装机容量 1523.64 万千瓦。具有代表性的水电建设重点工程有：隔河岩水电站，天生桥二级水电站，广州抽水蓄能电站一期。

隔河岩水电站是清江梯级启动开发的骨干工程，位于湖北省长阳土家族自治县境内。这是当时全国首个有地方投资且投资比例最大的大型水电工程，是第一个以地方为主组织建设的大型水电工程，是第一次明确合资双方按比例分电分利的项目，是对传统水电建设管理机制的重大改革。清江流域也是国内最早实行“建管结合、梯级开发”的流域之一，在实践中形成了“业主负责、建管结合、流域开发、滚动发展”的水电建设管理体制，被称为“清江模式”。

天生桥二级水电站位于广西隆林县的坝索，是红水河规划河段 10 座梯级电站中的第二级水电站，地处广西、贵州两省区间界河南盘江下游的高山峡谷地带，是开发红水河丰富水力资源、实行西电东送广东的重点项目，也是中央与地方联合办电的重点项目。在西电东送广东的初期，天生桥二级水电站不仅是主力电源，更发挥着南方四省区联营电网重要枢纽的作用。

广州抽水蓄能电站是中国自行设计、建设的第一座高水头、大容量、现代化的抽水蓄能电站，也是当时世界上最大的抽水蓄能电站，它的建成投产标志着中国电力工业科技和自动化水平提高到一个新阶段。

1992—1996 年，电网建设取得了长足发展。到 1996 年年底，35 千伏及以上输电线路达到 598964 千米，其中：500 千伏线路达到 13635 千米，330 千伏线路达到 6218 千米，220 千伏线路达到 102417 千米。35 千伏及以上变电设备容量达到 69825 万千伏·安，其中：500 千伏变电容量达到 5136 万千伏·安，330 千伏变电容量达到 915 万千伏·安，220 千伏变电容量达到 20369 万千伏·安。

中国能源资源大部分集中在西部，而东部经济发达地区能源资源相对缺乏。资源分布和经济格局的特点，决定了国家“西电东送”

湖北清江隔河岩水电站

的战略布局。1993年8月，500千伏天广输变电工程建成，“西电东送”南通道建设迈出第一步，云南、贵州实现向广东送电，南方四省区互联电网开始形成。李家峡水电站投产后，青海330千伏电网又有了较大扩展。

·｜ 天生桥至广州500千伏直流输电工程中的广西平果500千伏变电站

1993年8月3日，500千伏天生桥至广州（天广一回）“西电东送”南线通道第一条输电线路全线建成投产，云南电网通过220千伏鲁布革—天生桥线，正式向广东输送丰水期季节性电能，天生桥二级水电站首台机组正式开始向广东送电。同年12月，贵州盘县发电厂首台20万千瓦机组投产，通过天生桥—贵阳500千伏输电线路开始向广西、广东送电。这一时期投产运行的还有广东汕头澄海到南澳岛的110千伏海底电缆，这是中国自行设计、制造和施工的第一条110千伏海底电缆。

500千伏天广、500千伏天贵（天生桥二级到贵阳）、220千伏鲁天（鲁布革水电站到天生桥二级）输变电工程建成后，粤桂云黔四省区电网实现联网运行，形成了以南方跨省区电网为纽带、四省区电网为基础的南方互联电网。南方四省区电网联网运行，实现了西电东送，缓解了广东、广西电力供应紧张局面，提高了四省区电力资源优化配置能力。在电力资源丰富的西南地区建设大电源，尤其是大水电，通过超高压电网向能源匮乏、电力需求量大的华南沿海供电，不仅形成了电能的余缺调剂、季节调剂，也实现了能源和电力在更大范围内的大规模、高效率传输。通过中央与地方联合办电的方式，建设大电源和跨省区远距离送变电项目，是“省为实体”的大背景下体制机制上的创新，实现了建设资金更灵活、高效地使用。电力的跨省区、远距离输送，标志着中国电力工业的输变电技术和管理水平达到了新的高度。

第二节 三峡工程，一个民族的世纪梦圆

长江是人类文明的摇篮之一，是中国的母亲河，也是中国最长的河流。长江虽然能给中国人民以舟楫和灌溉之利，但其水患灾害也十分严重，一直没有得到有效治理。兴建三峡工程、治理长江水患是中华民族的百年梦想。1919年，孙中山先生在他的《建国方略》中就提到建设三峡工程。在历经半个世纪的勘测设计、规划论证后，1992年4月，全国人大通过《关于兴建长江三峡工程的决议》。三峡工程的成功兴建，是在党中央、国务院的领导下，全国人民支援和电力、水利系统干部职工、科研人员共同努力取得的结果，充分体现了中国特色社会主义集中力量办大事的制度优越性。三峡工程从提出、争论、反复论证、筹备到兴建历经90多年，党中央、国务院站在对人民负责、对历史负责的高度，组织了反复、大量、严肃的论证。三峡工程论证和建设管理机构规格之高前所未有，参与勘测、论证、设计、筹资、建设、移民等各个环节的机构和人员之多前所未有。三峡工程的施工建设，促进了中国水电建设能力和电力装备制造能力的提升。

一、缘起，论证与决策

（一）孙中山的三峡蓝图

全长6300千米的长江，流域面积180万平方千米，是中国重要的经济区域之一，在国家经济社会发展中具有极为重要的战略地位。长江流域水资源十分丰富，水的总量占全国的1/3，水电理论蕴藏量占全国的40%，是中国重要的水电能源基地，素有“黄金水道”的美誉，是联系中国东、中、西部的航运大动脉，通航里程占全国的56%，航运能力占中国内陆航运的1/3。长江流域易受气候变化的影响，是自然灾害十分严重的流域，历史上屡遭严重的洪旱灾害，特别是中下游平原地区洪涝灾害最为严重。从清代以来，水灾更趋频繁。1860年、1870年两次特大洪水，中下游平原损失惨重。1931年、1935年两次大洪水，分别淹地5090万亩和2246万亩，因洪水丧生的人数分别为14.6万人和14.2万人。治理长江水患，成为几代中国人的梦想。

20世纪以来，许多仁人志士看到水力发电的巨大优势，提出了开发长江三峡的构想和蓝图。早在1918年，中国革命的先行者孙中山先生就在其所著《建国方略之二——实业计划》中，提出了开发长江三峡的计划。孙中山不仅是一位伟大的革命家，在经济建设上，其眼光与思路也与众不同。1894年年初，他在《上李鸿章书》中，在倡导“富强之大经，治国之大本”时，提出要“地能尽其利，物能尽其用”，并向李鸿章推荐了在欧美国家刚刚出现的水电：“近又有人想出新法，用瀑布之水力以生电，以器蓄之，可待不时之用，可供随地之需，此又取之无尽，用之不竭者也。”1912年，他在武汉发表的《以实业与商务重建我们的国家》的演说中，不仅阐发了其铁路计划，而且也提出要在长江上游修建一座世界最大最高的水坝的设想。1918年，他用英文写成的《实业计划》，提出了“六大建设计划”，其中《第二计划》的建港治河部分，就包括三峡水力资源的开发，长江的港口建设和航道的治理。“自宜昌而上，入峡行，约一百英里而达四川之低地，即地学家所调红盆地也。此宜昌以上迄于江源一部分河流，两岸岩石束江，使窄且深，平均深有六寻（三十六呎），最深有至三十寻者。急流与滩石，沿流皆是。”“改良此上游一段，当以水闸堰其水，使舟得溯流以行，而又可资其水力。”1924年8月，孙中山先生在广州国立高等师范学校所作的《民生主义》演讲中明确指出：“又像扬子江上游夔峡的水力，更是很大。有人考察由宜昌到万县一带的水力，可以发生3000余万匹马力的电力，比现在各国所发生的电力都要大得多。不但是可以供给全国火车、电车和各种工厂之用，并且可以用来制造大宗的肥料。”

（二）“萨凡奇方案”

孙中山提出开发三峡水力资源设想后的很长一段时间里，中国水利界并没有作出大的反应，仅在1922年，北洋政府成立了一个名为扬子江水道讨论委员会的机构，这个委员会虽以长江中下游水利问题为议题，但没有开展实际工作。1928年南京国民政府成立后，将这个机构改组并转属交通部的扬子江水道整理委员会（简称扬整会），其主要任务是治理航道，改善航运。扬整会曾以长江中下游为主，进行过一些地形测量、河道测量和水文观测等工作。1930年年初，国民政府工商部提出在长江上游筹设水电厂，并开始搜集资料工作，但坝区勘测、选址等工作没有进行，就不了了之。

在国民政府建设委员会技正（工程师）恽震建议、国防设计委员会副秘书长钱昌照的支持下，1932年10月，由国防设计委员会主持、国民政府建设委员会组织，扬整会派员组成长江上游水力发电勘测队，进入三峡地区，进行了为期两个月的长江上游水电勘测工作。这次勘测，选出了黄陵庙、葛洲坝两处低坝比较方案。次年3月，扬整会将这次勘测的成果《长江上游水力发电计划》呈报交通部。交通部的批示是：“所呈计划尚属详明，应予存案备查。”这次勘测，是中国为开发三峡水力资源所作的第一次勘测研究工作，也是对孙中山开发三峡水力资源的首次回应。

萨凡奇（图中戴帽者）乘小木船在三峡考察

抗战胜利前后，在美国政府特别是垦务局等机构和相关人士的帮助下，沉寂多年的三峡水利问题突然升温。1944 年 4 月，中国战时生产局顾问、美国经济学家潘绥写了一份名为《利用美贷筹建中国水力发电厂与清偿贷款方法》的报告，建议在长江三峡建造水力发电厂，同时兴办肥料厂，由美国投资并提供器材设备，以生产的肥料偿还债务。5 月，美国垦务局设计总工程师、高坝专家萨凡奇博士应资源委员会的邀请，以“规划战后开发西南水电”的名义，来华咨询。9 月，在对三峡库区进行初步勘查的基础上，提出了《扬子江峡谷计划初步报告》，其中之一为《扬子江三峡计划初步报告》，即“萨凡奇方案”。这个方案提出了兴建三峡工程的建议，三峡工程的实际收益依次是发电、灌溉、防洪、航运、给水与游览等；规划坝高为 250 米，坝身用混凝土直线重力式；计划装机 96 台，最大装机容量为 1056 万千瓦，另有装机容量 8 万千瓦的厂用电力设备 4 套；工程分期进行，总投资约美金 10 亿元。由此，长江三峡工程进入勘测设计阶段。

1945 年 5—8 月，资源委员会主持成立了由国家水利、农林、交通、地质部门与长江流域机构组成的三峡水力发电计划技术研究委员会，以及负责设计、施工和勘测的全国水力发电工程总处三峡勘测队。当年 10 月，资源委员会与美国垦务局签订了《中美关于编制长江流域工程报告的合约》，通称《中美三峡工程设计合约》。合约规定，三峡工程由美国代为设计，中国派员参加。1946 年 4 月，萨凡奇在中国技术人员陪同下复勘三峡坝址。10 月，为开发扬子江三峡水利，资源委员会全国水力发电工程总处特设扬子江三峡勘测处。在此前后，三峡工程坝区库区的地形测量、地质钻探、经济调查、规划设计工作陆续开展。中方参加设计三峡工程的人员分批赴美。然而，由于国共内战爆发，修建三峡大坝在技术上既不可行，在经济上也无能为力。1947 年 5 月，国民政府正式宣布：“三峡工程暂告停顿”。随后，在美参加三峡设计工作的人员开始分批回国。

（三）给子孙后代留下点好东西

三峡工程论证与决策真正迎来转机的是在 1949 年新中国成立后。党中央、国务院对兴建三峡工程采取既积极又慎重的方针，20 世纪 50 年代，在不到 5 年的时间里，毛泽东曾就三峡工程和长江水利建设问题，先后 6 次咨询当时的长江水利委员会负责人。1958 年 1 月，中共中央在南宁召开工作会议，毛泽东要求会议安排讨论三峡工程问题，并将国内两种不同意见的代表林一山、李锐接到南宁进行汇报。林一山和李锐分别作论辩发言。最后针对双方相持不下的意见，毛泽东在肯定修建三峡工程必要性的同时，充分吸取不同意见的合理部分，提出“积极准备，充分可靠”的三峡建设方针，并委托周恩来亲自抓长江流域规划和三峡工程工作。

1958 年 3 月，中共中央成都会议听取并讨论周恩来关于三峡枢纽和长江流域规划的报告，通过了《中共中央关于三峡水利枢纽和长江流域规划的意见》。明确提出：“从国家长远的经济发展和技术条件两个方面考虑，三峡水利枢纽是需要修建而且可能修建的，但是最后下决心确定修建及何时开始修建，要待各个重要方面的准备工作基本完成以后，才能作出决定。估计三峡工程的整个勘测、设计和施工的时间约需十五年到二十年。现在应当采取积极准备和充分可靠的方针，进行各项有关的工作。”

为了做好准备，积极促进三峡工程建设，1958 年 6 月，由中国科学院、水电部、一机部、长江流域规划办公室（简称长办）联合筹备，在武汉召开三峡水利枢纽科学技术研究会议。参加会议的有中国科学院的研究机构，产业部门的研究、设计、施工单位，高等院校，以及国家有关部、委、局和地方科学工作委员会等共 82 个单位 268 人和苏联专家 13 人。根据这次会议制订的计划，全国共有 200 多个单位、近万名科技人员参加三峡工程的科研协作。

长办根据南宁会议和周恩来指示精神，于 1958 年 5 月完成丹江口水利枢纽初步设计报告。1958 年 9 月，丹江口水利工程正式开工建设。1973 年全部竣工。丹江口工程是长江上第一个大型综合利用水利工程，其建设成功，为以后的葛洲坝工程、三峡工程建设积累了经验，锻炼了队伍。长办在完成丹江口水利枢纽初定设计等工作的同时，其工作重点主要是围绕三峡工程进行研究和设计，长办专家和苏联专家一起做了大量的地形、地质比选工作。在规划设计方面，成立了三峡工程设计领导小组，并于 1958 年 11 月提出《三峡水利枢纽初步设计要点报告》。1959 年 5 月，“三峡水利枢纽初步设计要点报告”讨论会在武昌召开，会议就坝址选择、正常高水位选择及施工方案进行了重点讨论。经过讨论，绝大多数代表认为三斗坪与南津关两坝址相比，前者具有不可争辩的优越性。大会一致同意选用三斗坪坝址和正常蓄水位 200 米方案——这是第一次确定三斗坪坝址。6 月底，长办开始对三斗坪坝址进行初步设计。以后，又在该坝段比较了三条坝线，1960 年经过比较，选择了上坝线，即后来通过中堡岛的坝线。

1960年，中央考虑到当时国家的经济形势和国际形势，决定放缓三峡工程建设的进程。当年8月，周恩来在北戴河主持召开长江规划工作会议，调整三峡工程的工作部署，并指示："雄心不变，加强科研，加强人防"。1966年，"文化大革命"爆发，兴建三峡工程被搁置。

1980年7月，邓小平在听取中央领导同志汇报制定"六五"计划和长远规划的一些基本设想时指出，修建三峡工程，对航运的影响不大，对生态环境的影响也不大，而对防洪所起的作用大，发电效益很大。因此，轻易否定三峡工程不好。当年8月，国务院常务会议决定，由国家科委、国家建委负责，继续组织水利、电力及其他方面的专家进行论证。为此，长办在有关单位配合下，编制了《三峡工程论证报告》。并于1982—1983年编制完成正常蓄水位150米的《长江三峡水利枢纽工程可行性研究报告》。1983年5月3—13日，国家计委组织召开长江三峡水利枢纽工程可行性研究报告审查会。1984年4月5日，国务院正式批准了《三峡工程可行性研究报告》（正常蓄水位150米方案），报告指出，鉴于三峡工程规模巨大，涉及的问题广泛复杂，在建设中应按特批的三峡基本建设程序办事。可按照可行性研究报告中总体规划方案，进行单项工程设计。

邓小平在1985年1月19日专门听取了国务院副总理李鹏关于建设三峡工程的汇报。当汇报到"正在考虑专门成立三峡行政区，用行政区的力量来支持三峡工程建设，做好淹没区的移民和经济开发工作"时，李鹏提出"这个行政区应该包括重庆市，有了大城市，有一定的工业经济基础和人员智力的支援，便于发展经济"的建议。邓小平表示，"可以考虑把四川分为两个省，一个以重庆为中心城市，一个以成都为中心城市。……三峡是个大项目，我们要从长远利益考虑，给子孙后代留下点好东西。"1986年3月，邓小平会见美国《申报》董事长时，针对国内外对三峡工程的议论指出："中国政府所做的一切事情，都是为了人民。对于兴建三峡工程这样关系到千秋万代的大事，一定会周密考虑。有了一个好处最大、坏处最小的方案，才会决定开工，是决不会草率行事的。"1986年5月，邓小平在中央政治局常委会议上指出："三峡工程有政治问题，不上三峡工程政治问题会更大，只要技术和经济问题能够得到解决就应该上。"

1985年3月，党中央、国务院发出《关于成立三峡省筹备组的通知》，并计划于1986年成立三峡省。1986年，在国务院转发水电部《关于抓紧处理水库移民问题报告》中首次提出：走开发性移民的路子。1986年5月，党中央、国务院决定将三峡筹备组改组为国务院三峡地区经济开发办公室，负责指导和帮助这一地区经济开发和移民试点工作。

1984年后，社会各界提出了许多新的建议和意见。党中央和国务院对社会各界的意见和建议十分重视。为了使三峡工程的准备工作做得更加细致、精确、稳妥，1986年5月，党中央、国务院决定对三峡工程的可行性重新进行论证。1986—1990年，水电部组织全国各方面专家412人，分14个专题进行论证，对地质、地震、水文、水工结构、泥沙、航运、生态、环境、投资、移民等专题深入研究。同时，国家科委配合论证，组织全国300多个单位、3200多名科技人员对45个专题进行科技攻关，取得了400多项科研成果。经过近3年的努力，14个专家组陆续完成了专题论证报告。1989年，长江水利委员会根据论证成果重新编制了三峡工程可行性研究报告。1989年7月，中共中央总书记江泽民到三峡工程现场考察，重点了解了长江防洪问题和有争议的各项问题。

国务院于1990年7月召开三峡工程论证汇报会，决定将重新编制的《长江三峡工程可行性研究报告》提交国务院三峡工程审查委员会审查。审查工作自1990年12月开始，1991年8月结束，共召开了三次会议，并组织专家赴现场进行了实地考察。在审查期间，专门针对地质与地震，水文与防洪，发电与电力系统，航运与泥沙，机电设备，工程规模、枢纽建筑物与施工，移民，生态与环境，投资估算、经济评价与资金筹措，综合等10个专题，组织163名专家进行预审，提出预审意见。在此基础上，形成审查意见。审查意见的主要结论是：兴建三峡工程的效益是巨大的，特别是对防御长江荆江河段的洪水灾害是十分必要和迫切的；技术上是可行的，经济上是合理的；中国国力是能够承担的，资金是可以筹措的；无论是从发挥三峡工程巨大的综合效益，还是从投资费用和移民工程的需要来看，早建都比晚建有利。

（四）人民大会堂的表决

1992年1月17日，国务院常务会议认真审议了审查委员会对三峡工程可行性研究报告的审查意见，决定将三峡工程可行性研究报告、预审意见和国务院同意兴建三峡工程的意见，一并转报中共中央。同年1月20日、21日，江泽民主持召开中央政治局常委会，听取了国务院汇报的三峡工程审查意见，议定请国务院再对三峡工程的一些意见和问题做进一步研究后，即可作为议案提请七届全国人大五次会议审议。

对于三峡工程来说，1992 年 3 月召开的七届全国人大五次会议是一个重要的里程碑。国务院总理李鹏向全国人大提交了《国务院关于提请审议兴建长江三峡工程的议案》，国务院副总理兼国家计委主任邹家华向大会作了《关于提请审议兴建长江三峡工程的议案的说明》。1992 年 4 月 3 日，出席七届全国人大五次会议的 2633 名代表对《国务院关于提请审议兴建长江三峡工程的议案》进行表决，表决结果为：1767 票赞成，177 票反对，664 票弃权，25 人未按表决器。七届全国人大五次会议根据表决结果通过了《关于兴建长江三峡工程的决议》。决议指出："批准将兴建长江三峡工程列入国民经济和社会发展十年计划，由国务院根据国民经济发展的实际情况和国家财力、物力的可能，选择适当时机组织实施。对于已经发现的问题要继续研究，妥善解决。"至此，三峡工程兴建终于由全国人民代表大会作出最后的决策。

二、"三三〇工程"，三峡工程实战准备

（一）"赞成兴建此坝"

在三峡工程兴建以前，有一个"三三〇工程"分外引人注目，其实，这个工程就是葛洲坝水利枢纽工程，是为纪念毛泽东主席 1958 年 3 月 30 日视察长江三峡而起的代号。

葛洲坝工程坝址处江面由峡内的 200 多米骤然展宽到 2200 米，江中自左到右有西坝、葛洲坝两个小岛，将长江分为大江、二江、三江三支水流，其中大江宽 800 米，是长江的主河道，二江、三江在中、洪水期才过流而枯水期断流。葛洲坝工程因坝轴线穿过江心的葛洲坝小岛而得名。

"文化大革命"使整个电力工业处在动荡之中，导致全国许多地方出现严重缺电的局面。1969 年 6 月，毛泽东主席在武汉时，湖北省革命委员会副主任张体学汇报了三峡工程问题，毛泽东当时认为"目前战备时期，不宜作此想"。当年 10 月，长办一位名叫邱忠恩的技术员提出"暂时不建三峡工程，能不能提前兴建葛洲坝枢纽"的建议。基于全国缺电形势，这一建议立即得到湖北省革命委员会和水电部领导的积极支持。1970 年 5 月 30 日，水电部军管会将《关于停建鄂西清江水电站、兴建葛洲坝水利枢纽的报告》上报国务院业

务组，得到李先念、纪登奎、李德生、余秋里等副总理同意。当年10月初，武汉军区和湖北省革命委员会正式向中央提交建议兴建葛洲坝枢纽的报告。随后，周恩来总理主持召开国务院会议，同意兴建葛洲坝工程并获得中央政治局讨论原则批准。周恩来在葛洲坝工程的决策中，非常重视听取反面意见，他得知长办主任林一山对提前兴建葛洲坝有不同意见后，指示“林一山也要写出自己的观点，让毛主席知道你们这两种不同意见。”1970年12月17日，林一山给周恩来写的“关于修建葛洲坝和三峡工程的意见”的信中指出：长江流域规划报告曾研究过先修三峡、后建葛洲坝或者两者同时修建的方案，没有考虑过先修葛洲坝的方案。葛洲坝提前兴建蓄水，抬高三峡坝址枯水期水位20米，将给三峡工程围堰施工和岩石开挖等造成一系列的困难。先修葛洲坝工程还有一个泥沙淤积问题，其淤积变化规律如何，将出现什么新的情况，当时尚无法了解，而且三峡一期工程的规模、发电量、投资方面基本上与葛洲坝工程相同，除发电时间较长外，其他优点非葛洲坝工程可比拟，尤其在战备情况下，它是最可靠的战时电站。中央若决定先修建葛洲坝工程，建议应专门讨论研究克服葛洲坝工程给三峡工程施工造成的各种困难的办法，并在葛洲坝工程蓄水发电前做好三峡水下部分工程。

1970年12月24日，周恩来总理在“中央讨论文件〔1970〕140号”中央批复送审稿上写信给毛泽东主席，认为在“四五”计划期间兴建葛洲坝工程是可行的，至于三峡工程，“需视国际形势和国内防空炸的技术力量的增长，修高坝经验的积累”，再在“四五”期间考虑何时兴建，并将武汉军区和湖北省革委会的报告连同林一山的信一并附上。当年12月26日，毛泽东主席在“中央讨论文件〔1970〕140号”文上批示：“赞成兴建此坝。现在文件设想是一回事。兴建过程中将要遇到一些现在想不到的困难问题，那又是一回事。那时，要准备修改设计”。

（二）葛洲坝是一个大工程，很复杂

1970年12月27日，《中共中央关于兴建宜昌长江葛洲坝水利枢纽工程的批复》（中发〔1970〕78号）下达，批复指出：“修建葛洲坝水利枢纽是有计划、有步骤地实现伟大领袖毛主席‘高峡出平湖’伟大理想的实战准备，也是落实毛主席备战备荒为人民”“要准备打仗伟大战略方针的重要措施”。“一定要精心设计、精心施工、妥善解决各项技术问题，既要考虑到有利的因素，

又要考虑到可能发生的不利因素；既要考虑战时万一遭到敌人破坏不致危害下游的可靠措施，也要考虑今后保证三峡高坝建设的有效措施。”林一山在得知毛泽东批示和中央批复后，当即表示，“中央已经同意，我们全力以赴”。就这样，在勘测设计和试验研究工作还很粗浅，许多主要技术问题尚未解决的情况下，葛洲坝工程仓促上马。在中央批复下达后第三天，即1970年12月30日，葛洲坝水利枢纽工程在万炮齐鸣中正式破土动工。

葛洲坝水电站大江电厂的12.5万千瓦水轮机组吊装

然而，由于原设想的建设顺序是先三峡工程而后葛洲坝工程，所以到工程开工之时，有关葛洲坝工程的勘测设计资料严重不足。为了葛洲坝工程上马，由水利电力部长沙院、湖北省武汉水利电力学院、交通部及长办的设计人员联合组成了葛洲坝水利枢纽勘测设计队伍。1971年2月，三三〇工程指挥部建立后，该勘测设计队伍改称三三〇工程指挥部勘测设计团。工程设计实行“边勘测、边设计、边施工”的“三边”政策，先用两个多月编出设计要点，又用五个多月编出初步设计初稿，当时有一个口号叫“千人设计、万人审查”，事实上，许多技术图纸无人签名负责。开工前对葛洲坝的建设条件，如地质情况、泥沙淤积、通航水流条件等，都没有弄清楚，以致当时的初步设计报告初稿和补充设计简要报告都未达到应有深度，完全违反了基本建设程序。

在进入主体工程基础开挖施工后，“三边”暴露出大量问题。由于设计人员是临时抽调到一起来的，互相有一个磨合的过程，普遍存在相互之间意见难以统一的问题，致使枢纽布置方案迟迟不能确定，特别是船闸布置和航道通航问题各方意见相持不下，排沙闸、水轮机的布局方案也不明确。其后在施工过程中发现初步设计对水库泥沙淤积处理、航运条件、河势规划、枢纽布置、地基泥沙夹层处理、大流量泄水建筑物消能防冲等许多重大技术问题没有搞清楚，并且都不是在很短时间内可以解决的简单问题。

1971 年 6 月 23 日，周恩来总理在国务院，听取葛洲坝水利枢纽布置修改方案汇报时指出："长江是一条大河流，葛洲坝是一个大工程，很复杂，要不断修改设计，不能出乱子，长江出了乱子不得了。"还指示要特别注意长江航运："如果航运断了，坝是要炸的。两利相权哪个重，两害相权哪个轻。修个坝，能发电，还要能通航，第一是航运。"

（三）一点都马虎不得

国务院对葛洲坝工程中出现的问题非常重视，1972 年 11 月 8 日、9 日、21 日，周恩来总理抱病主持召开紧急会议，连续三次听取葛洲坝工程设计和施工质量的情况汇报。周恩来总理说"水利工程是与水打交道，一点都马虎不得，马虎一点马上出问题，是关系人民生命财产的问题，怎么能得过且过。"会上，周恩来做出三项决定：葛洲坝工程设计由长办负责，成立葛洲坝工程技术委员会，林一山任主任，对国务院全权负责；成立葛洲坝工程委员会，对施工及质量负责，下设工程局，负责日常施工；葛洲坝工程要严格按基本建设程序办事，初步设计期间，主体工程暂停施工，不影响主体工程的各项准备工作抓紧进行，施工队伍进行调整。

葛洲坝工程技术委员会于 1972 年 11 月 21 日成立，由林一山、钱正英、张体学、王英先、马耀骥、沈鸿、谢北一、袁宝华和廉荣禄共九人组成。为了集思广益，技术委员会聘请了张瑞瑾、严恺、张光斗三位教授为技术顾问。技术委员会的任务是协调各部门关系，组织科研大协作，决定重大技术问题。技术委员会的成立结束了施工设计个别领导做决定的局面，结束了"三边"的混乱状况，工程技术上有了一个强有力的具有权威的领导机构。

葛洲坝工程技术委员会建立后，为解决设计中的重大技术问题，组织了全国范围的大协作，进行了各种不同规模的调查研究、现场勘测、原型观测、水工、泥沙、材料及结构试验，召开了各个专业的各种技术座谈会。先后解决了枢纽布置、通航、泥沙、地质、围堰、截流、金属结构、水轮发电机组等一系列重大技术问题。1974 年 10 月 20 日，经国务院批准，葛洲坝一期工程全面复工。

（四）管好葛洲坝，进军大三峡

1988 年 12 月 10 日，葛洲坝水利枢纽工程建成投产，电站装机容量 271.5 万千瓦。工程采用“一体两翼”的布局和“静水通航，动水冲沙”的科学设计。整个工程投资 48.48 亿元人民币（按 1970 年不变价计算），总工期 16 年。葛洲坝是中国人自行勘测设计、自行建设施工和安装、自行制造、自行运行管理的大型水利水电工程，开创了多项 20 世纪中国水电建设史上的高水平纪录。

葛洲坝工程的建设过程，得到历代党和国家领导人的高度重视。1980 年 7 月 11 日，中共中央副主席、国务院副总理邓小平同志视察拟建的三峡大坝坝址和正在兴建的葛洲坝工程。邓小平指出：“葛洲坝工程建设过程中取得的经验，一定要很好地应用到三峡工程中来。”

江泽民同志 1989 年 7 月 21 日视察了葛洲坝大江电站厂房和中央控制室，他充分理解施工企业的艰苦，要求发电厂要“多发电、发好电、吃粮不忘种田人”，“发展经济首先要发展能源”。在 1990 年五四青年节纪

葛洲坝水电站全景

·｜ 1979 年，由东方电机制造的当时世界上转轮直径最大的葛洲坝电站 170 兆瓦水电机组研制成功

念大会上，江泽民在讲话中把葛洲坝工程的兴建与原子弹爆炸、卫星上天相提并论为社会主义建设史上伟大历史成就之一，深刻阐明了葛洲坝工程在共和国建设史上的历史地位和重要作用。

与水电颇有缘分的李鹏同志，先后三次视察葛洲坝工程，并说："葛洲坝是三峡的试验性电站，要将葛洲坝成功经验运用到三峡工程中去，并注意总结经验教训。""三峡工程要充分利用葛洲坝电厂现有的设施和人才优势，不搞重复建设。今后三峡电厂和葛洲坝电厂实行总厂制，由一家统一管理，前方只建少量必需的设施，如运行候班室等"。他还为葛洲坝电厂题词："管好葛洲坝，进军大三峡"。

葛洲坝电厂是中国 20 世纪最大的发电企业。葛洲坝是万里长江建设的第一座大坝，属于三峡工程的一个组成部分，它在一定程度上缓解了长江水患，具有发电、改善峡江航道等功能。葛洲坝工程的成功建设和管理实践，为三峡工程建设提供了实践经验，如长江截流技术、机电设备泥沙研究、救鱼设施、通航问题、船闸建设等方面的成功经验，出色完成了葛洲坝工程作为三峡工程实战准备的任务。

三、坚实的组织与制度保障

从组织与制度上为三峡工程建设提供保证，是三峡前期与筹备工作中的一项重要内容。经党中央、国务院批准，先后成立了三峡工程的一些组织机构，负责工程的筹备、论证、移民等工作。1984 年 2 月，中共中央财经领导小组决定成立国务院三峡工程筹备领导小组，任命国务院副总理李鹏为三峡工程筹备领导小组组长，具体负责三峡工程的前期筹备工作。为了保障三峡工程顺利建设，妥善安置移民，做好库区经济发展工作，1984 年，中共中央决定设立一个省级三峡行政区。1985 年 3 月，党中央、国务院发文成立了三峡省筹备小组，综合各方意见后，1986 年 5 月，中共中央决定撤销三峡省筹备小组，改为国务院三峡地区经济开发办公室，负责移民开发和库区经济发展工作。为了做好三峡工程再次论证可行性的审查工作，1990 年 7 月，国务院决定成立国务院三峡工程审查委员会，对可行性研究报告进行审查。

为了确保三峡工程建设的顺利进行，1993 年 1 月，国务院决定成立国务院三峡工程建设委员会（简称国务院三峡建委），国务院三峡建委是三峡工程最高层次的决策机构，由国务院总理李鹏任主任委员，副总理邹家华、国务委员陈俊生及郭树言、肖秧、李伯宁任副主任委员，全国政协副主席钱正英担任顾问。国务院三峡建委成员由国务院有关部门、相关地方政府及长江水利委员会与三峡总公司负责人组成。

国务院三峡建委下设办公室（简称国务院三峡办），具体负责三峡工程建设的日常工作。为了加强三峡工程建设中的移民工作，在国务院三峡地区经济开发办公室的基础上组建了三峡工程移民开发局，作为国务院三峡建委下设单位，负责三峡工程移民工作规划、计划的制定和监督实施。国务院三峡办和移民开发局均设在国家计委，编制和户头单列。国务院三峡建委成立后，国务院此前有关三峡工程方面的非常设机构予以撤销。

随着三峡工程建设的推进，1996 年 11 月，设立了国务院三峡工程委员会监察局。2002 年 1 月，国务院三峡办、移民开发局和监察局合并成立新的国务院三峡工程建设委员会办公室（国务院三峡工程稽查办公室），为国务院三峡工程建设委员会的办事机构，具体负责三峡建委的日常工作。2018 年 3 月，根据十三届全国人大一次会议批准的国务院机构改革方案，将国务院三峡工程建设委员会及其办公室并入水利部，不再保留国务院三峡工程建设委员会及其办公室。

1993 年 9 月 27 日，经国务院批准，中国长江三峡工程开发总公司（简称三峡总公司）正式成立。组建三峡总公司是党中央、国务院对水电建设体制实行改革的一项重要措施。它开辟了水电建设以电养电、以电治江、滚动开发的新途径。该公司作为三峡枢纽工程的项目法人，全面负责三峡枢纽工程建设和经营所需资金的筹措、使用、债务偿还以及枢纽建成后的运营，此外还负责移民工程所需资金的筹集及还贷。三峡工程建设中，采取了适应社会主义市场经济的建设管理体制，实行了国际上通行的以项目法人责任制为中心的招标承包制、合同管理制、项目监理制，以确保质量，控制进度和投资。2009 年 9 月 27 日，中国长江三峡工程开发总公司更名为中国长江三峡集团公司。2017 年 12 月 28 日，完成公司制改制，由全民所有制企业变更为国有独资公司，名称变更为中国长江三峡集团有限公司（简称中国三峡集团）。

三峡工程的设计总成单位为长江水利委员会，负责三峡枢纽工程和移民工程的规划与设计。工程建设按照全国人大批准的三峡工程建设方案进行，即“一级开发、一次建成、分期蓄水、连续移民”。一级开发：在湖北省宜昌市三斗坪至重庆河段，实行一级开发，中间不再在长江干流上修建水利水电工程。一次建成：三峡枢纽工程大坝、水电站、船闸等建筑物均一次建成。分期蓄水：三峡水库分期蓄水至正常蓄水位 175 米。2003 年围堰期发电蓄水位为 135 米；2006 年初期运行水位为 156 米，2008 年开始 175 米试验性蓄水，2010 年 10 月蓄水至 175 米正常蓄水位。连续移民：三峡库区移民分期分批连续进行，与枢纽工程进度相衔接。

实践证明，三峡工程的这一建设体制，理顺了政府、企业和市场之间的关系，为三峡工程建成世界一流工程提供了坚实的组织与制度保障。

四、大国重器，功在当代利千秋

1994 年 12 月 14 日，三峡工程开工典礼在宜昌三斗坪三峡一期工程土石围堰右侧基坑上隆重举行。国务院总理李鹏发表讲话并宣布三峡工程开工，他在讲话中向全世界表示：“我们一定要把三峡建成世界第一流的工程。要有第一流的现代化管理、第一流的文明施工、第一流的工程质量。1997 年实现大江截流，2003 年首批机组发电，2009 年工程将全部竣工。一个宏伟壮丽的三峡工程将巍然屹立在中国的大地上，它将向全世界证明：中国人民有志气、有能力建设好当今世界上最大的水利水电工程。三峡工程功在当代利千秋！”

三峡工程是治理和开发长江的关键性骨干工程，主要由枢纽工程、移民工程及输变电工程三大部分组成。三峡工程同时也是当今世界上最大的水利枢纽工程，具有防洪、发电、航运、水资源利用等巨大的综合效益。三峡工程坝址地处长江干流西陵峡河段、湖北省宜昌市三斗坪镇，控制流域面积约 100 万平方千米。枢纽工程为Ⅰ等工程，由拦河大坝、电站建筑物、通航建筑物、茅坪溪防护工程等组成。挡泄水建筑物按千年一遇洪水设计，洪峰流量 98800 立方

1997 年 11 月 8 日，长江三峡工程大江截流合龙于 8 时 52 分开始，至 15 时 30 分截流成功

米 / 秒；按万年一遇加大 10% 洪水校核，洪峰流量 124300 立方米 / 秒。主要建筑物地震设计烈度为Ⅶ度。拦河大坝为混凝土重力坝，坝轴线全长 2309.5 米，坝顶高程 185 米，最大坝高 181 米，主要由泄洪坝段、左右岸厂房坝段和非溢流坝段等组成。水库正常蓄水位 175 米、相应库容 393 亿立方米。汛期防洪限制水位 145 米，防洪库容 221.5 亿立方米。

三峡电站建筑物由坝后式电站、地下电站和电源电站组成。坝后式电站安装 26 台 70 万千瓦水轮发电机组，装机容量 1820 万千瓦；地下电站安装 6 台 70 万千瓦水轮发电机组，装机容量 420 万千瓦；电源电站安装 2 台 5 万千瓦水轮发电机组，装机容量 10 万千瓦。电站总装机容量为 2250 万千瓦，多年平均发电量 882 亿千瓦·时。

·｜ 三峡水电站左岸电站厂房内的水轮发电机群

通航建筑物由船闸和垂直升船机组成。船闸为双线五级连续船闸，主体结构段总长 1621 米，单个闸室有效尺寸为长 280 米、宽 34 米、最小槛上水深 5 米，年单向设计通过能力 5000 万吨。升船机最大提升高度 113 米，承船厢有效尺寸长 120 米、宽 18 米、水深 3.5 米，最大过船规模为 3000 吨级。

茅坪溪防护工程包括茅坪溪防护坝和泄水建筑物。茅坪溪防护坝为沥青混凝土心墙土石坝，坝轴线长 889 米，坝顶高程 185 米，最大坝高 104 米。泄水建筑物由泄水隧洞和泄水箱涵组成，全长 3104 米。

输变电工程承担着三峡电站全部机组满发 2250 万千瓦电力送出的重要任务，具有向华中、华东和广东电网送电的能力。最终建成的规模为：500 千伏交流变电总容量 2275 万千伏·安，交流输电线路 7280 千米（折合成单回路长度）；±500 千伏直流换流总容量 2400 万千瓦，直流输电线路 4913 千米（折合成单回路长度）；相应的调度自动化系统和通信系统。

移民工程涉及湖北省、重庆市 19 区县和重庆主城区，共搬迁安置城乡移民 131.03 万人（库区移民 129.64 万人，坝区 1.39 万人），其中外迁安置 19.62 万人，主要安置到上海、江苏、浙江、安徽、福建、江西、山东、湖北、湖南、广东、四川、重庆12个省（直辖市）。库区复建各类房屋5054.76万平方米，迁建城市2座、县城10座、集镇106座，搬迁工矿企业1632家，以及专业项目复建、文物保护、生态环境保护、库底清理和地质灾害防治、高切坡防护等。

三峡枢纽工程从1993年1月开始施工准备，至2008年10月右岸电站机组全部投产发电，经过16年的努力，除批准缓建的升船机外，提前一年完成初步设计建设任务。

2009年，三峡主体工程基本完工，开始全面发挥防洪、发电、航运和水资源综合利用的效益。2012年，三峡地下电站最后一台机组27号机组正式并网投产发电，标志着三峡地下电站建设全面完工。自2003年首批机组投产发电以来，三峡电站发出的强大电流输送至华中、华东和南方10省市，为国民经济和社会发展注入源源不断的清洁电能，发挥了巨大的经济社会效益。由于三峡水电站在全国电网中处于西电东送、南北互联的中心位置，因此，有"三峡水电照亮半个中国"的美誉。孙中山先生曾说过："拿这么大的电力来替我们做工，那便有很大的生产，中国一定可以变贫为富的"。毛泽东主席1956年在武汉畅游长江后写下的"更立西江石壁，截断巫山云雨，高峡出平湖"，也终于成为现实。

·| 三峡大坝

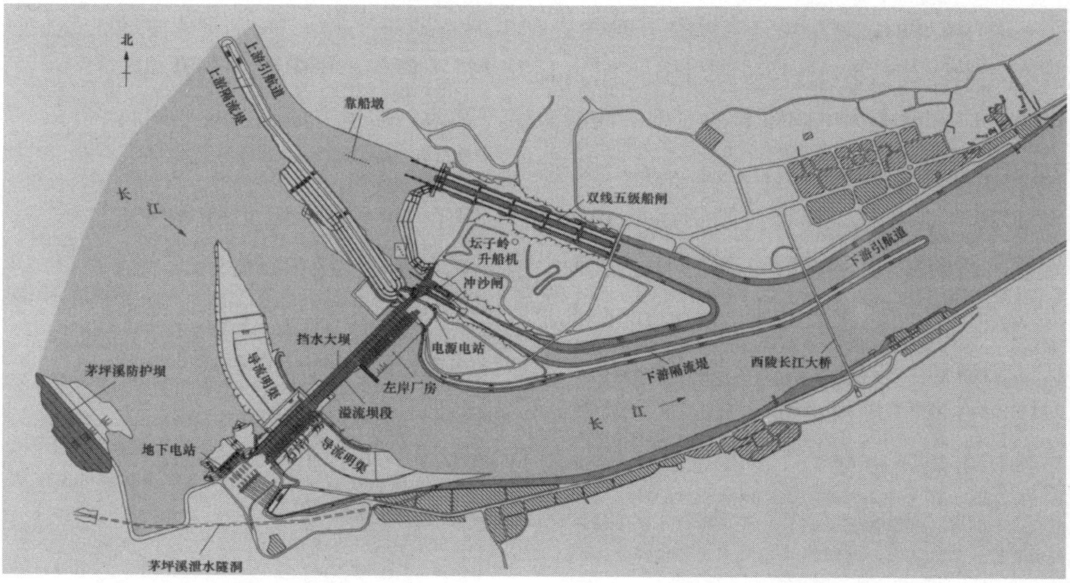

长江三峡工程平面布置示意图

2018 年 4 月 24 日，习近平总书记视察三峡工程，对三峡工程给予了高度评价。习近平详细了解了三峡工程建设、发电、水利、通航、生态保护等情况，并前往通航船闸、升船机和左岸发电厂实地调研。习近平对工程技术人员说："今天到三峡大坝来看一看，感到很高兴、很激动。国家取得这么伟大的成绩，这也是你们作出的贡献。国家要强大、民族要复兴，必须靠我们自己砥砺奋进、不懈奋斗。行百里者半九十。中华民族的伟大复兴，不会是欢欢喜喜、热热闹闹、敲锣打鼓那么轻而易举就实现的。我们要靠自己的努力，大国重器必须掌握在自己手里。要通过自力更生，倒逼自主创新能力的提升。试想当年建设三峡工程，如果都是靠引进，靠别人给予，我们哪会有今天的引领能力呢。我们自己迎难克坚，不仅取得了三峡工程这样的成就，而且培养出一批人才，我为你们感到骄傲，为我们国家有这样的能力感到自豪。希望我们共同努力，上下同心，13 亿多中国人齐心合力共圆中国梦。"

2020 年 11 月 1 日，水利部、国家发展改革委公布，三峡工程完成整体竣工验收全部程序。根据验收结论，三峡工程建设任务全面完成，工程质量总体优良，运行持续保持良好状态，防洪、发电、航运、水资源利用等综合效益全面发挥。防洪方面，三峡水库通过有效拦蓄长江上游洪水，保障了中下游地区防洪安全。从蓄水至 2020 年 8 月底，三峡水库累计拦洪总量超过 1800 亿立方米。发电方面，三峡电站是世界上总装机容量最大的水电站。截至 2020 年 8 月底，累计发电量达 13541 亿千瓦·时，有力支持了华东、华中、广东等地区电力供应，已成为中国重要的大型清洁能源生产基地。航运方面，三峡船闸自 2003 年 6 月试通航以来，过闸货运量快速增长，2011 年首次突破 1 亿吨。截至 2020 年 8 月底，累计过闸货运量 14.83 亿吨，有力推动了长江经济带快速发展。水资源利用方面，三峡水库已成为中国重要的战略性淡水资源库。截至 2020 年 8 月底，累计补水 2267 天，补水总量 2894 亿立方米。中下游地区生产、生活和生态用水条件得到显著改善。生态与环境保护方面，节能减排效益显著。自投产至 2020 年 8 月底，三峡电站发出的优质清洁电力能源，相当于节约标准煤 4.30 亿吨，减少二氧化碳排放 11.69 亿吨。2013 年，三峡工程被世界著名科普杂志《科学美国人》列为世界十大可再生能源工程。

五、人民的三峡

三峡工程投资巨大，工程的建设经费筹集与以往的电站建设相比有自己的特色。三峡工程的建设经费来源主要包括：中央财政拨款及减免返还税金，葛洲坝电厂的利润及电费加价，设立专项基金，发行股票、债券募集资金，国内银行贷款，利用外资贷款，石油超产收益，全国电价加价等。可以说，三峡工程是集全中国人民之力建成的一项世纪工程，是真正意义上的人民的三峡。

1984 年 4 月，中共中央办公厅、国务院办公厅转发的《关于开展三峡工程筹备工作的报告》要求，各有关地区、部门要从全局出发，关心三峡工程建设，支援三峡工程建设。三峡工程需要大量资金，要多想点办法，多开辟渠道加以解决。主要的资金渠道有：由国家拨款，将三峡工程建设资金纳入国家基本建设投资计划的资金；将葛洲坝电厂作为三峡总公司的一部分，葛洲坝电厂创造的卖电利润和其他收入上交三峡总公司；向国内发行三峡工程建设股票或债券，由三峡工程受益地区企业单位和个人认购，利息高于一般银行利息，股票允许在市场上流通，三峡发电后，按股权分红并得到相应比例的用电权；争取外国政府低息贷款和外国出口信贷；石油部每年包干超产油中得到的收入，认购一部分三峡工程建设股票和债券。同年 12 月，水电部印发了《关于将葛洲坝电厂发电利润划作三峡工程建设基金的通知》，明确了将葛洲坝电厂利润作为三峡工程建设基金。1991 年 12 月，在征得国家计委同意后，财政部向水电部、能源部颁发了《三峡工程建设基金收支使用管理办法》，办法要求设立三峡工程建设基金，并在中央财政预算列收列支，专款专用。

根据国务院的规定，国家物价局、能源部在1992年11月印发《关于城乡居民生活用电征收三峡工程建设基金的通知》，按照通知要求，从1992年起，全国范围内每千瓦时电价征收3厘钱作为三峡工程建设基金（简称三峡基金）。1994年，国家税制改革，将从1992年起全国范围内每千瓦时电价外征收的三峡基金标准由3厘调高到4厘。

财政部、国家计委、能源部、国家物价局于1992年12月联合印发《关于筹集三峡工程建设基金的紧急通知》。通知要求，全国用电量每千瓦时加收的3厘钱，由各省区市电力局（电管局）负责随电费一起征收。为收好、管好、用好这项基金，财政部等部委在《三峡工程建设基金收支使用管理办法》的基础上，联合制定了《三峡工程建设基金收支使用管理的补充规定》，补充规定明确，三峡基金每千瓦时3厘钱的征收范围，为全国除国家扶贫地区的农业排灌以外的各类用电量。县及县以下集资建设自行管理的孤立电网暂不征收。西藏自治区暂不征收。国家对三峡工程建设基金免征能源交通重点建设基金、国家预算调节基金和各种税费。三峡基金的征收、管理和使用接受财政、税务、银行、审计等部门的监督。

除了电费加价，三峡建设基金的另外一个重要来源是葛洲坝电厂。1993年4月，国家计委、财政部、电力部、国家物价局联合发布《关于提高葛洲坝电厂上网电价筹集三峡工程建设资金的通知》，通知要求，从1993年1月1日起，葛洲坝电厂上网电价每年每千瓦时提价1分钱，分4年到位，提价所得资金作为三峡基金，葛洲坝电厂上网电价上调后，相应提高有关电网的销售电价。

1996年，国家计委、财政部、电力部联合下发《关于进一步筹措三峡工程建设资金的通知》，通知要求将三峡工程第一批机组投产发电受益地区的上海、江苏、浙江、安徽、湖北、河南、湖南、江西8省市三峡工程建设基金征收标准从每千瓦时4厘提高到7厘。1997年，考虑到三峡工程和配套的输变电工程建设需要，经国务院批准，国家计委、电力部联合印发了《关于提高八省市三峡工程建设基金标准和葛洲坝上网电价的通知》，要求从1997年3月25日起，在1996年提高三峡工程第一批机组投产发电受益地区的三峡工程建设基金征收标准基础上，将征收标准进一步提高，将江苏、浙江、湖北、上海三省一市的征收标准从每千瓦时 7 厘提高到 1.5 分，安徽、湖南、河南、江西四省的征收标准从每千瓦时 7 厘提高到 1.3 分。同时，又进一步提高葛洲坝电厂上网电价，计划内电价每千瓦时 6.95 分提高到 7.95 分，计划外电价每千瓦时 7.5 分提高到 8.5 分。

根据国务院第 118 次总理办公会议精神，经国家计委、中国人民银行、财政部、国务院证券委的审核批准，1997 年 2 月 28 日，三峡债券在上海证券交易所发行，规模 10 亿元人民币。三峡债券按照中央企业债券，资信级别 AAA 级，仅次于国债。至 2000 年，三峡总公司累计发行 3 期 4 个品种共计 60 亿元人民币的企业债券。三峡总公司走上市场直接融资，拓宽了三峡工程筹集资金的渠道。

实践证明，三峡工程的资金自筹能力较强，第 11 年（2003 年）首批机组发电后开始有资金收入，至第 13 年（2005 年）当年发电收入加上三峡工程建设基金和葛洲坝电厂利润收入与当年动态资金需求达到平衡。最终共筹集资金 1468 亿元人民币，可满足资金平衡年（2005 年）前动态资金的需求。经测算，三峡工程的资金需求国力可以承受，占同期国民生产总值和国有单位基建投资比例分别为 1.75‰ 和 4.29‰，没有过多挤占国内贷款规模，并形成了有保证的资金来源机制，是比较可行的。

根据已经国家审计的三峡枢纽工程竣工财务决算报告，最终三峡工程建设财务总支出 1728.49 亿元人民币。2013 年 6 月 7 日，国家审计署公布长江三峡工程竣工财务决算草案审计结果。审计结果表明，三峡工程总体建设运营情况良好，专项资金管理基本上做到了合规有序，三峡工程发挥的综合效益达到或超出预期目标。同时，三峡工程由于施工难度大、建设周期长、移民搬迁安置任务重，以及建设初期相关法规制度不健全等，工程建设和资金管理中存在一些问题。相关问题涉及单位对审计中存在的问题已全部进行了整改。

六、“水电奥运”，机组的国际招标与国产化

三峡水电设备采购项目在中国水电史上有“水电奥运”之称。因为三峡机组是世界上容量最大、直径最大、质量最重的机组，其设计和制造难度很高，存在的问题对世界上著名的水轮发电机组制造厂商也具有挑战性。很显然，这场有着“水电奥运”之称，当时世界最大的水电设备采购项目，吸引了

全球著名水电设备制造厂商的目光。

事实上，三峡工程论证期间，国外已有 56 台单机容量 50 万千瓦以上的水电机组在运行，其中单机容量 70 万千瓦机组 21 台。相比之下，国内已投运水电机组的最大单机容量仅 32 万千瓦，设计制造能力停留在 30 万 ~ 40 万千瓦级水轮发电机组的水平，相当于落后国外 30 年。为了既确保三峡工程的质量达到一流，又不失时机地扶持民族工业，党中央、国务院作出决策：三峡左岸电站机组实行国际采购，走“技贸结合、技术转让、联合设计、合作生产”之路，明确提出了依托三峡工程，走自主创新与技术引进相结合的道路，逐步实现三峡工程装备国产化。

三峡左、右岸电站共安装 26 台单机额定功率为 70 万千瓦的水轮发电机组。其中左岸电站装机 14 台，右岸电站装机 12 台。三峡左、右岸电站水轮发电机组的招标工作是在国务院三峡建委的统一领导下，由三峡总公司组织，并由新组建的三峡国际招标有限责任公司承担。招标工作按照三峡枢纽工程建设进度，分左岸电站、右岸电站两期进行。1993 年 12 月底，国务院决定，三峡大型发电水轮机组需要进行国际合作，同时，批准了哈电、东方电机建设大件加工基地。1996 年 3 月，国务院召开会议研究三峡工程水轮发电机组招标问题，明确左岸电站 14 台机组一次招标，将技术转让作为评标的重要条件。就“联合设计、合作制造”提出了明确的要求。

三峡左岸电站入口

东方电机为三峡制造的设备运往三峡途中

为了三峡工程右岸电站机组能立足国内供货，需要通过三峡左岸电站机组的国际招标，引进国外先进技术，提高国内厂商制造水平。同时，为了发挥国内企业制造成本较低的优势，并有利于逐步掌握国外技术，要求给国内厂商一定的分包份额。因此，三峡总公司在当时的招标文件中，明确了“三个必须”的原则：投标者必须同意与中国制造企业联合设计、联合制造；投标者必须向中国制造企业全面转让核心、关键技术，并培训中方技术人员；中国制造企业分包份额的比例，不低于总价合同的25%，14台机组中的最后2台必须以中国企业为主制造。

最终，以法国阿尔斯通公司为代表的联营体（包括法国阿尔斯通公司、瑞士ABB公司、挪威克瓦纳公司三家）中标8台机组，与哈尔滨电机厂有限公司合作；以加拿大通用电气公司为代表的联营体（包括加拿大通用电气公司、德国伏伊特公司、德国西门子公司）中标6台，与东方电机有限公司合作。哈尔滨电机厂有限公司和东方电机有限公司分别作为技术转让接受方并分包，合计分包份额为2.3亿美元，占合同总额的31%。1997年9月2日，三峡工程左岸电站14台水轮发电机组的国际招标采购合同及贷款协议正式签字。在签订中标协议的同时，各中标国际厂商分别与东方电机有限公司、哈尔滨电机厂有限责任公司签订了《技术转让协议》，承诺转让关键的设计、制造技术。三峡左岸电站机组中标总金额为7.4亿美元。

2005年9月16日，由中国企业自主制造的三峡左岸电站最后一台机组并网发电，中国重大装备国产化取得阶段性成果，设计制造能力跃升至70万千瓦特大型机组水平。至此，中国水电装备制造业仅用7年时间，跨越了与国外30年的差距。据测算，每台机组的生产成本比进口时节省了近4500万元人民币。同时，也让三峡水电站提前1年实现全部投产。在三峡左岸电站建设中，电站机组国产化率不断提高，后期主机国产化率平均已经达到了50%。在参与三峡左岸电站建设的过程中，中方企业的技术实力不断提升。哈尔滨电机自主研发了全空冷技术，这在70万千瓦级水轮发电机组领域是一个创新。东方电机在右岸电站采用了完全重新设计的机型。经过三峡工程的历练，国内厂家已经具备和国外厂商同台竞技的能力。

经过三峡左岸机组的联合设计、合作生产和技术转让，哈尔滨电机和东方电机两家企业不仅在大机组的设计方面实现了跨越式的发展，生产加工设备也进行了更新改造，具备了三峡右岸水轮发电机组的设计制造水平和能力。因此，三峡右岸机组采取“国内为主，符合WTO规则，引进竞争”的原则进行采购。国务院三峡建委第12次会议确定三峡右岸电站机组4台采用国际公开招标采购，其余8台机组向国内有资格的水电设备制造企业询价采购。2003年，当三峡工程就右岸电站机组进行国际招标时，哈尔滨电机和东方电机与国外同行展开了公平竞争。2003年10月15日，三峡工程右岸电站4台发电机组国际招标采购开标。2004 年 3 月 27 日，三峡右岸电站 12 台机组招标采购合同正式签订，三峡总公司分别与法国阿尔斯通公司、东方电机有限公司、哈尔滨电机厂有限公司签署了合同。法国阿尔斯通公司获得 4 台机组采购合同。东方电机有限公司、哈尔滨电机厂有限公司分别获得 4 台机组的独立设计制造合同，成为“独立承包商”。三峡右岸电站机组国产化率一跃提升到了 67%。2007 年 7 月，首台国产化 70 万千瓦水电机组——哈尔滨电机制造的三峡右岸电站 26 号机组投产发电，其国产化水平达到 100%。此后，三峡地下电站 6 台 70 万千瓦机组延续三峡右岸电站合同，其中 4 台由国内企业供货。

2008 年年底进行的三峡工程评估结果显示，右岸机组的性能整体优于左岸机组。国产三峡电站机组设计制造水平达到了国际同等水平，并在巨型水轮发电机组设计、冷却方式、电磁设计等关键技术方面有所突破，形成了世界先进的自有技术。由此，中国巨型水电机组进入了 70 万千瓦时代。除机组实现国产化以外，地下电站在主变压器、气体绝缘全封闭组合电器（Gas Insulated Switchgear，GIS）方面也都实现了国产化。不光主要设备全面国产，以往长期依赖进口的关键原材料和铸锻件，也实现了全产业链国内供应。“水电奥运”取得丰硕成果。

七、滚动开发，再造两个“三峡”

金沙江是长江的上游，发源于青海省境内唐古拉山脉北麓各拉丹东雪山和朵恰如雪山，流经青海、西藏、四川和云南四省（区）。自玉树直门达至四川宜宾段称金沙江，河段长 2326 千米，落差 3279.50 千米。金沙江水系河流众多，水力资源极为丰富，金沙江水电基地由干流石鼓至宜宾河段的梯级电站组成。开发金沙江水力资源，既可供电西南地区，又可“西电东送”，是中国能源规划战略布局的重要组成部分。根据国务院批准的《长江流域综合利用规划简要报告》，金沙江宜宾至石鼓河段的开发任务是“发电、航运、防洪、漂木和水土保持”。由于金沙江各河段地理位置、自然特点、经济条件等不尽相同，综合利用要求也各有侧重，因此，《金沙江中游河段水电规划报告》提出了中游河段的开发任务是：“以发电为主，兼顾灌溉供水、防洪、旅游和水土保持等综合利用效益。”

长江水利委员会于 1990 年修订的《长江流域综合利用规划简要报告》，对

乌东德
世界第七大水电站
挡水建筑物为混凝土双曲拱坝，是世界上最薄的300米级特高拱坝，也是世界首座全坝应用低热水泥混凝土浇筑的特高拱坝
总装机容量1020万千瓦
平均年发电量预计389.1亿千瓦·时
全部机组将于2021年投产发电
白鹤滩
世界第二大水电站
将安装世界上最大，堪称世界水电行业的“珠穆朗玛峰”的百万千瓦水电机组16台
总装机容量1600万千瓦
平均年发电量预计625.21亿千瓦·时
全部机组将于2022年投产发电
溪洛渡
世界第四大水电站
总装机容量1386万千瓦
多年平均年发电量616.2亿千瓦·时
全部机组2014年投产发电
乌东德
389.1亿千瓦·时
白鹤滩
625.21亿千瓦·时
溪洛渡
616.2亿千瓦·时
向家坝
308.8亿千瓦·时
三峡
882亿千瓦·时
长江干流六座梯级开发巨型水电站

向家坝
世界第十一大水电站
打造了世界上最大规模的沉井群
安装了目前世界最大单机容量 80 万千瓦超级水轮发电机组 8 台
总装机容量 640 万千瓦
多年平均年发电量 308.8 亿千瓦 · 时
全部机组 2014 年投产发电
三峡
世界第一大水电站
总装机容量 2250 万千瓦
多年平均年发电量 882 亿千瓦 · 时
全部机组 2012 年投产发电
葛洲坝
长江干流第一座水电站
总装机容量 273.5 万千瓦
多年平均年发电量 157 亿千瓦 · 时
全部机组 1988 年投产发电
葛洲坝
157 亿千瓦 · 时

石鼓至宜宾河段的水利枢纽开发规划，提出了虎跳峡、洪门、梓里、皮厂、观音岩、乌东德、白鹤滩、溪洛渡、向家坝 9 级梯级开发方案。截至 2021 年年底，溪洛渡、向家坝水电站建成投运，乌东德和白鹤滩水电站首批机组建成发电。四座水电站全部建成后，装机总容量将达到 4646 万千瓦，相当于在长江上游再造两个三峡水电站。再加上三峡工程、葛洲坝工程，总装机将达 7169.5 万千瓦，全部总发电量将达 2932 亿千瓦·时，届时将建成全球最大“清洁能源走廊”。

（一）溪洛渡与向家坝水电站

溪洛渡水电站位于四川省雷波县和云南省永善县境内金沙江干流上，是以发电为主，兼有防洪、拦沙、改善下游航运条件等综合利用效益的巨型水电站。该梯级上接白鹤滩水电站尾水，下与向家坝水库相连，是金沙江下段梯级开发倒数第二个梯级。坝址左岸是雷波县，右岸是云南省永善县，距宜宾市河道里程 184 千米，距三峡、武汉、上海直线距离分别为 770、1065、1780 千米。

1995 年 11 月，在国务院三峡工程建设委员会第五次会议上，李鹏总理指示：“金沙江向家坝、溪洛渡水电站的前期工作要抓紧进行。在‘九五’期间完成可行性研究报告，争取在‘十五’期间开工建设其中一个电站。三峡总公司是建设这两个工程的业主。”根据上述指示和国务院三峡工程建设委员会第五次会议纪要的精神，三峡总公司自 1996 年开始组织可行性研究阶段的前期工作。

1998 年 11 月，中国国际工程咨询公司对水规总院组织编制的《金沙江第一期工程向家坝和溪洛渡水电站综合比选报告》进行了评审。评审认为：开发金沙江水电可实施“西电东送”，优化东西部能源配置，促进东西部经济发展，减轻环保压力。在三峡工程投产后，作为后续项目，宜在溪洛渡和向家坝水电站间选择。溪洛渡水电站的电力主送华东、华中，兼顾川渝、滇，它的开发对实现长江流域经济可持续发展战略具有重要的意义。溪洛渡水电站具有较大的库容，可以对下游梯级发挥较大的调节作用。溪洛渡水电站发电效益显著，防洪效益和拦沙作用也较大，移民压力较轻。通过对项目规模、综合效益、市场需要、技术可行性和资金承受能力等方面的全面比较分析，首先开发溪洛渡水电站是合理的选择。

1990 年 5 月，国家发展计划委员会复函三峡总公司：同意“溪洛渡在先、向家坝在后”的排序意见，要求根据这个排序，合理安排勘测设计工作进度。

溪洛渡水电站大坝

2005 年 12 月 26 日，备受瞩目的溪洛渡电站工程正式开工，成为中国“十五”期间开工的最后一项巨型水电工程，也是金沙江下游梯级电站的第一个开工建设项目。标志着金沙江干流水电梯级开发迈出了实质性步伐。溪洛渡水电站分左、右岸地下电站，各安装 9 台单机容量 77 万千瓦机组，总装机容量 1386 万千瓦，年平均发电量 571.2 亿千瓦·时，相当于每年可替代标煤约 2000 万吨，大量减少二氧化碳等温室气体。2014 年 6 月 30 日，溪洛渡水电站建成投产。

向家坝水电站是金沙江干流梯级开发规划的最下游一级梯级，是一座以发电为主，兼有航运、防洪、拦沙、灌溉、漂木和梯级反调节等综合利用效益的特大型水电站。坝址位于四川省宜宾县（左岸）和云南省水富县（右岸）交界的金沙江最后一段峡谷出口处，下距宜宾市河道 33 千米，至重庆、武汉和上海的直线距离分别为 240、980 千米和 160 千米，距三峡坝址 670 千米。电站建成后主要供电华中、华东地区，并兼顾川、滇两省用电需要。

向家坝水电站首台机组转子吊装成功

2004年7月，向家坝水电站工程开始筹建。2006年11月26日，向家坝水电站主体工程开工建设。电站安装8台80万千瓦机组，总装机容量640万千瓦。向家坝水电站向华中、华东地区送出的±800千伏、640万千瓦直流特高压是国产化示范工程。2014年7月7日，向家坝水电站最后一台机组（4号机组）顺利通过72小时试运行，电站所有机组的机电设备安装与调试工程全面完成，整体发电工期提前一年。向家坝水电站水流量大，消力池最大单宽流量225立方米/秒，最大下泄洪功率为40000兆瓦，其底流的消能超出了当时国内外已建水电工程水平。设一级垂直升船机，最大跨越水头达114.7米，居世界前列。电站单机容量80万千瓦机组，是当时国内外已建电站工程中容量最大的。

溪洛渡和向家坝水电站作为金沙江水电梯级开发的第一期工程，具有“西电东送”距离近，发电、防洪、拦沙、航运等综合利用效益显著等优势，是继三峡工程之后，揭开长江干流“流域、梯级、滚动、综合”开发序幕的理想电源点。建设溪洛渡和向家坝水电站，可逐步实现“西电东送”的宏伟战略目标，优化华中或华东地区电源结构，促进西南地区经济发展，改进长江上游生态环境，提高长江中下游的防洪能力，充分发挥三峡工程效益，实现国民经济的可持续发展。

（二）乌东德水电站

乌东德水电站是金沙江下游建设的四座超级梯级水电站中的第一级，开发任务以发电为主，兼具防洪、促进地方经济社会发展、改善航运等综合效益。乌东德水电站于2015年12月开工建设，电站共安装12台85万千瓦水轮发电机组，总装机容量1020万千瓦，年均发电量389.1亿千瓦·时。

2020年6月29日，乌东德水电站工程首批机组正式投产发电。中共中央总书记习近平代表党中央，对首批机组投产发电表示热烈的祝贺，向全体建设者和为工程建设作出贡献的广大干部群众表示诚挚的问候。习近平强调，乌东德水电站是实施“西电东送”的国家重大工程。希望同志们再接再厉，坚持新发展理念，勇攀科技新高峰，高标准高质量完成后续工程建设任务，努力把乌东德水电站打造成精品工程。要坚持生态优先、绿色发展，科学有序推进金沙江水能资源开发，推动金沙江流域在保护中发展、在发展中保护，更好造福人民。

从 2015 年年底全面开工建设，到 2020 年首批机组投产发电，乌东德有 7 项指标创造了世界第一，分别是：世界最薄的 300 米级特高拱坝；大坝单位坝顶弧长泄量世界第一；地下厂房开挖高度世界第一；尾水调压室开挖半径世界第一；导流洞开挖断面世界第一；导流洞高度世界第一；已建成投产单机容量世界第一。

乌东德水电站建设的综合效益明显。电站总装机容量 1020 万千瓦，年均发电量 389.1 亿千瓦·时，全部机组投产后将成为南方电网供电范围内调管的最大水电站，为粤港澳大湾区经济社会高质量发展提供绿色能源保障。在生态效益方面，电站建成投产后，每年可替代标煤消耗 1220 万

2019 年 12 月 16 日，乌东德水电站右岸电站首台 7 号机组转子吊装

吨，减少二氧化碳 3050 万吨、二氧化硫 10.4 万吨的排放，可有效缓解受电地区能源短缺局面，减轻环境污染。防洪效益同样显著，金沙江下游四座水电站总库容 458.68 亿立方米，其中乌东德水电站 74.08 亿立方米；防洪库容 154.93 亿立方米，其中乌东德水电站 24.40 亿立方米，是长江防洪体系的重要组成部分，可使川滇沿岸地区的防洪标准进一步提高。此外，在改善航运和促进地方经济社会发展方面也发挥了重要作用。

2020 年 6 月 29 日，国际大坝委员会（ICOLD）主席迈克尔·罗杰斯在获悉乌东德首批机组发电后，也发来一封信。罗杰斯在来信中说：几千年来，大坝一直被认为是关乎民生的重要基础设施。工程师和建设者们历尽千难万险，开发利用地球上的自然资源，为人类提供了可持续利用的水资源和清洁能源，促进了人类社会的繁荣发展。如今，如何以安全、可持续、经济的方式利用宝贵的水资源，并与自然建立和谐关系达到互利互惠，已经成为全世界面临的共同挑战。

罗杰斯认为，地处中国西南地区的乌东德水电站将对区域经济和社会发展产生重大的积极影响。“等到 12 台机组全部并网发电后，乌东德水电站每年生产大量的清洁电能，将大大降低对化石燃料的依赖，减少地区有害气体的排放，对促进中国西南地区经济发展将产生非常重大的积极影响。”同时，他还认为乌东德水电项目的建设将有助于推动全世界大坝工程的安全建设，提升大坝工程的质量安全水平。他说，“乌东德水电项目采用了一系列包括实时温度监测和大坝智能灌浆系统在内的先进智能技术，这些智能技术的开发和应用代表了大坝工程技术行业的未来。”作为现任国际大坝委员会主席和有着 40 多年经验的水电工程师，罗杰斯近年来先后对中国进行了 7 次技术访问，深切感受到了中国水电行业的飞速发展与技术进步。他认为，中国在大型水电站的设计和施工技术等领域，已处于世界领先水平。不仅如此，他还看到，中国在世界舞台上积极分享大坝规划、设计施工、运营管理等方面的技术成果和经验，给予其他国家强有力的支持，极大地提高了世界上一些极为重要大坝工程基础设施建设的安全性。他说，“正是在不断的学习中，所有大坝工程的从业人员才能更好地服务全人类。”

（三）白鹤滩水电站

2017 年 8 月 3 日，白鹤滩水电站主体工程全面开工建设。至此，历时 10

多年的科研、勘测、设计和6年多精心筹备，经国务院审批同意，由中国三峡集团投资建设的白鹤滩水电站进入了主体工程大规模全面建设的新阶段。白鹤滩水电站坝址位于云南省昭通市巧家县和四川省凉山彝族自治州宁南县交界处的金沙江干流下游河段上，总装机规模达1600万千瓦，工程首次全部采用国产的百万千瓦级水轮发电机组，单机容量居世界第一，是全球在建装机规模第一大水电站。水电站采用混凝土双曲拱坝坝型，属300米级的高拱坝；正常蓄水位825米，防洪限制水位785米。

白鹤滩水电站是仅次于三峡电站的全球第二大水电站。它是国务院已批复的《长江流域综合规划（2012—2030年）》中的一级水电站，是中国三峡集团开发建设的金沙江下游四个水电梯级中的第二个梯级。工程开发目标以发电为主，兼顾防洪、航运、拦沙，并促进地方经济社会发展。电站主要特性指标均位居世界水电工程前列，将创下多项世界之最，如地下洞室群规模、单机容量100万千瓦、300米级高坝抗震参数、圆筒式尾水调压井规模、无压泄洪洞规模、300米级高坝全坝使用低热水泥混凝土等均为世界第一。

白鹤滩水电站是代表着世界水电最高水平的创新工程和智能工程。电站建设规模之大、难度之高、影响之深远，位居世界水电工程前列，需要攻克复杂地质条件下全坝采用低热混凝土浇筑施工、高地应力条件下超大规模地下洞室群开挖与支护、千米高边坡地质稳定与施工安全、百万千瓦级水电机组制造安装等一系列世界级难题。作为长江流域开发治理的控制性工程之一，白鹤滩水电站水库在金沙江下游四个梯级中库容最大，正常蓄水位825米，防洪库容为75亿立方米，相当于1.5个太湖容量，仅次于三峡工程和丹江口工程。白鹤滩拱坝按千年一遇洪水设计，防洪效益主要有两方面：一是与下游溪洛渡、向家坝水库联合调度，拦蓄金沙江洪水，提高川江

·| 2019年11月29日，白鹤滩水电站世界首台百万千瓦机组左岸1号机土建施工

河段沿岸宜宾、泸州、重庆等城市防洪标准；二是与乌东德、溪洛渡、向家坝水库联合运行，可配合三峡水库联合调度，承担长江中下游的防洪任务，进一步提高长江中下游的防洪标准，减少长江中下游分洪损失。

蓄水后的白鹤滩水电站

2021 年 6 月 28 日，白鹤滩水电站首批机组投产发电。中共中央总书记、国家主席、中央军委主席习近平发来贺信，表示热烈的祝贺。习近平在贺信中指出，白鹤滩水电站是实施“西电东送”的国家重大工程，是当今世界在建规模最大、技术难度最高的水电工程。全球单机容量最大功率百万千瓦水轮发电机组，实现了我国高端装备制造的重大突破。全体建设者和各方面发扬精益求精、勇攀高峰、无私奉献的精神，团结协作、攻坚克难，为国家重大工程建设作出了贡献。这充分说明，社会主义是干出来的，新时代是奋斗出来的。习近平希望全体建设者和各方面统筹推进白鹤滩水电站后续各项工作，为实现碳达峰、碳中和目标，促进经济社会发展全面绿色转型作出更大贡献。

白鹤滩水电站建成后将成为“西电东送”骨干电源，在电网中承担系统调峰、事故备用任务。作为构筑长江生态屏障的重要一环，电站与流域梯级水库群共同承担着涵养、修复长江流域生态环境的重大责任，是节能减排的生态工程。白鹤滩水电站建成投产后，每年可节约标准煤约 1968 万吨，减少排放二氧化碳 5160 万吨、二氧化硫 17 万吨、氮氧化物约 15 万吨，能有效改善中国能源结构、减少大气污染物排放，节能减排效益显著。

第三节　全国联网，世界最大的统一电网诞生

改革开放后首先开启的电力投资体制改革，极大地增强了电力建设的活力，电力投资规模迅速扩大，在电源建设飞速发展的同时，中国电网的建设力度也不断得到加强，电网投资规模持续增加，城市和农村电网更加坚强。电网发展确定了走联网之路，跨省跨大区电网互联规模不断扩大，华北与东北、福建与华东、川渝与华中实现互联，形成了以500千伏为主网架的六大区域电网。三峡输变电工程、西电东送三大通道等关键性工程连续开工，电网建设掀起高潮。特别是三峡输变电工程的建设开工，成为全国联网的重要契机，对实现全国联网有着里程碑的意义。进入21世纪后，“西电东送”战略的推进有效促进了电力资源在全国范围内的优化配置，与之同属电网建设重要内容的南北互供也加快了实施步伐。酝酿已久大区电网间的联网工程提上日程。

一、灯火阑珊，城市依然温暖

改革开放以来，中国电力工业取得了瞩目成就，1998年年底，全国发电装机容量达到2.7亿千瓦，年发电量1.167万亿千瓦·时。电力供需矛盾缓解，电网建设也有了较快发展，基本适应了国民经济

持续快速健康发展和人民生活水平提高的需要。但是，城乡电网仍然严重存在有电送不进、用不上的“卡脖子”现象。城市经济和城市建设发展加快，而城市电网建设改造则相对迟缓，供配电能力不足、配电网络脆弱、变电所布点少、导线截面小，大量设备陈旧老化、承受自然灾害或意外事故能力低、居民住宅供电系统设计标准低，不适应现代家电负荷使用，造成供电可靠性不高，电网损耗攀升、电能质量达不到国家规定，从而使城市配电网成了用电市场扩大和用电量增长的“瓶颈”。而夏季城市配电网停电事件频频发生，居民用电得不到保障，酷暑难耐，居民意见很大。城市电网存在的问题，引起了党中央、国务院的高度重视。1998 年中央发出的 3 号文件中明确指出了“城市电网落后，远不能适应经济发展和人民生活的需要”的问题。

1998 年，受亚洲金融危机的冲击，中央作出扩大内需、加快基础设施建设的重大决策。国务院十分重视城乡电网的发展，把城乡电网的建设改造列为国家六项基础设施建设的一项内容。经过规划、研究，拟订三年投入 2500 多亿元资金进行空前规模的城乡电网建设改造。城乡电网进行如此规模的建设改造是新中国成立以来历史上第一次。

国家电力公司组织制订了《关于加快城市电力网建设改造的若干意见》（简称《意见》）。《意见》明确了城市电网建设改造的基本要求，坚持“服务于城市，服务于人民，服务于发展”的方针，不断提高城市电力网稳定供电的能力。

城网建设改造的重点是城市中心 220 千伏终端变电所、110 千伏及以下配电网，并同步改造居民住宅配电设施。直辖市、省会及经济发达城市的中心区和新开发区结合城市规划要求，积极推进电缆供电。在城市电力网建设改造的同时，大力推进城市居民住宅户内配线的建设改造工作。新建住宅户内配线供电能力满足 40 ~ 50 年内居民用电增长的需要。一般城市住宅户内配线截面按建筑面积每平方米不低于 40 瓦负荷密度选择；直辖市、省会及经济发达城市按建筑面积每平方米 60 ~ 80 瓦负荷密度选择。现有居民住宅户内配线原则上也应按上述标准进行改造。在进行城市电网改造的同时，绝大部分居民用户实现了“一户一表”，用电质量明显改善。居民们可以最大限度享受国家统一的电价政策。

经过此轮改造，220 千伏电网得到适度加强，110 千伏电网也得到恢复性发展。北京、上海、天津等特大城市已在城市外围形成 500 千伏环状或链状网架。经过城市电网的改造，各城市逐步取消 35 千伏电压等级，统一为四个城网标准电压等级，城市电网自动化水平获得提升，大部分城市配电网初步形成较可靠的高压网架，配电网络趋于合理，形成环路供电结构，初步消除了“卡脖子、过负荷、烧设备”的现象。基本形成一个网架坚实、布局合理、管理科学、自动化程度较高的城市电网，成为城市经济发展的有力支撑，同时也为跨省跨区联网创造了条件。1999年，全国277个城网用户平均供电可靠率达到99.86%，比1995年提高了近0.8个百分点，有些城市配电网达到99.96%以上，接近国际较高水平。至2000年底，全国35千伏及以上输电线路回路长度为72.6万千米、变电容量9.96亿千伏·安（220千伏及以上16.36万千米、4.15亿千伏·安），分别较1978年增长2.1倍、6.9倍。社会效益明显，用户满意程度明显提高，城网建设改造在社会上为电力企业树立了良好形象，得到了各级政府的肯定和群众广泛赞誉。

二、大格局，跨区跨海联网

大区电网间的联网工程首先是从华北和东北开始的。联网前，华北500千伏主网为环形结构，电力由西向东输送。东北500千伏主网为链式结构，电力由北向南输送。

2000年，华北电网与东北电网开展联网工作。联网点在华北迁西500千伏变电站和东北绥中电厂，迁西至绥中500千伏联络线长166千米。联网初期基本为纯联网性质，互为备用以及事故时的紧急支援。但在实际运行中考虑到联络线上会有潮流波动，因此将重点研究送受30万千瓦潮流和送受60万千瓦潮流方式。为不影响整个华北电网的供电安全，华北电力集团公司决定投入技改资金2000万元人民币，在大房双回线上加装了串补装置，即建立“串补站”以提高设备输送能力，弥补华北、东北联网运行以后大房双回线运行极限的下降，从而保证西电东送潮流的可靠实施。2000年6月8日20时41分，“串补”一次启动成功。这是全国第二座“串补站”，但将站址设在线路中间尚属全国首例，独具效能和技术的优越性。

2001年5月11日12时44分，华北与东北两大电网成功联网，随着两天后调试工作全部顺利完成，联网的绥姜（绥中—姜家营）线路和华北、东北两大电网安全稳定运行。这是中国第一次以交流方式实现跨大区电网互联。华北与东北联网后，提高了北京电网乃至全国电网的安全可靠性，使东北和华北电网水火互济的优势得到了发挥。同时，作为中国第一条跨大区电网交流联络线，绥姜线的调试成功，为后来中国运用交流方式实现跨大区互联积累了宝贵经验，对进一步加快全国联网、西电东送和南北互供具有重要意义。

福建电网与华东电网联网的标志则是500千伏福州—浙江双龙线路的投运。20世纪90年代，福建建设了500千伏水口—泉州输变电工程，跨入了超高压电网的行列，实现了福建电网电压等级从220千伏向500千伏的历史性跨越。此后，福建电力装机容量不断增加，到2000年年底，突破1000万千瓦。随着大量火电机组投产，福建省电力存在一定过剩。此时，华东电力则相对不足。作为当时西电东送、南北互供、全国联网总体战略的一部分，福建与华东联网成了解决福建自用有余而华东缺电这一矛盾的办法。联网前，曾有第一台60万千瓦机组并入福建电网，这让福建电网进入“大机小网”运行，一旦出现单台60万千瓦机组跳闸，就会导致电网事故。考虑到福建电网的安全性，通过联网方式提高主网电压稳定性、实现两网良好事故支援，成了两全其美的方式。之后，这项联网工程被喻为福建电网安全的“生命线”。

福建与华东联网工程总投资10亿元人民币，其中包括由国家电力公司投资建设的福州—双龙357千米的500千伏输电线路，福建省电力公司投资建设的省内配套的水口—福州59千米500千伏输电线路，以及500千伏福州变电站。2001年11月3日，福建与华东联网的500千伏福州—浙江双龙线路正式投运。至此，福建电网结束了长期孤网运行的历史。该联网Ⅰ回线长357千米。属长距离线路，一旦某个环节出现问题，联络就可能断线。福建省电力公司将原计划于2014年开工的福建与华东联网Ⅱ回输电工程提前至2002年建设。2003年1月，福建电网与华东电网实现双回联网，联网的安全性与可靠性大大提高，电量交易也更加方便。福建电网与华东电网成功实现互联，助力解决福建电网“十五”期间电力电量的平衡，实现了福建与华东电网间的水、火资源互补，促进了全国电网互联。

进入21世纪，位于四川的二滩水电站在建成之时遇上了亚洲金融危机，用电需求处于低潮，二滩的水电不能有效被消纳。当时，三峡电站原定的输电方案是由三峡向重庆供电，但由于用电疲软，国家决定三峡电站的电不再输往重庆，改由重庆消纳二滩的电力。后来，中国经济又恢复了高速增长，用电负荷急剧上升，重庆开始缺电。为了有效消纳二滩电力和四川在丰水期的水电，国家电力公司决定从三峡到重庆万县，建设一条500千伏三峡—万县交流输电线路，将川渝电网与华中电网联结成一个新的同步华中电网。

2002年5月，500千伏万县—龙泉输电线路正式与华中电网联网。由此，华中电网和川渝电网顺利实现了500千伏交流互联，华中、川渝电网的发

·| 小浪底水利枢纽鸟瞰图

展进入了新的历史阶段。联网时的川渝电网装机容量约为 1700 万千瓦，其中 60% 为水电。华中电网原来覆盖河南、湖北、湖南、江西 4 省，三分之二的装机为火电，与川渝电网有很强的互补性。合并后的华中电网以葛洲坝、小浪底、二滩等特大型水电站为核心，辐射全国的枢纽作用进一步加强。

2019 年 1 月 15 日，浙江舟山 500 千伏联网输变电工程正式投运。工程连接舟山电网和宁波电网，包含 16 个子项目，总投资达 46.2 亿元人民币。该工程创造了 380 米世界最高输电铁塔、世界首条 500 千伏交联聚乙烯海缆等 14 项世界纪录，是中国规模最大、技术难度最大的跨海联网输变电工程之一。工程的建成填补了舟山 500 千伏网架空白，可满足舟山群岛新区和舟山绿色石化基地的清洁用电需求，对促进海洋输电技术的跨越发展具有重大意义。舟山 500 千伏联网输变电工程于 2016 年年底开工建设，合计新增 500 千伏变电容量 300 万千伏·安，新建架空线路 218 千米、海缆17千米。舟山500千伏输变电工程电力输送能力是现有220千伏联网工程的3.3倍。

舟山与大陆联网工程中世界第一的380米高塔正在施工中

2019年5月30日，南方电网主网与海南电网二回联网工程投运。海南联网二回工程始于广东湛江500千伏港城变电站，止于海南澄迈500千伏福山变电站。工程建设最关键的环节是敷设4根穿越琼州海峡的500千伏海底电缆，海缆采用500千伏充油纸绝缘电缆，单根长度达32千米，直径14厘米，中间没有接头，是当时世界上单根最长的500千伏交流海底电缆。海南联网一回结束了海南“电力孤岛”的历史，在此基础上，联网二回投运后，可将电力输送能力由60万千瓦提升至120万千瓦，将极大降低台风多发的海南岛大面积停电风险。

在相邻电网不断实现互联的过程中，中国也随之实现了除台湾地区以外的全国电网互联，“西电东送、南北互供、全国联网”的大格局基本实现，其输电能力和安全稳定水平都发生了质的飞跃，使大区域电网之间功率互补、电力交换、事故支援的能力进一步增强，对实现全国范围内的资源优化配置具有重要政治意义和经济效益。

三、粤港澳联网的意义

香港和澳门地区电力系统在与中国内地联网之前，是各自独立的电网，运行的安全可靠性存在一定的风险。三地电力联网，结束了港澳电网孤网运行状态，增强了电网运行的安全与可控，实现了电力的实时互送。

粤港澳电力联网始于1978年。基于解决新建香港电厂燃料用煤等问题，香港中华电力有限公司、英国外交部先后向中国的广东省政府、外经贸部、外交部等提出了粤港电力合作的建议，中英双方，尤其是香港中华电力公司和广东省电力工业局就相关问题进行了会谈。为缓解广东电力不足的问题，广东省电力公司与香港中华电力公司协商互联电网，广东向香港购电。同年，水电部批复，原则同意广东省提出的广东电网与香港电网两部联网方案。1979年1

月，广东省电力工业局与香港中华电力有限公司签订了《联网供电协议》。根据协议，广东省电力工业局统一向中华电力有限公司购电，作为省网统配电量的组成部分，按用电指标统一分配。经国家批准，广东省向香港购电以外汇结算。粤港联网一期工程于1979年1月开工，输变电设备由香港中华电力有限公司负责，以双回66千伏输电线路由香港粉岭变电站向110千伏深圳（水贝）变电站送电，并在深圳变电站中安装一台5万千伏·安升压器，升压至110千伏，与广东电网主网连接。同年3月，粤港联网第一期工程投产，香港中华电力有限公司向广东省送电。

粤港二期联网工程为架设一回132千伏由香港九龙大元—深圳（水贝）的输电线路，接入110千伏深圳（水贝）变电站，降压至110千伏与广东电网相连，并于1981年1月竣工。1983年7月，粤港联网第三期工程在220千伏深圳（水贝）站内竣工投运。由香港中华电力公司在深圳（水贝）站内安装1台12万千伏·安主变压器，将66千伏粉（粉岭）水（水贝）线改接至220千伏深圳（水贝）站内，升压至110千伏与广东电网相连。同时，将132千伏水（水贝）大（大元）线改接至220千伏水贝站内，升压至220千伏与广东电网相连。

粤港联网以后，两个电网紧密相连，彼此依托，相互支援。联网初期，在广东电网发电装机容量不足、电网结构薄弱的情形下，港电有力地支援了广东。1979年，也就是粤港联网的头一年，广东就从香港购入电力2.5亿千瓦·时。此后，购电量不断增加，最高购电负荷曾达130万千瓦，最高年购电量达53.3亿千瓦·时，极大地缓解了广东省尤其是深圳经济特区的用电紧张。随着广东电力事业的快速发展，从1996年开始，广东电网（蛇口工业区除外）已不再从香港购入电力，相反，由广东向香港输送电力。输送香港的电力，主要为大亚湾核电站70%的发电量，以及广州抽水蓄能电站50%的发电量。粤港两地电网联网后，互为备用，互相补充，为保障粤港两地经济社会发展起到了良好的作用。

粤港联网后，粤澳电力联网也提上议事日程。1981年，广东省电力公司与澳门电力有限公司签订补偿贸易供电合约，澳门电力公司提供2亿港元无息预付款，由广东电力部门兴建220千伏江门—珠海、110千伏珠海—澳门输变电工程及电源。1984年6月，建成110千伏珠海变电站至澳门北变电站双回输电线路，实现了粤澳联网，广东对澳门供电。广东向澳门供电是在广东省严重缺电的情况下实现的，对澳供电采用的是转口贸易形式，即广东以购入的香港电，向澳门出口电力。随着粤澳两地经济社会的发展，广东对澳供电的规模持续扩大，2006 年，建成第一回 220 千伏输电通道。2012 年 6 月，珠海琴韵—澳门莲花 220 千伏输电通道投产后，广东电网与澳门电网之间形成 5 条 220 千伏线路直接供电、4 条 110 千伏线路作备用的联网格局。中国内地成为澳门的最主要电力来源，有效支撑和保障了澳门社会长期繁荣稳定。

在粤港电力联网中，深圳蛇口工业区与香港地区电网的联结，是比较成功的典型案例。1985 年，由于深圳供电能力不足，蛇口工业区经常断电，数次出现事前不做警告性通知而突然拉闸停电的情况，使工业生产突然中断，厂方损失惨重。到 5 月中旬，工业区被迫实行每周“开五停二”的计划用电。外商责难，怨声四起。解决工业区缺电，直接从香港购电成为优先选项。1985 年 5 月，蛇口工业区向国务院报告，提出由招商局与香港中华电力公司合作铺设海底电缆，以解决蛇口用电紧张问题。对此，国务院和广东省明确表示支持。同年 7 月，经国务院批准，招商局与香港中华电力公司签署合同，由后者投资 7000 万港元，铺设海底电缆，向蛇口每天供电 42 万千瓦·时，合同有效期 10 年。1986 年 11 月，香港中华电力公司通过海底电缆正式向蛇口供电，这条电缆从香港元朗流浮山入海，穿越后海湾，到蛇口碧涛中心上岸，接入变电站，全长 9136 米。至此，蛇口用电紧张问题得以彻底解决，成为当时深圳乃至全国第一个不停电的片区。蛇口工业区供电公司电力容量达到 23 万千伏·安，成为当时全国最大的能源企业之一。蛇口工业区与香港中华电力有限公司间的电力合作，是在缺电大背景下，实事求是解决用电需求的一个有效办法，为中国电力工业经营管理体制的创新开创了一块“试验田”。

四、西电东送，西部大开发的经典之作

“西电东送”，就是把西部省区丰富的煤炭、水能资源化成电力资源，输送到电力紧缺的东部沿海地区。由于中国本身的资源禀赋，煤炭资源主要分布在西部和北部地区，水能资源主要集中在西南地区，东部地区的一次能源资源匮乏，而用电负荷又相对集中。能源资源与电力负荷分布的不均衡性决定了西电东送的必要性。“西电东送”是国家为实施西部大开发战略而作出的重大决策和标志性工程，也是“十五”计划提出的重大电网建设方针，这一工程的实施，

有利于西部能源资源优势转化为经济优势，同时，减轻了环境和运输压力，对于合理配置资源、优化能源结构、加快全国联网，促进中国社会经济可持续发展具有重要意义。

1999 年 9 月，党的十五届四中全会提出国家要实施“西部大开发”战略、“西电东送”战略。2000 年 3 月公布的《国民经济和社会发展第十个五年计划纲要》明确：“建设西电东送的北、中、南三条大通道，推进全国联网。”“西电东送”北通道是指将黄河上中游水电和山西、内蒙古坑口火电厂的电能送往京津唐地区。中通道是指以三峡电力送出为龙头，将输电网络向西延伸至长江上游地区，实现川渝和华中地区共同向华东、广东送电。南通道是指开发西南地区水电和云南、贵州的火电，相应建设输电工程联合向广东送电。

西电东送第二批工程项目开工典礼肇庆换流站分会场

实施“西电东送”是开发西部，实现全国电力资源优化配置的一项战略性举措，意义十分重大。一是促进西部经济发展。中国水力资源可开发装机达 3.78 亿千瓦，居世界第一位。中国西南地区水资源十分丰富，占全国总量的 68%，但当时水力资源开发不到 8%。开发西南水电，可以迅速带动西部交通、水泥、钢材、机电制造等行业的发展，解决就业问题。二是有利于实现全国电网互联，在更大范围内实现资源优化配置。中国的电力管理体制和电网结构以省为单位，电力资源基本上在一个省内配置，开发西南水电实施“西电东送”，促进全国性电网的建立，电力资源可以在全国范围内进行优化配置，发挥水火互补、东西互补、南北互补的作用，这将为国家创造巨大的经济效益。三是促进江河治理。西南地区的水电站大多位于长江、珠江干支流上，不仅具有发电效益，而且还有防洪、供水、灌溉、航运等综合效益。四是促进中国生态环境的改善。当时中国电源构成中火电占 80%，水电占 19%，全国火力发电用煤占全国总用煤量的 1/3，排放的二氧化硫每年达 520 万吨。水电是清洁能源，积极开发水电将有利于中国生态环境的改善。

五、三峡输变电，推进全国联网的核心工程

长江三峡输变电工程承担着三峡水电送出的重要任务，是三峡枢纽电站电力送出及其效益实现的根本保证。工程总投资 394.5 亿元人民币。工程于 1997 年开工建设，2007 年竣工投产。经过 11 年的建设，三峡输变电工程累计建成直流输电工程 4 项、交流输变电工程 88 项，新增变电容量 2275 万千伏·安、输电线路 6519 千米。其中，以 500 千伏交流线路向华中送电，设计送电能力为 1200 万千伏·安；以直流 500 千伏线路向华东送电，其设计送电能力为 720 万千瓦；以直流 500 千伏线路向广东送电，送电能力为 300 万千瓦。工程以三峡电站为中心，向华东、华中、南方电网送电，供电范围遍及湖北、湖南、河南、江西、上海、江苏、浙江、安徽、广东、重庆、四川等九省两市，共 182 万平方千米，惠及人口超过 6.7 亿。

长寿—万县 500 千伏交流输变电工程（简称长万线），是三峡工程第一个开工建设的输变电项目。以此为标志，三峡输变电工程开始进入施工建设阶段。长万线全长 163 千米，铁塔 369 基，工程静态总投资 23 亿元人民币（按 1993 年 5 月末价格计算）。1997 年 3 月 26 日正式开工，1998 年 6 月 15 日一次启动带电成功。

·| 三峡输变电工程长万线及万县变电站开工典礼

三峡—常州±500千伏直流输电工程（简称三常工程）是三峡电站配套送出输变电工程的重点项目之一，是三峡电站电力送出的重要通道，也是连接华中电网与华东电网的骨干工程，担负着中国超高压直流输电设备国产化起步的重要任务，在中国超高压输变电工程建设史上具有承前启后的重要地位。三常工程是三峡输变电工程的第一个直流工程，途经湖北、安徽、江苏三省，跨越长江和汉江，建设总长度860千米，工程总投资61亿元人民币，其中包括35381万美元的外汇额度。三常工程是当时中国输电容量最大的直流输电线路。工程的建设在国内、甚至在当时世界范围内也无先例可以借鉴，参与项目的ABB公司和西门子（SIEMENS）公司等国外公司也缺乏大电流送电直流工程的设计和建设的成熟经验，因此，从功能规范书的编制到建设过程、设备制造都是一个探索过程。

三峡向华东送电的龙泉换流站

三峡—常州 ±500 千伏直流输电工程换流阀

工程建设期间，为满足三峡输变电工程建设以及电力快速发展对科研与技术开发的要求，建设单位投资建设、改造了电力系统仿真中心实验基地、分裂导线力学性能试验室、杆塔试验站、电磁兼容试验室等一批重点实验室，并在电力系统规划、设计以及输变电设备等方面进行了广泛的研究。依托三峡输变电工程开展重大科技课题研究，使中国电力科技创新和国内电力设备制造能力大幅提升，为中国电网的技术进步创造了良好的条件，也标志着中国直流输电技术水平又跨上了一个新的台阶。

三峡—广东直流输变电工程（简称三广工程）由湖北荆州至广东惠州，工程静态总投资50.11亿元人民币，其中包括外汇28065万美元。三广工程的建

·| 三峡输变电工程

成投产，实现了华中电网与南方电网的互联，充分发挥了互联电网水火电互为补偿、互为备用、调剂余缺以及错峰、跨流域水电补偿等容量效益和电量效益，不仅保证了三峡电力安全可靠送出，而且及时缓解了广东严重缺电的局面，同时，又为实现全国联网迈出十分关键的一步。

三峡—上海 ±500 千伏直流输电工程（简称三沪工程）是三峡三期输变电工程的重点工程，涉及华中和华东两大电网的互联，是三峡右岸电厂电力外送的主要通道。三沪工程由重庆宜都换流站至上海华新换流站，线路全长 1048 千米，输送容量 300 万千瓦，工程总投资 69.8 亿元人民币。三沪工程实现了直流输电工程自主创新的发展目标，进一步提高了中国直流输电自主化、国产化水平。三沪工程第一次由国内企业为主承担整个工程的系统研究、成套设计和关键设备供货。2007 年 9 月 5 日，在泰国曼谷举行的 2007 年度“亚洲电力优秀工程”评选颁奖仪式上，三广工程从印度、菲律宾、韩国、美国等国家推荐的 40 多个参评工程项目中脱颖而出，获得“2007 年度亚洲输变电工程年度奖”。

从 1997 年三峡输变电工程正式开工建设，1998 年建成投运第一条 500 千伏交流输电线路（长寿—万县），到 2007 年 9 月三峡至荆州双回 500 千伏输电线路建成投运，三峡电力外送输变电主体工程建设全部完成。三峡输变电工程建设不仅确保了三峡电力“送得出、落得下、用得上”，而且通过三峡电网建设，促进了以三峡电网为中心的全国电网互联格局的形成，对加速实现西电东送通道建设目标、为实现更大范围内能源资源的优化配置创造了条件，全面提高了中国输变电工程规划设计和建设施工技术管理水平，确立了中国电网在世界输变电工程建设中的领先地位。

第五章 国家意志——电力工业的历史转折点

2002年出台的《国务院关于印发电力体制改革方案的通知》，是中国电力工业发展的一个重要转折点，体制的变革，从根本上改变了指令性计划体制和政企不分、厂网不分等情况，初步形成了电力市场主体多元化竞争格局，在很大程度上打破了垄断经营，促进了电力资源优化配置，加快了电力工业发展和产业结构调整，逐步构建起具有中国特色的电力市场体系。电力工业进入深刻的变革期，并且在变革中以令世人惊叹的规模和速度成长壮大。这期间，电力工业贯彻新发展理念，注重高质量发展，以前所未有的速度向前迈进，形成了强大的生产能力。一批具有国际水平的重大工程相继投产，国际领先的重大技术实现突破，可再生能源迅猛发展，装机容量和发电量稳居世界首位，从根本上扭转了用电紧缺的局面。中国电力工业从追赶到领先，快速迈入世界电力工业强国行列，有力支撑了国民经济发展和人民生活水平提高。

第一节　顶层设计，电力体制改革破冰

改革开放以来，中国电力建设取得了巨大成就。从1978年到2000年，中国发电装机容量和发电量先后超越法国、英国、加拿大、德国、俄罗斯和日本，均跃居世界第二位。大部分地区形成了跨省的区域性高电压等级的主网架，缺电状况得到明显改善，电力工业有力支持了国民经济的快速发展。在电力市场供求状况发生明显变化之后，现行的电力体制暴露出一些不适应社会主义市场经济体制要求的弊端，主要体现在垄断经营的体制性缺陷日益明显，省际市场壁垒阻碍了跨省电力市场的形成和电力资源的优化配置，现行管理方式已明显不适应发展要求。为了促进电力工业科学发展，提高国民经济整体竞争能力，必须加快深化电力体制改革的进程。在此背景下，电力体制改革方案呼之欲出。

一、“二滩弃水”，电力体制改革的催化剂

地处四川省攀枝花市的二滩水电站，于1991年9月正式开工建设，1999年12月全面投产发电，总装机容量为330万千瓦，总投资360亿元人民币。二滩水电站在规划建设之初，主要是为了满足四川和重庆地区电力增长的需要，计划年发电量170亿千瓦·时，以4回500千伏输电线路接入川渝电网。1998年在首台机组投产前，二

滩开发公司与四川省电力公司、重庆市电力公司签订了相关购电合同，核定 1998 年、1999 年、2000 年三年的上网电量分别为 9.8 亿千瓦·时、66.3 亿千瓦·时和 93.1 亿千瓦·时。

1998 年 7 月，二滩水电站首台机组发电。但是，到当年年底，二滩水电站的实际上网电量仅为 7.5 亿千瓦·时，弃水电量达 15.6 亿千瓦·时。到 1999 年年底，二滩水电站全年实际上网电量仅为 49.84 亿千瓦·时，弃水电量达 81.16 亿千瓦·时。投产前两年累计亏损达 12.5 亿元人民币，投产三年弃水电量达到 190 亿千瓦·时，大大高于同期实际上网电量。

巨大投资换来的却是巨额亏损，二滩弃水矛盾的爆发，将电力行业管理体制的问题彻底暴露，引发了业内人士的思考，也引起党中央、国务院的关注，党中央和国务院主要领导就二滩弃水问题多次表态，在一定程度上加快了电力体制改革的步伐。

1999 年 4 月 19 日，中共中央总书记江泽民到四川西昌观看卫星发射，活动结束后到二滩水电站考察。回到北京，江泽民问国家计委主任曾培炎："现在一边用煤发电，一边却建好了水电站把水白白放掉，这种做法不可理解，世界上有哪个国家会这样做？你们要想办

二滩水电站 500 千伏送出工程的二滩一自贡一、二回输电线路

法解决二滩电力送出问题，现行电力体制必须进行改革。”后来，他又就二滩弃水问题作出指示，电力行业需要改革，为了提高效率，要引入公平竞争机制，改变“既打球、又吹哨子”的垄断经营局面。应当把发电资源与电网输配电分开，实行优质低价电力优先上网。还应当实行厂网分开、竞价上网。这些意见成为后来电力体制改革的主要原则。

2000 年 6 月，国务院三峡工程建设委员会召开第九次会议，讨论研究三峡的电力消纳和分配问题时，国务院总理朱镕基指出：“电力行业以‘省为实体’的改革已走样为省间壁垒，电力资源优化配置出现很大障碍，必须重新审视。解决三峡的电力消纳问题，要将制定‘十五’规划与我国电力管理体制改革通盘考虑。”2002 年 6 月 13 日，朱镕基对《二滩水电站有关情况》作出批示：“二滩电站大量弃水，并不是由于电价高……造成如此大的浪费，主要是电力体制改革滞后，必须改变省为实体的现状，实行跨区设公司，厂网分开，竞价上网，多发水电，限制火电，关停小电厂，这样每年可能节约发电成本以百亿元计。”

实际上，二滩弃水是表象，追根溯源，弃水的发生其实有着深刻的内在原因，而最直接原因是电价定价机制问题。二滩水电站的上网电价为 0.45 元 /（千瓦·时），是由国家计委按照企业项目建设“成本加成”的标准核定审批的，这不仅高于国家电力公司系统 0.25 元 /（千瓦·时）的平均上网电价，甚至比当时全国到户城市居民 0.42 元 /（千瓦·时）的平均消费电价还要高。这无论是承担输电任务的国家电力公司还是消费者都难以承担。

二滩弃水的发生还与国家计委同期批准的川渝开工电力项目过多，使得电力过剩相关。例如 1996 年开工、1998 年投产的装机容量为 70 万千瓦的重庆珞璜电厂二期项目；1997 年开工、1999 年投产的装机容量为 60 万千瓦的四川广安电厂项目；以及 2000 年投产的装机容量为 35.9 万千瓦的成都嘉陵热电厂项目，几乎都是与二滩同步建设的。在 1999 年年底，川渝地区发电总装机容量为 2026 万千瓦，年发电量 650 亿千瓦·时，发电设备平均利用小时数仅为 3200 小时，大大低于全国发电设备 4100 小时的平均利用小时数。

当时，除了电价畸高和电力过剩两个原因以外，最初计划的需求方重庆也因为与四川分立成为直辖市的原因，而无法按原定计划消纳二滩电量。按照最初的设计，二滩水电站发电量的 1/3 是供向重庆的。1999 年川渝分立，重庆市有自己的珞璜电厂（火电）和煤炭产业，如果要求珞璜电厂不发电而使用二滩水电，则意味着重庆的煤炭产业会受到影响，煤炭工人将面临失业，这会引

二滩水电站

发重庆电力、煤矿产业链的一系列问题，将导致其产业结构失衡和社会不稳定。同时重庆市还要为此支付高额的电价，重庆本地电厂的上网电价仅0.2元/（千瓦·时），而二滩水电站的上网电价为0.45元/（千瓦·时），如此悬殊的价格差也是重庆不愿意按计划消纳二滩电的重要原因。事实上，不仅仅是二滩水电站，川渝地区的其他电厂也面临着“卖电难”的处境。

2000年10月17日，国务院办公厅印发《国务院办公厅关于电力工业体制改革有关问题的通知》，其核心内容，一是电力体制改革工作由国家计委牵头。地方各级政府不再相应设置电力体制改革领导机构，也不得自行制订或出台本地区电力体制改革方案。二是除辽宁、吉林、黑龙江、上海、浙江、山东6省市外，其余各省一律暂停执行地方政府或电力企业自行制订、实施的“竞价上网”发电调度方式。有关省为实体的试点范围暂不扩大，尚未进行的一律暂停。

二、史上最重要的电力体制改革方案出台

（一）电力工业管理体制发生重大变革

新中国成立以来的70多年中，电力工业体制几经变革，大体上可划分为三个大的阶段。第一阶段：从1949年新中国成立至1978年党的第十一届三中全会召开，共30年，电力工业管理实行政企合一的行政化管理体制。第二阶段：从1978年至2001年，前后共23年，电力工业对政企分开、市场化管理体制进行了大量探索，电力工业管理体制逐步实施政企分开，向市场化管理的新体制迈进。第三阶段：从2002年至今，电力工业管理的体制发生重大变革，电力市场化改革不断推进，具有中国特色的电力市场体系逐步构建，电力工业发展走向世界前列。

在历次电力体制改革中，力度最大、影响最深、效果最显著的，非第三阶段莫属。2001 年 12 月，国家计委上报了新的电力体制改革方案并获得国务院通过。2002 年 2 月，国务院印发《国务院关于印发电力体制改革方案的通知》（国发〔2002〕5 号）（简称“5 号文”），决定对电力工业实施以“厂网分开、竞价上网、打破垄断、引入竞争”为主要内容的电力体制改革。按照总体设计、分步实施、积极稳妥、配套推进的原则，加强领导，精心组织，有步骤、分阶段完成改革任务。这个电力体制改革方案几经修改，走过了一段曲折的道路。随着方案的实施，全世界最大的电力公司——国家电力公司被拆分。这次拆分，在世界电力工业发展史上，也是令业界颇为瞩目的一次体制改革事件。

“5 号文”确定了电力体制改革的指导思想，即“从国情出发，遵循电力工业发展规律，充分发挥市场配置资源的基础性作用，加快完善现代企业制度，促进电力企业转变内部经营机制，建立与社会主义市场经济体制相适应的电力体制。”“5 号文”也明确了改革的总体目标是“打破垄断，引入竞争，提高效率，降低成本，健全电价机制，优化资源配置，促进电力发展，推进全国联网，构建政府监督下的政企分开、公平竞争、开放有序、健康发展的电力市场体系。”“5 号文”同时确定改革的主要任务是“实施厂网分开，重组发电和电网企业；实行竞价上网，建立电力市场运行规则和政府监管体系，初步建立竞争、开放的区域电力市场，实行新的电价机制；制定发电排放的环保折价标准，形成激励清洁电源发展的新机制；开展发电企业向大用户直接供电的试点工作，改变电网企业独家购买电力的格局；继续推进农村电力管理体制改革。”“5 号文”确立改革的主要内容是“在发电环节引入竞争机制，首先实现‘厂网分开’，将国家电力公司管理的电力资产按照发电和电网两类业务进行划分。发电环节按照现代企业制度要求，将国家电力公司管理的发电资产直接改组或重组为规模大致相当的 5 个全国性的独立发电公司，逐步实行‘竞价上网’，开展公平竞争。电网环节分别设立国家电网公司和中国南方电网有限责任公司。国家电网公司下设华北、东北、华东、华中和西北 5 个区域电网公司。”

按照“5 号文”的改革时间表，“十五”期间，电网企业可暂不进行输配分开的重组，但要逐步对配电业务实行内部财务独立核算。国家电力公司以外供电企业的资产关系可维持现状。国家电力公司区域内的省级电力公司可改组为区域电网公司的分公司或子公司。在“厂网分开”的改革中，还将对现国家电力公司系统所拥有的电力设计、修造、施工等辅助性业务单位和“三产”、多种经营企业进行重组，逐步与电网企业脱钩，进行公司化改造，进入市场。医疗和教育单位按国家规定实现属地化管理。“三产”和多种经营企业可参加发电企业的重组，也可以交由地方政府管理。

“5号文”还对其他改革步骤作出安排，主要有：逐步终止过去各级电网企业与发电厂签订的购电合同。具备条件的地区应尽早建立电力调度交易中心，实行竞价上网。建立合理的电价形成机制。将电价划分为上网电价、输电电价、配电电价和终端销售电价。上网电价由国家制定的容量电价和市场竞价产生的电量电价组成；输、配电价由政府确定定价原则；销售电价以上述电价为基础形成，建立与上网电价联动的机制。在具备条件的地区，开展发电企业向较高电压等级或较大用电量的用户和配电网直接供电的试点工作。

“5号文”还明确要求用一年时间组建国家电网公司、区域电网公司及各发电企业。完成上述改革以后，在做好试点工作的基础上，逐步实行输配分开，在售电环节引入竞争机制。按照“5号文”的安排，国务院下设国家电力监管委员会，为国务院直属事业单位，按国家授权履行电力监管职责。中国电力企业联合会经政府授权，履行电力行业信息、资料的统计和分析等职责。在国务院领导下，成立电力体制改革工作小组，具体负责电力体制改革实施工作。

（二）重组11家中央电力企业

2002年12月29日，“中国电力新组建（改组）公司成立大会”在北京人民大会堂召开，11家新组建（改组）公司宣告成立。这11家新组建（改组）的公司是国务院根据《电力体制改革方案》，在原国家电力公司的基础上成立的，分别是2家电网公司、5家发电集团公司和4家辅业集团公司。其中，2家电网公司是国家电网公司和中国南方电网有限责任公司。5家发电集团公司是中国华能集团公司、中国大唐集团公司、中国华电集团公司、中国国电集团公司、中国电力投资集团公司。4家辅业集团公司是中国电力工程顾问集团公司、中国水电工程顾问集团公司、中国水利水电建设集团公

·｜ 2002年12月29日，在人民大会堂举行的11家电力企业成立仪式

司、中国葛洲坝集团公司。

根据国家计委相关文件要求，明确了五家发电集团发电资产重组划分的6项原则：一是各发电集团公司的资产规模、质量大致相当，地域分布基本合理，在各区域电力市场中的份额原则上不超过20%。二是将现有独立发电公司、水电流域公司、上市发电公司整体、均衡地划入各发电集团公司。三是在保持发电企业各投资方原有控股地位不变的前提下，尽可能将一个发电厂中国家电力公司系统的资产，重组到同一家发电集团公司，避免“一厂多制”。四是在保持各发电集团公司在区域中的市场份额大致均衡，以及在各电力交易中心不致形成市场垄断的前提下，原则上将一省内的发电资产相对集中，以便于新组建的发电集团公司设立分支管理机构以及安置原系统发电专业管理人员。为便于集中管理，将国家电力公司系统现有风电（除华能风电外）、核电资产集中重组，分别各划入一家发电集团公司。五是为有利于职工稳定和改革平稳过渡，将“十五”期间计划关停电厂和“空壳”电厂（只有职工，没有发电容量的电厂）一并纳入资产重组范围，分别划入各发电集团公司。六是对现存少数投贷不分、产权关系不清和尚未进行公司制改组的发电企业，暂维持现有财务处理方式，划入各发电集团公司，今后由有关投资方按《公司法》进一步界定和规范。这次重组不涉及发电企业其他股东和投资方的优先受让权。

在上述原则基础上，按行政划拨方式，以2000年的财务决算数为依据，5家发电集团公司的资产规模、质量大致相当，平均可控容量为3200万千瓦，权益容量为2000万千瓦左右。各集团公司根据发电资产分布及在相应电厂所占股权比例等数据，作为组建和注册的依据。随后，在2003年，国务院分别对国家经贸委、国家发改委上报的11家公司组建方案、公司章程等有关问题逐一做出批复，对各公司的业务、职责、管理、人员、机制等事项做出安排。

11家公司的组建（改组），实现了厂网分开，引入了竞争机制，是中国电力体制改革的重大事项和重要成果，是建立社会主义市场经济体制不可分割的组成部分。电力体制改革的成功，为电力工业的持续、快速、稳定发展奠定了良好的体制基础，标志着中国的电力工业进入了一个新的发展时期。

三、电力监管，一个时代的符号

电力监管机构是电力体制改革的综合协调和执行机构。成立国家电力监管委员会（简称“国家电监会”），被视为中国电力市场化改革的组织保障和电力监管现代化的开端，受到国内外关注并被寄予厚望。

2003 年 3 月 20 日，国家电监会正式挂牌。国家电监会为国务院直属事业单位，根据国务院授权，行使行政执法职能，依照法律、法规统一履行全国电力监管职责。

随着国家电监会的成立，原来国家经贸委承担的行业管理、技改投资等职能移交国家发展和改革委，市场监督职能移交国家电监会。

2004 年 5 月，国家电监会东北监管局（简称东北电监局）挂牌成立。这是国家电监会最早成立的区域电力监管机构。随后，全国陆续成立 6 家区域电监局和 12 家省级电监机构。分别是：华北、东北、西北、华东、华中、南方 6 个区域电监局，山西、山东、甘肃、新疆、浙江、江苏、福建、河南、湖南、四川、云南、贵州 12 家省级电监办。

国家电监会成立以后，出台了一系列电力市场建设的指导性文件，包括市场建设的指导意见、市场运营的基本规则、市场监管办法及技术支持系统建设方面的原则要求等。在加强电力行业的监管，制定合理的电价，防止垄断行为的出现和垄断权力的产生，引导电力企业之间公平竞争，实现电力市场竞争的规范化，促进电力行业健康发展，发挥了积极作用。

为了加强电力监管，规范电力监管行为，完善电力监管制度，2005 年 2 月 15 日，《中华人民共和国电力监管条例》（简称《电力监管条例》）经国务院第 80 次常务会议通过，以中华人民共和国国务院令第 432 号公布，自 2005 年 5 月 1 日起施行。《电力监管条例》的颁布与实施，是中国电力工业发展进程中的一件大事，是深化电力体制改革的重要举措，标志着中国电力工业进入依法监管的新阶段。以《电力监管条例》为依据，国家电监会又制定和实行《供电监管办法》《输配电成本监管暂行办法》《电力可靠性监督管理办法》《电网企业全额收购可再生能源电量监管办法》等

国家电监会召开电力监管工作座谈会

电力监管规章、办法、规定及重要文件达数十个，初步形成了以《电力监管条例》为核心的电力监管行政法规体系。这个体系的建立，对保障电力系统安全、稳定、经济运行，促进电力市场建设，完善市场经济体制，推动电力事业健康发展都产生了积极而深远的影响。

国家电监会是中国基础产业领域首家政府监管机构。它的成立，填补了中国电力行业监管的空白，标志着中国电力工业管理体制由传统的行政管理向适应市场经济要求、依法监管的重大转变。作为电力体制改革领导小组成员单位和办公室，国家电监会按期分类解决了厂网分开遗留问题，努力推动电力主辅分离取得突破，探索建立区域内发电侧竞价机制，稳妥推进大用户直接交易试点，积极参与电价形成机制改革，在培育公开、公平、公正的电力市场方面进行了有益的探索和实践。

2013 年 3 月，为统筹推进能源发展和改革，强化能源监督管理，中央决定原国家能源局、原国家电监会职能整合，组建新的国家能源局，不再保留国家电监会。作为电力体制改革过程中一个重要的符号，虽然电监会存在的十年是短暂的，但十年监管，积累了丰富的经验，作为国家能源监督管理体系的重要组成部分，电力监管必将继续在促进中国能源持续健康发展方面发挥积极作用。

四、电价改革，事关国计民生

（一）实施多种电价政策

中国电价形成机制经历了一个漫长的变革过程。改革开放后，由于国家价格体系的调整，社会物价指数逐年上涨，原材料、煤炭等电力工业的建设和生产的主要成本价格持续增长。而基本电价执行的是 1976 年国家制定的《电热价格目录》的分类电价，随着发供电基建、生产成本的成倍增长，电力工业利润水平则急剧下降。由于长期执行低电价政策，电力行业资金利润率从 1965 年的 15.3% 下降到 1983 年的 9.78%、1985 年的 4.3%，大幅度低于全国工业部门平均资金利润水平。与此同时，由于燃料、运输、水价等的提高，1985 年，全国平均售电单位成本比 1980 年上升 33%。低电价和过低的行业利润率，导致的后果是逐步降低了电力工业扩大再生产的资金来源，也制约了大家办电、集资办电，对电力工业发展造成了严重的制约。

由于电价问题涉及国计民生，是一个十分敏感的问题，自1984年8月起一年内，水电部党组连续三次向党中央和国务院提出“改革电价”问题。1984年8月，水电部党组在向中共中央书记处、国务院汇报时，将“改革电价”作为其中一个方面的重要问题，明确提出，在维持总的平均电价水平的情况下，实行峰谷差价、丰枯差价、计划内外以及不同保证率的差价，提出对超额发电实行“高来高去”，对沿海城市实行浮动电价等改革措施。1985年5月，水电部党组向中共中央、国务院提交的《关于根本改革电力工业体制的建议》中提出，要解决缺电，必须实行以电养电，“国家在价格和税收上要保证电力企业有合理的足够的利润收入，使电力企业具有维持简单生产和扩大再生产的能力。”1985年12月，水电部党组向中共中央财经领导小组提交《关于电力工业当前问题的报告》，提出“适当提高电价（市政生活及农业用电不加）和适当减轻税收，使电力工业有自我改造和自我发展的能力，简单地讲就是‘以电养电’。”

电价改革的转机出现在1985年5月，国务院批转《关于鼓励集资办电和实行多种电价的暂行规定》，决定改变国家统一电价的办法，“对部分电力实行多种电价的办法。”根据国家规定，将计划内和计划外燃料附加费纳入电价成本，及时传导。电网可以组织用户自筹燃料，由电网组织有关电厂多发电，电网统一收取合理的加工费。实行高峰低谷电价、丰水期电价、枯水期电价等电价政策。中外合资（作）办电企业或利用外资办电企业，在还本付息期间所发电量全部进入市场调节，可以按成本、税金、合理利润核定售电价格。对不按国家计划供电、用电的单位，采取经济制裁措施。超计划用电的要扣还超用电量，对难以扣还的电量按现行电价的5~10倍加价收费。至此，多种电价制度在全国逐步推行。

1985年7月，水电部颁发《关于通过用电加价收取煤炭加价和运输加价款的实施细则》，进一步完善与煤、运加价相适应实行用电加价的措施，即电价随燃料、运输价格的变化而相应浮动，简称“燃运加价”。

1987年3月，国务院批转《关于进一步加强节约用电的若干规定》，规定在不影响国家财政收入的情况下，可以拉大电网低谷电价和丰水期电价降价幅度。同时，在推广节电技术、鼓励企业利用余热余压发电和控制非生产用电等方面，都将电价调节作为调整、调控手段。当年11月，水电部、国家经委、国家物价局联合印发《关于多种电价实施办法的通知》，对各种电价进行了分类，并对各种电价的核定和相关计价等进行了明确的规定。按照通知规定，集资电价可以随燃料、材料和设备的价格上涨而浮动。在核定集资电价时，除了考虑成本的合理补偿、税金的缴纳、企业的留利外，还要考虑集资项目的还本付息能力。由于集资电价涉及中央与地方、投资者与出资者、电力企业与用户之间的利益分配问题，所以意义特别重大。这是一个指导电力投资体制改革、集资办电工作的重要文件，推动并规范了集资办电工作。特别是集资电厂推行新电厂新价和按联营公司方式管理，使电力工业适应市场经济跨出了一大步。

实施多种电价的意义，在于打破了电力单一计划价格长期不能调整的局面，使平均电价水平平滑上升，扭转了电价水平与成本水平逆向运行的状况，缓解了电力企业财务每况愈下的状况。还本付息电价、燃运加价、经营期电价、涉外电价等多项电价政策的实行，激发了各方集资办电的热情，对加快电力建设，促进电力企业加强管理、提高效率，起到了促进作用。

然而，随着电力供求关系、市场结构的变化，这些定价方法及高度集中的电价管理体制，已难以适应电力工业健康发展的要求。2002 年开始的电力体制改革，电价改革成为核心内容之一。

（二）电力厂网价格分离

2003 年 7 月 9 日，《国务院办公厅关于印发电价改革方案的通知》（国办发〔2003〕62 号文）（简称《方案》）发布实施。《方案》指出，电价改革是电力体制改革的重要组成部分，对建立和培育电力市场、优化电力资源配置具有重要意义。国家发展改革委要根据《方案》的总体要求，会同有关部门进一步制定实施办法。电价改革要结合各地电力供求情况，因地制宜，因时制宜，稳步推进，既要有利于引导电力投资和建设，促进电力工业改革和正常生产，保证企业生产和居民生活用电需要，又要重视电价改革对宏观经济和人民生活的影响，改革初期要保持电价水平总体稳定，确保新旧电价体制平稳过渡。

中国开始实行新的电价定价机制的标志，是《电力厂网价格分离实施办法》及三个暂行办法。2003 年 5 月 23 日，国家发展改革委发布《电力厂网价格分离实施办法》（简称《办法》），从 2003 年 1 月 1 日起实施，《办法》适用于原国家电力公司系统内非独立核算且政府价格主管部门没有审批上网电价的电厂或机组。另外，非原国家电力公司系统省级电网所属电厂的价格分离，也可参照本《办法》执行。2004 年 3 月，国家发展改革委出台标杆上网电价政策，统一制定并颁布各省新投产机组上网电价；同年12月，国家发改委出台煤电价格联动机制措施。

《办法》执行两年后，为了确保电价改革近期目标的实现，为之后的长期目标打下改革基础，国家发展改革委制定的若干配套办法也相继出台。2005年3月28日，国家发展改革委制订颁布系列电价改革配套措施和办法，包括《上网电价管理暂行办法》《输配电价管理暂行办法》和《销售电价管理暂行办法》，将电价划分为上网电价、输电价格、配电价格和终端销售电价，同时，建立规范、透明的电价管理制度。配套实施办法建立了与发电环节适度竞争相适应的上网电价机制，还初步建立了有利于促进电网健康发展的输配电价格机制，并实现了销售电价与上网电价联动。

（三）实行差别电价政策

随着中国经济步入重化工业时期，能源问题成为制约国民经济发展的主要因素之一。中国将不再单纯依靠低成本消耗资源实现经济的增长，产业结构发展亟须由粗放型向集约型转变。在此大背景下，差别电价政策应时而生。从2003年开始，为充分发挥价格杠杆的调节作用，优化电力资源配置，提高电能利用效率，国家发改委全面推行并完善了分时电价等需求侧管理电价政策。其内容主要包括：一是大力推行销售侧峰谷分时电价，将每天用电的时间划分为高峰（尖峰）、平段、低谷时段，分别执行不同水平的电价，目的是鼓励用户移峰填谷，维持电力系统稳定，提高电力资源利用效率；二是试行尖峰电价，对高峰用电期间出现的尖峰时段，有条件的地区实行尖峰电价，电价水平适当高于高峰时段电价；三是在上网侧引入峰谷分时电价制度，鼓励发电企业充分利用发电能力，高峰时段上网电价适当上浮，低谷时段上网电价相应下浮；四是实行丰枯电价，对水电比重大的地区，按照有利于调节和平衡丰枯季节电力供求的原则，在上网和销售环节实行丰枯电价，合理安排丰水、枯水期电价价差；五是推行季节性电价，对于电力紧缺、用电负荷季节变化大的地区，在电力供求紧张或缓和的不同季节内，电价实行上下浮动；六是试行高可靠电价和可中断电价，根据用户对供电保证率、供电可靠性等用电特性的不同要求，对具备条件的地区和用户，逐步试行高可靠电价和可中断电价，合理调节电力需求。

为更好地发挥价格杠杆的激励和约束作用，促进燃煤发电企业加快环保设施建设，提高运行效率，减少二氧化硫、氮氧化物、烟粉尘污染物排放，2004年4月，国家发展改革委和环境保护部联合印发《燃煤发电机组环保电价及环保设施运行监管办法》，明确燃煤发电机组必须按规定安装脱硫、脱硝和除尘环保设施，其上网电量在现行上网电价基础上执行脱硫、脱硝和除尘电价加价等环保电价政策。

随着国务院办公厅于2006年9月转发国家发展改革委《关于完善差别电价政策的意见》，规定差别电价政策试行范围扩大至磷冶炼产业和锌冶炼产业，使差别电价政策试行范围由原来的电解铝、铁合金、电石、烧碱、水泥、钢铁6个高耗能产业扩大到了8个，并根据国家产业政策，按照能耗、物耗、环保、技术装备水平等，对高耗能行业限制类和淘汰类的用电执行相对较高的销售电价。差别电价是国家的产业政策，助力国家的产业结构调整，促进了电力行业和高耗能产业的技术进步，在一定程度上缓解了经济发展对资源、环境的压力。

（四）煤电价格联动

在改革电价的过程中，煤电价格联动机制是一个比较引人关注的方案。21世纪初，中国发电机组中约78%为燃煤机组，发电成本中燃料成本占50%~70%，煤价变化影响电价，电价变化则影响各行各业的价格。为理顺煤电价格关系，促进煤炭和电力行业全面、协调、可持续发展。2004年，经国务院批准，国家发展改革委会同国家电监会颁布了《关于建立煤电价格联动机制的意见》（简称《意见》）。

《意见》规定，以不少于6个月为一个周期，当一个周期内电煤价格变动幅度超过上一周期的5%时，在电力企业消化煤价变化因素30%的基础上，相应调整上网电价，并按电网经营企业输配电价保持相对稳定的原则，调整销售电价。其中，居民生活用电、农业用电、中小化肥企业用电价格一年只能调整一次。

《意见》提出，从长远看，要在坚持放开煤价的基础上，对电力价格实行竞价上网，建立市场化的煤电价格联动机制：在过渡期间，按照“市场导向、机制协调、价格联动、综合调控”的思路，建立灵活的、能够及时反映煤价变化的电价调整机制，即在电力企业消化部分煤价上涨因素的基础上，实行上网电价与煤价联动，并按照电网经营企业输配电价保持相对稳定的原则，将销售电价与上网电价联动。

煤电价格联动机制颁布后，国家还陆续实施了多次煤电价格联动，在一定程度上缓解了煤电价格矛盾，较好地保证了电力正常生产。过渡期间，政府一方面积极稳妥地推进电力市场建设，在电力供大于求或电力供求基本平衡的地区，开展电力竞价上网试点，通过市场竞争反映煤价变化；另一方面，在暂不具备市场条件的地区，通过建立煤电价格联动机制，使政府制定的电价能够反映煤炭价格变化，同时对煤价进行合理监控，防止其非理性涨落。通过建立煤电价格联动机制，对缓解煤电价格矛盾、实现向竞价上网平稳过渡等方面发挥了积极作用，尽管该机制只是一个过渡办法，但也为电力市场化改革积累了经验。

五、电力市场交易机构初步建立

电价改革开始之前，中国电力供应的基本格局是电厂发电，并将电卖给电网，电网再向各类用户售电，电力价格则由国家以指导价格进行调控。在这个过程中，电力生产方和最终用户并不直接见面，而电网是联系买卖双方的中枢环节。

（一）“吉林炭素”直购电的启示

2002 年，《国务院关于印发电力体制改革方案的通知》提出：“开展发电企业向大用户直接供电的试点工作，改变电网企业独家购买电力的格局；在具备条件的地区，开展发电企业向较高电压等级或较大用电量的用户和配电网直接供电的试点工作。直供电量的价格由发电企业与用户协商确定，并执行国家规定的输配电价”。为了实现这些目标，2004 年，国家发展改革委、国家电监会联合下发《电力用户向发电企业直接购电试点暂行办法》（电监输电〔2004〕17 号）。于是，从 2006 年开始，国家电网公司经营区域内部相继成立了电力交易中心，开展电力市场建设和电力交易业务。

在大用户向发电企业直接购电的试点工作中，一般通过当时已有的公用电网线路实现。根据规定，确需新建、扩建或改建线路的，应符合电网发展规划，由电网经营企业按投资管理权限报批、建设和运营。大用户已有自备电力线路并符合国家有关规定的，经省政府有关部门组织电网经营企业进行安全校验，并委托电网经营企业调度、运行，可用于输送直购电力。非配电企业的大用户直购的电力电量，限于自用，不得转售或者变相转售给其他用户。配电企业销售直购的电力电量，要严格遵守国家有关政策。由国家统一分配电量的电厂暂不参加试点。参加试点的发电企业原核定的上网电量、调度、结算等关系保持不变。试点电量依法交纳有关税费和国家规定的基金。

在国内，最早获得正式批准的大用户直购电试点省份是吉林和广东，两省均出台了较为规范的实施方案与交易规则，改变了原有的电力交易机制，对进一步深化电力市场化改革有着重要借鉴意义。

吉林省于2003年10月向国家电监会提出开展直购电申请。2004年9月，国家电监会、国家发展改革委原则上通过吉林直购电试点方案。当时，吉林地区是全国电力供应相对宽松的地区，吉林炭素集团有限责任公司（简称吉林炭素）作为直供电试点企业。之所以选择吉林炭素为直供电试点企业，是因为该公司为国家重点扶持的大型企业，在国际炭素企业中名列四强，却一直为电价上涨和电费增长困扰。2005年3月，吉林炭素、吉林龙华热电公司、吉林省电力公司签订合同，正式启动全国首家大用户向发电企业直购电试点，试点采用点对点直连形式。吉林供电公司与上述两家企业签订的《委托输电服务合同》约定，通过吉林供电公司的公共电网供电，只需要支付少量过网费，按照惯例，以往电网公司向用电企业收取的线损网损等费用将会取消。协商后的电价为：吉林龙华热电公司出厂电价是0.25元/（千瓦·时），吉林供电公司过网费收取0.139元/（千瓦·时），两项相加的价格是0.389元/（千瓦·时），此价格再加上其他附加费用，吉林炭素最终用电电价大约是0.41元/（千瓦·时），而直供前吉林炭素的电价为0.45元/（千瓦·时）。按照2004年吉林炭素用电量超过4.7亿千瓦·时计算，直购电试点使吉林炭素每年减少2000万元左右的用电成本。此次直购电试点启动的意义，不仅在于吉林市几家企业通过合约方式改变了固有的交易内容与合作方法，而且也对中国电力市场化改革产生了示范作用。

（二）跨区电力电量交易

几乎在同一时间段，国家电网与南方电网开启跨区电力电量交易。2004年4月，三峡到广东±500千伏直流输电工程（简称三广直流）双极投运，中国“西电东送”、全国联网战略又向前推进了一大步。同年5月18日，国家电网公司通过三广直流向南方电网送电20万千瓦，加上三峡送广东165万千瓦，三峡共向南方电网送电 185 万千瓦。此举标志着两大电网公司跨区电力电量交易正式开启。此后，随着丰水期到来，国家电网加大与南方电网电力电量的交易力度。2004 年 9 月 3 日，国家电网公司与南方电网公司再度合作，在广州正式签署了《2004 年 9、10 月份国家电网向南方电网送电购售电合同》。根据合同约定，该次跨区送电交易起止时间为 9 月 1 日 0：00—10 月 31 日 24：00。当日，南方电网公司还与国家电网公司签订了《2004 年三峡水电站购售电及输电合同》的补充协议，就南方电网消纳三峡水电站超合约电量、临时电量输电价格等有关问题进行了约定。当时，国家电网组织 70 万千瓦电力通过三广直流送广东，日送电量为 1680 万千瓦·时，9、10 月份合计送电量 10 亿千瓦·时，对缓解南方电网特别是广东电网迎峰度夏的压力发挥了积极作用。

国家电网与南方电网之间成功送电，在两大电网间开启了更加广阔的跨区电力电量交易空间，标志着南方电网与国家电网实现联网后，不但为消纳三峡水电站电力电量搭建了平台，而且为在更大范围内优化资源配置、加大余缺调剂力度创造了有利条件。

六、从“环评风暴”看规范电力基本建设

（一）制定发电厂烟气脱硫规范

随着中国经济发展进入工业化中后期，传统高能耗、高污染的生产模式已经不能适应可持续发展的要求，节能减排是中国经济发展的必然选择，也是电力环保行业发展的重要驱动力。不可否认，电力工业的快速发展，也带来了一系列环境问题，其中尤以燃煤电厂的大气污染最为突出。于是，如何防止和治理燃煤电厂所带来的污染成为一个衡量电力行业科技进步的重要标志。事实上，随着环境污染问题日益突出，国家采取了一系列措施加快火电厂二氧化硫治理。到 2004 年年底，全国约有 2000 万千瓦装机的烟气脱硫设施建成或投运，约 3000 多万千瓦装机的烟气脱硫设施在施工建设。

然而，在火电厂烟气脱硫快速发展的同时，仍然存在一些问题，主要表现在：国家缺乏对烟气脱硫设施进行科学评价的指标和要求；建设规模急剧增长，但产业化发展相对滞后；虽然大部分相关设备可以国内制造，但关键设备仍需要进口；供方市场存在脱硫技术的重复、盲目引进，技术人员严重不足，招标中无序、低价竞争，质量管理环节薄弱等；需方市场存在工艺选择的

盲目性，单纯以低价位选取中标单位；要求与机组“三同时”的脱硫设施在实际中却不能与新建机组同步设计、同步建设、同步投运。投运后达不到设计指标、不能连续稳定运行等情况时有发生。因此，制定火电厂烟气脱硫相关技术政策，加大监管力度，促进火电厂烟气脱硫产业化发展的任务十分紧迫。

为了从根本上解决火电厂二氧化硫污染问题，促进火电厂烟气脱硫产业健康发展，2005 年 5 月 19 日，国家发展改革委发布《关于加快火电厂烟气脱硫产业化发展的若干意见》(简称《意见》)。《意见》明确了加快火电厂烟气脱硫产业发展主要任务：通过三年的努力，建立健全火电厂烟气脱硫产业化市场监管体系，完善火电厂烟气脱硫技术标准体系和主流工艺设计、制造、安装、调试、运行、检修、后评估等技术标准、规范；主流烟气脱硫设备的本地化率达到 95% 以上，烟气脱硫设备的可用率达到 95% 以上；建立有效的中介服务体系和行业自律体系。

随后，为落实“十一五”规划纲要提出的二氧化硫排放总量削减 10% 的目标，推动现有燃煤电厂烟气脱硫工程建设，2007 年 3 月，国家发改委会同国家环保总局印发了《现有燃煤电厂二氧化硫治理“十一五”规划》(简称《规划》)。《规划》提出：“十一五”期间，现有燃煤电厂需安装烟气脱硫设施 1.37 亿千瓦，共 221 个项目，可形成二氧化硫减排能力约 490 万吨。加上淘汰落后、燃用低硫煤、节能降耗等措施，到 2010 年，现有燃煤电厂二氧化硫排放总量由 2005 年的 1300 万吨下降到 502 万吨，下降 61.4%。

（二）环评风暴

国家发展改革委与国家环保总局之所以先后出台《关于加快火电厂烟气脱硫产业化发展的若干意见》和《现有燃煤电厂二氧化硫治理“十一五”规划》，是由于在之前的实施过程中，遇到了不少问题，有的甚至相当严重。2004 年，国家环保总局受理 200 个电站项目的环境影响报告书，总装机容量为 17559 万千瓦。根据当时的预计，如果这 200 个项目全部上马，将增加耗煤量 4 亿吨 / 年以上。如不采取污染控制措施，将新增二氧化硫和烟尘排放量 500 万吨 / 年和 5326 万吨 / 年以上，部分省区将很难完成国家二氧化硫“十五”总量控制目标。为解决上述问题，2004 年，国家环保总局开展了建设项目环境评价和“三同时”制度执行情况大检查。对全国 5.5 万个在建和拟建项目进行了全面清查，查出不符合环保要求的建设项目 1190 项；叫停了 30 个违法开工的大型建设项目，对不符合准入条件、选址、选线不合理、污染防治措施不落实的45个建设项目暂缓审批；停止了6个不符合环境保护规定及未纳入国家电力规划的电力建设项目的审批。2005年1月18日，国家环保总局通报了30个严重违反环境法律法规的建设项目名单，责令立即停建，并将对其重罚，建议有关部门对直接责任人员依法给予行政处分。其中，就包括当时最热的26个电站建设项目。

这些项目的主要问题是：环评报告书未获批准就开工建设，有些甚至已基本建成。电力建设项目中，不少项目已经通过有关部门批准立项，但因尚未最终完成对该项目环境影响报告书技术评估的批复，属于违反环境保护法律法规开工建设。

依法停建这些项目引发了社会较大震动。环境影响评价是控制环境污染的第一道关口，也是一项严肃的法律制度。而这些违建项目都是在《中华人民共和国环境影响评价法》正式实施后开建的。环境影响评价，是对规划和建设项目实施后可能造成的环境影响进行分析、预测和评估，提出预防或者减轻不良环境影响的对策和措施，并进行跟踪监测的方法与制度。《中华人民共和国环境影响评价法》，对环评作出法律规定，建设项目的环境影响评价文件未经法律规定的审批部门审查，或者审查后未予批准的，该项目审批部门不得批准其建设，建设单位不得开工建设。然而，该法颁布实施一年多后，仍有包括不少电力项目在内的工程项目未经环评批准就开工建设，不仅造成严重的环境污染和生态破坏隐患，而且影响国家宏观调控，干扰正常经济秩序。

2005年的国家“环评风暴”，是对中国电力工业贯彻《中华人民共和国环境影响评价法》的有力推进，有利于推动开展战略环境影响评价，建立和完善环境与发展综合决策机制。

（三）制止电站无序建设

2004年11月24日，国务院下发《国务院批转发展改革委关于坚决制止电站项目无序建设意见的紧急通知》（国发〔2004〕32号）。国务院认为，近几年来，为适应国民经济和社会发展的需要，缓解电力供应紧张的矛盾，国家加大了电力建设力度，新开工建设与投产运行的电站规模逐年增加。但有些地区和企业盲目铺摊子上项目，违规建设电站工程。为巩固和扩大宏观调控成果，防止违规建设电站项目影响经济建设正常秩序，当前需要尽快采取措施，坚决制止电站项目无序建设的势头。国务院要求各省级人民政府和国家电网公司、中国南方电网有限责任公司、有关电力集团公司要在2004年12月31日之前，将清理情况和处理意见报国务院并抄送国家发展改革委等有关部门。

据初步统计，2004年各类电站开工规模高达1.5亿千瓦，当前全国在建电站规模已达2.8亿千瓦，其中未完成或未履行任何国家核准手续而擅自开工建设的电站项目规模高达1.2亿千瓦。这种情况如果发展下去，势必导致今后一段时间内发电能力大量过剩，电力建设规模出现大起大落，进而再次形成高能耗工业与电站建设相互推进的恶性循环。违规建设形成的闲置发电资产，还将大量增加金融机构不良贷款，加大金融风险，损害国家整体利益，给国民经济的健康发展带来严重的负面影响。

为避免出现上述局面，国家发展改革委提出相应的措施：要认真清理违规电站建设项目。对于违规在建电站项目，特别是未完成土地征用、环境评价、银行贷款评审手续，取用地下水作为发电用水，煤炭、运输不落实的项目，要认真进行清理。电网企业不得为其接入系统；银行及有关金融机构不得为其提供贷款；国土管理部门不予审批用地，已批准的要收回土地使用权；交通运输部门不予安排运力或铁路接轨；设备制造企业不予供应设备。对这些项目，要根据能源、电力发展规划的要求和各电站项目的具体情况，分类予以处理。

2005年7月25日，国家发展改革委、国土资源部、水利部和国家环保总局四部门联合发布公告，停止建设32个违规电站项目。这批违规电站项目已累计投资约200亿元人民币，总装机容量为1711.4万千瓦，占需停止建设违规电站的50%。其中，内蒙古自治区860万千瓦，占50%；贵州260万千瓦，占15%；河南218万千瓦，占13%。上述三地违规建设规模占首批公告规模的78%。公告指出，这些违规项目，在不同程度上没有执行国家用地、环保、取水、水土保持等方面的规定，存在布局不合理、用水水量不足、缺水地区取用地下水，不符合产业政策等问题，经专家论证评议，均不能纳入近期电力发展规划。公告强调，这些违规项目必须立即停止建设，并停止项目各项前期工作。各地区、各有关部门和单位要按照国务院的要求认真落实相关工作，妥善处理善后事宜。今后国家还将陆续出台一系列综合措施，制止和防范违规电站建设，保持国民经济和电力工业的稳步发展。这意味着国务院开始以专项治理的形式，对电厂建设实施宏观调控。

第二节 超超临界，火力发电机组的标杆

如何提供更充足、可靠、环保和价格合理的电能，尽快提高燃煤电厂的技术水平，提高机组效率，节约有限的能源资源，减少排放，减少用水，是当前国内电力工业发展面临的紧迫任务。而超临界、超超临界火力发电机组，是解决这个问题的最好方法。超超临界燃煤发电机组煤耗低、环保性能好、技术含量高，是目前国际上最先进的燃煤发电机组，也是国际上燃煤发电机组的重要发展方向。

一、从亚临界到超临界，开启火电大机组时代

新中国成立之后，经历半个世纪的奋斗，中国逐步建设成具有相当规模、水平和实力的发电设备制造基地。制造企业通过对30万千瓦、60万千瓦亚临界机组的技术引进和消化吸收，使国内已具备设计、制造和运行大型亚临界火电机组的能力和经验。尽管30万千瓦、60万千瓦机组进口和国产亚临界机组的投入运行，对中国的电力产业结构起到了一定的优化作用，但是依旧满足不了有限的、不可再生的煤炭资源对发电节能降耗的要求。

当时，国际上电力工业特别是火电设备已拥有超临界机组的成熟技术，开始向高参数、高效率、大容量、环保型、节能型超超临界机组方向发展。虽然中国也将火电机组列为电力工业的重点发展方

向，但就当时国内机电制造行业的实力和水平而言，距离实现这个目标还有相当大的差距，尤其在发展超临界机组方面，远远落后于日本、欧美等发达国家水平。中国的几座超临界机组电厂，其主设备均采用的是进口设备。中国把实现60万千瓦超临界机组国产化确定为“九五”期间九项重大装备国产化的科研项目之一，希望以一个有实力、有能力、有条件的电厂，通过“技术引进”的方案，经过依托电厂实际建设、安装、生产，达到60万千瓦超临界机组国产化的目标，直至完全自主化。

1992年，国内首次引进的2台60万千瓦超临界火电机组在上海石洞口第二电厂完成安装。这次引进采取了技贸结合方式，重点引进了锅炉和汽轮机的超临界技术以及设计计算软件，并通过参与设计等方式培养了一批专业技术人员，为超临界机组的国产化作了技术上的准备。此后，又陆续进口了一些超临界机组，最大单机容量为安装在上海外高桥电厂的90万千瓦机组，积累了丰富的超临界机组运行经验。

为进一步推进超临界机组的自主开发，2000年，国家将60万千瓦超临界机组补列入“九五”重大技术装备研制项目，并确定华能集团河南沁北电厂一期2台60万千瓦超临界机组为国产首台示范工程。当时，国内企业通过对30万千瓦和60万千瓦亚临界机组的技术引进和消化吸收，已具备了亚临界火电机组的自主设计技术和生产能力，但没有超临界机组制造投运的业绩。为此，国家决定最早的几套超临界机组研制时，国内企业可寻找国外合作伙伴，以中方名义参与投标，由外方转让制造技术并负责保证机组性能。经过前几套机组的合作后，国内企业很快掌握了超临界机组的关键技术，并开始了自主设计制造。河南沁北电厂2台60万千瓦超临界火电机组分别于2004年1月23日和12月13日投产发电，其三大主机均由哈尔滨电气集团制造。随后，由上海电气集团、东方电气集团自主制造的60万千瓦超临界机组也相继投入运行。这些机组的供电标准煤耗率为300克/（千瓦·时），达到了国际先进水

河南沁北发电厂

平。通过引进和消化技术，国内企业逐步掌握了超临界机组的设计、制造、安装、调试、运行和检修技术。

二、超超临界示范工程

洁净煤技术作为一项庞大复杂的系统工程，囊括煤炭开发到利用的全过程，旨在减少污染排放与提高利用效率的加工、燃烧、转化和污染控制。10多年来，为进一步提高燃煤机组效率和降低污染物排放，欧美各国都加紧了对洁净煤技术范畴的超超临界发电技术研发。超超临界发电技术是指燃煤电厂在高温运行时，采用先进的蒸汽循环以实现更高的热效率和比传统燃煤电厂更少的气体排放，而节煤是超超临界技术的最大优势。

2002年，中国启动了600摄氏度超超临界机组的技术开发及工程实践，研发团队不辱使命，以浙江华能玉环电厂2×100万千瓦级工程项目为依托，率先成功开发出具有自主知识产权的超超临界发电机组的锅炉、汽轮机、电站系统，与超超临界发电机组相适应的烟气净化技术同期获得重大突破。“超超临界燃煤发电技术的研发与应用”列入国家“十五”计划和国家“863计划”洁净煤技术主题研究课题。

浙江华能玉环电厂位于浙江省台州市玉环县大麦屿开发区，厂址三面环山，一面临海。规划装机容量为4台100万千瓦超超临界燃煤机组，投资约96亿元人民币，是由华能国际电力股份有限公司开发、建设的全资电厂。一期工程建设2台100万千瓦机组，于2004年6月开工。由于地理位置因素，在建设过程中，工程遭遇超强台风，给施工造成了巨大阻碍。此外，作为当时国内单机容量最大、运行参数最高的燃煤发电机组，玉环电厂的超超临界燃煤机组的主蒸汽温度超过600摄氏度，压力达到27兆帕。当时国内没有一种材料可以承受这样的温度和压力，主蒸汽管道都要靠进口，所使用的P92和P122等新材料不仅价格高，而且焊接工艺也没有哪个国家愿意提供。面对困难，玉环电厂联合西安热工研究院等科研单位进行技术攻关，最终研制出了一套适用的焊接方法，成功攻克难题。后来，这套焊接工艺的研发成果被列为中国企业联合会发布的第十二批中国企业新纪录。

2006年11月18日，玉环电厂首台百万千瓦级机组第一次冲击百万千瓦负荷成功。2006年11月28日16时36分，中国首台自主建设的百万千瓦级超超临界燃煤机组诞生，标志着中国已经掌握当今世界最先进的火力发电技术，也标志着中国发电设备制造能力和技术水平迈上一个新台阶。2007年11月，作为示范工程的华能玉环电厂4台百万千瓦机组全部投产，该厂也成为当时世界上唯一一座拥有四台百万千瓦机组的电厂。

中国首台百万千瓦超超临界机组——玉环电厂1号机组

投运后的100万千瓦超超临界发电机组，是当时国际上参数最高、容量最大、同比效率最高的超超临界机组，对空气污染、水污染、固体废弃物污染和噪声污染均有严密的防治对策，节能环保示范作用十分显著。增加该类燃煤发电机组在全国火电装机中的比重，对中国电力工业的可持续发展，具有十分重大的战略意义。从对玉环电厂性能考核试验显示，发电机组每千瓦时供电煤耗为283.2克，发电系统热效率达到了45.4%，比国内目前运行的超临界60万千瓦燃煤机组高3%～4%以上。按照2007年全国火电发电量2.69万亿千瓦·时计算，如果全国火电机组煤耗达到这一水平，当年就可少耗标准煤2亿吨左右。二氧化硫实际排放浓度每立方米17.6毫克，达到了发达国家的排放控制指标。对比全国同行业平均水平，2007年玉环电厂一次能源利用水平提高了20.6%，全年可直接减少二氧化碳排放262万吨，减少二氧化硫排放15356吨。“超超临界燃煤发电技术的研发与应用”也以其成功实践，获得2007年度国家科学技术进步奖一等奖。

2021年12月14日，华能秦煤瑞金电厂4号机组圆满完成168小时满负荷运行。工程采用新一代百万千瓦超超临界机组技术，各项指标均处于国内领先水平，并引入超节能和超环保设计理念，生产过程中可实现超净排放目标。该项目实现了华能自主研发的“国家首台（套）重大技术装备”全国产安全智能型DCS/DEH一体化和全厂主辅一体化分散控制系统的成功应用，标志着火电厂控制系统关键核心技术“卡脖子”问题得到解决，推动了电力产业的升级与发展。

三、从5亿到7亿的历史标志

在中国发电装机以亿千瓦计的发展过程中，一批标志性的机组纷纷亮相。中国发电装机达到5亿千瓦的标志性机组在浙江的国华宁海电厂。宁海电厂位于宁波市象山港畔的宁海县强蛟镇象山港，厂址所在地部分为海滩，部分为山地，占地面积115公顷。一期工程建设规模为4台60万千瓦火力发电机组，同步建设四台机组脱硫和4号机组脱硝装置，二期工程2台100万千瓦机组同步建成脱硫和脱硝装置，是浙江省“五大百亿”重点建设工程之一。2003年11月27日，一期工程正式开工，2005年12月31日投产发电。2006年11月20日，一期工程四台机组全部投入运营。2005年12月27日，随着2号机组的建成投产，中国电力装机突破5亿千瓦。2号机组被国家发展改革委、中国电力企业联合会命名为“中国装机规模突破5亿千瓦标志性机组”。发电装机从4亿千瓦到5亿千瓦共历时19个月。2005年12月29日，“庆祝中国电力装机突破5亿千瓦大会”在人民大会堂举行。浙江省委书记习近平在获悉宁海电厂2号机组成为5亿千瓦标志性机组时，还签发了一封表扬信，表扬了神华集团作为省外资本在浙江省成功办电的成绩。

·| 宁海发电厂

2006 年 12 月 4 日，百万千瓦超超临界燃煤机组——华电国际邹县电厂 7 号机组顺利通过 168 小时满负荷试运行，正式投产发电，比计划工期提前 9.4 个月。7 号机组投产时，国务院总理温家宝作出批示："得知华电百万千瓦超超临界燃煤机组投产，谨致祝贺。要积累经验，继续努力，确保机组安全、稳定运行。"随着邹县电厂 7 号机组开始发电，中国发电装机容量超过 6 亿千瓦。发电装机容量从 5 亿千瓦发展到 6 亿千瓦共历时 12 个月。2007 年 7 月 26 日，邹县电厂 7 号机组被国家发展改革委和中国电力企业联合会确定为全国发电装机容量突破 6 亿千瓦标志性机组。

邹县电厂鸟瞰

2007 年 12 月 4 日，国电泰州发电公司 1 号机组完成 168 小时满负荷试运行，投产发电，随着该机组开始投产，中国发电装机容量已超过 7 亿千瓦。发电装机容量从 6 亿千瓦发展到 7 亿千瓦历时 1 年。2008 年 7 月 31 日，国家能源局、中国电力企业联合会举行仪式，正式授予国电泰州发电有限公司 1 号发电机组为全国发电装机容量突破 7 亿千瓦标志性机组。

四、"上大压小"，节能减排的断腕之举

在超临界、超超临界火电机组引进消化过程中，"上大压小"也成为中国电力行业的一个特殊现象。

中国电力工业发展经历了从火电主导到水主火辅、水火并举等阶段。从产业结构来看，随着水电、风电等可再生能源的发展，形成了多种电源互补的局面。由于有了其他电源的补充，对火电的依赖有所缓解，原来火电机组容量偏小的问题愈加突出。

·| 2020 年 12 月 21 日晚，镇海发电厂 6 号机组最后当值员工在机组与系统解列后合影。浙江省首座装机百万千瓦大厂——镇海发电厂关停退役

2006 年，全国火电装机容量为 4.84 亿千瓦，其中 10 万千瓦及以下容量的小机组占 22.7%，达 1.1 亿千瓦。这批小机组每年消耗原煤 4 亿多吨，排放二氧化硫 540 万吨，成为严重制约电力工业节能减排和健康发展的重要因素。为了将有限的增量用于调整电力结构，2007 年 2 月，国务院下发了《关于加快关停小火电机组的若干意见》（国发〔2007〕2 号）。在随后召开的全国电力工业“上大压小”、节能减排工作会议上，国务院副总理曾培炎强调，要加快电力工业结构调整，淘汰一批不符合节能环保标准的小火电机组，建设一批大型高效环保机组，发展一批清洁能源和可再生能源发电机组。会议决定，今后 4 年，全国要关停小燃煤机组 5000 万千瓦以上、燃油机组 700 万 ~ 1000 万千瓦，不再新上小火电项目。此后，国家有关部委贯彻执行各项政策措施，扎实推进小火电机组关停工作，各地政府和电力企业按照国务院的要求明确目标任务，积极采取行动，组织实施。

“十一五”期间，全国累计关停小机组 7700 万千瓦，其中油电 700 万 ~ 1000 万千瓦，其余均为煤电机组。2011 年、2012 年进一步关停 350 万千瓦、200 万千瓦，2013 年关停 450 万千瓦。大部分关停的小火电机组寿命超过了 20 年、容量低于 20 万千瓦。通过关停小火电机组，火电装机结构得到优化，单机 30 万千瓦及以上火电机组比重持续提高，火力发电效率大幅度提高，污染物和温室气体排放明显减少。

第三节　特高压输电的世界纪录

中国能源资源与能源需求逆向分布，大型能源基地远离负荷中心，超出了500千伏超高压输电的经济输电距离，于是，中国于2004年启动了特高压输电的应用研究工作。与超高压输电相比，特高压输电适合远距离大规模输电。2005年12月29日，发展特高压输电技术被国务院纳入《中国中长期科学和技术发展规划纲要（2006—2020）》，之后，特高压输电被写入《国民经济和社会发展第十二个五年规划纲要》。2021年12月14日，由中国工程院院刊《工程》组织评选的“2021全球十大工程成就”在北京发布，特高压输电工程和世界最大水利枢纽工程——长江三峡水利枢纽工程入选。这是中国工程院首次评选和发布全球十大工程成就，参评项目是近5年在全球范围内完成、实践验证有效的、具有全球影响力的工程科学和技术的重大成果，能够反映某一个或多个领域当前工程科技最高水平。

一、释义中国特高压

在中国，煤炭资源主要分布在北部和西北部，而水能、风能和太阳能资源多集中在西南部和北部，但用电负荷中心在东部和东南部，这就要求把能源资源就地转变为电力，进行远距离输送，在全国范围内实行优化配置。特高压输电技术具有输送距离远、容量大、损耗低、效率高的特点，是实现能源大规模开发、大容量输送、大范围配置的关键和基础，发展特高压输电技术是中国能源转型发展的客观需求。

中国自 1986 年起就开展了特高压输电前期研究；1990—1995 年开展了“远距离输电方式和电压等级论证”；1990—1999 年就“特高压输电前期论证”和“采用交流百万伏特高压输电的可行性”等专题进行了研究，对特高压输电有了初步认识。2004 年，国家电网公司启动特高压输电工程关键技术研究和可行性研究，组织相关科研机构和设备制造厂家进行相关关键技术攻关。同年 12 月，国家电网公司提出，加快建设以百万伏级交流和 ±800 千伏级直流系统特高压电网为核心的坚强国家电网的战略目标。2005 年 2 月，国家发展改革委印发《关于开展百万伏级交流、80 万伏级直流输电技术前期研究工作的通知》，对特高压输电技术前期研究工作进行了部署，明确了将特高压输变电工程作为装备制造业技术提升和自主创新的试验示范工程，要求除部分关键技术可由外方提供外，其他技术应基本立足国内，实现自主研发和制造。特高压输电工程经过几年论证工作，2006 年 8 月，国家批准了首条 1000 千伏特高压交流输电试验示范工程和 3 条 ±800 千伏特高压直流输电工程项目。

二、1000 千伏，世界第一

1000 千伏晋东南—南阳—荆门特高压交流试验示范工程起于山西晋东南（长治）变电站，经河南南阳开关站，止于湖北荆门变电站。全线单回路架设，全长 654 千米，跨越黄河和汉江。变电容量 600 万千伏 · 安。系统标称电压 1000 千伏，最高运行电压 1100 千伏，静态投资 56.78 亿元人民币，动态投资 58.56 亿元人民币。这是中国第一条电压等级达到 1000 千伏的特高压输电线路，也是世界上第一条投入商业化运行的 1000 千伏特高压输电线路。

·| 晋东南—南阳—荆门 1000 千伏特高压交流试验示范工程山西晋东南变电站奠基仪式

2006 年 8 月，该工程取得国家发展改革委下达的项目核准批复文件，8 月 19 日开工建设。经过两年多的建设，工程全面实现了预期建设目标，里程碑计划如期完成，安全实现了零事故目标，质量达到了优良级标准，文明施工和环境保护目标圆满实现，工程投资得到有效控制，科技创新取得丰富成果，设备国产化研制取得历史性突破。

·｜ 1000千伏晋东南—南阳—荆门特高压交流试验示范工程黄河大跨越

工程于2008年12月全面竣工，当年12月30日完成系统调试投入试运行，2009年1月6日完成168小时试运行投入商业运行。工程取得的重大技术成果，主要表现在四个方面：一是全面攻克了特高压交流输电关键技术，占领了国际高电压技术的制高点。二是立足国内，自主研制成功了代表世界最高水平的全套特高压交流设备，实现了中国电工装备制造业的产业升级。工程设备全部立足国内供货，采用以我为主、开放式创新的技术路线。全面实现了自主开发、设计、制造、试验和安装调试，掌握了核心技术，拥有自主知识产权，综合国产化率达到90%。三是自主进行系统集成和工程设计，掌握了特高压工程设计技术，形成一大批创新成果。四是大力研究施工新技术，全面提升了现场建设施工水平，形成了全套标准化作业程序和质量评定标准。

1000千伏晋东南—南阳—荆门特高压交流试验示范工程自2009年1月6日投入正式运行，2011年完成扩建工程，工程最大输送功率达到572万千瓦，长期保持安全稳定运行，实现了双向、全电压、大容量输电。工程联结华北、华中两大电网，联网系统表现出良好的动态运行特性和抗扰动能力，电网潮流、电压、联络线功率波动等运行指标均控制在合理范围内，互联电网保持了安全稳定运行。工程已成为中国南北方向的一条重要能源输送通道，大大增强了华北、华中电网之间的电力交换和资源优化配置能力。

该项特高压交流试验示范工程的成功建设，实现了特高压交流系统安全稳定控制、复杂环境外绝缘特性、过电压深度抑制等重大技术和特高压交流变压器、GIS、断路器等主设备研制的突破，基本形成特高压试验体系和技术标准体系。中国在特高压领域实现了从理论到实践的跨越，标志着中国在远距离、大容量、低损耗的特高压输电核心技术和设备国产化上取得重大突破，是中国能源基础研究和建设领域取得的世界级重大创新成果，对优化能源资源配置，保障国家能源安全和电力可靠供应具有重要意义。

2011 年 4 月 28 日，1000 千伏晋东南—南阳—荆门特高压交流试验示范工程获中国工业大奖；2011 年 12 月 27 日，该工程入选国家优质工程奖 30 年经典工程；2013 年 1 月 18 日，“特高压交流输电关键技术、成套设备及工程应用”项目荣获国家科学技术进步奖特等奖。

三、把西部的清洁能源送出去

特高压输电工程的成功建设，为落实国家西部大开发战略，实施“西电东送”如虎添翼。在早期投运的特高压输电工程中，有三个项目堪称标志，它们的建成，为西部清洁能源输往东部沿海经济发达地区，提供了可靠的输电大通道。这三个项目分别是云南—广东 ±800 千伏特高压直流输电示范工程；向家坝—上海 ±800 千伏特高压直流输电示范工程；锦屏—苏南 ±800 千伏特高压直流输电工程。

（一）云南—广东 ±800 千伏特高压直流输电示范工程

为进一步落实国家西部大开发战略，实现南方五省（自治区）更大规模的资源优化配置，有效缓解长距离“西电东送”输电走廊资源紧张局面，限制电网短路电流水平，避免多回直流集中接入南方电网负荷中心——珠江三角洲地区带来的电网安全稳定等问题，成为南方电网公司的重要战略任务。

自 2003 年下半年开始，南方电网公司从电网发展的实际情况出发，在 500 千伏电压等级应用的基础上，组织开展南方电网高一级电压等级应用研究，并把特高压交、直流输电技术应用作为一项重点工程纳入公司发展战略。经过一年多的研究，以及对国内外特高压输电技术应用、设备制造、存在问题等方面考察，2004 年 12 月，南方电网公司完成了研究报告。研究论证表明，南方电网采用特高压交直流输电技术是必要的、可行的，推荐采用 1000 千伏交流和 ±800 千伏直流输电技术。随后，南方电网公司启动云南—广东 ±800 千伏特高压直流输电工程项目可行性研究。在全面完成系统、设计、科研等前期研究工作，以及相关的环境影响评价等支持性专题研究后，中国第一个特高压直流输电示范项目——云南—广东 ±800 千伏特高压直流输电示范工

云南—广东 ±800 千伏特高压直流输电工程穗东换流站

程于 2006 年 12 月 19 日正式开工。

云南—广东 ±800 千伏特高压直流输电示范工程西起云南楚雄，途经云南、广西至广东，受端换流站在广州增城，输电距离 1373 千米，额定电压 ±800 千伏，额定容量 500 万千瓦。工程包括新建楚雄换流站、穗东换流站、楚雄及穗东直流线路、接地极及接地极线路、相应的二次系统和控制系统等 6 项主要工程，总投资 140.7 亿元人民币。

在建设过程中，该工程自主化率达 60%，其示范作用不仅在于该工程技术起点高，新设备、新工艺和新技术应用多，更在于该工程以自主创新为核心目标，通过工程建设，在系统研究、成套设计、工程设计、设备制造、调试安装和调试运行等各个方面均全面掌握核心技术，并在此基础上制定 ±800 千伏特高压直流输电系列标准和规范。

工程于 2009 年 12 月 28 日实现 800 千伏单极投产，2010 年 6 月 18 日实现 ±800 千伏双极投产。该工程是世界上第一条 ±800 千伏特高压直流输电工程，是国家特高压直流输电自主化依托工程。2012 年 12 月 27 日，该工程获国家优质工程金质奖。2011 年 12 月 27 日，工程入选国家优质工程奖 30 年经典工程。2018 年 1 月 8 日，±800 千伏特高压直流输电工程项目获得国家科学技术进步奖特等奖。

（二）向家坝—上海 ±800 千伏特高压直流输电示范工程

为满足向家坝水电站电力外送的需要，2008 年 12 月 18 日，向家坝—上海 ±800 千伏特高压直流输电示范工程全线开工。2010 年 7 月 8 日，工程投入运行。工程静态投资约 195 亿元人民币，动态投资约 202 亿元人民币。

·| 向家坝—上海 ±800 千伏特高压直流输电示范工程奉贤换流站

向家坝—上海 ±800 千伏特高压直流输电示范工程起点为四川复龙换流站，落点为上海奉贤换流站。以四川电网和华东电网为依托，新建两座 ±800 千伏换流站，额定输送容量 640 万千瓦，最大连续输送容量 700 万千瓦，新建 ±800 千伏直流输电线路一回，全长 1907 千米，途经四川、重庆、湖南、湖北、安徽、浙江、江苏、上海 8 个省（直辖市），所经地区最高海拔达 1580 米。工程连接华东、华中两大电网，一方面能够促进四川水电资源优势转化为经济优势，加强四川电网与全国电网的联系，构筑四川参与全国电力资源优化配置的平台，同时，将西南清洁的水电资源输送到负荷中心，可以替代受电地区燃煤火电机组，减少环境污染和煤炭运输压力。

向家坝—上海 ±800 千伏特高压直流输电示范工程是当时世界上电压等级最高、输送距离最远、输送容量最大、技术水平最高的直流输电工程，工程创造了 18 项世界纪录。工程的多项创新实践，推动了中国直流输变电工程朝着新的高度跃升。该工程线路共分 18 个施工标段，大跨越分 4 个施工标段，需要穿越近 1400 千米的山地，占线路全长的 76%，依次在湖北杨家厂、胡家滩、扎营港和安徽新吉阳 4 次跨越长江天险，途经险峻的武陵山脉重冰区和无人区、煤矿采空区、汉江分洪区以及黔江国家级森林公园和鸡鸣城国家文物保护区等，共组立铁塔 3939 基。工程采用的 800 千伏、400 安换流阀，是由国内外共同研制的，世界上电压等级最高、容量最大、技术最先进的晶闸管换流阀，采用了世界上最新研制的 6 英寸、8.5 千伏、4000 安大功率电触发晶闸管器件，各项技术指标均居当时世界最高水平。

该工程科研成果突出。借助先进的试验条件和手段，共完成重大技术和工程专项研究 131 项，全面掌握了特高压直流输电核心技术，实现了原始创新、集成创新和引进消化吸收再创新的有机结合。依托向家坝—上海 ±800 千伏特高压直流输电示范工程，率先建立了 ±800 千伏特高压直流输电标准体系，共 5 大类 123 项标准。形成了大量专利成果，截至 2010 年年底，特高压直流输电专利共 255 项，获得授权 146 项。

向家坝—上海 ±800 千伏特高压直流输电示范工程的成功投运，标志着国家电网公司在超远距离、超大规模输电技术上取得全面突破，国家电网全面进入特高压交直流电网时代，为推动电力布局从就地平衡向全国乃至更大范围统筹平衡转变，为从根本上解决煤电运紧张矛盾奠定了基础；标志着中国已经全面攻克特高压交、直流两大前沿领域的世界性难题，抢占了技术制高点；标志着中国已经具备了生产和系统集成全套特高压直流关键设备的综合能力，提升了中国电工装备制造业的自主创新能力和核心竞争力，为中国电工装备制造业的产业升级和跨越发展创造了条件。

（三）锦屏—苏南 ±800 千伏特高压直流输电工程

锦屏—苏南 ±800 千伏特高压直流输电工程，是国家电网公司继特高压交流和直流示范工程成功之后建成的第三回特高压输电工程。它的建成投运把四川雅砻江水电直送华东地区，每年可向华东地区输送电量约 360 亿千瓦·时，相当于节约原煤 1680 万吨，减排二氧化碳 3240 万吨，缓解了东部经济发达地区日益严峻的环保压力。

2012 年 11 月 28 日，该工程开始试运行，当年 12 月 12 日正式投运。该工程代表了当时世界直流输电技术的最高水平。工程技术创新多、设备要求高、施工难度大、大件运输难。工程的成功建设，是中国直流输电技术和装备的又一重大突破。工程首次将特高压直流输送容量提升到 720 万千瓦，输电距离首次突破 2000 千米，电力大容量、远距离、高效率配置能力显著增强。依托工程建设，特高压直流成套设计、换流变压器、换流阀、直流场设备的自主化水平和国产化程度显著提高，民族电工装备制造业自主创新能力大幅度提升，进一步巩固了中国在世界特高压输电领域的创新和引领地位。

锦屏—苏南 ±800 千伏特高压直流输电工程的成功建设，是服务西部大开发的重要突破，成为“西电东送”又一重要绿色能源通道。工程连接西南大型水电基地和东部负荷中心，将雅砻江下游流域官地水电站和锦屏一、二级水电站及四川汛期富余水电高效送出，有力缓解了华东地区尤其是江苏省的电力紧张局面，满足了经济社会发展的用电需求。同时，工程将西部资源优势转化为经济优势，促进了区域经济协调发展。

四、智能电网发展的中国模式

（一）建设智能电网的意义

智能电网是在传统电力系统基础上，通过集成新能源、新材料、新设备和先进传感技术、信息技术、控制技术、储能技术等新技术，形成的新一代电力系统，具有高度信息化、自动化、互动化等特征，可以更好地实现电网安全可靠、经济高效运行。2010 年 3 月，国务院总理温家宝在《政府工作报告》中提出："大力发展低碳经济，推广高效节能技术，积极发展新能源和可再生能源，加强智能电网建设。"标志着智能电网建设成为中国能源发展的基本战略。

2010 年，国家电网公司发布《关于加强推进智能电网建设的意见》，提出自 2009 年开始至 2020 年，国家电网公司智能电网建设分为三个阶段：第一阶段（2009—2010 年）为规划试点阶段；第二阶段（2011—2015 年）为全面建设阶段；第三阶（2016—2020 年）为提升阶段，全面建成统一的坚强智能电网，技术和装备全面达到国际先进水平。国家电网公司同时提出加大智能电网建设投资，智能化投资占电网投资由"十一五"时期的 6.19%，提高到"十三五"时期的 12.5%。南方电网公司关于智能电网建设的部署分为两个阶段，第一阶段（2010—2013 年）为规划、研究与示范阶段；第二阶段（2013—2020 年）为示范、推广与完善阶段，逐步建设智能、高效、可靠的绿色电网。

2011 年 3 月 14 日，第十一届全国人民代表大会第四次会议批准的《中华人民共和国国民经济和社会发展第十二个五年规划纲要》将智能电网建设纳入其中。2012 年起，智能电网的试点项目不断完善产业链条，逐渐走向成熟应用。智能电网的建设，使电网资源配置能力、安全水平、运行效率以及电网与电源、用电客户之间的互动性得到显著提高。

2015 年 7 月 6 日，国家发展改革委、能源局联合发布《关于促进智能电网发展的指导意见》，提出到 2020 年，初步建成安全可靠、开放兼容、双向互动、高效经济、清洁环保的智能电网体系，满足电源开发和用户需求，全面支撑现代能源体系建设，推动中国能源生产和消费革命；带动战略性新兴产业发展，形成有国际竞争力的智能电网装备体系。中国建设坚强智能电网具有以下动因：

第一，清洁能源的发展要求加快建设智能电网。建设坚强智能电网，为能源资源优化配置提供了一个良好的平台。坚强智能电网建成后，将形成结构坚强的受端电网和送端电网，电力承载能力显著加强，形成“强交强直”的特高压输电网络，实现大水电、大煤电、大核电、大规模可再生能源的跨区域、远距离、大容量、低损耗高效率输送，显著提升电网大范围能源资源优化配置能力。

第二，能源分布和供应的特点要求加快建设坚强智能电网。充分利用先进智能技术，建设坚强智能电网，能够显著提升电网的输送能力和运行控制的灵活性，最大限度发挥电网优化配置资源的作用；同时，可显著提高发电设备的综合利用效率和能源的使用效率，促进节能减排。

第三，经济社会持续快速发展要求加快建设坚强智能电网。随着科技进步和信息化水平的不断提高，电动汽车、智能设备、智能建筑、智能城市等将成为未来的发展趋势。只有加快建设坚强智能电网，才能满足经济社会发展对电力的需求，才能满足客户对供电服务的多样化、个性化、互动化需求，不断提高服务质量和水平。

同时，中国发展智能电网，有利于进一步提高电网接纳和优化配置多种能源的能力，实现能源生产和消费的综合调配；有利于推动清洁能源、分布式能源的科学利用，从而全面构建安全、高效、清洁的现代能源保障体系；有利于支撑新型工业化和新型城镇化建设，提高民生服务水平；有利于带动上下游产业转型升级，实现中国能源科技和装备水平的全面提升。

智能电网的建设发展，推动了“大数据”“云计算”等互联网技术在电力系统中的应用；推动了储能、电动汽车、分布式发电的发展；带动了上下游产业转型升级，实现中国能源科技和装备水平的全面提升；构建了安全、高效、清洁的新型电力系统，从而推动中国能源结构调整、能源产业升级，促进能源生产和消费革命。

（二）智能电网建设目标

坚强智能电网的总体发展目标是建成以特高压电网为骨干网架，各级电网协调发展，以信息化、自动化、互动化为特征的坚强电网，全面提高电网的安全性、经济性、适应性和互动性。

坚强智能电网的体系架构包括电网基础体系、技术支撑体系、智能应用体系和标准规范体系四个部分。电网基础体系是电网系统的物质载体，是实现“坚强”的重要基础。技术支撑体系是指先进的通信、信息、控制等应用技术，是实现“智能”的基础。智能应用体系是保障电网安全、经济、高效运行，最大效率地利用能源和社会资源，为用户提供增值服务的具体体现。标准规范体系是指技术、管理方面的标准、规范，以及试验、认证、评估体系，是建设坚强智能电网的制度保障。

坚强智能电网的内涵包括坚强可靠、经济高效、清洁环保、透明开放和友好互动五个方面。坚强可靠是指具有坚强的网架结构、强大的电力输送能力和安全可靠的电力供应。经济高效是指提高电网运行和输送效率，降低运营成本，促进能源资源和电力资产的高效利用。清洁环保是指促进可再生能源发展与利用，降低能源消耗和污染物排放，提高清洁电能在终端能源消费中的比重。透明开放是指电网、电源和用户的信息透明共享以及电网的无歧视开放。友好互动是指实现电网运行方式的灵活调整，友好兼容各类电源和用户的接入与退出，促进发电企业和用户主动参与电网运行调节。

（三）智能电网建设的代表性工程

智能电网建设过程中，上海 500 千伏静安（世博）智能变电站、陕西延安洛川 750 千伏智能变电站、中新天津生态城、上海崇明智能电网综合示范工程，都是比较有代表性的工程。

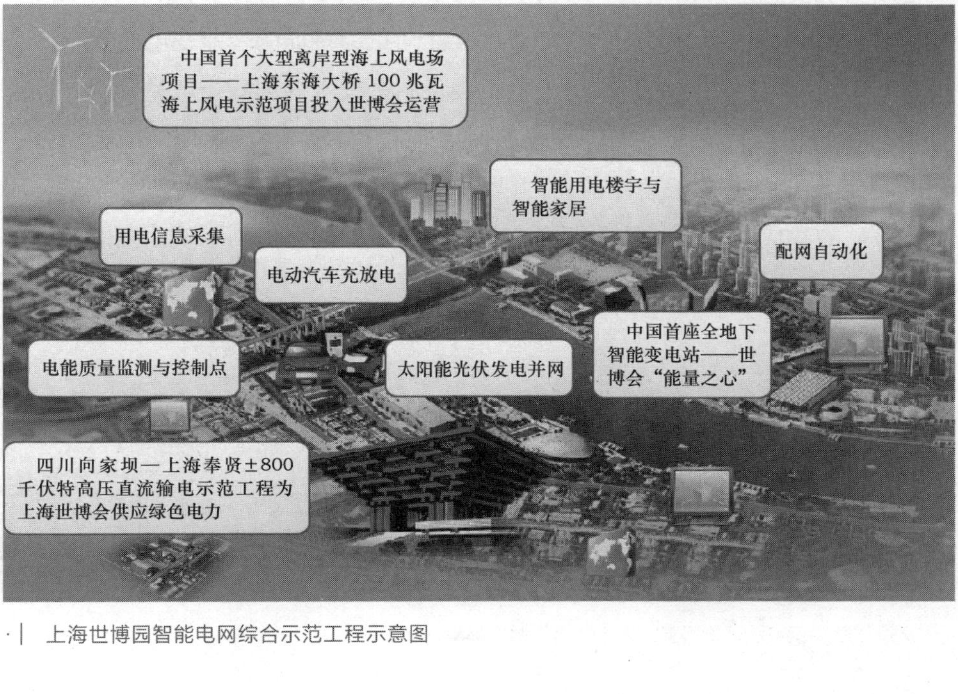

· | 上海世博园智能电网综合示范工程示意图

2010年4月16日，国家电网公司上海500千伏静安（世博）智能变电站正式投运。该工程是国内首座超大容量、多电压等级、全地下、全数字智能化变电站，是保证上海世博会安全可靠供电的重点建设项目，也是世界上第一座变电容量最大、全电缆进出线、多电压等级的500千伏全地下变电站。上海500千伏静安（世博）输变电工程包括500千伏静安（世博）全地下变电站本体和500千伏世博电力隧道全地下电缆，直接为世博会和中心城区提供500万千伏·安的变电容量。作为超大超深的地下结构工程，采用全逆作业法进行地下结构施工，施工环境复杂、技术难度大、质量要求高，建设规模列全国同类工程之首，在工程设计、施工方面创造了多项国内和世界第一。工程设计全地下变电站，深度33.5米，地面仅留主控室、进出口和进出风口，其余为公共绿地。上海静安500千伏变电站在设计和建设过程中取得了一批原创性成果，获得了具有自主知识产权的技术、装备和系统，为以后大型地下变电站的设计和建设提供了有价值的借鉴，为制定相关技术标准提供了技术依据、支撑和工程案例，在大型城市中心区域创建了“资源节约、环境友好”的绿色电网工程，取得了较好的社会效益和环保效益。

陕西延安洛川750千伏智能变电站于2009年4月10日正式开工建设，是国内首批4个试点新建智能变电站之一。2011年3月1日，工程建成投运。变电站实现信息采集数据化、通信平台网络化、应用功能互动化、设备状态可视化。全站设备达到了信息化、自动化、互动化为特征的智能变电站要求。洛川750千伏变电站的建成，推动了电工装备制造技术的创新与产品升级，标志着中国在超高压智能变电站的理论研究、工程建设、运行管理、试验能力、标准制定等方面走在了世界前列，是电网发展方式转变的重大创新成果。同时，该站的建成，完善了陕西电网750千伏骨干网架，提高了陕西电网的电力

750千伏输变电示范工程安全运行2周年纪念邮票

输送能力和安全稳定运行水平，推动了陕北大煤电基地的开发，对于满足陕北地区大型风电消纳具有重要的意义。

2011 年 9 月 19 日正式投运的中新天津生态城智能电网综合示范工程，是世界上覆盖区域最广、功能最齐全的智能电网示范区。工程于 2010 年 4 月 7 日开工建设。项目实施过程中，国网天津市电力公司与国内外 20 余个科研单位合作，与近 30 个国家和地区的百名专家学者，就智能电网建设理念、试点情况、政策环境等进行了广泛交流，完成了配用电融合等 4 个原创系统和 8 个技术支持系统的开发，制定了微网调度运行等 39 项管理规范和技术标准。工程涉及分布式电源接入、储能系统、智能电网设备综合状态监测系统、智能变电站、配电自动化、电能质量监测和控制、用电信息采集系统、智能用电小区/楼宇、电动汽车充电设施、通信信息网络、电网智能运行可视化平台以及智能供电营业厅等 12 个子项工程。该工程是天津智能电网建设发展的标志性工程，工程投运后，不仅风电、光伏发电等可再生能源利用率达到 20% 以上，还能实现电网和有线电视、IP 电话、互联网的相互融合，其遥控、遥测、信息反馈的智能化能力可做到从居民生活到公共设施，再到工业生产的全涵盖。

为了更好地实现可再生能源的综合高效利用，2013 年，国网上海市电力公司启动国家科技支撑计划课题“以大规模可再生能源利用为特征的智能电网综合示范工程”的研究，并在崇明全面开展智能电网示范工程建设。2016 年 5 月 12 日，项目通过科技部的验收，项目成果有效支撑了上海地区绿色、互联、共享、灵活的区域能源互联网建设。崇明具有丰富的风能、太阳能、生物质能、潮汐能、地热能等多种可再生能源资源，种类多、比例高，是建立可再生能源发电的理想区域。截至 2015 年，崇明可再生能源装机容量占最高负荷的比例已达到 68%。崇明智能电网综合示范工程构建了可再生能源利用的三层能源架构。在输电层面，通过“风燃打捆”技术，实现了海上、陆上风电和大型燃机电厂等绿色清洁能源的协调控制；在配电层面，通过智能配电网建设，实现了风、光、生物质能和大型储能等分布式电源的友好接入和就地消纳；在用电层面，通过构建灵活可靠的智能用电系统，实现工业、商业、环岛电动汽车供能体系、生态农业、现代城镇家庭等客户与电网的友好互动，实现了可再生能源的高效利用。项目在国内率先完成了首套兆瓦级钠硫储能电站的工程化应用，首次实现配网层独立运行风电场与兆瓦级集装箱式储能系统的联合优化运行。

除了中新天津生态城和崇明智能电网综合示范工程，在2012—2015年，中国还先后建成上海世博园、江苏扬州经济技术开发区、北京未来科技城、江西共青城等智能电网综合示范工程。

（四）“互联网+”行动计划

“互联网+”行动计划是2015年政府工作报告中首次提出的。国家发展改革委、国家能源局、工业和信息化部的《关于推进“互联网+”智慧能源发展的指导意见》，将“互联网+”智慧能源定义为“一种互联网与能源生产、传输、存储、消费以及能源市场深度融合的能源产业发展新形态，具有设备智能、多能协同、信息对称、供需分散、系统扁平、交易开放等主要特征”。就是以电力系统为核心，利用新兴互联网技术对传统能源行业格局进行改造，以实现横向多能互补、纵向“源—网—荷—储”互相协调的新能源体系。

首批“互联网+”智慧能源（能源互联网）示范项目共55个，建设规模上包括了城市型能源互联网和园区型能源互联网项目。在技术类别上包括多能协同型、绿色交通型、能源大数据型、智能化生产型。在能源交易方式上包含了综合能源服务型、网络平台交易型。这表明，中国能源互联网建设仍处于探索阶段，国家政策支持各种类型新技术、新应用的探索与推广，尝试开展多种多样的能源互联网模式和业态工程示范。示范项目名单公布后两年多来，55个“互联网+”智慧能源示范项目进一步得到充实完善。到2019年，中国已经初步建成了能源互联网技术标准体系，形成一批重点技术规范和标准。催生了一批能源金融、第三方综合能源服务等新兴业态。培育出一批有竞争力的新兴市场主体。探索形成一批可持续、可推广的发展模式。形成了初步的经验积累，并开始朝着“能源互联网多元化、规模化发展”的方向迈进。

第四节　绿色能源，电力版图结构的改变者

绿色能源也称清洁能源，是指不排放污染物、能够直接用于生产生活的能源，它包括可再生能源。可再生能源包括水能、太阳能、生物质能、风能、地热能、波浪能、洋流能和潮汐能，以及海洋表面与深层之间的热循环等。此外，还有氢能、沼气、酒精、甲醇等。截至 2021 年年底，全国全口径发电装机容量 23.8 亿千瓦，其中，煤电 11.1 亿千瓦，占总发电装机容量的比重为 46.7%；水电装机容量 3.9 亿千瓦；核电 5326 万千瓦；风电 3.3 亿千瓦；太阳能发电装机 3.1 亿千瓦。全口径非化石能源发电装机容量 11.2 亿千瓦，占总装机容量比重为 47.0%。历史上首次超过煤电装机比重。

一、中国水电之花

自 1912 年中国大陆建成第一座水力发电站——云南昆明石龙坝水电站以来，至今已逾百年。一百多年来，无数水利电力系统的前辈们，为了中国水电事业，殚精竭虑，奉献毕生。1949 年新中国成立后，水电开始走上快速发展之路。其间，水电发展虽屡遭挫折，但依旧难抑其发展之势。改革开放后，经历鲁布革工程冲击的中国水电建

设努力实现制度创新与国际接轨，促成水电建设大发展。水电是清洁能源，取之不竭，用之复得。至世纪之交，大力发展水电成为重要国策，伴随西部大开发，特别是“西电东送”战略的实施，以长江三峡水利枢纽工程为代表的一大批超级水电工程建成投产，国之重器，举世瞩目。中国已成为世界水电建设的中心。

（一）新中国早期水电工程的里程碑

新中国成立后，电力建设得到快速发展。“一五”计划中，中国依靠自己的力量，相继建设了一批水电站，形成了自己的水电建设队伍，同时，水电设备制造也得到迅速发展，已安装的水电机组中，国产机组占 90% 以上。随着水电机组制造技术的不断提高，机组类型增加，单机容量增大，机组参数提高，给水电建设事业创造了有利条件。在新中国早期的水电建设工程中，新安江水电站是比较有代表性的一个项目。

新安江水电站位于浙江省杭州市建德县，钱塘江支流新安江上，坝址地处铜官峡谷。电站采用混凝土宽缝重力坝厂房顶溢流式设计，为当时世界同类型式的最大水电站。工程主体于 1957 年 4 月开工，1960 年 4 月 22 日，第一台 7.25 万千瓦水轮发电机组（4 号机）并网发电，1977 年 10 月 20 日，最后 1 台机组（8 号机）并网发电，装机总容量 66.25 万千瓦。1959 年 4 月 9 日，周恩来

新安江水电站

总理亲临工地视察，并写下“为我国第一座自己设计和自制设备的大型水力发电站的胜利建设而欢呼！”的题词，给电站建设者以极大的鼓舞。新安江水电站是中国自己设计、自制设备、自己施工的大型水电站工程，投产以来，经受了多次洪峰考验，大坝安然无恙。实践证明，电站的勘测设计是成功的，它的建筑和机电设备的制造、安装质量是信得过的，其综合经济效益显著。新安江水库——千岛湖，被列为国家自然风景重点保护区，已经成为闻名中外的旅游胜地。1978 年，新安江水电站获全国科学大会科技成果奖，在科研、设计、施工等方面为中国水电事业的发展积累了宝贵的经验，成为新中国水电建设史上的一座里程碑。

（二）“文化大革命”时期的水电建设

“文化大革命”期间，电力工业虽然也不可避免地受到冲击，但仍有一批大中型水电站陆续投产发电。如 1967 年 4 月，位于鸭绿江中游的中朝两国共建合营的云峰水电站竣工。1967 年 12 月，宁夏青铜峡水利枢纽工程土建工程基本竣工，并于 1976 年实现了全部 8 台机组发电并网。1968 年 5 月，中国第一台 1.1 万千瓦的抽水蓄能机组在河北岗南水电站投产。同年 7 月，辽宁桓仁水电站第一台机组投产。同年 10 月，湖北丹江口水电站第一台机组投产。同年 12 月，浙江富春江水电站第一台机组投产发电。1969 年 4 月，中国第一台容量为 22.5 万千瓦的水电机组在刘家峡水电站投产发电，这也是国内首台超过 20 万千瓦的发电机组。1970 年 4 月，广东南水水电站第一台 2.5 万千瓦机组投产。同年 10 月，安徽陈村水电站第一台 5 万千瓦机组发电。特别是地处

青铜峡水电站河床式厂房

湖北宜昌长江干流的葛洲坝工程，于1970年12月26日经过毛泽东主席批示后开工，成为中国水利电力史上的一件大事。

（三）在规划中的流域建成一批骨干工程

根据中国水电基地建设的规划，2009—2012年，小湾、拉西瓦、瀑布沟、糯扎渡等一批地处西部的标志性水电站相继建成投产。这些大型水电站的建成投产，发挥了显著的综合利用效益。同时，通过大力发展清洁能源发电，有力提升了大型水电机组的设计、制造、安装和运行技术水平，70万千瓦级水电机组实现国产化。

总装机容量420万千瓦的小湾水电站，是“西电东送”的标志性工程，澜沧江水电开发的“龙头”，也是世界最高双曲拱坝水电站，工程于2002年正式开工建设，2010年全部建成投运。水电界曾流传一句话：“三峡最大，小湾最难”。小湾水电站工区狭窄、山高坡陡，地处高地震烈度区和泥石流多发区，工程施工立体交叉作业，地质条件复杂。在复杂的地质环境中，需要建设世界首座300米级混凝土双曲拱坝，并使用高水头、大容量、大变幅、高参数地下水轮发电机组，无论是工程建设还是运营维护，都堪称世界水电“最难”。小湾水电站4号机组被命名为全国水电装机突破2亿千瓦标志性机组。

小湾水电站

拉西瓦是青海省东部一条狭长陡峭的大峡谷，因谷底终日不见阳光，被当地藏族群众取名“拉西瓦”，意思是渴望阳光照耀的地方。拉西瓦水电站是黄河上游龙羊峡至青铜峡河段规划的大中型水电站中的第二个梯级电站，也是当时黄河流域装机容量最大、发电量最多、单位千瓦造价最低、经济效益良好的以发电为主的水电站。拉西瓦水电站总装机容量 420 万千瓦。电站主要承担西北电网的调峰和事故备用，对西北电网 750 千伏网架起着重要的支撑作用，是“西电东送”北通道的骨干电源点，也是实现西北水火电“打捆”送往华北电网的战略性工程。2009 年 5 月 18 日，拉西瓦水电站首批 5、6 号机组正式投产发电，其中 6 号机组是中国电力装机容量突破 8 亿千瓦的标志性机组。

西部大开发的标志性工程——瀑布沟水电站位于四川省雅安市汉源县和凉山州甘洛县境内，为大渡河干流规划 28 级方案的第 19 级电站。电站装机容量 360 万千瓦，是大渡河下游的控制性水库，也是一座以发电为主，兼有防洪、拦沙等综合效益的特大型水利水电枢纽工程。工程于 2004 年 3 月 30 日正式开工建设，2010 年 12 月，6 台机组全部建成并正式投产发电。瀑布沟水电站投运后，显著提高了下游乐山等城市的防洪标准。电站送电范围为四川电网，是四川电网主力调频调峰电厂。电站投产后为增加清洁能源供给、减少温室气体排放、拉动经济增长、促进当地经济社会发展作出了巨大贡献。

糯扎渡水电站位于云南省普洱市思茅区和澜沧县交界处的澜沧江下游河段，是澜沧江中下游河段梯级规划“两库八级”的第五级电站，总装机容量 585 万千瓦，是“西电东送”“云电外送”的骨干工程。电站大坝为人工掺砾直心墙堆石坝，高 261.5 米，在同类大坝中排名“中国第一”，是当时世界上已建成

糯扎渡水电站大坝

的4座300米级特高土坝之一。2012年9月6日，电站首台机组（65万千瓦）正式投产发电。2017年5月，糯扎渡水电站大坝获“国际里程碑工程奖”，问鼎世界水电界最高荣誉奖。

·| 锦屏一级水电站

2014年11月29日，四川锦屏水电站14台60万千瓦机组全面建成投产。锦屏水电站拥有当时世界最高拱坝和世界最大规模水工隧洞群，电站的投产，标志着四川省水电装机容量突破6000万千瓦，水电占全省发电总装机80%以上，居全国第一。锦屏水电站包括锦屏一级和锦屏二级水电站，总装机容量840万千瓦，在国内同规模水电站中经济效益最好、淹没耕地和动迁人口最少，年调节能力、梯级补偿效益最明显。

（四）西藏地区水电开发

西藏水能资源丰富，自“十一五”计划开始，西藏自治区加强了电力规划以及骨干电源点的勘测设计和论证工作，先后开工建设了一批重大电源项目，有效改善了电源结构，提高了电网调节能力。2012年以后，西藏自治区与各发电央企联合，先后开发了雅鲁藏布江和藏东南“三江”流域水电资源，大力推动“西电东送”接续能源基地建设。

·| 藏木水电站

2010年9月27日，藏木水电站正式开工建设。2014年11月1日，主体工程全部建设完成。藏木水电站位于西藏加查县拉绥乡藏木村境内，是雅鲁藏布江中游桑日至加查峡谷段规划的五级电站的第四级，由华能集团投资、建设和运营，总投资96

亿元人民币，总装机容量 51 万千瓦。藏木水电站是雅鲁藏布江干流上第一座大型水电站，工程投产后，迅速缓解了西藏中部地区冬春季节严重缺电的局面，结束了拉萨市多年依靠高成本燃油机组应急发电的历史，西藏从此进入大水电时代。2015 年 6 月 1 日，藏木水电站富余电力通过青藏直流输电系统成功送达青海，开启了“藏电外送”的历史。

2013 年 12 月 10 日，西藏投资规模最大的水利枢纽工程——旁多水利枢纽工程首台机组投产发电。电站装机容量 16 万千瓦。旁多水利枢纽工程对藏中电网容量是一个有效的补充，并在拉萨河流域水土资源综合开发、缓解藏中电网供需矛盾、提高拉萨市防洪能力、提高远期拉萨市工业用水的保障程度、改善生态环境等方面可以发挥巨大作用。2011 年 8 月 14 日，华能集团澜沧江上游公司与西藏玉龙铜矿股份有限公司合作成立华能果多水电有限公司，以矿电联营的方式开发果多水电站。2012 年 12 月，西藏自治区发展改革委正式核准建设果多水电站，并将其列入《“十二五”支持西藏经济社会发展建设项目规划方案》。果多水电站是扎曲水电规划推荐的五级开发方案中的第二级，电站以发电为主，供电昌都地区，亚洲第二大的玉龙铜矿二期是其主要电力负荷。电站装机容量 16 万千瓦，2016 年 12 月 8 日全部机组投产发电。

（五）金沙江流域水电开发

金沙江水电基地水能资源蕴藏量达 1.124 亿千瓦，技术可开发水能资源达 8891 万千瓦，年发电量 5041 亿千瓦 · 时，富集程度居世界之最，其特点是水量丰沛，落差集中，动能指标优越，淹没损失小，多数梯级规模大，具有单独远区送电的能力。开发金沙江不仅可弥补西南缺煤、满足当地日益增长的用电需要，更重要的是可与华中联网，实现“西电东送”，担负国家能源平衡的战略任务，并可实现点燃藏区经济发展的“引擎”功能。此外，还可为改善西南航运状况，发展沿岸灌溉，开发流域国土资源等创造条件，并可分担长江中、下游防洪任务。

2004 年，为贯彻国家“西部大开发”战略，落实“西电东送”和“藏电外送”部署，根据国家工作计划安排，水电水利规划设计总院委托中国水电顾问集团成都勘测设计研究院，开展了金沙江上游干流河段水电规划工作。依据金沙江上游规划的“一库十三级”开发方案，自上而下依次为：西绒、晒拉、果通、岗托、岩比、波罗、叶巴滩、拉哇、巴塘、苏洼龙、昌波、旭龙、奔子栏等，共利用落差 1372 米，总装机容量 1392 万千瓦，多年平均年发电量 642.29 亿千瓦·时，占河段可开发量的 91%。2014 年，国家将金沙江上游梯级电站列为西南水电基地建设重点工程。2015 年 8 月，中央第六次西藏工作座谈会提出“推进建设‘西电东送’接续基地”，会后，金沙江上游川藏段梯级电站被列入“十三五”中央支持西藏经济社会发展的重大项目。当年 11 月，国家发展改革委核准金沙江干流上游首座水电站——苏洼龙水电站开工建设，金沙江上游水电开发取得实质性突破，构建“西电东送”接续能源基地拉开序幕。随后，金沙江上游叶巴滩水电站、巴塘水电站、拉哇水电站等项目被国家能源局列为助推“三区三州”深度贫困区脱贫攻坚的重点水电项目。

作为中国“西电东送”最大的水电基地，金沙江干流规划兴建大型水电工程达 20 余座，全部建成后总装机容量将达到 7775 万千瓦。其中，从直门达到石鼓镇的上游河段，规划建设 8 座大型水电站，总装机容量 898 万千瓦；从石鼓镇到雅砻江口的中游河段，规划建设 8 座大型水电站，总装机容量 2096 万千瓦；从攀枝花到宜宾的下游江段，规划建设乌东德、白鹤滩、溪洛渡、向家坝等 4 座巨型水电站。

二、抽水蓄能，容量最大的储能装置

抽水蓄能电站有保障电网安全的“最后一根火柴”之誉。世界上第一座抽水蓄能电站于 1882 年诞生在瑞士的苏黎世，至今已有近 140 年的历史。但世界上抽水蓄能电站得到迅速发展，是在 20 世纪 60 年代以后，也就是说，从第一座抽水蓄能电站建成到迅速发展，中间相隔了近 80 年。中国抽水蓄能电站建设起步较晚，20 世纪 60 年代后期才开始研究抽水蓄能电站的开发，1969 年，中国第一座抽水蓄能电站——岗南抽水蓄能电站建成，是国内首座安装抽水蓄能机组的工程。随后，十三陵抽水蓄能电站建成，这是国内第一座上水库采用钢筋混凝土全库盆防渗的工程。琅琊山抽水蓄能电站是第一个在岩溶地区修建非全库盆防渗上水库的工程。张河湾抽水蓄能电站是国内首次采用沥青混凝土复式断面进行上水库全库盆衬砌的工程。西龙池抽水蓄能电站是国内设计水头最高，并首次在严寒地区采用改性沥青混凝土面板全库盆防渗的工程。文登抽水蓄能电站是国内首次成功应用岩石隧道掘进机（TBM）进行隧洞掘进的工程。

·|　北京十三陵抽水蓄能电站

中国抽水蓄能电站的发展先后经历了20世纪70年代初期探索、80年代深入研究和90年代蓬勃发展三个阶段。截至2021年，全国建成在运的抽水蓄能电站总计3639万千瓦。素有“用水做成的巨型充电宝”之称的抽水蓄能电站，凭借自身具备的调峰、填谷、调频、调相、储能等功能，成为保障电力系统安全稳定运行的重要电源。抽水蓄能也是电力系统最可靠、最经济、寿命周期最长、容量最大的储能装置。

在十三大水电基地规划完成，并逐步实施过程中，中国抽水蓄能电站的选点规划也在同步进行。20世纪70年代，华东勘测设计研究院等单位在东部经济发展相对较快的负荷中心地区，开展了抽水蓄能电站的站点资源普查及选点规划工作。80年代后期，随着经济社会的进一步发展，北京、华东、中南等勘测设计研究院在全国更大范围内开展了抽水蓄能电站选点规划工作，如北京勘测设计研究院编写了《山东胶东抽水蓄能电站选点规划报告》《山东省泰安抽水蓄能电站二期工程补充选点规划报告》，华东勘测设计研究院编写了《浙江省乌龙山抽水蓄能电站选点规划报告》《天荒坪第二抽水蓄能电站选点规划报告》《仙居抽水蓄能电站选点规划报告》等。90年代中后期，中国东部地区兴建了一批抽水蓄能电站，并有一大批抽水蓄能电站已完成规划或预可行性研究、可行性研究或初步设计，并有部分电站开工建设，主要有浙江奉化市境内的溪口抽水蓄能电站；安徽金寨县境内的响洪甸混合式抽水蓄能电站；江苏溧阳市境内的沙河抽水蓄能电站；山东泰安市境内的泰安抽水蓄能电站；浙江天台县境内的桐柏抽水蓄能电站。这一时间，在西藏，也建造了装机容量 10 万千瓦的羊卓雍湖抽水蓄能电站。到 2008 年前后，中国中东部大多数地区基本已完成了至少一轮的抽水蓄能电站选点规划工作。

2009 年 8 月，为进一步规范和加强抽水蓄能电站的建设管理，促进抽水蓄能电站的健康有序发展，国家能源局在山东泰安召开抽水蓄能电站建设工作座谈会，会后发布了《国家能源局关于印发抽水蓄能电站建设工作座谈会议纪要的通知》（国能新能〔2009〕223 号）。按照通知要求，水电水利规划设计总院会同电网公司、地方政府，进一步开展了抽水蓄能电站的选点工作。选点按照距负荷中心近、地形地质条件和技术指标优越的原则，以省和区域（电网）为单位，全面系统地筛选一批规模适宜、建设条件优良的抽水蓄能电站站址。这是第一次由国家主管部门统一部署开展的全国范围的抽水蓄能电站选点规划工作。

从 2011 年 5 月国家能源局批复福建省选点规划成果开始，截至 2013 年年底，已全部完成了 22 个省（区、市）的选点规划成果的审查和批复。根据这次选点规划，22 个省（区、市）共规划新建站点 59 个，总装机容量 7485 万千瓦，同时为保证后续发展，还明确了 14 个备选（后备、储备）站点，总装机容量 1660 万千瓦。全国抽水蓄能电站选点规划工作的完成，为全国抽水蓄能电站的建设发展奠定了基础，对抽水蓄能行业有序发展发挥了重要的引领作用。伴随风电、光伏等新能源的快速发展和能源结构调整，各地对抽水蓄能发展提出了新的需要，部分省（区、市）在已有规划实施基础上，相继提出选点规划调整要求。自 2016 年 3 月开始，经国家能源局批复同意，山东、湖北、福建、新疆、浙江、安徽和河北 7 省（区）先后启动了抽水蓄能电站选点规划调整工作。以往未开展规划的贵州、青海、广西 3 省（区）也启动了抽水蓄能电站选点规划。在国家能源局领导下，水电水利规划设计总院与相关省区发展改革委（能源局）、电网公司组织相关单位开展了规划工作。

（一）广州抽水蓄能电站

20 世纪 90 年代，为确保大亚湾核电站的安全、稳定、经济运行和广东电网调峰、调频的需要，经国家批准，与大亚湾核电站同步建设广州从化抽水

广州抽水蓄能电站

蓄能电站（简称广州抽水蓄能电站）。电站总规模为 240 万千瓦，分两期建设，分别安装 4 台 30 万千瓦国外进口的可逆式抽水蓄能机组。一期工程于 1994 年 3 月建成，二期工程于 2000 年 3 月建成。广州抽水蓄能电站是当时世界上容量最大的抽水蓄能电站，是中国自行设计、建设的第一座高水头、大容量、现代化的抽水蓄能电站。

1987 年 3 月，广州抽水蓄能电站筹备组成立，由国家能源投资公司、广东核电投资公司和广东省电力集团三家合资兴建。1988 年 3 月，集资三方股东按投资比例组成电站建设和经营最高决策机构董事会，同年 3 月 20 日，广州抽水蓄能电站联营公司成立。联营公司实行总经理负责制，在工程建设中，对技术、经济和外事方面拥有较大的自主权，做到决策迅速，解决问题及时，并聘请工程监理常驻工地、代行甲方的监督管理职责。电站在建设管理中，率先实行业主负责制、招标投标制和建设监理制的“三制”改革。为确保工程质量和工程顺利有序进行，广州抽水蓄能电站联营公司聘请国内著名水电专家成立咨询组，对设计施工中的重大技术问题进行咨询。同时，还聘请法国、瑞典、美国、澳大利亚和英国等有关专家，对工程中某些专项难题进行咨询。

广州抽水蓄能电站工程在建设中应用国内外先进技术，成果显著。地下厂房采用岩壁吊车梁方案，比常规梁柱式结构缩短工期约一年：内径为 8.5 米的地下斜井，引进英国和瑞典的斜井滑模施工技术，两级斜井长 625 米，只用了 11 天完成钢筋混凝土衬砌，比常规施工方法缩短工期 6 ~ 12 个月。此高压长斜井优化设计和施工，获得“1993 年电力工业部科技进步奖一等奖”。1997 年，国家科委对工程建设关键技术的研究与实践、综合科技项目进行评审，被评为“国家科技进步奖二等奖”。

广州抽水蓄能电站的建设，不论是在设计、科研上，还是在施工、安装和管理上，都积累了丰富的经验，它的成功经验，给全国建设抽水蓄能电站带来示范与启迪，促进和推动了中国抽水蓄能电站建设的发展。

（二）天荒坪抽水蓄能电站

天荒坪抽水蓄能电站位于浙江省安吉县天荒坪镇大溪村。电站下库位于海拔 350 米的半山腰，是由大坝拦截太湖支流西苕溪而成，有“两岸青山出平湖”之美称，当地人称“龙潭湖”。电站上水库位于海拔 908 米的高山之巅，是利用天荒坪和搁天岭两座山峰间的千亩田洼地开挖填筑而成，并有主坝和四座副坝及库岸围筑，整个上水库呈梨形。平均水深 42.2 米，库容量 885 万立方米，相当于一个西湖，且上水库和下水库的水平距离仅 1 千米，是抽水蓄能电站的理想选址。

·| 浙江安吉天荒坪抽水蓄能电站

1984年，电力工业部华东勘测设计研究院就开始开展抽水蓄能电站的可行性研究工作。当时，华东电网的火力发电已占较大比例，并逐年增大。由于运转的火电机组遇到停机或减产会造成煤耗和起停损耗，而抽水蓄能机组启动快，适用负荷范围广，负荷跟随能力强，在电力系统中有效调节供需平衡，使系统能最有效地调节电源。因此，华东电网需要有一座蓄能电站，可以在用电高峰满负荷时立刻投入使用，担负起电网瓦解事故后第一时间重建电网的备用重任。进入20世纪90年代后，天荒坪电站被列为国家“八五”期间的重点建设项目。由华东电力集团公司和上海、江苏、浙江、安徽三省一市的能源投资公司共同出资，并获得3亿美元世界银行贷款。1994年3月1日开工建设主体工程，2000年12月，6台机组全部投产，装机容量180万千瓦。随着后来智能电网的发展和特高压电网建设的推进，华东电网在接受大功率区外来电时经受着较大的潮流冲击。天荒坪电站运用成组控制与远方紧急支援功能，以其快速响应，快速调节的特点，为智能电网的运行提供基础支撑，在支撑特高压区外输电中发挥了作用。天荒坪电站的建成运营，不仅开中国抽水蓄能电站集资办电之先河，而且以“两部制”电价、较高的安全可靠性、较高的生产效率、频繁的电网调度和持续稳定的生产经营，在世界同类型抽水蓄能电站中占据领先地位。

（三）河北丰宁抽水蓄能电站

河北丰宁抽水蓄能电站工程是2022年北京冬奥会配套绿色能源重点工程，是目前世界规模最大的抽水蓄能电站。电站位于河北省承德市丰宁满族自治县境内，总装机容量360万千瓦，具有周调节性能，被誉为世界最大“超级充电宝”。工程分两期建设，一期工程于2013年5月正式开工，投资99.47亿元人民币；二期工程于2015年9月开工，投资87.5亿元人民币。电站二期工程与一期工程共用上下水库，枢纽工程由上水库、下水库、水道系统、地下厂房系统和开关站等建筑物组成。上水库大坝采用钢筋混凝土面板堆石坝坝型，最大坝高123.3米，总库容4882万立方米。下水库由已建成的丰宁水库改建而成，总库容6583万立方米。2021年12月30日，丰宁抽水储能电站正式投产发电，创造四项世界第一：装机容量世界第一，储能能力世界第一，地下厂房规模世界第一，地下洞室群规模世界第一。电站以500千伏输电线路接入京津及冀北电网，每年可消纳过剩电能88亿千瓦·时，年发电量66.12亿千瓦·时，年可节约标准煤48.08万吨，可减少碳排放120万吨，相当于造林

24 万余亩。经初步测算，电站建成并网后，可增加电网对风电、太阳能等清洁能源的消纳能力 1000 万千瓦左右，有力支撑“外电入冀”战略实施，破解“三北”地区弃风、弃光困局，促进新能源产业的发展，发挥出巨大的经济、社会和环境效益。

三、风光，大自然的馈赠

随着能源工业革命的不断推进，发展清洁能源是改善能源结构、保障能源安全、推进生态文明建设的重要任务，并且已经成为各国共识。在全球变暖、地球环境日益恶化的形势下，中国政府积极参与有关气候变化问题的国际公约谈判。2005 年《京都议定书》正式生效，清洁发展机制（CDM）应运而生。2006 年 1 月 1 日，《中华人民共和国可再生能源法》正式实施，为新能源的发展提供了政策法律支持，中国新能源建设发展进入快车道，其规模已走在世界前列。截至 2021 年年底，全国并网风电装机容量达 3.3 亿千瓦。全国并网太阳能发电装机容量达 3.1 亿千瓦。

（一）风力发电唱响“大风歌”

中国最早的风力发电研究与应用试点始于 20 世纪 50 年代后期，当时，曾研制过 10 千瓦以下的风电机组样机。20 世纪 70 年代中后期，在牧区和山区等电网未通达的地方迫切需要解决用电问题，内蒙古等省（区、市）的政府将风力发电作为农村电气化的重要组成部分。1978 年，内蒙古锡林郭勒盟风能利用研究所开始立项研究小型风电机组。1980 年，内蒙古自治区商都牧机厂——中国第一个生产小型风电机组的厂家，开始研制和生产小型风电机组。1984 年，该厂开始批量生产 100 瓦小型风电机组。1986—1998 年，内蒙古自治区政府实施鼓励小型风电机组在本地区应用的补贴政策，补贴资金约为小型风电机组设备费的 1/4，为解决无电地区数十万农牧民家庭用电发挥了重要作用。1982 年 5 月，中国自主设计制造的最大单机容量的 55 千瓦试验性风电机组，在福建平潭岛并网运行。1991 年 12 月，能源部科技项目 200 千瓦试验机组在平潭岛并网发电，其风轮直径 32 米，为变桨距、下风向机组。

1986 年，中国第一个风电场——山东荣成马兰风电场建成，安装了 3 台从丹麦进口的 5 千瓦机组。1989 年 10 月，新疆达坂城风电场通过国际合作项目安装了13台丹麦生产的150千瓦机组，成为当时亚洲最大的风电场。1993年，电力部决定将风力发电作为新的清洁电源，改善电力工业结构，制定风电电量收购和上网电价等政策鼓励发展。1995年5月，电力部在北京举办1995年北京国际风能会议，电力部部长对外宣布中国大规模发展风电的目标。同年8月，新疆达坂城风电场总装机容量超过1万千瓦，电力部在新疆达坂城召开风电建设管理工作座谈会，推广中国首座万千瓦级风电场建设经验，风电规模化发展开始起步。

21世纪初期，中国连续推行了几轮风电特许权示范项目，吸引了许多投资者进入风电领域。2006年颁布实施的《可再生能源法》规定，电网企业应当“全额收购其电网覆盖范围内可再生能源并网发电项目的上网电量，并为可再生能源发电提供上网服务”。为扶持风电设备国产化和规范化发展，国家发展改革委与财政部联合出台了促进风电产业发展的资助计划。科技部将风电纳入“863”“973”等国家重大科技计划，安排了大量课题和资金，用于风电技术研发和设备国产化。乘着这样的东风，中国风电建设突飞猛进，进入了跨越式的发展阶段，风电设备制造产业链快速发展起来。2005年，中国具有自主知识产权的兆瓦级风电机组装机试运行。2006年，中国通过技术引进和消化吸收，额定功率为1500千瓦的风电机组开始批量投产。从技术引进、联合设计到自主开发，中国很快具备了兆瓦级风电机组研制技术，并形成了较为完备的零部件配套产业链，与国外先进技术国家的差距很快缩小，同时也为中国风电产业的规模化发展提供了有力支撑。随着风电技术的进步，中国陆地风电场主流机型已由原来的1500千瓦机型，提升至2000～3000千瓦机型。

2008年3月，国家发展改革委发布《可再生能源发展“十一五”规划》，提出重点建设30个左右10万千瓦以上的大型风电场和5个百万千瓦级风电基地，做好甘肃、内蒙古和苏沪沿海千万千瓦级风电基地的准备和建设工作。2008—2011年，中国陆续完成了甘肃酒泉、新哈密、内蒙古西部、内蒙古东部、河北、吉林、山东、江苏、黑龙江等9个千万千瓦级大型风电基地规划报告。2012年，国家能源局发布《风电发展“十二五”规划》，确认了千万千瓦级风电基地规划。中国风电基地的规划和建设，极大促进了中国风电产业的规模化发展。在巨大市场的拉动下，中国风电设备制造业及相关配套业务迅速成长起来，加速了中国风电产业链的建立和完善，摆脱了对国外技术和产品的依赖，也促进了风电开发成本的快速下降，为中国早日实现风电平价上网创造了有利条件。

中国海上风电取得一系列重大科技成果。截至2021年年底，海上风电装机容量2639万千瓦。2006年10月，首个风电国家特许项目——江苏如东风电场二期工程投产。2010年6月，上海东海大桥100兆瓦海上风电示范项目成功并网发电，实现了中国海上风电领域关键技术与海上风电工程零的突破。在解决了海上风电机组安装、电力传输、机组防腐蚀等技术难题后，海上3兆瓦双馈式风电机组已能小批量应用。

江苏如东30兆瓦潮间带试验风电场

2021年12月25日，我国首个百万千瓦级海上风电项目——三峡集团阳江沙扒海上风电场实现全容量并网发电。三峡集团阳江沙扒海上风电场项目位于广东省阳江市阳西县沙扒镇南面海域，规划总装机容量170万千瓦，总投资约350亿元。项目于2018年11月开工建设，分为5期建设，共安装269台海上风电机组。该项目每年可为粤港澳大湾区提供约47亿千瓦时的清洁电能，可满足约200万户家庭一年用电量，每年可节约标准煤约150万吨、减排二氧化碳约400万吨。阳江风电项目不仅有全球首台抗台风型漂浮式海上风电机组，还创下了国内单体容量最大的海上升压站、国内同等容量下重量最轻的海上升压站等多个“全国之最”。阳江沙扒海上风电场首次应用了抗台风型漂浮式海上风电机组，与传统固定于近海海床上的风电机组相比，漂浮式机组在获取深远海域稳定优质风电资源的同时，不影响近岸渔业及其他相关产业活动。项目的建成投运，促进了海上风电勘察设计、重大装备制造和施工的技术创新，带动了我国海上风电全产业链协同发展，为我国海上风电集中连片规模化开发、向近海深水区和深远海发展提供了宝贵经验。

建设中的三峡集团广东阳江沙扒海上风电项目

与三峡集团阳江沙扒海上风电场投产的同一天，国内首个海上风电柔性直流输电项目——江苏如东海上风电项目实现全容量并网发电目标。江苏如东项目位于江苏省如东县黄沙洋海域，配套建设两座海上升压站、一座海上换流站、一回直流电缆和一座陆上换流站，并建成国内第一座220千伏海上升压站，投运国内第一根220千伏海缆。江苏如东项目是亚洲首个采用柔直输电技术的海上风电项目。如东柔直工程海上换流站由三峡集团联合产业链相关单位，组织科研攻关完成首台套建设，是目前世界容量最大、电压等级最高、体积最大的海上换流站，平面面积近乎一个标准足球场，高度约等于15层居民楼，负责汇集输出三峡如东H6、H10项目（共80万千瓦）以及中广核如东H8项目（30万千瓦）总计110万千瓦容量生产的电能，高压直流输电方式线路损耗小、系统稳定，具有经济性和技术性优势。该换流站主要电气设备均采用国产品牌，填补了国内海洋工程领域多个技术空白。

陆上风电连续多年高歌猛进。2010年11月，甘肃酒泉千万千瓦级风电基地一期工程投运。2011年12月25日，世界上规模最大，集风电、光伏发电、储能、智能输电于一体的新能源综合利用平台——国家风光储输示范工程在河北张北投产，工程一期建成风电10万千瓦、光伏发电4万千瓦、储能2万千瓦。截至2021年年底，中国陆上风电装机容量达3.0亿千瓦，稳居世界第一。

张北国家风光储输示范工程

（二）向太阳要能量

中国从1958年开始对光伏发电技术进行研究。1971年，太阳能电池成功应用于“东方红二号”人造卫星。1973年世界石油危机后，光伏发电技术逐渐从空间向地面应用转移，主要用于边远无电地区。中国也于1973年开始将太阳能电池应用转为地面，在天津港为航标灯供电。在广大的牧区推广户用光伏发电系统。1990年5月，西藏革吉县10千瓦光伏电站建成，这是西藏第一座光伏电站，结束了革吉县没有电的历史，为后来农牧区、贫困边远地区通电积累了经验。

随着《可再生能源法》的实施，光伏发电进入产业化发展阶段，发展模式也逐渐由政府投资主导转变为企业投资开发。2007年，由企业开发建设的位于崇明岛和宁夏回族自治区的4个项目获批4元/（千瓦·时）电价，标志着光伏行业逐步迈入市场化、商业化阶段。此后，中国多晶硅企业不断出现，结束了多晶硅几乎完全依赖进口的历史。2007年，中国太阳能电池产量超越日本，成为全球最大的太阳能电池生产国。2009年起，中国实施了“金太阳”示范工程和光电建筑应用示范项目，光伏发电进入产业化发展阶段。中央财政从可再生能源专项资金中安排一定资金作为补贴，支持光伏发电技术在各类领域的示范应用及关键技术产业化。

为探明合理的光伏发电上网电价，2009年和2010年，中国先后启动了两轮光伏特许权招标项目，在西部太阳能资源丰富地区建成一批并网光伏电站，总规模29万千瓦，推动光伏发电项目开发建设运营、产品研发制造等较快发展。2011年，出台光伏发电标杆上网电价，完善了光伏发电的价格政策，进一步规范了太阳能光伏发电价格管理。这期间，国家还制定发布了“十二五”光伏发电计划，并且不断调高计划指标，最初计划到2015年光伏发电为300万千瓦，最后调到3500万千瓦。这些政策极大地推动了光伏发电的发展。截至2021年年底，中国集中式光伏发电容量2.0亿千瓦，分布式光伏发电容量1.1亿千瓦，光热发电容量57万千瓦，总容量居全球之冠。

国内投入运行的光伏发电典型工程主要有：2006年立项、在北京延庆建设的1兆瓦太阳能高温热发电站示范项目，这是亚洲第一座塔式太阳能热发电站。该项目属于国家“十一五”“863”计划，2011年项目建成投运，每年发电量可达270万千瓦·时。2010年3月，内蒙古5万千瓦槽式太阳能项目获国家批准建设，这是中国首个光热发电特许权招标项目，2011年1月开标，标志着中国光热发电朝商业化迈出了重要一步。2011 年 1 月，青岛哈工高倍聚光太阳能发电站并网发电，是当时国内实际投入并网运行的规模最大的高倍聚光光伏电站，也是当时国内转换效率最高的并网太阳能发电站。2011 年 6 月，新疆吐鲁番 0.18 兆瓦槽式太阳能热发电实验电站成投入运行，所用设备全部为国内生产。2011 年 12 月，世界上首个百万千瓦级光伏电站群——柴达木盆地光伏电站群成功接入电网，成为当时世界上太阳能光伏装机最集中的地区、世界上规模最大的光伏并网系统工程。

2016 年 9 月 13 日，《国家能源局关于建设太阳能热发电示范项目的通知》发布，包括中广核德令哈 5 万千瓦槽式项目、浙江中控德令哈 5 万千瓦塔式项目等在内的共 20 个项目入选首批太阳能热发电示范项目名单，总装机容量 134.9 万千瓦。这些获批项目包含了目前世界上太阳能热发电四种主流技术路线中的三种，包括塔式 9 个、槽式 7 个、菲涅尔式 4 个，这些示范项目将验证各种技术路线的可行性。

德令哈光热产业园区位于青海省德令哈市西行 10 千米，处于柴达木盆地东北边缘海拔 3000 米以上的一片宽阔戈壁滩上。这里常年干旱少雨，气候干燥寒冷，是发展光热发电产业的理想区域。

中广核德令哈 5 万千瓦槽式光热项目于 2014 年正式启动。项目采用槽式抛物面集热发电技术，占地面积 2.46 平方千米，装机容量 5 万千瓦，投资 17 亿元人民币，上网电价 1.15 元 /（千瓦・时）。以投产后发电量换算，每年

青海境内的光伏电站

可节约6万吨标准煤，相当于造林4200亩。2018年6月30日，国内首个大型商业化槽式光热电站——中广核德令哈5万千瓦光热项目一次带电并网成功，10月10日投入商业运行，填补了中国大规模槽式光热发电技术的空白，使中国成为世界上第八个拥有大规模光热电站的国家。

与此同时，青海德令哈5万千瓦塔式光热项目也于2017年3月15日开工建设。项目占地面积2.47平方千米，装机规模5万千瓦，吸热塔高度达200米，可以实现连续、稳定、可调度的电力输出。设计年发电量1.46亿千瓦·时，年利用小时数2720小时，与同等规模的火电厂相比，每年可节约标准煤4.6万吨，减排二氧化碳12.1万吨，且电力输出稳定、调节性能优良。2019年4月17日，实现满负荷发电，各主要技术指标均优于设计值。该项目具有完全自主知识产权、设备国产化率超95%，高倍规模化聚光吸热技术等核心技术、核心设备、工程设计、施工安装均由中国自主完成，验证了中国自主开发的塔式光热发电技术，为中国规模化发展光热发电提供了重要技术支撑。

2018年12月，甘肃敦煌建成中国首座10万千瓦级熔盐塔式光热电站。这座“超级镜子发电站”，占地7.8平方千米。厂区内1.2万余面定日镜以同心圆状围绕着260米高的吸热塔，镜场总反射面积达140多万平方米。每当阳光洒

甘肃敦煌熔盐塔式10万千瓦光热电站

向大地，定日镜就会将万束光线反射集中到吸热塔顶部，对熔盐进行加热，其中一部分热熔盐进入蒸汽发生器系统产生过热蒸汽，驱动汽轮发电机组发电，一部分热量存储在熔盐罐中，为日落后满负荷发电积蓄能量。电站通过聚光吸热、储能换热等环节将太阳能转化为电能向电网送电。白天，电站吸热塔顶部形成的璀璨光点在数十千米外清晰可见，已成为敦煌光电产业园区的标志性建筑之一。在全球已经建成的塔式光热电站中，敦煌10万千瓦熔盐塔式光热电站聚光规模最大、吸热塔高度最高、储热罐容量最大，可连续24小时发电，堪称世界之最。它的建成，意味着中国光热发电企业已经掌握了大规模熔盐塔式光热电站的核心技术，具备了走出国门、进军国际光热发电市场的能力。

2013年7月4日，《国务院关于促进光伏产业健康发展的若干意见》发布后，各省纷纷实施各种鼓励政策，如浙江省“百万家庭屋顶光伏工程”，江西省“万家屋顶”，山东省“千万屋顶”。浙江省在户用光伏领域形成了“嘉兴模式”“杭州模式”，推进了户用光伏进入寻常百姓家。2016年9月，浙江省政府在全省部署开展“推进百万家庭屋顶光伏工程”。《浙江省人民政府办公厅关于推进浙江省百万家庭屋顶光伏工程建设的实施意见》提出，2016—2020年，全省建设家庭屋顶光伏装置100万户以上，总装机规模300万千瓦左右。

2021年年底，英国剑桥大学与美国哈佛大学肯尼迪学院贝尔弗科学与国际事务中心发布了一份新报告，名为《伟大的竞争：21世纪的中国与美国的较量》。该报告对过去20年以来中美两国之间的科技竞争进行了分析与预测。其中，报告对中国的清洁能源有如下一段表述：“中国已经成为可再生能源发电设备的主要生产国。2000年，中国生产的太阳能电池板仅占全球产量的1%，而今，全球70%的太阳能电池板由中国供应。相比之下，美国的份额从2000年的30%降至如今的不到1%，这是一个惊人的逆转。全球10大风力涡轮机生产商中有4家是中国企业，它们控制着40%的全球市场，而美国的市场份额仅为12%。”

四、从“绿电7日”到“绿电百日”

青海是黄河、长江和澜沧江源头，水电资源丰富且太阳能资源得天独厚，是国家重要的区域能源接续基地。截至2020年4月底，青海水电、太阳能、风电装机规模达到2801万千瓦，占全省总装机规模的87.7%。其中，新能源装机达到 1609 万千瓦，占比达到 50.4%，是全国新能源装机占比最高的省份。这种电源结构为国家电网公司尝试以全部清洁能源供电创造了条件。

2017 至 2020 年，国家电网公司连续四年在青海实施“绿电 7 日”“绿电 9 日”“绿电 15 日”“绿电百日”全清洁能源供电实践，屡次刷新并保持着全清洁能源供电的世界纪录。绿电实践已成为青海清洁能源转型发展的“金色名片”。

2017 年 6 月 17 日零时至 24 日零时，青海省首次连续 168 小时以清洁能源向省内供电。所供电力全部为省内水能、风能和太阳能发电，即“绿色能源”，不足部分则购进省外新能源电量予以补充。这个特别的供电行动称为“绿电 7 日”。据青海省电力公司调度控制中心统计，2017 年 6 月全清洁能源供电期间，水电供电量 8.52 亿千瓦・时，占全部用电量的 72.3%；光伏和风力发电等用电量 3.26 亿千瓦・时，占 27.7%。电网最大用电负荷 736 万千瓦，全省用电量达到 11.78 亿千瓦・时。由此换算，“绿电 7 日”合计减少燃煤 53.5 万吨，减排二氧化碳 96.4 万吨。电力用户反映，“绿电 7 日”期间用电与往常一样平稳。

青海“绿电 7 日”在全国首开全清洁能源供电之先河。此前，国际上也仅有葡萄牙电网于 2016 年 5 月 7—11 日实现了 107 小时完全靠可再生能源供电的先例。相比较而言，青海电网此次全清洁能源供电具有供电时间更长、光伏发电比例更高、供电难度更大的特点。

进入 2018 年，青海省清洁能源发电设备占比进一步提高。截至当年 5 月 31 日，已超过青海电网总装机容量的 85%。为此，从 2018 年 6 月 20 日零时至 28 日 24 时，青海省再次开展全清洁能源连续供电，并且把供电时长成功延伸至 9 天。“绿电 9 日”的特点是利用市场化手段和机制创新实现新能源最大化消纳。活动期间，青海省尽力实现风电、光伏发电省内消纳，同时努力加大水电跨省交易力度，有效扩大了新能源消纳空间。根据青海电力交易中心提供的数据，“绿电 9 日”期间，青海省水电跨省交易电量达到 1.99 亿千瓦・时，约占全省发电量的十分之一。“绿电 9 日”期间，青海两台 13.5 万千瓦火电机组转为停备调峰状态。

2019 年 6 月，在第二十届“中国・青海绿色发展投资贸易洽谈会”期间，国家电网公司进一步策划实施了青海电网连续 15 天全清洁能源供电。与之前的“绿电 7 日”“绿电 9 日”相比，这次“绿电 15 日”依托的省内电网规模进一步扩大，配置能力更强，新能源主要断面送出能力由160万千瓦提升至240万千瓦，同比提高了50%。“绿电15日”期间，电网保持安全稳定运行，再次改写了全清洁能源供电的世界纪录。

“绿电15日”期间，青海电网最大用电负荷847万千瓦，全省用电量28.39亿千瓦·时。累计发电量39.78亿千瓦·时，其中水电、光伏、风电、火电发电量分别为29.23亿千瓦·时、6.43亿千瓦·时、3.41亿千瓦·时、0.71亿千瓦·时。火力发电全部以市场化手段送出省外。省内清洁能源累计供电量28.39亿千瓦·时，相当于减少燃煤129万吨，减排二氧化碳232万吨。清洁能源除满足省内供电外，还外送山东、河南、陕西、上海等8个省（区、市），外送电量达10.68亿千瓦·时。国家电网公司调度中心、西北网调、青海省调三级联动，北京、青海两级电力交易公司协调运作，深度运用智能电网调控平台、全国统一电力市场交易两级平台和青海能源大数据平台，有效调动源网荷储各方合力，通过技术、机制、模式创新，引导电源侧、负荷侧和电网侧更广泛参与调峰实践，将绿色发展成果延伸到供给侧和需求侧，实现了良好的生态效益、经济效益和社会效益。与此同时，国网青海省电力公司还发布了“绿电指数”。“绿电指数”概念的提出，旨在构建一个能够综合反映清洁能源开发利用水平，涵盖电源点建设、电力生产、传输、消费全过程的指标计算体系，主要着眼于解决“绿电”行动单一追求时间轴延长，不能全面反映清洁能源发展状况的不足，可为青海清洁能源可持续发展提供重要参考，对全国能源转型意义重大。

自2020年5月9日0时至8月16日24时，国家电网连续100天对青海“三江源”地区16个县和1个镇全部使用清洁能源供电。其间，该地区所有用电均来自水、太阳能、风力发电产生的清洁能源，实现用电“0”排放。此次绿电百日实践广泛深度应用“大云物移智链”现代信息技术，将先进的通信技术、控制技术与能源技术深度融合应用，开发应用智能调度、大数据、市场交易、“网上国网”、国网电商等五大平台，精准支撑能源电力清洁低碳转型和多元主体灵活便捷接入，推动建设具有泛在互联、多能互补、智能开放特征的智慧能源系统，为绿电活动提供精准支撑，实现客户体验可知、数据精准可溯、成效透明可视。

第五节　核电，能源的和平使者

1955年1月15日，毛泽东主席主持召开中共中央书记处扩大会议，作出中国要发展原子能事业的战略决策。毛泽东在会上指出："这件事总是要抓的。现在到时候了，该抓了。只要排上日程，认真抓一下，一定可以搞起来。现在苏联对我们援助，我们一定要搞好，我们自己干，也一定能干好。"着手开展原子能技术研究的同时，党和国家就将发展原子能发电作为燃料动力和电力发展的一项重要任务。

一、中国核电发展路线图

1956年7月，国务院成立原子能事业部。同年制定的《1956—1967年科学技术发展远景规划纲要（修正草案）》（简称《纲要》）提出："须由国家给以最大的注意，优先保证它们的发展……在人力和物力上都必须优先予以保证"的科学研究重点的第一项，就是"原子能和平利用"。《纲要》还明确提出了"中国必须在短时间内，掌握原子能动力新技术并进一步研究如何提高它的经济性"。《纲要》的57项重要科学技术任务中，第20项"全国能源的合理利用和动力技术的研究"中，提出"在原子能动力方面，主要是选择动力反应堆类型，并研究相应的传热介质、传热系统和热力系统等。此外，还须研究原子能动力中远距离操纵、安全装置，燃料棒等的取出、清理和重制，各种设备的设计制造等问题”。第 36 项“原子能和平利用”中，提出“尽速建立铀、钍和重水提炼工业，研究和掌握各种反应堆的设计，进行有关热核反应控制的研究，并要求在 12 年内能够着手自建中型的原子能发电站和试验性的用于交通工具的动力堆”。中国核电事业从此起步。

在中共中央的决策下，中国计划在苏联援助下建设一座采用苏联技术的石墨水冷堆核电站。该计划被列为 1958 年第一号工程，即“581”工程。1958 年，国家计委、国家经委、水电部、机械部、高教部和中国科学院联合组成了原子能工程领导小组，热工组负责核电工程可行性调研，电工组负责可控热核反应研究的组织工作。1958 年 10 月，经上海市、中科院、二机部等单位批准，设立了中科院上海理化研究所，开展核能应用的研究工作。清华大学、电力科学研究院、北京电力学院等单位就核电开发、设计等进行研究工作，并着手培养和储备核电发展的人才。随着形势变化，中央决定集中力量发展“两弹一星”，“581”工程被迫停止。中苏关系破裂后，中国走上了完全独立自主发展原子能事业的道路。1962 年 11 月，中央专门委员会成立，加强对原子能工业生产、建设和核武器研究、试验等的领导。

1964 年 10 月、1967 年 6 月，中国先后实现了原子弹、氢弹的爆炸成功，1970 年中国首艘核潜艇和第一座军用反应堆研制成功。中国独立自主发展核工业取得的重大进展，为核电发展打下了基础。1970 年前后，中共中央批准北京市与清华大学建设一座 5 万千瓦的熔盐增殖堆核电站，这是中国第二个核电计划，即“820”工程。后因前期研发不到位，材料、技术和工艺不成熟等原因，“820”工程被迫停止。与此同时，二机部提出与水电部合作在陕南秦岭地区建设一座 30 万千瓦的英国式气冷堆核电厂，代号为“830”工程。两部组成筹建处开展了选址和调研工作。由于国际上气冷堆核电厂被淘汰，“830”工程也随之夭折。1970 年，在周恩来的推动下，“728”工程启动。“728”工程以核潜艇压水堆技术为基础，以在华东地区建设核电站为主要目标。在自主研发核电技术的同时，随着国际形势和对外经贸关系的变化，1972 年年底，由电力、机械和核工业等部门组成的考察团，对包括日本在内的五个已经建设核电站的国家进行考察，以进一步了解世界大型发电机组和核电的发展状况。

《1978—1985 年全国科学技术发展规划纲要（草案）》中将“建设原子能

电站”作为“能源科学技术”的一项任务，被列为8个“影响全局的综合性科学技术领域、重大新兴技术领域和带头学科”之一，“要求集中力量，做出突出成绩”。在这份纲要的重点科学技术研究项目中，明确提出了由二机部、水电部、一机部、冶金部共同负责“研究发展核动力堆技术，加速原子能电站建设”。在广泛调研的基础上，水电部制定了《1977—1986年电力科学技术发展规划纲要》，明确提出发展新能源，建设核电站的方向。1978年2月召开的五届人大一次会议上，国务院总理华国锋所作的《政府工作报告》中正式提出，要在华东、东北各建设两座2×90万千瓦的核电站。

1979年10月，国防科委向叶剑英副主席并中央专门委员会呈送了《关于发展核电站问题的请示报告》，提出了中国核电应怎样起步、制定中国核电发展规划等问题。1980年1月，中共中央批转《中央科学研究协调委员会会议纪要》，指出，核电站的研究应加强，和平利用原子能问题应由二机部统一归口，组织协调。1981年3月，在张爱萍的主持下，国防科委与二机部联合提出了“核工业应在保证军用的前提下，把重点转移到为国民经济服务上来”的发展方针。经中共中央和邓小平批准，中国核工业由“为军服务”向“保军转民”转型。1982年，二机部改名为核工业部。当年10月，五届人大五次会议批准的“六五”计划将“建设30万千瓦核电站”“研制30万千瓦核电站设备”列入其中。

1983年1月，国家科委和国家计委联合在北京召开“核能发展技术政策论证会”，即回龙观会议。与会的70多个单位100多名代表开展了热烈讨论。会后，国家科委、国家计委向国务院提交了《核能发展技术政策要点》，提出了中国核电发展走压水堆技术路线，主要采用百万千瓦大型压水堆核电机组技术。发展核电引进技术要实行“技贸结合”，成套引进与自主研发相结合的技术发展途径。依托中国自身的技术条件和物质基础，通过技术引进到20世纪末逐步建立起完整的核能工业体系。1983年3月，国务院常务会议研究发展核电站问题。关于核电站发展的技术政策，会议采纳了回龙观会议的结论。这次会议确定了中国核电发展的政策技术路线，在核电事业发展中具有重要的里程碑意义。

在核电发展方针确定的同时，中国高起点、高标准地建立了一套核电发展的技术标准和安全监管的法规体系。1984年1月，中国正式加入了国际原子能机构。在核安全监管工作方面，中国决定整套引进国际原子能机构颁布的关于核电厂设计、建造、运行等方面的核安全法规、导则、标准和实用范例。中国的核电安全监管从一开始就有一个与国际接轨的核安全监管的文件体系。在此基础上，中国陆续颁布了关于核电安全方面的法规、条例和导则等文件，使得中国从核电起步阶段就有了高水平的核安全监管保证。1984年10月，成立了由国家科委代管的国家核安全局，独立客观地进行民用核设施核安全监督。

核电站设备吊装

山东海阳核电厂钢制安全壳底封头吊装

1983年6月，中国大陆地区首座核电站浙江秦山核电站正式开工建设。1987年自主建设的秦山二期2×60万千瓦压水堆核电站正式立项。1986年8月，广东大亚湾核电站开工建设。秦山核电站、大亚湾核电站的相继开工建设，揭开了中国核电建设的序幕。

能源部成立后，确定了中国第一部核电发展规划，并启动了全国范围的核电厂选址工作。在辽宁、浙江、江苏、山东、福建、广东、江西等省区普选出了共22个核电厂址，可满足近5000万~6000万千瓦装机规模的需要。在这些厂址中，得到核电厂厂址评审组评审通过、被规划选用的有8个，约3000万千瓦。能源部还组织有关部门对广东阳江和浙江三门核电厂的初步可行性研究报告进行评审，并对大亚湾和秦山核电站建设中的问题进行协调。到1996年年底，已完成初步可行性研究报告的项目共有7个，即福建核电厂、浙江三门核电厂、山东海阳核电厂、江西核电厂、江苏核电厂、辽宁核电厂和广东阳江核电厂。

1992年，国务院颁布《国家中长期科学技术发展纲领》，明确提出了“研究开发大型先进的核能技术和核安全技术”。《中华人民共和国科学技术发展十年规划和“八五”计划纲要（1991—2000）》明确提出，在“新一代能源技术”中要“完成混合堆堆芯装置的初步设计”。1998年2月，国家经贸委和国家计委联合发布的“九五国家重大技术装备研制和国产化工作的规划方案”，选择了10项急需研制的重大成套设备和重大关键设备，确定为“九五”重大技术装备国产化研制项目，列入“九五”国家重大技术装备研制和国产化规划，其中就包括了大型压水堆核电站成套设备。核电成套技术装备国产化被明确为优先发展的重点。

从2003年起，国务院采取了一系列措施，部署、推动中国核电加快发展。2003年10月，国务院成立核电自主化领导小组，统一研究决定核电发展的重大问题。2004年3月，国务院同意启动秦山核电二期扩建和岭澳核电二期工程项目，同时决定抓紧开展三代核电技术的对外合作谈判。2005年10月，根据《中共中央关于制定国民经济和社会发展第十一个五年规划的建议》，中国核电的发展方针由“适度发展”转变为“积极发展”。2006年3月22日，国务院常务会议审议并原则通过了《核电中长期发展规划（2005—2020年）》，这是中国政府第一次正式发布核电发展规划。

继广东大亚湾、岭澳、阳江，浙江秦山二期、三期、三门，福建宁德，江苏田湾，海南昌江等多个核电厂投产后，中国核电开始向第三代和第四代迈进。截至2021年年底，中国核电装机容量5326万千瓦。

二、“728工程”，国之光荣

1970年，上海市电力供应不足问题引起中央领导关注。当年2月初，在听取上海市关于缺电导致工厂停工减产情况的汇报后，周恩来总理提出在国内要搞核电站，要靠发展核电解决上海用电问题。同年2月8日，上海市传达周恩来总理关于研制核电站的指示精神，正式启动核电站筹备工作，代号“728”工程。同年8月，成立了上海市“728”工程处，指定华东电管局为该项工程筹建单位，负责工程可行性研究及勘探选址等前期工作。同年11月，上海市“728”工程处完成了2.5万千瓦熔盐试验堆的技术方案。12月，二机部向周恩来总理呈报了《关于核动力电站情况的报告》。

1970年11月，周恩来总理主持中央专门委员会听取有关“728”工程的情况汇报。周恩来总理提出，二机部不能只是“爆炸部”，除了搞核弹外，还要搞核电站。周恩来总理在这次会议上明确了中国发展核电站的方针是："安全、适用、经济、自力更生"。

1971年9月，周恩来总理主持中央专门委员会会议，听取"728"工程方案汇报。会上，主张熔盐堆和压水堆的双方发生了激烈的争论。周恩来总理在详细询问了有关设计方案、数据后，指出："'728'工程计划要把材料、设备问题考虑进去，要把扩建的工厂、新建的工区，放在工程计划内提出来，通过这个工程带动其他工业发展。这项试验工程要搞好、搞成，要实事求是，时间不要太急，稍微迟一些中央不会责怪你们，重要的是要搞好。"会议原则批准了"728"工程方案。1972年，"728"工程正式归口二机部管理。同年10月，上海市、二机部联名向国务院提交《关于七二八核电站工程建设方案的报告》及《七二八核电站工程设计任务书》，将原计划2.5万千瓦实验性熔盐堆核电站，建议改为30万千瓦压水堆，投资5.4亿元人民币，厂址选在浙江富阳，并计划于1979年建成。1972年11月9日，周恩来总理批复同意"728"核电站工程建设方案。

1973年4月，国务院批准，将上海市物理研究所和原子核所合并，定名为上海原子核研究所。明确上海原子核研究所作为"728"工程的研究、设计、试验基地。1973年，"728"工程开始在上海郊区、浙江、江苏选勘厂址。1974年3月，周恩来总理听取"728"核电站工程技术情况汇报，审查30万千瓦压水堆核电站原则方案。周恩来总理提出"加快工程建设速度，希望能在建国30周年时建成。严格采取安全措施，以适应战备和确保安全，防止污染环境。认真总结经验，精心设计，精心施工，通过工程建设，培养和锻炼队伍。"周恩来总理特别强调："核电站的设计建设，必须绝对安全可靠，特别是对放射性废水、废气、废物的处理，必须从长远考虑。一定要以不污染国土、不危害人民为原则。对这项工程来说，掌握核电技术的目的大于发电。"他还指示有关部门一定要选派优秀设计人员支援该项工程建设，以此锻炼一支又红又专的技术队伍。周恩来总理确定的核电建设的方针，对核电建设的多次指示、批示与重要谈话，为中国核电开发确定了基本原则，为核电健康发展指明了方向。

1974年，"728"工程开始核电站设计。上海核工程研究设计院、上海原子核研究所、二机部第一及第二研究设计院等30多家单位约600余人组成"728"工程设计队。全体工程技术人员与全国100多个单位科技人员经过8年攻关，完成30个专业420多项重大科研项目。在6个承担设计任务的设计单位中，上海核工程研究设计院作为总体设计院，在参考美国西屋公司有关资料基础上，自主研发秦山核电站设计方案。在工程设计上，吸取国外较成熟的压水堆技术和建造运行经验，核反应堆采用国际上成熟的压水型反应堆，属原型示范压水堆核电站。整个动力装置由压水型反应堆、一回路系统和二回路系统3个主要部分组成。

1978年，中央决定引进法国核电技术和机组后，由于核电发展的技术路线方面尚未明确，对“728”工程是否应该上马产生了争议。1981年11月，国务院再次批准了“728”工程。考虑到核工业系统具有核技术和人才的优势，在“军转民”任务的推动下，“728”工程的设计和建设任务，由上海市转移到核工业部。对此，1982年12月17日，陈云同志在国家计委关于国内搞核电站的情况报告上批示：“不管广东核电站谈成谈不成，自己必须搞自己的核电站。再也不要三心二意了。”邓小平、陈云等中央领导最终决策，核电要搞两条腿走路，引进技术和中外合作搞核电的同时，坚持自主搞核电站。1982年12月，国务院常务会议研究决定，通过技贸结合方式引进外国技术建设广东核电的同时，国内自制的30万千瓦机组要继续搞下去。这对培养人才，掌握核电技术等方面都有好处。

1982年11月，“728”工程确定选址在浙江省海盐县秦山镇。1982年12月，核工业部命名30万千瓦核电站为“核工业部秦山核电厂”。“728”工程也更名为“秦山核电工程”。1983年，秦山核电一期立项，同年6月，工程正式开工。1984年2月，国家计委等部委批复，原则同意核工业部对秦山核电一期

秦山核电站一期30万千瓦核电机组

的初步设计的预审意见。1985 年 3 月 20 日，核岛主厂房底板浇筑第一罐混凝土，秦山核电一期主体工程开工。1985 年 7 月，电站主厂房进入全面施工。1988 年 9 月，反应堆压力容器顺利吊装成功，进入设备全面安装调试阶段。1991 年 12 月 15 日，秦山核电一期并网发电，1994 年 4 月 1 日投入商业运行。

秦山核电一期工程建成投产，结束了中国大陆地区无核电的历史。秦山核电站一期是中国人依靠自己的技术和能力自主设计、自主建设的核电站，是几代人白手起家、从无到有取得的成就，是新中国核工业和电力工业发展、综合国力增强的重要体现。秦山核电一期被誉为“国之光荣”。

三、“华龙一号”，中国核电走向世界的“国家名片”

20 世纪 90 年代，美国电力研究所和欧洲几家电力公司先后发表先进轻水堆用户要求文件（URD）与欧洲用户要求文件（EUR）。这些文件进一步明确了防范与缓解严重事故、提高安全可靠性和改善人因工程等方面的要求。此后，通常把安全性指标达到 URD、EUR 要求的核电站称为第三代（GEN-Ⅲ）核电站。第三代核电站采用标准化、最佳化设计和安全性更高的非能动安全系统，如欧洲压水堆（EPR）、美国西屋公司的 AP1000，以及中国中核集团的 ACP1000 和中广核集团的 ACPR1000+ 等。

ACP1000 是中核集团自主研发的三代压水堆核电品牌，具有完整自主知识产权。中核集团在自主设计、建设秦山核电站 CNP300 及秦山二期核电站 CNP600 的成功经验基础上，自主研发百万千瓦级 ACP1000 技术。

ACPR1000+ 是中广核集团公司在引进、消化、吸收国外压水堆技术基础上，充分考虑中国装备制造业的现实基础，按照最新安全标准《核动力厂设计安全规定》（HAF102）的要求和 URD、EUR 的相关要求，同时借鉴日本福岛核事故的经验反馈和 AP1000、EPR 等先进设计理念，自主创新研发的三代核电品牌。该型号采用单堆布置、双层安全壳、三个安全系列、157 组燃料组件，自主产权数字化仪控系统（DCS）——和睦系统，能动与非能动结合，具有先进、经济、成熟、可靠的三代核电技术特点。

为满足中国核电“走出去”战略和自身发展需要，2013 年 4 月 25 日，国家能源局主持召开自主创新三代核电技术合作协调会。中广核和中核同意在前期两集团分别研发的 ACPR1000+ 和 ACP1000 的基础上，联合开发“华龙一

·| AP1000 核电厂整体布置

号”。同年 9 月 5 日，中核集团与中广核集团正式签署《华龙一号技术合作协议》。

2014 年 8 月 21—22 日，国家能源局、国家核安全局联合召开“华龙一号”方案审查会。专家组认为，“华龙一号”成熟性、安全性和经济性可满足三代核电技术要求，设计技术、设备制造和运行维护技术等领域的核心技术具有自主知识产权，是目前国内可以自主出口的核电机型，建议尽快启动示范工程。会后两集团签署了《关于自主三代百万千瓦核电技术“华龙一号”技术融合的协议》。

2015 年 5 月 7 日，中国自主三代核电技术“华龙一号”首堆示范工程——中核集团福清核电站 5 号机组正式开工建设。同年 12 月 24 日，中广核集团防城港核电站 3 号机组浇筑第一罐混凝土，标志着防城港核电二期工程正式开工建设。两个示范工程相继开工，表明中国由此成为继美国、法国、俄罗斯之后又一个具有独立自主发展三代核电技术的国家，是中国核电建设迈进新时代的重要标志，对于增强国际市场对于中国核电技术的信心，推进核电“走出去”战略具有重大意义。

中国核工业集团公司和中国广核集团公司研发的百万千瓦级压水堆核电技术“华龙一号”，是总结、传承中国 30 余年核电科研、设计、制造、建设和运行经验，并汲取国外核事故经验反馈基础上，按照中国和世界最新安全要求研发的具有完整自主知识产权，安全指标和技术性能均达到国际三代核电技术水平的百万千瓦级压水堆核电技术。其研发和成型，走过了一条从技术引进到自主创新，从国内建造到出口国外、走向世界的发展之路。

在 2017 年 5 月 25 日，福清核电站 5 号机组穹顶吊装成功后，中共中央政治局常委、国务院总理李克强专门作出重要批示：我国自主研发的三代核电“华龙一号”是推进实施中国制造 2025 的标志性工程。2021 年 1 月 30 日，5 号机组投入商业运行。福清核电站“华龙一号”示范项目设计寿命为 60 年，反应堆采用 177 堆芯设计，堆芯采用 18 个月换料，电厂可利用率高达 90% 以上，创新性采用“能动和非能动”相结合的安全系统、双层安全壳等技术，在安全性上完全满足目前国际最高安全标准要求，实现了先进性和成熟性的统

“华龙一号”全球首堆福清项目核电蒸发器

一、安全性和经济性的平衡、能动和非能动的结合，是当前核电市场上接受度最高的三代核电机型之一。

防城港核电站位于广西壮族自治区防城港市港口区光坡镇红沙村，是中国西部地区建成的第一座核电站，国家西部大开发2010年开工的23个重点项目之一。电站一期工程规划建设两台单机容量为108万千瓦的CPR1000压水堆核电机组，于2010年7月30日开工建设，2016年1月和10月先后投入商业运行。二期工程（3、4号机组）采用单机容量为118万千瓦的“华龙一号”技术，并作为中广核将要主导建设的英国新建核电项目布拉德韦尔B项目的参考电站。

“华龙一号”开始走出国门。按照中巴两国政府间签署的有关合作文件和商业文件，在核能合作项目中，中核集团将向巴基斯坦输出5台“华龙一号”核电机组，预计投资150亿美元。

2016年9月29日，中广核与法电集团（EDF）、英国政府共同签署了英国新建核电项目一揽子合作协议。确定中广核参股投资英国欣克利角C（HPC）和赛兹韦尔C（SZC）项目，控股投资布拉德维尔B（BRB）项目。其中布拉德韦尔B项目拟采用中国自主三代核电技术“华龙一号”。这是中国核电企业首次进入西方发达国家。作为中国在英国和欧洲最大的投资项目，对英国核电领域的这次投资和技术出口，意味着中国企业已经具备了与国际核电巨头同台竞技的实力，有利于提高中国国有企业的影响力，是中国从“核电大国”向“核电强国”转变、从核电技术输入国向输出国转变、从“中国制造”走向“中国创造”的重要象征。

其实，在“华龙一号”全球首堆——福清核电5号机组投入商业运行之前，中国在和平利用核电方面，已经取得多项技术突破。比较有影响的项目主要是中国实验快堆和“国和一号”。

快中子反应堆是世界上第四代先进核能系统的主力堆型，代表了第四代核能系统的发展方向。1987年，快堆项目纳入国家“863”计划，1995年12月，中国实验快堆项目正式立项。2011年7月21日，位于北京西南郊的中国实验快堆成功实现与华北电网并网发电。

“国和一号”项目是在消化、吸收、全面掌握以非能动技术为标志的第三代核电 AP1000 技术的基础上，通过再创新形成的具有自主知识产权、更大功率的非能动大型先进压水堆核电厂示范工程。项目采用完全非能动的设计理念，符合国际最高安全标准，其安全性、经济性、环境友好性等方面处于世界领先水平。示范工程借鉴了日本福岛核事故后的国内外技术创新和安全政策，在厂址选择上具有较大的安全裕量（包括防外部水淹），同时在非能动理念基础上进一步延伸了其事故缓解能力，能够有效应对地震、飓风、大飞机撞击、全厂失去外电源等极端事件和极端事故情况。发生极端事件后，堆芯冷却系统借助重力、压缩气体、自然循环以及对流等驱动力带走堆芯余热，防止堆芯融化，实现冷却，事故条件下 72 小时不需人员干预和场外支援，可靠性高。

“国和一号”示范工程厂址位于山东省威海市所辖荣成市南偏东 23 千米处。项目一期规划建设两台“国和一号”压水堆核电机组，机组单机发电功率 153.4 万千瓦，设计寿命 60 年。“国和一号”在经济性上，具有明显竞争优势。关键设备、关键材料全部实现自主化设计和国产化制造，设备整体国产化率达到 90% 以上，批量化后工程造价还能再降低 20% 左右，具有国际竞争力。“国和一号”在创新性上也取得多项成果。截至 2019 年 12 月，压水堆重大专项累计形成知识产权成果 6149 项，获得国家授权专利 1112 项，其中，发明专利 643 项，技术秘密 767 项，软件著作权 305 项，各类标准 409 项。2016 年，“国和一号”通过中国专利保护学会专家评审，为中国三代先进核电技术的规模化、批量化发展与“走出去”提供了有力保障。

四、四代核能全球首堆

2021 年 12 月 20 日，国家科技重大专项——华能石岛湾高温气冷堆核电站示范工程 1 号反应堆首次并网成功，标志着全球首座具有第四代先进核能系统特征的球床模块式高温气冷堆，实现了从“实验室”到“工程应用”质的飞跃，标志着我国成为世界少数几个掌握第四代核能技术的国家之一，同时也意味着在该领域我国成为世界核电技术的领跑者。作为我国自主设计、建造、调试和运营的新一代核电项目，高温气冷堆核电站示范工程由中国华能联合清华大学、中核集团共同建设，装机容量 20 万千瓦。2006 年，与探月工程、北斗导航一并被列入十六个国家科技重大专项，于 2012 年底在山东荣成开工建设，前后历时十年左右时间。

相比于压水堆，高温气冷堆是一个新生事物。在人类核电历史上，压水堆（加压水慢化冷却反应堆）一直是主流。以加压的、未发生沸腾的轻水（即普通水）作为慢化剂和冷却剂的反应堆，是核电站应用最广泛、容量较大的堆型，目前占到核电各类反应堆堆型的60%。然而，在核技术蓬勃发展的年代，美国三里岛和苏联切尔诺贝利核电厂事故，给全球核电发展笼罩了阴霾。"熔堆"成为压水堆挥之不去的噩梦。虽然核反应堆的发电逻辑与锅炉类似，但是核反应堆不同于传统的锅炉。通常，燃煤燃气熄火后，就不会再产生热量。而核反应堆不同，它停堆后还会继续由于衰变反应而产生热量。只有把衰变反应的热量能够顺利带出堆芯，反应堆才不会发生堆芯熔化、放射性外泄的严重事故。

因此，发展具有固有安全的反应堆技术，成为各个堆型一直追求的发展目标之一。在20世纪50年代起步的高温气冷堆，具有固有安全特征，成为发展的主要方向。高温气冷堆具有独特的安全性，有"永不熔堆的反应堆"之称。良好的固有安全性也是第四代反应堆的特征之一。高温气冷堆其核燃料元件是耐高温全陶瓷包覆颗粒球形核燃料元件，也可以叫作燃料球。在石岛湾高温气冷堆示范电站，燃料球直径6厘米，最外层是石墨层，里面是弥散在基体石墨粉中的大约12000个四层全陶瓷材料包覆的、直径约0.9毫米的核燃料颗粒。实验表明，这种燃料球在1620摄氏度高温条件下，仍能够保持完好并有效地阻挡放射性的泄漏。而且，由于良好的温度负反馈性，即便遇到极限事故，反应堆的堆内温度也不可能达到1620摄氏度的高温限值。此外，除了燃料球的保障，高温气冷堆在设计理念上采用模块式设计。相比大型压水堆，高温气冷堆每一个小模块都可以采用很低的功率密度（约为大型压水堆核电站的1/30）。因此，反应堆停堆后产生的余热处于较低水平，意味着发生任何意外时，即使不进行人为干预，反应堆也能自动停堆并将余热安全地散发出去，避免堆芯熔化。

我国的高温气冷堆研究开始于20世纪70年代中期。"863"计划中高温气冷堆被列为能源领域的一个研究专题，设立了设计研究、燃料元件研究、钍–铀循环燃料后处理研究、石墨堆体性能研究、氦技术及氦关键设备研究、压力容器、球床流动特性和燃料装卸系统技术研究、结构材料使用性能研究等8个研究方向。2003年1月，10兆瓦高温气冷实验堆实现满功率调试运行和验证试验。

经过20年的不懈努力，从基础研究到试验堆，再到示范工程，我国在高温气冷堆的自主设计和建造方面，形成了独立自主的知识产权。研究和开发了关键的技术和设备，例如燃料装卸系统、氦风机、控制棒驱动机构等；完成了大型部件的国产化制造，例如压力容器、直流蒸汽发生器、金属堆内构件、石墨堆内构件等；建立了燃料元件的生产线，在国内生产了2万多个陶瓷包覆颗粒球形燃料元件；研究和开发了全数字化反应堆保护系统。

高温气冷堆核电站示范工程先后攻克了核电领域多项世界性、行业性“卡脖子”关键技术，使设备国产化率达到93.4%，仅首次使用的设备就有2200多台（套），创新型设备600余个，其中包括全球首台高温气冷堆螺旋盘管式直流蒸汽发生器等，并初步搭建起我国自主创新的第四代高温气冷堆核电标准体系和知识产权保护体系，有助于推动我国在第四代先进核能技术领域抢占世界“高地”。

五、核能供热的北南示范

山东海阳成为中国首座核能供热的城市。2021年11月9日，国家电力投资集团“暖核一号”——国家能源核能供热商用示范工程二期450万平方米项目在山东海阳投运，供暖面积覆盖海阳全城区，惠及20万居民，海阳成为全国首个“零碳”供暖城市。该项目投运后，海阳核电1号机组成为世界上最大的热电联产机组，取代了当地12台燃煤锅炉，每个供暖季预计节约原煤10万吨，减排二氧化碳18万吨、烟尘691吨、氮氧化物1123吨、二氧化硫1188吨、相当于种植阔叶林1000公顷，同时减少向环境排放热量130万吉焦。核电供热也给当地居民带来看得见的利益，海阳居民住宅取暖费每建筑平方米较往年下调一块钱。

其实，在2018年海阳核电1号机组商运当年，山东核电就提出了核能供热的构想，在国内率先开展大型压水堆热电联产研究与实践。2019年，70万平方米供热项目作为我国首个核能供热商用工程投运。核能供热，在用户与核电机组之间采取多重屏障隔离，换热过程中，只有热能的传递，没有介质的直接接触。从核能发电机组抽取部分发电后的蒸汽作为热源，通过厂内换热器换成高温水，随后经管网多级换热，抵达用户终端。通过这种方式，在核电站换热首站的热水出厂前，在线监测和隔离装置还会实施检测，回路间采取压差设计，确保供暖安全。作为国内首个核能供热商用工程，该项目被国家能源局命名为“国家能源核能供热商用示范工程”。

在山东海阳利用核能供热不足一月，地处江南的浙江海盐也实现了核能供热。2021 年 12 月 3 日，由中核集团秦山核电供热的我国南方首个核能供热示范工程（一期）正式投运，供暖面积达 46 万平方米，惠及浙江海盐县的近 4000 户居民。根据规划，到“十四五”末，该项目全部建成后将能满足浙江海盐约 400 万平方米供暖需求。

浙江海盐核能供热示范工程利用秦山核电基地机组冬季剩余热功率，在不影响机组原有发电量和安全性能的前提下，向海盐县公建设施、居民小区及工业园区提供大规模安全、零碳、经济的核能供暖。从测算数据上看，海盐核能供热项目的经济和环保效益明显：示范工程全部建成投产后，年供热量将达到 70.4 万吉焦，满足 400 万平方米供热需求。相对于南方地区电取暖方式，每年可节约电能消耗 1.96 亿千瓦 · 时；相对于燃煤火电机组每年可减少燃用标煤约 2.46 万吨，相应地每年减排二氧化硫 1817 吨、氮氧化物 908 吨、二氧化碳 5.9 万吨。

事实上，核能供热在世界一些拥有核电的国家并不鲜见。目前，全世界 400 余台在运核反应堆中有超过 1/10 的机组已实现热电联供，且已累计安全运行约 1000 堆 / 年，核能供热技术路线成熟，在世界范围内已得到广泛应用。20 世纪 80 年代，我国提出低温核供热堆倡议，相关核能供热技术经历了 30 多年的研发和培育，在降碳和清洁取暖大背景下，核能供热产业迎来新的发展机遇。

第六章 新时代 电力央企的新使命

党和政府一直高度重视国有企业，尤其是中央企业的发展。新中国成立70多年以来，无论是“两弹一星”、载人航天、航空母舰等重大装备制造，还是三峡工程、高速铁路、特高压电网等重大工程建设，无论是抗击地震、洪水、冰冻等重大自然灾害，还是应对海外撤侨等重大突发事件，中央企业都发挥着主力军作用。作为保障国家能源安全、参与全球市场竞争的“国家队”，作为党和人民信赖依靠的“大国重器”，电力央企始终带头履行政治责任、经济责任和社会责任，彰显着电力央企的责任担当，呈现出“规模大”“效率高”“输电能力强”“安全可靠”“清洁发展”“技术先进”等显著特征。电力企业是国家的企业、全民的企业，与民生有着直接的天然联系，在保障和改善民生方面一直承担着“托底”功能。进入新时代，在落实“四个革命、一个合作”能源安全新战略，践行“一带一路”倡议、实现“双碳”目标等新使命上，电力央企始终是不可替代的骨干和中坚，始终是党和国家最可信赖的“六个力量”。

第一节 社会责任，电力央企的国家形象

企业社会责任，是指企业对所有者、员工、客户、供应商、社区等利益相关者以及自然环境承担相应的责任，以实现企业与经济社会可持续发展的协调统一。2005 年，全球众多跨国公司纷纷发布企业社会责任报告，标志着世界一流公司的企业社会责任行动已经到了系统推进的新阶段。国家电网公司在 2006 年 3 月 10 日率先发布深具电网经营企业特色的企业社会责任报告，提出了国家电网公司的社会责任观。报告还客观阐述了国家电网公司 2005 年社会责任工作实践。这是中国中央企业正式对外发布的第一份企业社会责任报告。随后，中国主要电力央企也先后发布社会责任报告，对电力央企承担的社会责任进行盘点和总结。电力央企主动发布社会责任报告的行动，反映了其作为影响国家能源安全和国民经济命脉的重要骨干企业，有着高度的责任感与使命感，展现了自我加压、不断超越的电力央企国家形象。

一、从“两改一同价”到“户户通电”

改造农村电网、改革农电管理体制、实现城乡电网同网同价，即“两改一同价”，是党中央、国务院为减轻农民负担，促进经济发展而采取的一项重大举措。从 1997 年下半年开始，农村地区用电电价

高、收费乱的现象引起了国务院的高度重视，也受到了社会和媒体的关注。

1998年3月4—16日，国家经贸委电力司会同国家电力公司农电局，先后在四川、广东和辽宁三地同时召开全国农村电力体制改革座谈会。通过座谈和调研发现，农村家电市场萎靡，并非农民买不起家电，一个重要原因是农村地区电价比城区电价高出一倍甚至几倍，导致农民不敢用电。另一个原因是农村电网构架薄弱，线损居高不下，电压不稳定，到户电压低、供电质量差，大型家电无法启动，只能当个摆设。

1998年8月27日，国务院总理朱镕基在国家开发银行行长“关于赴苏、皖两省进行基础设施调研”的报告上批示：“农村电网建设与改造是国务院统一部署的工作，由国家电力公司牵头，以农电体制改革、农村电网改造、实现同网同价为三大目标。”

随后，《国务院办公厅转发国家计委关于改造农村电网改革农电管理体制实现城乡同网同价请示的通知》发布。通知明确指出：在改革农电体制的基础上，改造电网达到同价。首先理顺体制关系才能保证农网改造工作真正落到实处，只有明确责任者才能完成好改造电网、保证资金还贷的任务。同时，国务院批转国家经贸委《关于加快农电体制改革加强农村电力管理意见》。在“两改一同价”实施过程中，国家电力公司的定位是：农村电网改造的项目法人，农电体制改革的具体实施者，是具体实施“两改一同价”的主体。各省（区、市）的电力公司，按国家电力公司整体要求，在省（区、市）政府的统一领导和安排下进行操作。在“两改一同价”中，中央和地方是一个整体，国家电力公司和省（区、市）政府及有关部门都是第一责任者，在国务院统一要求下，履行好自己所承担的责任。“改革、改造和同价”三者的定位为：改革体制是前提，改造电网是保证，同价是目的。

从1998年开始，国家用3年时间对全国2476个农网及相应的配套设施进行改造。在先后组织实施的两轮农村电网改造中，国家共投入资金2885亿元。在第一批农网建设与改造工程中，国家电力公司对1167个趸售县和自供自管县供电企业实行了代管，并积极稳妥地实施了部分县供电企业股份制改革。撤销乡镇电管站，建立隶属于县供电企业直接管理的乡镇供电所，人、财、物纳入县供电企业统一管理。县、乡一体化电力管理模式基本形成。精简农村电工近三分之一。城乡同价工作有了实质性进展。大部分地区在完成农网改造和体制改革后，对农村用电实行统一的到户电价，为实现城乡用电同价奠

·｜ 小镇居民对实施农村电网改造的电力员工表达由衷的感谢

定了基础。

农村电网“两改一同价”的实施，促进了农村电力事业的蓬勃发展。农网结构有了很大改善。1998 年以来，县及县以下新增 3～110 千伏高压线路 66 万千米，比 1997 年增长 24%；新增低压线路 162 万千米，比 1997 年增长 26%；新增 35 千伏及以上变电站 4200 座，容量 12126 万千伏・安，分别比 1997 年增长 24% 和 56%；新增配电变压器 77 万台，容量 9486 万千伏・安，分别比 1997 年增长 28% 和 36%。共解决 6 个无电县和 2500 万无电人口的用电问题。电压合格率普遍达到 90% 以上，比改造前提高了 12%；供电可靠性达到 95% 以上，比改造前提高了 8%。

“两改一同价”促进了农村电力消费和经济发展。2001 年全国县及县以下用电量达到 6259 亿千瓦・时，比 1997 年增长 43%；农村供电量达到 3295 亿千瓦・时，比 1997 年增长 40%。在农网改造投资中，约有 70% 的资金用于设备材料采购，使水泥、钢铁、铝材等相关产业、电力设备制造行业的生产销售大量增加，同时也给建筑、安装行业创造了众多的就业机会。“两改一同价”有效地减轻了农民用电负担。农村到户电价平均下降0.13元/（千瓦·时）。“两改一同价”使农村供电管理和服务水平有了较大提高。通过省电力公司对县供电企业代管，推行了一整套科学、有效的企业管理制度和标准评价体系。对农村供电实行“三公开”（电量公开、电价公开、电费公开）、“四到户”（销售到户、抄表到户、收费到户、服务到户）和“五统一”（统一电价、统一发票、统一抄表、统一核算、统一考核），从源头上解决了向农民“乱集资、乱摊派、乱收费”和“人情电、关系电、权力电”等问题，改善了农村供用电秩序。

农村电网建设与改造惠及全国1759个县、27068个乡、5.4万个村、2.2亿农户。网架坚实、布局合理、管理科学、自动化程度较高的农村电网，成为农村经济发展的有力支撑。2004年4月，全国实现城乡居民用电同网同价，宣告了几十年来农民用电价格一直高于城市居民用电价格的历史终于结束。

然而，由于历史欠账多、自然条件差等因素，有部分农村地区电网网架结构依然薄弱，配电网供电能力不足、电力“卡脖子”问题仍然突出。其中包括西藏、四川省藏区、新疆南疆四地州和四川凉山、云南怒江、甘肃临夏等在内的“三区三州”深度贫困地区还存在无电地区，农村电网建设与改造还存在完善的空间。“十五”期末，全国仍有1150万农村人口没有用上电，县及县以下人均用电量仅为全国平均水平的一半，农村供电可靠率也明显低于城市电网，电力依然是农村经济发展和新农村建设的制约因素。国家电网公司和南方电网公司在继续加强农村电网建设与改造的同时，在其经营区域内，从2006年开始，全面实施农村“户户通电”工程。

“户户通电”让偏远地区的藏民也用上了电

到2007年8月底，国家电网公司（含内蒙古电力公司）共解决919543户无电户的用电问题，完成投资99.9404亿元人民币，新建与改造110千伏线路130千米、35千伏线路2115千米、10千伏线路41225千米、低压线路98916千米，新建与改造110千伏变电站15座、35千伏变电站115座，新建与更换配电变压器29055台。到2010年年底，通过国家电网最大限度延伸能够解决供电问题的地区，基本实现“户户通电”。“户户通电”工程涉及858个县，120万户无电户，450万无电人口。

南方电网公司通过国家政策性投入和自筹资金的方式，累计投资57.2亿元人民币，共解决了217个行政村、56.32万户无电人口的用电问题。2009年，广东、广西、贵州和海南相继实现电网覆盖范围内的“户户通电”。2012年，南方电网公司全面实现了“户户通电”，为边疆、山区和少数民族地区的225万群众送去了光明。同时，通过实施城乡同网同价，年均减轻农民电费支出约76亿元人民币。

“户户通电”工程施工现场大多分布在高山大川、草原或戈壁深处，自然条件恶劣，均为集偏僻、山区、贫穷、落后为一体的封闭、半封闭区域。通电距离长，作业环境恶劣，施工物资需要手抬肩扛运到现场。两大电网公司也为此付出了巨大代价，平均每户投资1万～2万元，通电成本是正常农村用电成本的10倍以上。青海、新疆、西藏、四川等省区的部分偏远地区，每户投资达3万～4万元。“户户通电”工程是一项“德政工程”“民心工程”。这项工程的实施，有力促进了通电地区经济社会发展，密切了党和政府与群众的联系，产生了巨大的社会效益。同时，“户户通电”工程有效地推动了偏远贫困地区农村经济的发展，改善了无电地区农民的生产、生活条件，促进了新农村建设及社会和谐，为贫困地区脱贫致富奔小康奠定了坚实基础。

二、电力天路

在西藏电网，被誉为“电力天路”的联网工程共有四条，分别是青藏电力联网工程、川藏电力联网工程、藏中电力联网工程和阿里电力联网工程。

青藏电力联网工程是国家电网公司落实中央第五次西藏工作座谈会精神，实施西部大开发战略的23项重点工程之一。2010年7月，联网工程正式开工建设，工程主要包括西宁—柴达木750千伏输变电工程、柴达木—拉萨±400千伏直流输电工程和西藏中部220千伏电网工程三部分，总投资162.86亿元人民币。2011年12月9日，工程投入试运行，提前一年完成建设任务。

青藏电力联网工程建设攻克了高原高寒地区冻土施工困难、高原生理健康保障困难、高原生态环境极其脆弱三大世界难题，创造了高原高海拔地区电

青藏电力联网工程 ±400 千伏拉萨换流站

青藏电力联网工程纪念碑

网建设的奇迹。工程经过试运行，实现了“零缺陷”移交，为工程长期安全稳定运行提供了保障。工程各项运行技术指标良好，冻土基础整体保持稳定，设备整体运行平稳。青藏电力联网工程建设挑战沿线海拔最高、冻土区最长两个世界之最，创造了多项世界第一。联网工程的建成投运，彻底改变了西藏电网长期孤网运行的历史，根本解决了制约西藏社会经济发展的缺电问题，实现了除台湾地区外的全国电网互联，对于西藏电网建设和青藏经济社会发展、对于全国联网格局形成都具有重要的里程碑意义。

川藏电力联网工程连接西藏昌都电网与四川电网，总投资 66.3 亿元人民币。线路东起四川甘孜藏族自治州的乡城县，途经巴塘县，西至西藏昌都，新建巴塘、昌都 2 座 500 千伏变电站和邦达、玉龙 2 座 220 千伏变电站，新建昌都—巴塘—乡城双回 500 千伏、昌都—玉龙双回、昌都—邦达双回 220 千伏线路，全长 1521 千米。有力支撑西藏昌都和四川甘孜州南部地区经济社会发展的用电需要。40 多家参建单位、2 万余名建设者经过艰苦卓绝的努力，提前半年建成这项具有世界领先水平的高原输电精品工程，创造了世界高海拔地区电网建设“零死亡、零伤残、零缺陷”的新纪录。

2014 年 11 月 20 日，川藏电力联网工程正式投运，改写了西藏昌都、四川甘孜南部电网孤网运行的历史，川藏两地 145 万藏汉群众用上安全、稳定的大电网电力，不会再因冬季枯水期而被迫停电，为旅游、经济的发展提供了基础，为沿线丰富的水电资源提供了一条水电外送“高速路。”

川藏电力联网工程施工

2018年11月23日，经过20个月艰苦建设，世界上平均海拔最高、施工条件最复杂的超高压电网工程——藏中电力联网工程建成投运。藏中电力联网工程由西藏藏中和昌都电网联网工程、川藏铁路拉萨—林芝段供电工程组成，起于西藏昌都市芒康县，止于山南市桑日县，跨越西藏三地市十区县，投运后可为沿线3070个小城镇（中心村）、156万各族群众生活提供可靠电源保障。藏中电力联网工程总投资162亿元人民币，占当时西藏电网固定总资产的50%。工程参建单位81家，参建人员5万余人。整个沿线处于低压、缺氧、严寒、大风、强辐射区域，打破了现有电网工程建设运行的多项世界纪录：工程沿线平均作业海拔超过4000米，是世界上海拔最高的超高压电网工程；最高塔位东达山8L196号铁塔海拔5295米，是世界上海拔最高的500千伏输电铁塔；500千伏芒康变电站海拔4295米，是世界上海拔最高的500千伏变电站；工程线路海拔从2200～5300米，最高塔位与最低塔位之间海拔高差达3100米，是世界海拔跨度最大的电网工程。

该工程还是世界上自然条件最复杂的电网工程。在世界地质结构最复杂、地质灾害分布最广的“三江”断裂带，穿越世界最复杂、最险峻、地质最不稳定的横断山脉核心地带和青藏高原腹地，跨越澜沧江、怒江、雅鲁藏布江10余次，沿线需要面对低压、缺氧、严寒、大风、强辐射以及毒虫、鼠疫危害，极端温差和各种高原疾病等严峻考验。建设过程中物资运输极度困难。物资总运量超过100万吨，最大单体重量约140吨，平均运距超过1200千米，最长运距达5900千米，沿途道路崎岖，自然灾害频发，无高等级公路可用，现场物资转运大规模采用索道运输，部分采用骡马运输。后勤保障难，交通道路险，施工作业险，生态保护责任重。

藏中电网覆盖的拉萨、日喀则、山南、那曲和林芝等地区，是西藏电网的主要负荷中心。藏中电力联网工程投运后可有效解决“十三五”期间藏中缺电问

藏中电力联网工程建设

题。占林芝市面积约 70% 的墨脱县、波密县和察隅县，被纳入主电网覆盖范围，这些地区孤网运行、电压不稳的状况得到极大改善。线路投运后，西藏电网电压等级由 220 千伏升至 500 千伏，西藏电网跨入 500 千伏时代。

藏中联网工程的建成投运，也为“藏电外送”提供了通道。2019 年 7 月，0.4 亿千瓦·时西藏水电成功送入北京市，标志着首次“藏电入京”交易顺利完成。“藏电入京”交易是践行中央扶贫攻坚战略部署的重要举措。西藏是中国重要的清洁能源战略储备基地，丰水期电量充裕，清洁能源外送需求十分迫切。北京电力交易中心将“藏电入京”列入年度交易计划，并会同西藏电力交易中心开展西藏水电外送交易。国网北京电力公司作为购电方通过挂牌交易方式，在西藏夏季丰水期购买金河水、果多等 8 座水电站电能，解决西藏水电消纳问题，增加西藏水电企业售电收入。同时，“藏电入京”也是借助大电网资源优化配置优势的有益尝试。在空间上，利用藏电外送重要通道，即藏中电力联网工程，将西藏自治区电能高效输出，再通过柴达木—拉萨直流、内蒙古伊克昭—山东临沂直流跨越西南、西北、华北地区，送入北京，实现电能大范围消纳。

阿里地区地处中国西南边陲，是由喜马拉雅山、冈底斯山、喀喇昆仑山、昆仑山托起的“世界屋脊的屋脊”，素以“万山之祖”“万水之源”著称于世。这里有连绵的雪山、静谧的湖泊、美丽的河流、稀有的高原精灵、古老的文明。这片神奇的土地，被誉为“藏西秘境，天上阿里”。但是，这里的电网也颇为特别，因为历史和地理等原因，阿里地区电网一直孤网运行，电网规模小、安全水平低、供电质量不高，拉闸限电仍是常态，用电问题亟待解决。

阿里电力联网工程起于西藏日喀则市桑珠孜区多林220千伏变电站，止于阿里地区噶尔县220千伏巴尔变电站，新建变电站6座、输电线路1689千米。工程于2019年9月开工建设，2020年12月4日正式建成投运。工程总投资74亿元，该工程使西藏剩余的仲巴、萨嘎、吉隆、聂拉木、普兰、改则和措勤等7个县用上了大网电，解决和改善工程沿线16个县38万农牧民的安全可靠用电问题，促进西藏清洁能源开发外送。阿里联网工程打通了西藏统一电网“最后一公里”的关键性节点，许多农牧民群众生活实现了从油灯到电灯的进步。此外，阿里地区还有丰富的太阳能资源，这里光照时间长，是内地的3倍以上。阿里电力联网工程可为西藏清洁能源开发外送打下坚实基础。西藏有近4000千米边防线，其中阿里地区就有1000多千米。现有电网覆盖范围及供电能力无法保障国防安全能源供应需要。阿里电力联网工程投运后，可持续为国防安全提供源源不断的电力供应。

阿里电力联网工程将阿里电网与藏中电网相联，是继青藏电力联网、川藏电力联网、藏中电力联网工程之后，国家电网公司建设的第4个突破生命禁区、挑战生存极限的高海拔电网工程，也是迄今为止世界海拔最高、运距最远的超高压输变电工程，塔位平均海拔4572米，最高海拔5357米，最长运距超过5400千米；是世界上最具建设挑战性的电网工程，3次跨越雅鲁藏布江，翻越海拔5300米以上的孔唐拉姆山、马攸木拉山，沿线气候恶劣、含氧量仅

·| 阿里电力联网工程

为内地 50%～60%，平均气温 0～5 摄氏度、昼夜温差达 25 摄氏度以上，年有效工期仅有 8 个月。

从西藏和平解放时发电“零装机”起步，到各地市小的区域电网逐渐形成，再到青藏、川藏、藏中、阿里电力联网工程四条“电力天路”接连贯通，几十年间，西藏电力事业蓬勃发展，给当地经济社会的跨越发展插上腾飞的翅膀。尤其是“十一五”以来，国家在西藏电网累计投资超过 900 亿元人民币，建成了 500 千伏超高压骨干网架和各级电网协调发展的西藏统一电网，彻底解决了西藏长期缺电问题。

三、保供电，责任央企的答卷

在国家面临重大事件和重特大自然灾害侵袭时，电力行业的责任为先就体现得特别明显。以 2008 年为例，一年先后经历南方抗冰抢险保电、四川汶川特大地震抗震救灾保电、北京奥运会保电等载入史册的重大保电活动。

（一）南方抗冰抢险保电

2008 年 1 月中旬开始，中国华中、华东、南方等区域遭遇历史上罕见的持续低温、雨雪和冰冻极端天气，持续时间达 42 天之久。此次冰雪凝冻灾害呈现出范围广、持续久、灾害重的特点，对交通运输、电力传输、通信设施、能源供应、农业生产、群众生活等造成严重影响和损失。

遭受重创的电网

湖南、江西、贵州、广西、浙江局部地区由于电力设施毁坏严重，电力供应中断达 10 余天之久。湖南电网遭受重创，一度濒临崩溃。湖南电网与主网解列，东江等 3 个主力电厂送出通道全部中断，全网最大可供电力一度下降到正常负荷的 35% 左右。江西电网先后 5 次与华中主网解列，省网一度解列成 3 片运行。浙江多条省间 500 千伏联络线停运，4个地市电网失去与500千伏主网联络。福建电网孤网运行31天。贵州电网一度解列成4片运行，受损线路占其总数的77%，停运变电站占其总数的70%，贵州用电负荷、供电量较灾前减少2/3以上。广西桂林电网一度孤网运行，全网受灾影响的负荷占灾前正常负荷的25.5%，湖南郴州、永州和江西抚州、赣州、萍乡以及浙江金华等地区电网遭受毁灭性破坏。贵州、三峡、湖南鲤鱼江和桥口电厂送出通道中断，"西电"送广东比原计划减少近800万千瓦，广东最大电力缺口超过1000万千瓦。

全国电网经营区域共有644个县（区）、3348万用户受到停电影响。京广、沪昆、鹰夏电气化铁路的15个牵引变电站供电受到影响。国家电网和南方电网两大电网企业的直接经济损失达到238.8亿元人民币。受灾严重的农村地区，主要集中在代管、趸售、地方管理的农电企业，这些地方电网网架与运行管理相对比较薄弱，抗灾能力较弱，同时在灾害发生和蔓延时，地方电力企业从物资、技术、人员三个方面得不到有力支援，一定程度上使灾害损失和持续时间扩大。

灾害发生后，党中央、国务院明确提出"保交通、保供电、保民生"的决策部署。受灾地区电网公司紧急组织抢险队伍，赶赴冰雪集中地区和覆冰严重的高寒山区，全力开展线路特巡、人工除冰保网和损毁设备设施的抢修恢复工作。两大电网企业短时间内从28个网省公司调集3万余人的抢修队伍紧急驰援灾区，总计投入43.6万人开展抢修和恢复重建。国家电网公司共筹措灾区急需的2.9万吨铁塔、71.17万根水泥杆、11.07万吨导地线、563万片绝缘子、274.63万副金具，以及18766台配电变压器、4517.9千米电缆、4290.7千米光缆等物资。南方电网公司累计运送塔材26065吨、导线24885

电力员工卧冰踏雪抢修受损输电线路

吨、光纤复合架空电线 778 吨、光缆 422 盘、电杆 17.3 万余根，确保了抗冰抢险恢复重建的物资供应。

在电煤价格快速上涨，与上网电价严重倒挂的情况下，华能、大唐、华电、国电等发电集团在灾区的发电企业全力以赴抢运电煤，千方百计按调度要求并网发电。在加快电网抢修工作的同时，两大电网企业投入大量资金，紧急从 32 个省、市电力公司筹集应急发电设备，共计投入发电机（车）8981 台，保障了救灾指挥中心、电力调度中心、医院、交通枢纽、电信、矿山、政府部门、部队、学校、新闻媒体等 832 个重要客户和居民生活的基本用电需求。2008 年 3 月 8 日，受灾区域电网恢复重建工程全面竣工，电网全面恢复正常运行，提前 23 天圆满完成党中央、国务院部署的电网灾后重建任务。

（二）四川汶川特大地震抗震救灾保电

2008 年 5 月 12 日，四川省汶川地区发生特大地震。四川、甘肃、陕西、重庆 4 个省级电网 23 个地市的 110 个县，1875 个乡镇 18046 个行政村供电受到影响，累计停电用户 525.36 万户。35 千伏及以上变电站停运 245 座、10 千伏及以上线路停运 3322 条，倒塌房屋 19005 栋（间），损毁机器设备 58611 台（套）。国家电网公司直接经济损失超过 120 亿元人民币，灾后重建所需资金 345.6 亿元人民币。

抗震救灾期间，电力行业各单位以各种方式全力救助灾区。国家电网公司和南方电网公司分别调集 1205 台和 210 台电力应急车和柴油发电机等应急电源，为抢修和救灾提供电力保障。国家电网公司派出的 170 人组成的 10 支医疗队、25 台医疗车和南方电网支援的 3800 顶帐篷到达灾区，全力开展医疗救护。国家电网公司统筹调配抢修力量，在全国范围内紧急调集大批电力物资设备和救灾物资支援地震灾区，调集 4300 余人的骨干抢修队伍支援灾区开展电网抢修工作。

截至 2008 年 5 月 18 日，重庆、甘肃、陕西电网受损电力设备基本恢复，主网运行正常，三省市的用电负荷接近或达到灾前水平。甘肃陇南地区 9 个县全部恢复供电。宝成铁路四川段电铁牵引站全部恢复供电，受灾最严重的四川电网最大用电负荷恢复至灾前最大用电负荷的 80%，恢复受损电力设施 85% 以上，四川电网主网运行正常。6 月 2 日，国家电网公司经营区域需要恢复的 1875 个乡镇、17937 个行政村、461.34 万停电用户全部实现电网供电。

8月8日，国家电网完成援建汶川、北川等6县电网抢修任务。6县需恢复供电的83个行政乡镇570个行政村87160个用户全部恢复供电。截至2008年年底，国家电网公司累计为已建帐篷24.5万顶、活动板房48万间、其他临时设施13.5万间通电，实现灾后居民安置临时设施100%通电。

（三）北京奥运会保电

北京奥运会期间，电力可靠性接近100%，电力企业确保了两个奥运会开闭幕式、各项赛事、重要外事活动等各项涉奥活动的安全可靠供电。国家电网公司奥运电网建设工程共5大类228项，涉及华北、北京、天津、山东、上海、辽宁6家网省公司。2008年7月18日，随着北京城南变电站等最后一批项目投运，奥运电网工程按期圆满完成建设任务。这些项目的建设，完善了北京、天津、秦皇岛、青岛、上海、辽宁6个奥运赛事承办城市的电网网架，确保奥运安全可靠供电。

国家电网公司从16个网省公司调集3000多名骨干支援北京保电，加强重要变电站、线路等电网设施特别防护和调度机构安全管理，建立了16.7万人

·| 移动发电车为保障鸟巢应急

的保电队伍，制定并完善了1792个应急预案，增强应急处置能力，为北京及其他涉奥城市配置近百台应急发电车（机），突出“保奥运供电，创金牌服务”主题，深化奥运优质服务。

奥运会期间，国家电网公司投入奥运电力保障的各类人员总数达到59460人。自7月20日进入奥运供电保障后，在北京长达4500千米的输电线路上，有6262名保电人员驻扎在输电基塔周边的700多顶临时帐篷和车辆内，通过现场巡视、测温等方式，对输电线路进行全天24小时看护。

历时17天的奥运会，北京电网经历了高温大负荷和多次雷电及强降雨天气，电网最大负荷1162万千瓦，但电网保持了平稳运行，比赛场馆、重要附属设施及城市运行重要设施的上级电源供电无一异常。

此后，国家电网公司和南方电网公司，又先后完成了上海世博会、甘肃舟曲特大灾害、广州亚运会，G20杭州峰会等重大事件的保供电任务。

四、电力扶贫共富工程

1994年4月，国务院公布《国家八七扶贫攻坚计划》，提出力争在20世纪最后7年，集中力量基本解决全国农村8000万贫困人口的温饱问题。到20世纪末，要消灭无电县，绝大多数贫困乡用上电。要求水利部门利用山区资源，发展小水电。要求电力部门与有关部门和地方协作，尽早消灭无电县；调整地处贫困地区大型电站的留利政策，尽可能照顾当地尤其是水库移民的利益，帮助发展工农业生产。

同年5月，电力部会同国家计委、国家经贸委在全国农村电气化工作会议上提出电力扶贫共富工程，确定的目标是：力争2000年消灭无电县，基本消灭无电乡和无电村，使全国农户通电率达到95%以上，同时建成1000个农村电气化县，全国县及县以下总用电量达到5200亿千瓦·时。通过电力扶贫共富工程的实施，把电力建设作为农村经济发展的一项重要基础设施统筹设计，在解决农民生活用电的同时，着力解决人畜饮水、农田排灌、资源开发、商品生产、集贸市场建设等方面的用电，为农业生产、农村经济发展提供基本条件。

之所以提出电力扶贫共富工程，与当时的中国经济发展和民生现状有关。到1992年年底，全国还有28个县无电，1453个乡、63120个村、1.2亿农村人口没用上电。28个无电县有21个在西藏，6个在新疆，1个在青海。1.2亿无电人口主要分布在内蒙古、陕西、甘肃、宁夏、青海、新疆、河南、湖北、广西、安徽、江西、四川、贵州、云南、西藏等省区。这些地区均属于老、少、山、边、穷地区，经济不发达，自然条件差，地方财政困难。

电力扶贫共富工程规划的重点是解决无电县、无电村和无电农户通电问题，结合老、少、山、边、穷地区的资源开发、商品生产、基础设施建设等用电需要，确定电力建设的规模和分段实施的具体安排。以县为基础编制电力扶贫共富工程规划，并与县扶贫计划、农村电气化发展规划相衔接。在解决无电地区电源上，按照因地制宜，多能互补的原则，采取多种途径，加快大电网的延伸覆盖，采取大电网供电、开发煤炭、水力资源，利用风能、太阳能、地热、汽油、柴油发电相结合，解决供电问题。无其他能源可利用的地区，采用小汽油机、柴油机发电，分村、分户解决用电问题。

作为《国家八七扶贫攻坚计划》的重要内容之一。各省（自治区）根据本省（区）实际，建立电力扶贫共富工程专项基金，实行国家补助一部分，各级政府补助一部分，乡镇集体和用户分别自筹一部分的办法。对趸售单位所得"以电养电"收入，免征所得税，从中解决一部分扶贫办电资金。在各省区征收的电力建设资金中，安排一部分用于电力扶贫共富工程的投资。对列入电力扶贫共富工程的供电工程项目，减征部分或大部分供电补贴费。电力部门在电源配套送出工程中适当安排一些无电地区的电网延伸送变电工程。

国务院扶贫领导开发小组认为电力扶贫共富工程的实施"走在了扶贫的前列，带了个好头"。各省区电力部门在地方政府和广大群众的支持下积极迅速行动起来，纷纷出台相关政策、计划，落实资金和物资。全国农村用电人口以平均每年新增1200万的速度递增。继北京、天津、上海三市及吉林、辽宁两省实现村村通电后，1994年10月山东省实现了村村通电，宁夏回族自治区于1995年12月实现了村村通电，成为全国第一个村村通电的自治区。1996年，山东省在全国率先基本实现了户户通电；江

浙江衢州市龙游县芝溪家园金屋顶光伏富民工程示范点

苏、安徽、河北、浙江、福建相继实现村村通电，华东电网成为中国第一个实现村村通电的跨省电网，全网农户通电率达到98%。同年，西藏11个无电县通电。1997年，内蒙古、甘肃实现乡乡通电，新疆6个无电县实现通电，河南、广东实现了村村通电。

电力扶贫共富工程是电力工业发展进入20世纪90年代后，在农村贫困地区实行电气化建设的重大举措。这项工程抓住了解决无电县、无电乡、无电村这个关键，集中力量打通用电死角，实现了农村用电的基本保障，逐步提高农村电气化水平，既是中国电气化进程的重要阶段，也是全国实现农村、农业现代化的基础。此后，电力行业的扶贫工作一直没有中断。

我国电力系统聚焦深度贫困地区和特殊贫困群体，践行精准扶贫、精准脱贫方略，在规划、项目、资金等方面加强政策倾斜，持续加大电力扶贫工作力度。仅2018年就下达农网改造升级投资计划405亿元，全部投向贫困地区，其中51%的资金投向"三区三州"深度贫困地区。累计下达光伏扶贫规模1544万千瓦，在全国26个省份建成并网光伏扶贫项目1363万千瓦，累计帮扶224万建档立卡贫困户。国家电网公司全面推进"三区两州"（不含云南怒江州）和381个贫困县电网改造升级，实现除西藏外的自然村动力电全覆盖。南方电网公司投入203亿元开展贫困地区电网升级改造，全面满足脱贫攻坚电力需求，帮助240个村、8.1万人脱贫摘帽。国家能源集团实施产业扶贫、易地搬迁扶贫、教育扶贫等精准扶贫项目54个，协议金额9544万元，受益人数126万人。华能集团启动精准脱贫攻坚"红色行动计划"，通过产业扶贫、就业扶贫、消费扶贫等措施，全面推进在全国130多个贫困村的扶贫攻坚工作。国家电投在部署2019年扶贫攻坚年度任务时，重点完善产业扶贫开发体系，加大对绿色电力扶贫、特色产业帮扶、品牌助学帮扶、电商平台扶贫的支持力度，强化扶贫与扶智（志）相结合，开展技能培

电力扶贫物资进藏

训和教育帮扶，培育贫困地区内生发展动力。

五、降低一般工商业电价

为减轻企业负担，国家先后两次出台政策，在2018年和2019年连续两年降低一般工商业电价。在2018年3月召开的十三届全国人大一次会议上，李克强总理在《政府工作报告》中提出，作为“大幅降低企业非税负担”的举措之一，“降低电网环节收费和输配电价格，一般工商业电价平均降低10%”。2018年全国合计降低用户用电成本1257.91亿元，平均降低0.0789元/（千瓦·时），全国平均降幅达到10.11%。在2019年3月5日召开的十三届全国人大二次会议上，李克强总理在《政府工作报告》中又一次提出，要“深化电力市场化改革，清理电价附加收费，降低制造业用电成本，一般工商业平均电价再降低10%。”

国家电网有限公司严格按照党中央、国务院决策部署，扎实推进减轻用户电费负担工作，超额完成降价目标，促进优化国内营商环境。2016年以来，国家电网公司积极参与和推动出台降价清费措施，各项降价措施累计每年降低用户电费负担约2217亿元。2018年，公司经营区域内一般工商业电价从降价前的0.8060元/（千瓦·时）降至0.7210元/（千瓦·时），降幅10.6%，为一般工商业用户年减负792亿元。加上大工业用户，2018年国家电网有限公司经营区域内新降低各类客户用电成本总计915亿元。

南方电网公司积极配合国家发展改革委落实4批降价措施，合计降低电网企业直供的工商业用户用电成本223.29亿元，超额完成国务院交办的降价任务。其中，南方五省区平均降低一般工商业用户目录电价7.95分/（千瓦·时）。

六、“获得电力”指标持续提升

企业营商环境指标是世界银行为衡量各国小企业运营的客观环境而设计的，企业营商环境指标排名反映了该国企业营商的难易程度。其中，“获得电力”是营商环境评价10项指标之一。它是对一个国家小微企业在连接电网的手续、时间、成本、电力供应的可靠性、电费透明度及其便利程度等进行综合评价的指标体系。这一指标连同“开办企业”“办理施工许可证”“登记财产”“获得信贷”等共同构成了评价一个国家企业营商环境的一级指标。在对中国的指标评价中，世界银行评价了北京、上海两座城市，两座城市的权重分别占 45% 和 55%。

以国家电网公司为代表的中国电力企业，积极承担国有企业的社会责任，通过持续不断的技术升级、精简流程、完善管理、改进作风和完善服务，各类企业获得电力的便利化水平持续得到提升。2018 年，国家电网公司全面开展“优化营商环境业扩报装提质提效行动”，并率先在北京、上海两地实施。2019 年 10 月 23 日，世界银行正式发布的《2020 年营商环境报告》指出：“在去年的改革基础上，中国目前在获得电力方面全球排名第 12，显著好于东亚及太平洋地区其他经济体。中国企业接电需要两个环节，耗时 32 天，仅为地区平均 4.2 个环节和耗时 63 天的一半。”“通过优化申请流程，中国‘获得电力’指标持续提升。中国电费变化的透明度也不断提升。这些改进发生在北京和上海。”根据世界银行《2019 年营商环境报告》，2018 年中国“获得电力”指标得分为 92.01 分，较上年大幅提高了 23.18 分；而在《2020 年营商环境报告》中，2019 年这项指标较上年又提高了 3.4 分，达到 95.41 分。这是继 2018 年中国“获得电力”排名第 14 位，同比大幅提升 84 个名次之后，一年内再度取得的新进步。

通过对《2020 年营商环境报告》的分析，对比 2019 年和 2018 年报告可以发现，在小微企业“获得电力”环节方面，中国 2019 年为 2 个，少于东亚及太平洋地区经济体的平均 4.2 个、经济合作与发展组织（OECD）国家的平均 4.4 个，为全球最佳水平。在“获得电力”的接电时间方面，中国 2019 年为 32 天，同期东亚及太平洋地区经济体平均 63.2 天、OECD 国家平均 74.8 天。在“获得电力”的花费成本一栏，中国小微企业花费为 0，这项指标，全世界仅中国、日本、阿联酋全免费。在“获得电力”的供电可靠性和电费指数透明度一栏，中国在满分 8 分的指标中得分为 7 分，同期东亚及太平洋地区经济体为 4 分。中国电力在改善企业用电环境方面取得了明显进步。

第二节 电力工业的中国智慧

迄今为止，人类经历了四次重大能源转型或能源革命。第一次，人类学会了钻木取火，可以称为“植物能源时代”。第二次，西方工业革命中催生的蒸汽机需要大量的煤提供动力，可以称为“煤炭时代”；随着技术的进步，使用更加方便的石油和天然气作为能源并固定下来，可以称为“石油时代”。第三次，人类将蕴藏在原子核深处巨大的能量释放出来为人类所利用，人类进入了“核能时代”。第四次，面临能源革命浪潮，各种新型能源形态的价值潜能被发现并固定下来，可以称为多元化的“新能源时代”。从中可以看出，电几乎贯穿能源工业革命的始终。在这个过程中，中国电力工业无论是科技进步，还是体制变革，都推动了电力工业的持续发展。

一、四个革命，一个合作

“十二五”时期，世界政治经济形势更加复杂严峻。全球气候变化、国际金融危机、欧洲主权债务危机、地缘政治等因素对国际能源形势影响巨大，世界能源市场更趋复杂多变，不稳定性和不确定性增加。从国内看，能源发展的长期矛盾和短期问题相互交织，国内因素与国际因素互相影响，资源和环境约束进一步加剧，节能减排形势严峻，能源资源对外依存度快速攀升，能源控总量、调结构、保安全面临全新格局。中国既面临由能源大国向能源强国转变的历史性机遇，又面临诸多问题和挑战。为此，国家《能源发展“十二五”规划》提出，“着力加快能源生产和利用方式变革，强化节能优先战略，全面提升能源开发转化和利用效率”。党的十八大进一步强调：“推动能源生产和消费革命，控制能源消费总量，加强节能降耗，支持节能低碳产业和新能源、可再生能源发展，确保国家能源安全。”

2014 年 6 月 13 日，中共中央总书记习近平主持召开中央财经领导小组第六次会议，研究国家能源安全战略。习近平在讲话中指出，经过长期发展，我国已成为世界上最大的能源生产国和消费国，形成了煤炭、电力、石油、天然气、新能源、可再生能源全面发展的能源供给体系，技术装备水平明显提高，生产生活用能条件显著改善。尽管我国能源发展取得了巨大成绩，但也面临着能源需求压力巨大、能源供给制约较多、能源生产和消费对生态环境损害严重、能源技术水平总体落后等挑战。我们必须从国家发展和安全的战略高度，审时度势，借势而为，找到顺应能源大势之道。

习近平就推动能源生产和消费革命提出五点要求：第一，推动能源消费革命，抑制不合理能源消费。坚决控制能源消费总量，有效落实节能优先方针，把节能贯穿于经济社会发展全过程和各领域，坚定调整产业结构，高度重视城镇化节能，树立勤俭节约的消费观，加快形成能源节约型社会。第二，推动能源供给革命，建立多元供应体系。立足国内多元供应保安全，大力推进煤炭清洁高效利用，着力发展非煤能源，形成煤、油、气、核、新能源、可再生能源多轮驱动的能源供应体系，同步加强能源输配网络和储备设施建设。第三，推动能源技术革命，带动产业升级。立足我国国情，紧跟国际能源技术革命新趋势，以绿色低碳为方向，分类推动技术创新、产业创新、商业模式创新，并同其他领域高新技术紧密结合，把能源技术及其关联产业培育成带动我国产业升级的新增长点。第四，推动能源体制革命，打通能源发展快车道。坚定不移推进改革，还原能源商品属性，构建有效竞争的市场结构和市场体系，形成主要由市场决定能源价格的机制，转变政府对能源的监管方式，建立健全能源法治体系。第五，全方位加强国际合作，实现开放条件下能源安全。在主要立足国内的前提条件下，在能源生产和消费革命所涉及的各个方面加强国际合作，有效利用国际资源。习近平这五点要求，也被称为“四个革命、一个合作”，是习近平能源安全新战略的核心内容，对中国能源安全有重要的指导性。

在这次会议上，习近平还强调，要抓紧制定2030年能源生产和消费革命战略，研究“十三五”能源规划。抓紧修订一批能效标准，只要是落后的都要加快修订，定期更新并真正执行。继续建设以电力外送为主的千万千瓦级大型煤电基地，提高煤电机组准入标准，对达不到节能减排标准的现役机组限期实施改造升级，继续发展远距离大容量输电技术。在采取国际最高安全标准、确保安全的前提下，抓紧启动东部沿海地区新的核电项目建设。务实推进“一带一路”能源合作，加大中亚、中东、美洲、非洲等油气的合作力度。加大油气资源勘探开发力度，加强油气管线、油气储备设施建设，完善能源应急体系和能力建设，完善能源统计制度。积极推进能源体制改革，抓紧制定电力体制改革和石油天然气体制改革总体方案，启动能源领域法律法规立改废工作。

2016年12月29日，国家发展改革委、国家能源局印发《能源生产和消费革命战略（2016—2030）》。《战略》提出的分阶段目标是：“到2020年，全面启动能源革命体系布局，推动化石能源清洁化，根本扭转能源消费粗放增长方式，实施政策导向与约束并重。”“2021—2030年，可再生能源、天然气和核能利用持续增长，高碳化石能源利用大幅减少。”“展望2050年，能源消费总量基本稳定，非化石能源占比超过一半，建成能源文明消费型社会；能效水平、能源科技、能源装备达到世界先进水平；成为全球能源治理重要参与者；建成现代能源体系，保障实现现代化。”

二、科研，电力工业的翅膀

（一）电力科技研发星火燎原

1958年8月12日晚上8—11点，毛泽东主席参观天津市工业技术革命展览馆。在机电工业馆，毛泽东对职工的发明创造很感兴趣，在参观过程中问得很仔细，听得很认真，对有的展品他还请讲解员实际操作一下。毛泽东把有的展牌上的说明都读了，还帮助纠正错字。毛泽东在观看天津市供电局职工制造的带电作业工具时，停留了很长时间，毛泽东仔细地看着、摸着，不时地询问产品的制作材料，国外有没有，使用起来安全不安全等。毛泽东边参观，还不断地询问市机电工业的生产情况、产品质量，对职工技术改造、技术革新的成果很满意。

毛泽东主席赞赏的带电作业，始于20世纪50年代中期，当时，中国的国民经济正处于迅速恢复和高速发展时期，供电设备不足，常规的停电检修对用户造成的损失太多。针对这一情况，东北电管局鞍山电业局的职工于1954年5月12日提出用工具带电更换3.3千伏直线电杆、立式瓷瓶和横担的合理化建议，并正式成立专门研究小组，进行工具研制和作业试验。作业试验获得成功后，又进一步研究发展在更高一级电压和作业难度较大的供电设备上带电作业。1956年4月，带电更换3.3千伏双回路和三回路直线杆成功。同年6月，完成了带电更换44千伏、66千伏电压的木质直线杆和横担、瓷瓶的作业，并在鞍山电业局成立了“不停电作业检修组”，这是全国电力系统第一个不停电作业检修组。1958年4月，水利电力部在东北召开带电作业现场会议后，向全国电力系统发出《关于推广不停电检修电力线路的通知》。

1959年，水利电力部颁发《水利电力技术革命纲要（草案）》，提出第二个五年计划期间应完成的技术发展任务和有关的主要技术政策。伴随着电力工业的迅速发展，电力工业的科技水平有了很大提高，到1963年，“已经能够独立解决生产和建设中遇到的各项科学技术问题”。设备制造在这一时期也上了新的台阶，电力工业所需的装备，基本上可以立足于国内了。“二五”期间新增设备中，国产设备容量比“一五”期间增加了18倍，设备自给率达到55%。国产1.2万千瓦、2.5万千瓦、5万千瓦火电机组，7.25万千瓦、10万千瓦水轮发电机组相继研制成功，投产发电，并首创了双水内冷发电机。载波通信在电网调度中获得广泛应用。

这一时期，随着国家12年（1956—1967年）科学发展规划的实施，西安热工研究所、水利水电科学研究院、电力建设研究所等一批科研单位先后建立，并在技术改进局的基础上成立了电力科学研究院。这些科研机构面向生产、面向基层，贯彻中央“科研十四条”，纠正了“大跃进”以来科研工作的一些错误倾向，围绕电力发展中的关键性技术问题，开展试验和研究工

水利水电科学研究院三峡枢纽整体水工模型试验

作，发挥了应有的作用。

改革开放后，电力主管部门在拨乱反正的基础上，高度重视科技发展促进电力建设、生产与电网运行的作用，主动转换推进科技发展机制，通过科技进步与技术创新提升整个产业素质，提高发展质量。先后制定了“六五”“七五”电力科技发展计划和规划。在“文化大革命”后陆续恢复学会、科学技术研究和技术经济研究等机构的基础上，先后设立了中国水力发电工程学会、中国电工技术学会、电力环境保护研究所、北京水利电力经济研究所。强化了区域电管局、省（区、市）电力局的科研、试验机构。至1985年，部直属电力科学研究机构已达10个，形成了电力科研的主要力量。此外，全国各大区电管局和各省（区、市）电力局都设置了电力试验研究单位。各电力生产、设计、施工等部门，也根据需要相应成立机构，开展试验研究工作。部所属水利电力有关大专院校，按照教学和科研相结合的方针，开展重大电力科学技术试验研究工作。大型水力发电工程、水利水电筑坝技术，超临界火电机组、洁净煤技术、节约用油技术，国产化核电工程、新能源发展和电网通信调度技术、超高压输电技术、大跨越线塔等一批关键工程和关键技术研究，都取得了显著成果。中国电力工业进入大电站、高参数、大容量机组和大电网、高电压、自动化、信息化的新时代，强化了以计算机技术、微波与光纤通信、混凝土筑坝技术、大跨越线塔新技术、直升机组立线塔等一批新设备、新工艺在电力建设、机组运行、电网调度中的应用，促进了电力工业的发展。

在1994年6月召开的全国电力科技工作会议上，电力部党组作出加快科技进步的决定，提出了“一个综合科技体系，两个结合，三个主体，四项跨世纪科技导向工程”的电力科技工作方针，即建立电力行业综合科技体系；促进科研院所与企业结合，科研与工程结合；企业要成为技术开发、成果推广和科技投入的主体。通过对大区电网互联及更高一级电压输电工程、洁净煤发电工程、节能工程和扶贫共富工程的攻关，带动电力工业整体技术水平的提高。

在这一系列方针、政策的指引下，中国电力科技工作取得了可喜的成就，为电力工业提供了大量实用化的先进技术。这一时期，有代表性的电力科技项目有：电力部南京自动化研究所总工程师薛禹胜博士创立的电力系统稳定计算新方法——扩展等面积法则（EEAC），在北京通过了工程鉴定。这项被国际学术界称为“薛氏方法”的科研成果，在国际上首次实现了电力系统在线暂态安全分析和预防性控制的实用性。在引进、消化、吸收国外先进

龙滩水电站成功实现大江截流

技术的基础上，自行设计、制造空冷元件的 20 万千瓦空冷机组有 6 台投入运行。为减少二氧化硫排放，引进了湿法脱硫技术、循环流化床锅炉技术，在四川白马电厂建设中采用了国产旋转喷雾干法脱硫技术，并在四川成都热电厂开工兴建了烟气电子束脱硫示范工程，这是当时世界上最大的电厂电子束脱硫项目。碾压混凝土筑坝技术、混凝土面板堆石坝技术、混凝土高拱坝技术以龙滩、天生桥一级、二滩等大型水电站建设为依托，取得了一批具有国际先进水平的成果。电力调度自动化技术引进消化。电力通信网开始进入大容量全光纤网络时代。这些先进实用技术的应用，大大缩小了中国与世界先进水平的差距。

1998 年，国务院发布《酸雨控制区和二氧化硫污染物控制区的划分方案》，山东黄台电厂属划定范围内的电厂。该项目采用湿法脱硫技术，是中国首个 30 万千瓦机组湿法脱硫国产化示范项目。

火电行业是中国重要的能源行业，同时也是耗油行业，每年电站锅炉（不包括其他工业锅炉）点火、稳燃和新机组调试用油都耗资巨大，是中国用油大户。而“煤粉锅炉等离子点火及稳燃技术”可以直接点燃煤粉代替燃油，且成本低、使用安全可靠。因此，国家电力公司将其作为重点攻关项目立项。2000 年 2 月 15 日，烟台龙源电力技术有限公司在全世界首次在 220 吨 / 小时贫煤锅炉上，成功实现全过程等离子无油点火启动和稳燃。2008 年 5 月 18 日，首座无燃油燃煤电厂示范工程——国电康平发电有限公司 1 号锅炉点火成功，这是世界首台 60 万千瓦机组在无燃油系统保障下实施“等离子点火”技术的第一次成功实践。此后，该项技术不断发展，得到了质的飞跃，其可靠性、适应范围、经济性和环保性等各项技术指标都有了显著提升，不仅能满足新旧技术

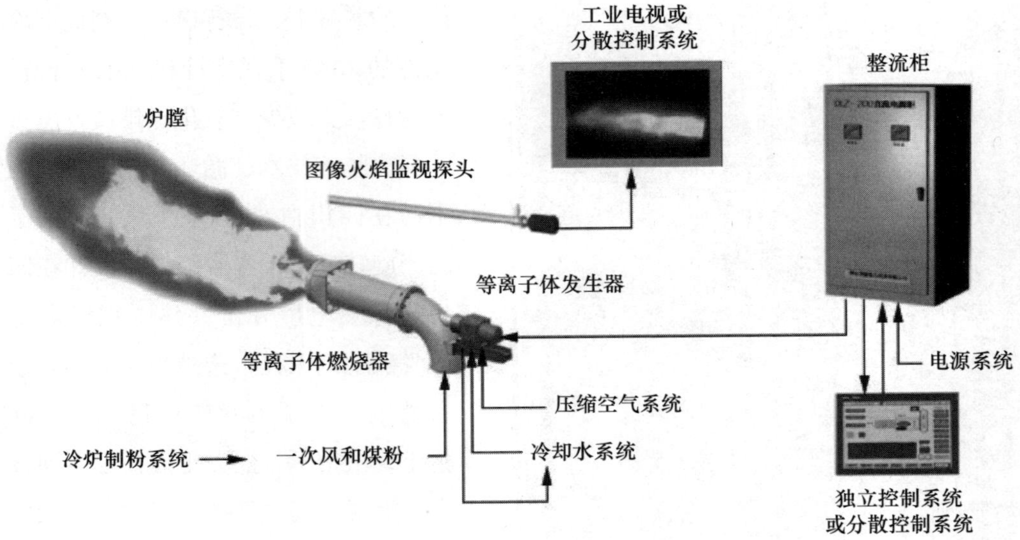

·｜ 等离子点火装置示意图

的升级替换，而且还实现了劣质烟煤和高水分褐煤等煤质的应用拓展，带来更多的经济效益和社会效益。截至 2011 年年底，全国已有 600 余台燃煤电站锅炉采用了等离子点火装置，并有 20 多个燃煤电厂取消了燃油系统，建成等离子点火无燃油系统。

在电网建设领域，特高压交直流输电领域的技术研究、工程建设、设备制造和运行水平取得突破性进展。中国特高压 1000 千伏交流、±800 千伏直流输电工程的成功投运，被国际大电网会议（CIGRE）的委员和专家评价为“中国的特高压技术代表了目前世界上输电技术的制高点”。

在国家科技支撑计划等支持下，国家电网公司集中大量科研人员投入到“电网大范围冰冻灾害预防与治理关键技术及成套装备”项目中，取得集理论、技术和装备于一体的系列成果，实现重大突破和实质性创新。该项目已在中国南方 8 省易覆冰的 1023 条线路广泛应用，成功应对了 2009 年以来 33 次不同程度的电网冰灾，证明项目已具备应对严重电网冰灾的能力。

南方电网科学研究院有限责任公司等单位完成的“高压大容量多端柔性直流输电关键技术开发、装备研制及工程应用”项目，在多端柔性直流输电关键技术、设备研制、试验能力、设备技术集成和工程应用等方面取得了一系列重大创新成果。依托项目研究成果，在广东南澳风电基地建成了 ±160 千伏三端柔性直流输电工程，于2013年12月25日投运。工程经受了强台风、满负荷、三端无功支撑、交流系统故障等特殊工况的考验，运行情况稳定，已成为南澳风电送出的主要通道，风电场未再发生弃风窝电现象，显著提高了南澳风电利用率，提高了运行经济效益。

2015年3月26日，由国网上海市电力公司牵头的国家“863计划”课题“电动汽车智能充放储一体化电站系统及工程示范”通过科技部组织的技术验收。该课题是国家“863计划”“智能电网关键技术研发（一期）”专项21个课题之一。

2016年1月，中国电力科学研究院有限公司、国网四川省电力公司完成的“预防交直流混联电网大面积停电的快速防控与故障隔离技术及应用”项目获得2015年度国家科学技术进步奖二等奖。项目创建了交直流混联电网故障传播分析理论，开发了成套防控决策支撑软件；发明了基于耦合度匹配的交直流多目标协调控制技术，研发了交直流协调控制系统；提出了电网振荡中心精准定位方法，研制了快速故障隔离装置；构建了集主动预防、优化协调、快速响应控制于一体的交直流混联电网快速安全防控系统。项目成果为保障中国电网安全提供了坚强支撑，实现了特大型交直流混联电网快速安全防控技术的国际引领。

2017年1月9日，国家电网公司“互联电网动态过程防御关键技术及应用”获得2016年度国家科学技术进步奖一等奖。中国能源资源逆向分布，输电规模、输电距离、电压等级均居世界第一，与国外相比，中国互联电网输电距离更远、输电规模更大、受端电网受电比例更高，电网运行面临的输电断面安全运行问题、受端电网电压稳定问题更为严峻，动态过程安全防御问题必须加快解决。在国家“973计划”、国家自然科技基金重大项目、国家电网公司科技项目的支持下，项目团队攻克了输电断面动态功率分析与控制、受电侧多时间尺度电压稳定评估与控制、动态全过程建模与仿真等技术难题，形成了“一个分析工具、两种技术受端”，首次建立了互联电网动态过程安全防御技术体系，有力保障了互联电网的运行安全，大幅提升了互联电网关键输电断面输电能力，避免了大停电造成的巨大经济损失，全面促进了中国电力系统分析与控制技术的升级和突破。

电力通信进入大容量全光纤网络时代。电力通信发展始终紧密跟踪业界主流发展趋势。1996年起，随着光纤复合架空地线（OPGW）、全介质自承式光缆（ADSS）等电力特种光缆技术趋于成熟，以三峡送出工程为标志，开启了电力系统全光纤网络建设时代。随后建设的全国电网互联、西电东送、南北互供和特高压电网，在全国范围内进一步开展了以电力特种光缆 OPGW、ADSS 等为基础，构建高速率、大容量、高覆盖和低时延骨干通信网的电力信息高速公路建设。

电网调度自动化进入全面超越阶段。2009 年，根据全球电网发展趋势，国家电网公司全面启动智能电网发展战略，统一组织开发了智能电网调度控制系统，包括统一的基础平台及实时监控与预警、调度计划、安全校核、调度管理等几大类应用功能，通称 D5000 系统。截至 2016 年年底，D5000 系统已应用于国家电网全部 33 个省级以上调度控制中心，并推广应用到部分地市主、备调度控制中心，覆盖了国家电网公司范围内全部国家等级保护四级结构化安全系统。

随着传统化石能源的日渐枯竭以及能源消费与经济发展之间的矛盾、能源安全等问题日渐凸显，大力发展清洁能源、提升能源利用效率成为解决矛盾与问题的重要突破口。为落实创新驱动发展战略，中国电力围绕清洁能源开发和消纳，能源利用效率的提升，电力系统安全稳定运行等方面，开展了一系列的科技创新和科研成果应用。

在火电方面，实现了 100 万千瓦超临界火电机组成套设备自主设计、制造和批量化生产。2009 年 3 月 16 日，中国百万千瓦级机组空冷技术装备自主国产化的示范项目——华电宁夏灵武发电有限公司二期工程开工建设，安装两台 100 万千瓦级超超临界空冷机组，项目由西北电力设计院承担设计。西北电力设计院依托科技部“1000 兆瓦直接空冷机组工程设计研究”科研项目，完成了超超临界 1000 兆瓦机组直接空冷系统的设计、选型、系统优化及运行条件等方面的空冷技术研究工作，掌握了具有自主知识产权的国产化空冷系统设计技术。随着机组的并网运行，彻底改变了中国空冷机组技术设备依赖进口的历史。

国电南京自动化股份有限公司所属武汉天和公司自主研发的 300 千瓦以上大功率无级可调等离子体发生器、智能点火系统、煤粉燃烧器，实现了低反应性煤粉（贫煤）稳定燃烧。该技术达到国际先进水平，填补了国内外等离子体点燃贫煤的技术空白。

根据国家“十一五”规划和“十一五”科技支撑计划，60 万千瓦超临界循环流化床（CFB）机组示范项目于 2004 年年底启动锅炉研发工作。项目依托四川白马30万千瓦循环流化床示范工程的成功经验和人才优势，于2005年着手60万千瓦示范工程的前期准备，2013年4月14日投入商业运行。示范工程的建成，标志着中国成功掌握了大型超临界CFB锅炉设计、制造、安装、调试、检修、运行的完整技术，大型CFB洁净煤发电技术达到世界先进水平。项目获2017年度国家科技进步奖一等奖。

在水电方面，中国已经掌握了超高坝筑坝、高水头大流量泄洪消能、超大型地下洞室群开挖与支护、高边坡综合治理等技术。研制成功国产化技术的百万千瓦级水轮发电机组。2003年前，中国抽水蓄能装机仅占总装机容量的1.6%，最初建设的15座电站共58台机组全部进口，花费近百亿元。为改变抽水蓄能产业发展现状，国家组织开展了“抽水蓄能电站机组及成套设备自主化”项目科研攻关。历经十余年产学研用联合攻关，关键技术获得重大突破，成功研制出具有完全自主知识产权的抽水蓄能机组及成套设备。项目在成功打破国外垄断的同时，国内增量市场占有率也由0跃升至69%，机组单价较进口时期下降40%以上，既推动了中国抽水蓄能产业发展，也带动了超大型水泵、特高压工程调相机、燃气轮机变频拖动等设备的研制水平。

在可再生能源方面，2015年2月，“大容量风光储联合发电关键技术研究及示范应用”项目获得2014年度中国电力科学技术奖一等奖。项目依托国家风光储输示范工程进行应用，构建了新能源发电领域技术成果展示平台、关键设备检验平台以及科学研究孵化平台，提高了新能源发电质量和电网接纳新能源能力，总体具有国际先进水平，在风光储联合发电控制系统的综合功能配置方面具有国际领先水平，对中国新能源产业发展起到重要示范作用。

“光伏发电并网检测技术研究与平台开发及应用”项目，构建了完整的光伏发电并网检测和分析评价体系。该项目可全面客观反映光伏关键设备的性能指标和光伏电站的运行性能，为光伏发电系统验收、并网检测和评价提供了专业技术支撑，制定的相关检测规程可有效促进光伏产业长期稳定发展。依托项目建成了目前世界唯一覆盖全部逆变器容量、电压等级、拓扑结构和检测项目的检测实验室，也是世界首个具备零电压穿越和高电压穿越测试能力的大容量光伏逆变器检测实验室。

在核电方面，2013年11月12日，核电半速120万千瓦级汽轮发电机在哈电集团（秦皇岛）重型装备有限公司成功下线，这是中国在AP1000第三代技术上研发制造的首台核动力发电机。该产品的研制成功，标志着中国完全拥有独立自主制造第三代核岛超大型发电主机设备的能力。

中核集团自主设计、自主研发的多用途模块化小型反应堆 ACP100，在 2016 年 4 月通过国际原子能机构安全审查。ACP100 的设计基于核电站的工程实践，研发、设计、建造和运行经验，考虑了福岛事故后的经验反馈，并且在典型压水堆技术基础上体现了多项一体化结构和安全方面的特点。ACP100 是世界上首个通过国际原子能机构安全审查的小型反应堆技术，对提高中国自主核电品牌的国际竞争力及国际化水平产生了积极影响。

国家电投在 2017 年 1 月宣布，核电站反应堆保护系统平台 NuPAC，分别获得国家核安全局颁发的核级数字化仪控系统领域的设计和制造许可证、美国核管会颁发的安全评估报告，成为全球首个取得中美两国政府核安全监管机构行政许可的核级产品。

2018 年 10 月 8 日，中国科学院合肥物质科学研究院核能安全技术研究所项目团队研制的液态金属锂实验回路，在国内首次实现 1500 开氏度（相当于 1227 摄氏度）超高温稳定运行 1000 小时，标志着中国先进核能系统液态金属冷却剂关键技术取得新突破。

由哈尔滨电机厂有限责任公司研发、设计、制造、安装、调试及试验的 30 万千伏・安立式脉冲发电机组，于 2019 年 1 月 17 日在成都中核集团核工业西南物理研究院通过系统验收，标志着“中国环流器二号 M（HL-2M）”装置拥有了专属的高性能“能量驱动器”。“中国环流器二号 M（HL-2M）”是中核集团核工业西南物理研究院在建的中国新托卡马克装置，主要用于可控热核聚变研究。

20 世纪 90 年代以来，中国电力行业有一大批科研项目和工程获得国家级大奖。其中，“特高压交流输电关键技术、成套设备及工程应用”“特高压 ±800 千伏直流输电工程”“长江三峡枢纽工程”获国家科学技术进步奖特等奖。“秦山 600 兆瓦核电站设计与建造”“超超临界燃煤发电技术的研发和应用”等十多个项目获国家科学技术进步奖一等奖。获得国家优质工程金质奖、中国建设工程鲁班奖、中国电力科学技术奖的项目更是灿若星河。此外，在发电专业、电网专业和综合专业，也有 14 个国家重点实验室。

（二）电力芯片，“海燕 330”与“伏羲”

随着国际政治、科技、能源与半导体产业发展形势的风云变幻，与其他产业一样，我国电力芯片领域的“卡脖子”问题日益突出。与使用5年左右退出市场的消费级芯片不同，电力专用芯片往往需要不间断工作达10年以上，并经受住多重极端环境的考验。换言之，电力芯片要求必须在宽温、高湿、盐雾、冰雪、电磁辐射等环境中7×24小时带电稳定运行，而且对静电防护等级、耐擦写次数等方面都提出了极高要求，因而研制难度远超普通消费级芯片。

然而，国内电力芯片产业发展长期滞后，高度依赖外国技术和产品，进口比率长期达九成以上。这不仅无法满足我国电力技术发展的迫切需求，而且对能源行业的供应链安全造成重大威胁，甚至存在严重的网络安全和电网稳定隐患。

有鉴于此，国家电网和南方电网在电力芯片的研发上，经过多年努力，各有所获。依据不同发展及攻坚战略，国家电网在“面”的维度上已经有所收获，研发出八大类100多种电力芯片产品。与此同时，南方电网侧重在“点”上突破卡脖子技术，研发出伏羲主控芯片等。

国网电力芯片攻坚路径，其切入口是智能电表中的安全芯片，而以安全芯片为起点，国网开启了电力芯片版图的征程，投入大量资源不断研发主控、通信、传感等各类电力芯片。2017年11月，北京智芯微电子公司研发的“海燕330”芯片成功面世。这款芯片整体性能处于同类产品前列，独创超低功耗设计理念，同时静态功耗达到国际领先水平。在应用环节，“海燕330”芯片可用在配网自动化、用电信息采集、能源替代、工业物联网及智能楼宇等多个领域，如故障指示器、充电桩、智能电表等。北京智芯微电子公司的芯片产品在石油石化、汽车电子、银行金融等领域也得到广泛应用，部分芯片还成功出口至比利时、伊朗、巴西等80个国家和地区，实现了我国电力芯片从“受制于人”到“走向世界”的重要转变。截至2020年底，国网已累计销售各类芯片超18亿颗。

紧随国家电网，经过数年研发积累，南方电网逐渐掌握了电力主控芯片的相关技术。2017年，国家将重点科技项目“电力系统终端嵌入式组件和控制单元安全防护技术”交由南方电网，以创建电力终端主动免疫和安全自主可控体系。此后，南方电网基于国产自主CPU内核和境内代工封测技术，统筹各方资源、集中科研力量，重点攻关伏羲等系列芯片。伏羲芯片采用C-sky国产指令集，玄铁系列国产内核作为计算核心，同时适配国产实时操作系统

SylixOS 以及 Linux 开源操作系统，可支持 AMP、SMP 等多种运行模式。自 2019 年起，南方电网在电网控制保护、自动化、新能源等多个关键场景对伏羲进行验证及应用，均表现良好。到了 2021 年 2 月，南方电网正式宣布：伏羲实现量产，并成为首个基于国产指令架构、国产内核的电力专用主控芯片。

三、电力装备的中国制造

中国民族电器制造业可以追溯到 1914 年。当时，上海德商瑞记洋行修理班领班技工钱镛森开设了一家“钱镛记电器铺”，生意日渐兴隆后，改名“钱镛记电业机械厂”。这是中国有文字记载的最早的电机厂。

1950 年 1 月，重工业部在北京召开第一次全国电机工业会议，会议决定重点建设东北电机工业基地，并在沈阳筹建重型电机制造企业。“一五”时期，由苏联援助中国建设的 156 个重点项目中，安排电机工业 15 个工厂、17 个项目。另外，国家同时确定的电机工业重点建设工程还有 7 个项目。按照这个规模，“一五”计划建设的重点电机工业项目，总计有 20 个工厂、24 个项目。其中，除湖南湘潭电机厂的改建和新建船用电机车间、河南新乡碱性蓄电池厂、四川成都电机厂、北京曙光电机厂、陕西兴平电机厂和湖北武汉锅炉厂 6 个工厂的 7 个项目外，其余 14 个工厂的 17 个项目，集中安排在东北、上海和西安三地，三大电站设备基地逐渐形成。三大电站设备基地的规划和布局，以及三大电站设备基地的建成，不仅填补了电工产品生产的空白，而且奠定了东北、上海、西安三大电工基地的历史地位。东北是当时重工业生产基地，上海是人才集中和管理水平较高的城市，西安是国家准备重点建设的城市，在西安建厂对发展西北地区的工业，改善国家工业布局也具有重要意义。

电力设备制造业是“三线”建设的一个重要领域。其中，位于四川德阳的德阳水力发电设备厂（后更名为东方电机厂）于 1958 年破土动工，1961 年停建封存，1964 年启封续建，并由哈尔滨电机厂支援建设，最终于 1966 年建成投产。位于四川自贡的东方锅炉厂，1966 年开始由哈尔滨锅炉厂、上海四方锅炉厂、上海新建机器厂、上海汽轮机锅炉研究所支援建设，1971 年建成投产。位于四川绵竹的东方汽轮机厂，1966 年由哈尔滨汽轮机厂和上海汽轮机锅炉研究所支援建设，1974 年建成投产。由此，中国形成了哈尔滨、上海、四川东方三大发电设备制造基地。这一时期的其他电工行业，也开展了大规模的对口援建，如沈阳高压开关厂支援建设平顶山高压开关厂，阿城继电器厂支援建设许昌继电器厂等。国家按照对口工厂的模式，从沿海地区以及东北、京津等地统一安排对口工厂，分出一部分人员和设备进行搬迁，少数有条件的全部搬迁，迅速建设新的企业，比较快地建成了一批“三线”电工企业。搬迁落户到“三线”地区的电工企业，有一批已发展成为具有较高技术水平、较强竞争力的电机工业基地，如贵州遵义的长征低压电器制造基地、甘肃兰州—天水的电机电器制造基地等。

白鹤滩水电站不仅是世界首个单机容量机组达到100万千瓦的水电站，而且是首个实现100%国产化机组的大型水电站，标志着中国重大水电装备制造已经迎来历史性跨越。100万千瓦水电机组同时也创造了目前世界最大容量纪录，超出了国际上现有技术水平和规范。中国不仅在建坝规模上领先世界，而且在大型水电装备制造上也已进入引领阶段，表明中国水电建设能力和大型装备制造水平都达到了一个新的高度。

白鹤滩水电站是中国重大水电装备继三峡机组国产化之后，在向家坝80万千瓦机组国产化的基础上，实现的历史性飞跃。作为建设方的三峡集团和设备制造方的东方电机有限公司，于2006年即启动了百万千瓦机组创新研究工

· | 白鹤滩水电站百万千瓦水轮发电机组

作。他们先后对乌东德、白鹤滩电站装设百万千瓦机组可行性、必要性进行了全面论证，并以实际开发项目为目标，制定了严苛的技术条件，在水力设计、绝缘设计、通风设计等机组关键技术上进行攻关并验证，最终确定了白鹤滩建设百万千瓦机组的方案。

2019 年 1 月，由东方电气集团东方电机有限公司研发制造的白鹤滩水电站首台百万千瓦水轮发电机组的转轮，在电站工地的转轮厂房正式完工。转轮是整个机组中最核心、研制难度最大的部件，堪称机组的“心脏”。转轮总重达 353 吨，经过 24 道工序，由 100 余名东电工匠耗时 12 个月“精雕细琢”完成。2019 年年底，由中国科学院、中国工程院主办的“两院院士投票评选年度中国和世界十大科技进展”活动中，“世界首台百万千瓦水电机组核心部件完工交付”名列两院院士评出的“2019 年中国十大科技进展”之一。

随着 20 世纪 80 年代中国一大批高压输变电工程的审批和建设，输变电设备制造企业抢抓历史机遇，依托重大工程，极大地提升了自主设计制造能力。1984 年 1 月建成、1985 年 10 月正式投入运行的元宝山—锦州—辽阳—海城输变电工程，是国内自行设计、施工、制造的第一条 500 千伏交流输变电工程，堪称中国自主设计制造的 500 千伏交流输变电成套设备应用的起点。1981 年开工建设、1987 年建成的舟山 100 千伏直流输电工程，输电容量 5 万千瓦，架空线长 40 千米，海底电缆 12 千米。全部直流输电设备由西安电力机械制造公司成套供货，继电保护设备由许昌继电器厂提供，海底电缆由上海电缆研究所和宜昌红旗电缆厂合作研制。这是中国第一条采用自主设计、生产制造输变电设备的直流输电线路，至今运转良好。这两个工程的自主设计制造，为中国自主建设更大容量的交、直流输变电工程打下了坚实基础。

特高压直流、特高压交流输电工程所需设备，世界各国尚没有制造经验，这对中国输变电制造业是极大的考验。在国内制造企业不懈努力下，特高压交流输电工程实现了全部由国内自主设计、成套、建设和运营，主要设备立足国内制造的目标，综合国产化比例达到 90%。其中，1000 千伏、1000 兆伏 · 安单体式电力变压器的研制属世界首次。单台高压并联电抗器额定容量为 32 万千乏，是世界同类产品中最大容量的设备。特高压直流输电工程中，国产化率达 70% 以上，并创造了电压等级最高、输电容量最大、额定电流最大、输电距离最远、换流变压器单台容量最大、首次使用电触发 6 英寸大功率晶闸管等多项世界第一。

20世纪80年代，中国核电开始起步，此后的发展大体分为四个阶段，即1985—1994年的起步阶段，1995—2003年的适度发展阶段，2003—2011年的积极发展阶段，2011年至今的安全高效发展阶段。经过30多年的努力，中国核电从无到有，从小到大。中国已经成为世界上少数拥有比较完整核工业体系的国家之一。

四、电改没有“句号”

2002年实施的“厂网分开”改革，初步形成了发电市场多元竞争的格局，但改革的任务还远没有完成。

（一）启动新一轮电力体制改革

为进一步深化电力体制改革，解决制约电力行业科学发展的突出矛盾和深层次问题，促进电力行业又好又快发展，推动结构转型和产业升级，2015年3月15日，中共中央印发《中共中央 国务院关于进一步深化电力体制改革的若干意见》（中发〔2015〕9号），启动了以市场化为取向，包括输配电价改革、市场体系建设、售电侧改革等在内的新一轮电力体制改革。《意见》对深化电力体制改革的总体思路、基本原则、近期推进电力体制改革的重点任务和加强电力体制改革工作的组织实施等作出了全面部署。

《意见》明确指出了深化电力体制改革的重点和路径：在进一步完善政企分开、厂网分开、主辅分开的基础上，按照“管住中间、放开两头”的体制架构，有序放开输配以外的竞争性环节电价，有序向社会资本开放配售电业务，有序放开公益性和调节性以外的发用电计划；推进交易机构相对独立，规范运行；继续深化对区域电网建设和适合中国国情的输配体制研究；进一步强化政府监管，进一步强化电力统筹规划，进一步强化电力安全高效运行和可靠供应。

《意见》下发后，电力体制改革框架内，有四个改革事件具有标志性质，一是开展电力体制改革综合试点；二是颁发区域内第一张“电力业务许可证”；三是深化电价改革；四是开展增量配电业务改革试点。

2015年11月9日，国家发展改革委、国家能源局复函同意云南省、贵州省开展电力体制改革综合试点，新一轮电力体制改革首批省份综合试点启动。2016年，山西、广西、北京、海南、甘肃、河南、新疆、山东、湖北、四川、辽宁、陕西、安徽、宁夏、上海、内蒙古、湖南、天津、青海19个省（区、市）的电力体制改革综合试点方案相继获国家发展改革委与国家能源局批复同意。

2016年7月，国家能源局东北监管局为大庆油田电力集团颁发“电力业务许可证”（供电类）。这是东北能源监管局在新一轮电力体制改革启动后，发出的区域内第一张电网企业之外的、明确供电营业区的供电类电力业务许可证。大庆油田年用电量达150亿千瓦·时，其中自发50亿千瓦·时、网上购电100亿千瓦·时。大庆石油管理局运营的电网，符合电改精神和配套文件要求。

为支持可再生能源发展，提高风电、光伏发电的市场竞争力，促进环境保护，国家相继调整了可再生能源电价与环保电价；为化解产能严重过剩的矛盾，对电解铝企业用电实行了阶梯电价政策；为促进节能减排和大气污染治理，对燃煤电厂超低排放实行了电价支持政策；改革了燃煤发电上网电价形成机制。这些举措，有力地推进了电力价格改革。

2016年11月以来，国家发展改革委、国家能源局先后分四批在全国范围内开展了404个增量配电业务改革试点，以鼓励社会资本投资配电业务，有效提高配电网运营效率，优化供电服务，降低配电成本。截至2019年8月31日，第一批试点的94个项目（不含12个申请取消的试点项目）中，92个项目已确定项目业主，25个项目已建成投产，29个项目已开工建设。

到2019年，新一轮电力体制改革各项任务均有效落地：基本建立了独立输配电价体系；电力交易机构全部组建完成，实现交易机构管理运营与各类市场主体相对独立；售电侧放开稳步推进，初步形成多买多卖的市场竞争格局；电力市场建设成效初显，中长期交易为主、现货交易为补充的电力市场体系初具雏形；新能源消纳水平逐年提高，在新能源装机快速增长的情况下，通过市场化手段加大新能源消纳力度。电力体制改革取得阶段性重要成果。

（二）加速电力市场化进程

随着全球能源行业出现新变化，2021年以来，国际能源价格大幅上涨，国内电力、煤炭供需持续偏紧，给正常的经济运行和居民生活带来影响。在此背景下，进一步改革完善煤电价格市场化形成机制、深化燃煤发电上网电价市场化改革的呼声渐高。2021 年 5 月 18 日，国家发展改革委发布《“十四五”时期深化价格机制改革行动方案》，其中，就持续深化电价改革提出原则意见：进一步完善省级电网、区域电网、跨省跨区专项工程、增量配电网价格形成机制，加快理顺输配电价结构。持续深化燃煤发电、燃气发电、水电、核电等上网电价市场化改革，完善风电、光伏发电、抽水蓄能价格形成机制，建立新型储能价格机制。平稳推进销售电价改革，有序推动经营性电力用户进入电力市场，完善居民阶梯电价制度。不断完善绿色电价政策。针对高耗能、高排放行业，完善差别电价、阶梯电价等绿色电价政策，强化与产业和环保政策的协同，加大实施力度，促进节能减碳。实施支持性电价政策，降低岸电使用服务费，推动长江经济带沿线港口全面使用岸电。

2021 年 10 月 12 日，国家发改委印发《关于进一步深化燃煤发电上网电价市场化改革的通知》，明确从 10 月 15 日起，有序放开全部燃煤发电电量上网电价，并扩大市场交易电价的上下浮动范围。这个《通知》可以说是《“十四五”时期深化价格机制改革行动方案》在电价改革领域的具体化。

这次电价改革加速了电力市场化的进程。2021 年 11 月 24 日，中央全面深化改革委员会召开第二十二次会议，审议通过《关于加快建设全国统一电力市场体系的指导意见》，强调“要健全多层次统一电力市场体系，加快建设国家电力市场……有序推动新能源参与市场交易，科学指导电力规划和有效投资，发挥电力市场对能源清洁低碳转型的支撑作用。”燃煤发电上网电价市场化改革，是加快建设全国统一电力市场体系框架内的一次重大改革，将推动全部燃煤发电电量有序进入市场，同时设置更大幅度的上下浮动限制，高耗能行业市场电价上浮不限，这些举措有利于发挥市场机制作用，让市场电价更好地反映电力供需形势和成本变化，助力燃煤发电行业结构调整、功能转型，推动煤电上下游协同发展。

加速电力市场化进展的另一个重要信号是持续推进售电侧改革。2021 年 11 月，国家发展改革委、国家能源局正式印发《售电公司管理办法》，用以替代已经执行了 5 年的《售电公司准入与退出管理办法》。新版管理办法明确了售电公司注册条件、注册程序及相关权利与义务等内容，共计 9 章 46 条。其有三个亮点，一是注册条件和注册程序更有针对性，二是更加注重售电公司动态管理和风险管理，三是启动保底售电服务，衔接电网企业代理购电机制。

增量配电业务改革方面，国家发展改革委、国家能源局批复了五批 459 个增量配电业务改革试点项目。中国能源研究会配售电研究中心与华北电力大学国家能源发展战略研究院联合发布的《2021 年增量配电发展研究白皮书》显示，有 292 个试点完成配电网规划编制，300 个试点确定业主，240 个试点业主单位通过工商注册，224 个试点公布股比。共计 220 个试点确定供电范围，185 个试点取得电力业务许可证（供电类）。

初步形成在空间范围上覆盖省间、省内，在时间周期上覆盖多年、年度、月度、月内的中长期交易及日前、日内现货交易，在交易标的上覆盖电能量、辅助服务、合同、可再生能源消纳权重等交易品种的全市场体系结构。省间、省内中长期市场已较为完善并常态化运行。2021 年全年市场化交易电量约 3.5 万亿千瓦·时，同比增长 15.7%，占全社会用电量的 40% 以上。市场主体方面，截至 5 月底，国家电网公司经营区域电力交易平台已累计注册各类市场主体 27 万家，是 2015 年底的 9.8 倍。其中，电力用户达到 23.6 万家，增长了 96 倍，售电公司目前已超过 3800 家。截至 11 月底，南方区域电力市场注册的主体共 8.98 万家，同比增长 39.9%，其中，发电企业 740 家、售电公司 914 家、电力用户 8.8 万家。

第三节 电力大数据

进入新时代，致力于做强做优做大的国有电力企业，实现了从以规模扩张为主到以提高发展质量为主的根本性转变。中国电力综合实力显著提升，中国发电装机规模和发电量连续多年位列世界第一。大力发展可再生能源，水电跨入“双百”时代，风电、太阳能发电继续领先世界，新能源保持快速增长。以推进特高压工程建设和能源互联网建设为标志，电网远距离、大规模输送能力和智能化管理水平持续增强。保持电力安全生产，电力系统安全稳定运行，电力可靠性主要指标总体保持在较高水平。一批电力企业进入世界500强。

一、中国电力企业的世界500强

2021年8月2日，美国《财富》杂志发布2021年《财富》世界500强排行榜。中国电力央企全部进入排行榜。这些企业是：国家电网有限公司（第2位）、中国南方电网有限责任公司（第91位）、国家能源投资集团有限责任公司（第101位）、中国电力建设集团有限公司（第107位）、中国华能集团有限公司（第248位）、国家电力投资集团有限公司（第293位）、中国能源建设集团有限公司（第301位）、中国华电集团有限公司（第352位）、中国大唐集团有限公司（第435位）。

《财富》世界500强排行榜显示，1989年，中国企业第一次进入全球商业评价体系时，只有中国银行一家上榜。1995年，该榜单首次同时涵盖了工业企业和服务性企业，也只有中国银行、中化集团、中粮集团三家中国企业上榜。直到2000年，中国电力企业第一次跻身世界500强的行列，初次上榜的国家电力公司名列榜单第83名。到2021年，中国上榜公司数量已经高达143家，先后超越德国、法国、英国和日本，并在2019年达到129家，首次超越美国，2021年上榜数量再创新高，领先优势进一步扩大。《财富》杂志的分析指出，自1995年《财富》世界500强排行榜发布27年以来，还没有任何一个别的国家或地区的企业数量在排行榜中如此迅速地增加。2014—2021年，央企电力板块的两大电网公司、五大发电公司、两大电力建设公司全部进入榜单。

二、发供电增长曲线

如果要给1949年新中国成立以来的发电装机容量和发电量画一条曲线，会发现，这条曲线的趋势始终直线上升。

1949年，新中国成立是中国电力工业发展的重大转折点。到2021年的72年里，中国电力工业经历了由弱变强、由落后变先进的发展历程，取得了举世瞩目的巨大发展成就。1978年开启的改革开放，为中国电力发展注入了新的生机活力。尤其是2002年电力体制改革以来，厂网分开和发电侧市场主体的形成，打破了独家办电的体制束缚，初步形成了电力市场主体多元化竞争的局面，推动了全国电力建设的蓬勃发展。党的十八大以来，全国发电装机规模增长惊人，2013—2021年，每年新增发电装机容量超过1亿千瓦。

中国电力工业在世界电力工业的地位发生巨大变化，规模连续多年居世界首位。发电装机容量从1949年的世界第21位，发展到1978年世界第八位。1995年超越俄罗斯位居世界第三位。1996年超越日本跃居世界第二位。2011年，中国发电装机容量超过美国跃居第一位，发电装机容量为10.6亿千瓦，占世界发电装机总容量20.4%；美国发电装机容量为10.5亿千瓦，占世界发电装机总容量19.8%。到2018年，中国发电装机容量连续8年保持世界第一位，发电装机容量达19.0亿千瓦；是位列世界第二位美国发电装机容量的1.8倍。到2019年，全国发电装机容量达到20.1亿千瓦，首次突破20亿千瓦。此后两年，中国发电装机容量继续以每年超过1.5亿千瓦的增幅大步向前迈进，2021 年年底，装机总容量达到 23.8 亿千瓦。

中国的发电量同样增长迅速，1949 年为世界第 25 位，1978 年升至世界第七位，1994 年升为世界第二位，2011 年升至世界第一位。2011 年，中国发电量超越美国位列第一，发电量为 47306 亿千瓦·时，占世界发电量的 21.2%；美国发电量为 40950 亿千瓦·时，占世界发电量的 19.3%。到 2018 年，中国发电量连续八年位列世界第一，发电量 69947 亿千瓦·时，是位列世界第二位美国发电量 43961 亿千瓦·时的 1.6 倍，大约是欧盟的 2 倍。2021 年年底，中国全社会用电量 8.31 万亿千瓦·时。

三、世界最大规模的清洁高效煤电供应体系

进入 21 世纪，中国雾霾天气趋于频繁，控制燃煤污染物排放成为当务之急。2014 年 9 月 12 日，国家发展改革委、环保部、国家能源局三部委联合印发《煤电节能减排升级与改造行动计划（2014—2020 年）》。根据行动计划提出的要求：新建燃煤发电机组应同步建设先进高效脱硫、脱硝和除尘设施，不得设置烟气旁路通道。东部地区新建燃煤发电机组，大气污染物排放浓度基本达到燃气轮机组排放限值，中部地区和西部地区新建机组原则上接近或达到燃气轮机组排放限值。支持同步开展大气污染物联合协同脱除，减少三氧化硫、汞、砷等污染物排放。重点推进现役燃煤发电机组大气污染物达标排放改造，确保满足最低技术出力以上全负荷、全时段稳定达标排放要求。稳步推进东部地区现役 30 万千瓦及以上和有条件的 30 万千瓦以下公用燃煤发电机组实施大气污染物排放浓度基本达到燃气轮机组排放限值的环保改造。鼓励其他地区现役燃煤发电机组实施达到或接近燃气轮机组排放限值的环保改造。

经过超低排放和节能改造，2014 年以来，中国煤电行业二氧化硫、氮氧化物、烟尘年排放量大幅下降，供电标准煤耗也呈现明显下降趋势，煤电逐步成为提供安全、清洁、高效、可靠电量和具有灵活调节能力的基础性电源，有力推动了能源清洁发展，为防治大气污染，打赢“蓝天保卫战”作出重要贡献。

自 2014 年开始，中国主要发电企业根据大气污染防治行动计划和工作方案明确的东、中、西部地区完成时间要求，主动制订相关机组具体改造计划。按照“一厂一策”的原则，研究制定改造技术方案，普遍研发或合作研发出了先进除尘、高效脱硫脱硝、污染物超低排放监测等技术装置，并已实现了

产业化。

为调动煤电企业超低排放改造的积极性，国家同时制定了多项支持性政策：对达到超低排放标准的新建机组和现役机组，分别给予 0.5 分和 1 分钱的电价补贴；适当增加超低排放机组发电利用小时数，原则上奖励 200 小时；污染物排放浓度低于国家或地方规定限值 50% 以上的，落实减半征收排污费政策，有效降低了企业设备改造和运行成本。

截至 2018 年三季度末，中国累计完成超低排放改造煤电机组 7 亿千瓦以上，提前超额完成 5.8 亿千瓦的总量改造目标，加上新建的超低排放煤电机组，中国达到超低排放限值煤电机组已达 7.5 亿千瓦以上；节能改造累计完成 6.5 亿千瓦，其中“十三五”期间完成改造 3.5 亿千瓦，提前超额完成“十三五” 3.4 亿千瓦改造目标。标志着中国已建成全球最大的清洁煤电供应体系。截至 2019 年年底，全国实现超低排放的煤电机组累计约 8.9 亿千瓦，占煤电总装机容量的 86%，光伏、风能装机容量、发电量均居世界首位，全国清洁能源占能源消费的比重达到 23.4%，新能源装机容量在可再生能源总装机容量中占比达到 55.2%，常规水电和抽水蓄能稳步发展，水电总装机容量在可再生能源总装机容量中占 44.8%。

四、为国际电力工业标准贡献中国智慧

进入 21 世纪，中国电力工业参与国际标准化工作的步伐加快迈进。为推动电力企业“走出去”战略的实施，水电施工技术标准领域率先成体系地将中国标准翻译成英文版，并用于电力企业海外工程项目。随后，中电联有目标地组织火力发电和电网建设、运行等标准陆续统一翻译为英文标准，运用于海外项目。

同时，中国电力专家积极参与国际标准化活动，先后参与国际电工委员会 IEC/TC 8（电能供应系统标准化技术委员会）、IEC/TC 11（架空线路）、IEC/TC 42（高电压及大电流试验）、IEC/TC 57（电力系统控制设备和系统）、IEC/TC 73（短路电流）、IEC/TC 77（电磁兼容）、IEC/TC 78（带电作业）、IEC/TC 99（高压安全）、IEC/TC 117（太阳能光热发电）、IEC/PC 118（智能电网用户接口项目）、IEC/TC 120（电力储能设备及系统）、IEC/TC 122（特高压交流）、IECSyC（智慧能源系统）等专业领域的标准化技术委员会的工作。

由中国提议成立的IEC/TC 115（特高压输电标准化技术委员会）于2008年10月经国际电工委员会中央办公室批准正式成立，实现了中国在国际电工委员会专业标准化技术委员会“零的突破”。2013年7月，中国电力行业又提出并发起成立了IEC/TC 8/SC 8A（可再生能源接入电网）分技术委员会。

中国电力行业先后牵头制定了IEC/TS 62749：2015《公共电网电能质量限值及评估方法》、IEC/TS 62898-1《微电网总体规划设计导则》、IEC/TS 62898-2《微电网运行控制技术要求》、IEC/TS 62898-3-1《微电网继电保护技术要求》、IEC/PT 62786《用户侧电源接入电网》、IEC/TS 61973《高压直流换流站可听噪声技术规范》、IEC/TS 62344《高压直流接地极设计导则》、IEC/TR 62681《高压直流架空输电线路电磁环境限值》、IEC 62862-3《太阳能光热发电厂槽式太阳能光热发电站设计总体要求》等多项国际电工委员会标准。中国电力行业在国际电工委员会各专业领域参与积极表现活跃，实现了中国电力标准从跟随到引领的转变。

2013年9月24日，以“智能电网高层视野”为主题的2013国际智能电网论坛在德国柏林开幕。国际电工委员会（IEC）主席克劳斯·乌切尔（Klaus Wucherer）在会上表示，中国的特高压输电技术在世界上处于领先水平，中国的特高压交流电压标准将向世界推广。论坛上，中国国家电网公司发布特高压与智能电网系列研究与实践成果：中国国家电网公司自2009年5月提出发展坚强智能电网以来，在发展规划、技术研发、工程应用等方面做了大量工作，取得了重要进展。建成特高压交流、直流、高海拔、工程力学四个试验基地和大电网仿真、直流成套设计两个研发中心，形成功能齐全的特高压、大电网试验研究体系，全面掌握了特高压交、直流输电核心技术和整套设备制造能力。在大电网控制保护、智能电网、清洁能源接入等领域取得一批世界级创新成果。建立了系统的特高压与智能电网技术标准体系，已制定企业标准363项、行业标准145项、国家标准66项，编制国际标准19项，特高压交流电压成为国际标准电压。高压直流、大容量可再生能源接入电网等4个分技术委员会秘书处设在中国国家电网公司。

自2012年起，中国电力专家舒印彪连续两次当选为国际电工委员会副主席，任期为2013—2018年。2018年10月，在韩国首尔召开的国际电工委员会年会上，中国电力专家舒印彪全票通过当选为国际电工委员会新一任主席，任期为2020—2022年。这是该组织成立一百多年来首次由中国专家担任主席一职，标志着中国电力（电工）领域技术发展得到世界的认可。

2017 年 2 月 24 日，由中国申请提出的电动汽车充电服务国际标准《电动汽车充电漫游信息交换　第 1 部分：总则》获得国际电工委员会的立项批准。这是世界上首个电动汽车充电服务领域的标准，也是中国电力标准首次晋升为国际标准，具有里程碑意义。

截至 2019 年年底，中国已有近百项电力标准提案通过了国际电工委员会、电气与电子工程师协会等国际组织的认定，数十项中国电力标准成为国际标准，数百位各相关领域的专家参与国际标准化组织，提升了中国电力标准化工作的国际话语权和信誉度，电力标准向着更深更广的领域发展和迈进。

五、电力央企的数字化转型

数字化是适应能源革命和数字革命相融并进趋势的必然选择。随着大云物移智等现代信息技术和能源技术深度融合、广泛应用，能源转型的数字化、智能化特征进一步凸显。无论是适应新能源大规模高比例并网和消纳要求，还是支撑分布式能源、储能、电动汽车等交互式、移动式设施广泛接入，都需要以数字技术为电网赋能，促进源网荷储协调互动，推动电网向更加智慧、更加泛在、更加友好的能源互联网升级，持续提高能源供给清洁化、终端消费电气化、系统运转高效化水平，在引领能源生产和消费革命中发挥更大作用。

国家电网运营着全球电压等级最高、能源资源配置能力最强、并网新能源规模最大的特大型电网，迫切需要以数字化、现代化手段推进管理变革，实现经营管理全过程实时感知、可视可控、精益高效，促进发展质量、效率和效益全面提升。面对日益多元化、个性化和互动化的客户需求，也需要以数字化提高电力精准服务、便捷服务、智能服务水平，提升客户获得感和满意度。

针对电力数据采集规模大、专业覆盖广、数据类型多等特点，国家电网按照“盘点—规范—治理—应用”的思路，强化数据分级分类管理，建立最小化的数据共享负面清单，推动数据规范授权、融合贯通、灵活获取，实现“一次录入、共享应用”。构建智慧物联体系。电网企业拥有海量设备资源、联系千家万户，通过接入各类边缘设备、感知设备及 5 亿只智能电表，构建分布广泛、快速反应的电力物联网，有力支撑了电网、设备、客户状态的动态采集、实时感知和在线监测。先后建成北京、上海、陕西三地集中式数据中心，加快27家省公司数据中心升级改造，实现核心业务数据统一接入、汇集、存储，服务器超过1.9万台，存储容量近30PB。推广应用图数一体、在线交互的“网上电网”，有力支撑各电压等级电网在线可视化诊断评价、智能规划和精准投资，基本实现“电网一张图、数据一个源、业务一条线”。初步建成现代智慧供应链，实现物资业务全流程在线办理，推动智能采购电子化、数字物流网络化、全景质控可视化，每年投标成本降低70%，被商务部作为创新案例在全国推广。推进客户服务数字化。通过打造融合线上线下服务的“网上国网”平台，全面推行线上办电、交费、查询等125项业务功能，实现服务一个入口、客户一次注册、业务一网通办。搭建了全球规模最大的智慧车联网平台，累计接入充电桩103万个，为经营区域480万辆电动汽车绿色出行提供便捷智能的充换电服务。

南方电网公司从2019年全面启动数字化转型，连续两年印发数字化转型和数字南网建设行动方案，相继上线南网云、人工智能平台、全域物联网平台等，建成了南网智瞰、南网智搜、互联网平台、电网管理平台等一批重要应用系统。2019年，成立数字电网研究院，并于次年发布《数字电网白皮书》，提出“数字电网”概念。2021年，发布《数字电网推动构建以新能源为主体的新型电力系统白皮书》。联合广东省政府发布国内首个数据资产凭证，同时，推动成立电力行业数字电网标准化工作组，建成数字孪生变电站。建成包括云平台、大数据、物联网、人工智能、区块链等14个统一平台，基本完成对数字电网技术架构的构建。全力打造“全渠道、全业务、强能力、重运营”的“南网在线”，推动业务向“互联网+移动终端作业”模式转变，基本实现业务全流程、全链路实时数字化。“南网在线”智慧营业厅通过用电用能数据的聚合贯通，创新管制业务和增值服务产品，实现用电“一次也不跑”。

国家能源集团以提升全要素生产率为核心，积极推动能源生产与先进信息技术深度融合，探索5G、云计算、大数据、区块链、人工智能、北斗通信等新一代信息技术创新应用，推进智能矿山、智能电站、智能运输和智能化工建设，努力占领“智慧+能源”生产的技术制高点。

国家电力投资集团有限公司将综合智慧能源作为“2035一流战略”实施最重要的增长极，率先成立智慧能源公司；推出智慧城镇、产业园区、集群楼宇、能源基地等4大类24个场景综合智慧能源整体解决方案。国家电投清洁能源装机占比超过50%，是全球最大的光伏发电企业。在全国范围内建成37

个新能源生产运营中心，集中管理分布在全国的新能源装机，通过智能化集中控制和远程诊断技术，全面提高新能源管理运营水平。

中国华能集团在行业率先建设工业互联网。目前工业互联网已覆盖公司全部水电板块，以及火电 10 个区域公司 19 家电厂，共接入 186 万测点，开发智能化应用模型超过 300 种。

中国大唐集团建成包括集团管控、生产运营、共享服务等多环节智能决策数字化平台，实现火电、风电、水电全部发电资产接入集团生产调度中心，构建发电行业首个数字化作战室，组织开展“智慧电厂”试点工作。电力数据监测诊断中心被国资委列入数字化转型典型案例研究。

中国华电集团发布集团级数字化战略——“数字华电”规划。扎实推进数字企业建设。加快搭建综合能源智慧平台，商业模式转型取得新成效，首个综合能源服务平台华云网投运，接入上海区域 4 家电厂数据和 160 余家外部用户近 380 项指标数据，标志着中国华电迈出打造“清洁友好、多能联供、智慧高效”综合能源服务业务的实质性步伐。

第四节 世界能源发展趋势的中国元素

自2013年习近平主席提出“一带一路”倡议以来，中国电力企业依托技术、管理、设备、资金等优势，积极“走出去”拓展国际业务，努力落实“一带一路”倡议，中国与周边及沿线国家的能源电力合作日益加强。

一、对外援建与国际交流

（一）对外援建

对外经济援助，帮助第三世界国家和社会主义国家共同发展，既是中华人民共和国外交工作的重要组成部分，更是中国作为社会主义大国和维护世界和平重要力量的责任。对外经济援助中，建设发电、输配电、小水电项目是重要内容之一。前期电力工业的对外援建，为后续的“走出去”，落实“一带一路”倡议，积累了经验教训，提供了成功案例。

在中国社会主义建设开始后不久，电力工业系统认真贯彻党中央对外经济援助工作的路线、方针和政策，较好地实践了对外援助“八项原则”，严格履行了中国政府对外签订的水利电力项目协议，电力战线的广大干部职工，肩负起援助亚非拉发展中国家的电力建设任务，有力地支援了第三世界国家和人民发展民族经济，增进了中国与

·| 柬埔寨境内最大水电工程——华能柬埔寨桑河二级水电站

第三世界各国人民的团结和友谊，扩大了社会主义中国的影响，为中国争得了荣誉，得到了受援国人民的好评。

中国的对外援助始于20世纪50年代，最先开始的是对社会主义国家和柬埔寨等国的援助。50年代，援助蒙古人民共和国，除兴建苏赫巴托火电厂外，又援建了乌兰巴托火电厂，为该国首都和苏赫巴托市的发展提供了动力。60年代，先后援助朝鲜民主主义人民共和国建成熙川、顺川电厂，装机容量各为1.2万千瓦。这一时期，还援助阿尔巴尼亚修建了菲埃里火电厂，装机容量为9.9万千瓦，使阿尔巴尼亚电力的装机容量翻了一番。援助几内亚建成了金康水电站。援助柬埔寨建成了马德望纺织厂自备电厂。援助阿拉伯也门共和国建成了萨那纺织厂自备电厂。

随着国际形势的变化，在亚非拉民族解放运动的带动下，20世纪60年代一大批新的发展中国家成立，帮助这些国家共同发展成为中国重要的外交任务。中国援外的重点逐步形成了亚洲、非洲两个重点。

·| 喀麦隆拉格都水电站

电力工业从1955年开始承担对外经济援助的30多年间，共完成了亚洲、非

非洲在建大型水电站——埃塞俄比亚吉布 3 水电站第 10 号机组完成试运行，顺利移交

洲和阿尔巴尼亚等 28 个国家的 128 项考察设计、施工建设和技术合作项目，先后派出 4000 多名专家、工程师和技术工人，发运各种设备、材料几十万吨，完成援外投资 13 亿元人民币，占中国援外总量的 10%。建成投产的水、火电站共 32 座，总装机容量为 185 万千瓦，修建输电线路总长度 2800 多千米。同时，还为受援国培训了大批技术人员。对外经济援助的方式，主要是大包干的“交钥匙”工程，少数是由中国负责设计、施工的技术指导项目。

党的十一届三中全会以后，中央调整了对外援助的方针。1983 年，中央确立了改革开放以来对外援助工作的方针是“平等互利、讲求实效、形式多样、共同发展”。开展对外经济合作要本着“有出有进”的原则，所谓“出”，就是在力所能及的条件下仍要对外提供经济技术援助，所谓“进”，就是要到国际市场上承包工程，输出劳务，为国家创收外汇。

伴随着国家经济体制改革、电力改革开放不断深化，作为帮助第三世界国家经济社会发展重要内容的电力援助工作也进入了新的历史阶段。电力企业在不断探索和总结经验基础上主动走“国际合作的道路”。由国际工程援建和劳务输出，发展到竞标国际工程建设项目，提供融资、设计、施工、运行、管理、维护等全方位服务。由单向的境外考察培训发展到与外国政府、企业、科研机构和国际组织的双边及多边交流与合作，为中国电力工业的可持续发展做出新的探索。

（二）国际交流

2003 年以来，电力行业各单位紧密围绕行业发展重点及各公司发展战略和中心任务，与国外主管电力的政府部门、电力公司、科研单位、国际组织等进行了广泛的联系、交流与合作。通过政策对话、交流互访、参加国际会议、参加国际组织活动、设立境外机构或办事处等形式，加强与国际同业组织、驻华使领馆及国际同行的交流，积极签署对外交流合作协议及备忘录，推动国际项目合作。每年政府、行业组织和电力企业负责人都与国外相关机构或个人保持密切接触，并通过出访和接待来访加深了解推动合作。电力行业还经常组织和参加在国内外举办的各种国际会议，派遣工程技术和管理人员出国考察、培训、执行项目合同以及出国参展等，同时还聘请大批外国专家来华进行技术指导、讲学和咨询，这些措施都极大地促进了中国与世界各国电力行业的交流。

在与世界银行、亚洲开发银行等国际金融组织长期友好合作的基础上，中国还与东盟（ASEAN）、亚太电协（AESIEAP）、国际大坝委员会（ICOLD）、国际大电网会议（CIGRE）、电工委员会（IEC）等国际组织建立了长期稳定的合作关系。2003—2004 年，中国电力企业联合会当选亚太电协主席单位，承担了亚太电协组织秘书处的日常工作，并于 2014 年 10 月在上海成功举办新中国成立以来最大规模的电力行业专业技术国际会议——第 15 届亚太电协大会。

截至 2012 年年底，中国电力行业、企业加入全球可持续电力合作组织、国际大电网会议组织、国际水电协会、世界核运营协会等国际能源电力组织 21 家。

截至 2017 年年底，国内电力行业机构和企业分别加入了美国电气电子工程师协会（IEEE）、美国机械工程师学会（ASME）、法国核电设计、建造、在役标准协会（AFCEN）、亚太电协（AESIEAP）、爱迪生电气协会（EEI）、国际大电网组织（CIGRE）、国际大坝委员会（ICOLD）、能源宪章（Energy Charter）等 125 个国际主要行业技术组织与机构，中国电力企业在其中的 48 个组织或机构担任主要角色单位，还有 102 位各类专家、学者在上述组织担任重要职务。

在这一时期，电力行业还对外签署了众多重要协议及备忘录。其内容涵盖战略合作、项目开发、技术合作等多个方面，涉及火电、核电、电网、矿产、工程咨询等领域。

2003 年 9 月 1 日，中国电力企业联合会与加拿大 RWDI 工程顾问公司在加拿大驻华大使馆签署了《环境保护合作谅解备忘录》。2004 年开始，国家电网公司加快了与周边国家开展国际能源合作步伐，到 2006 年年底，国家电网公司先后与俄罗斯、蒙古国、塔吉克斯坦、吉尔吉斯斯坦、哈萨克斯坦和乌兹别克斯坦签署了关于开展长期合作的备忘录、意向书或协议，为实施跨国能源合作项目奠定了基础。2006 年 11 月，《中国国家电网公司与俄罗斯统一电力系统股份公司关于从俄罗斯向中国供电项目第一阶段购售电合同》正式签署。2007 年 7 月，作为中俄直流背靠背联网工程的重要组成部分——黑河换流站工程正式开工，标志着中俄直流背靠背联网工程进入全面施工阶段。

2004 年 10 月 15 日，中国电力国际发展有限公司正式在香港联交所挂牌上市。2004 年 12 月 21 日，中国电力投资集团公司与韩国电力公司和韩国水电核电有限公司合作签字仪式在北京举行。2005 年 10 月，中国华能集团有限公司作为第八个成员正式加入美国未来电力联盟，共同投资建设“未来电力”高端技术项目，计划用 10 年时间，投资 9.5 亿美元，设计、建设、运营全球第一座污染物近零排放的燃煤发电商业示范电站。2005 年 11 月 14 日，中国大唐集团公司和墨西哥联邦电力委员会在墨西哥首都墨西哥城签署合作协议。

2013 年 8 月 16 日，亚洲太平洋经济合作组织（简称亚太经合组织）中国工商理事会在北京成立。这为中国企业参与亚太地区贸易政策制定、进行企业家的交流与合作搭建了一个新平台。亚太经合组织中国工商理事会成立后，中国国家电网公司、国家能源投资集团、中国广核集团等一批电力央企加入亚太经合组织中国工商理事会中来，拓展与成员经济体之间的互利合作。

中国电力国际发展有限公司正式在香港联交所挂牌上市

二、“一带一路”沿线的中国电力

2016年，中国在“一带一路”沿线国家电力投资总额达76.55亿美元，其中，水电和清洁能源占48%，火电占21%，输变电占16%，矿产资源占9%，其他约为6%。2017年，中国主要电力企业实际完成对外投资193亿美元，新增电力对外投资项目26项，对外承包工程新签合同额488亿美元，出口设备和技术合计超过52亿美元。2018年，中国主要电力企业参与“一带一路”国际合作实际完成投资约28亿美元，涉及沿线亚洲和欧洲8个国家，直接创造6700个当地就业岗位。新签工程承包合同项目共128个，涉及沿线30个国家地区，合同金额256亿美元。为保障“一带一路”建设顺利实施，各电力企业不断创新“一带一路”建设合作机制，与相关国家或地区磋商建立共同的投资风险防范体系。2019年，中国主要电力企业对外直接投资项目共32个，投资金额42.6亿美元，年度新签合同项目129个，合同金额240.9亿美元。截至2019年年底，中国主要电力企业境外累计实际投资总额878.5亿美元，对外工程承包新签合同额累计2848.5亿美元。

中国电力企业在“一带一路”沿线的表现大气亮丽，取得的业绩可圈可点，对沿线国家电力工业的帮助和提升，使所在国获得实实在在的利益。

2019年12月19日，中国国家电网公司所属中电装备公司与沙特电力公司在利雅得签署沙特智能电表项目总承包合同。项目合同金额约11亿美元。该项目是国家电网“用电信息采集系统”业务首次大规模进入海外市场。沙特智能电表项目是世界上单次部署规模最大的智能电表项目，是中国“一带一路”倡议与沙特“2030愿景”战略规划对接的重大成果。

2013年5月，李克强总理访问巴基斯坦时提出，双方共同研究制订中巴经济走廊远景规划。能源项目是中巴经济走廊的重中之重。为此，国家能源局与巴基斯坦水电部将原有的中巴能源工作组升级为中巴经济走廊能源工作组，统筹中巴经济走廊能源项目有关合作事宜。2014年年初，中巴两国的能源专家按照“科学规划、平等互利、合理布局”的原则，在梳理中巴经济走廊能源需求、资源禀赋、社会经济发展需求的基础上，研究制定了中巴经济走廊能源合作规划，规划中包括14个优先实施项目和7个积极推进项目，总装机容量约1700万千瓦，投资总额度约305亿美元。在这些电力项目中，有巴

中国电建企业承建的沙特拉比格 2 × 660 兆瓦机组燃油独立电厂

基斯坦能源类项目的“一号工程”卡西姆火电站、首个完全使用中国技术和中国标准建设的卡洛特水电站、恰希玛核电站……电力合作成为“中巴经济走廊”“亮丽名片”。

在“一带一路”倡议下，中国与东盟国家的能源电力合作日益加深，合作领域不断拓宽。中国电力企业与东盟国家的合作项目已覆盖水电、火电、风电、光伏发电、电网建设与改造、电力装备制造等领域，与越南、老挝、缅甸、印尼、柬埔寨等东盟国家在水电、火电等领域合作取得良好成效。2018 年，中国电力企业在东盟国家投资 11 个电力项目，完成投资额达 18 亿美元，占到“一带一路”沿线国家完成投资额的 64.2%；与东盟国家签约工程项目 63 个，合同金额 99.1 亿美元，占“一带一路”沿线国家新签约工程承包合同金额的 38.8%。

2018 年 9 月召开的中非合作论坛北京峰会期间，为进一步加强中国和非洲区域组织及国家间的能源合作，中国国家能源局和非洲联盟委员会签署了《关于加强能源领域合作的谅解备忘录》，决定共同设立中非能源合作中心。多年来，中国对非洲投资稳步增长。其中，中国企业在非洲投资承建的电力项目数量庞大。2010—2020 年，中国电力企业在非洲 37 个国家承建或者计划承建电力项目超过 200 个。根据统计，中国金融机构 2017 年向世界各地能源项目提供的 256 亿美元贷款中，有 68 亿流向了非洲国家，占贷款总额近 1/3，并且全部用于电力项目，发电和输电是非洲接受中国贷款最多的领域。根据美国智库 RWR 的统计数据，整个非洲大约 1/3 的新增电力供应来自中国投资。国际能源署数据显示，2010—2020 年，中国电力企业在非洲投资的输配电线路不少于 2.8 万千米。项目从跨境输电线路到城市或农村本地配电网，覆盖电网产业链的多个环节，大大提高了非洲国家电力联营水平。同时，中国企业还相继在非洲投资承建了 1000 千伏特高压交流和 ±800 千伏特高压直流输电工程，部分输电线路扩建工程，参与率超过 90% 和 70%。

·丨 中国电建企业承建的尼日利亚帕帕兰多 8×42 兆瓦燃机电站

中国电力企业与欧盟国家能源企业合作范围广、成果丰硕，其中包括电力项目投资、建设，电网运行管理、升级改造，电池储能项目以及电力设备出口、维护和培训等。如国家电网公司投资入股葡萄牙国家能源网公司和意大利存贷款能源网公司等。国家电网公司与外资企业在合作中，已从中国与当地的合作，发展到共同开发第三国合作机会。中国华能集团控股开发英国门迪电池储能项目，华能集团在门迪电池储能项目中与壳牌欧洲能源公司签署了具有保底性质的长期购售电协议，成为英国电力市场上第一个实现项目融资的大型电池储能项目。“一带一路”也成为中俄电力合作新标杆，2017 年 6 月 20 日，中国和俄罗斯合资建设的华电捷宁斯卡娅燃气—蒸汽联合循环供热电站项目投产，项目被列入俄罗斯能源部容量规划，是中国在俄最大的电力能源类投资项目。

中欧在核电和可再生能源合作方面也颇有建树。中国企业与欧盟企业在核电站建设、合作开发第三国核电市场、共同研发新堆型等方面开展了长期合作。中欧双方在可再生能源领域开展了广泛而深入的合作。海上风电方面，中国已经与丹麦、荷兰建立了海上风电领域的双边合作机制，在政策、规划、技术和标准上开展交流与对接。国投电力、上海电气、三峡集团等中国企业与欧盟企业在股权投资与项目合作上开展多项合作。

“一带一路”电力合作也向拉美等国家延伸。国家电网公司中标巴西美丽山水电站送出工程，是中国在海外首个独立中标的特高压工程。国家电网公司于 2014 年 2 月、2015 年 7 月先后成功中标，取得了该项目两期工程建设资格，并实现了特高压输电技术装备、工程承包和运行管理“打包出海”的目标。国家电网巴西控股公司投资和收购并举，迅速扩大业务规模。2010 年 12 月，国网国际发展有限公司在里约热内卢正式成立国家电网巴西控股公司，并完成了与西班牙 ACS 公司的股权交割。截至 2016 年年底，国家电网巴西控股公司在巴西全资或控股拥有了 16 家子公司。

此外，中国三峡集团通过收购水电站项目公司的股权进入巴西电力领域。三峡集团于 2011 年开始调研巴西市场，2013 年设立巴西公司，与葡萄牙

·| 2017 年 10 月 23 日，巴西美丽山一期 ±800 千伏直流输电线路工程顺利竣工

电力集团、巴西国家电力集团等当地市场领先者合作，通过投资收购，拥有了5 个水电站项目和 11 个风电项目，可控及权益装机容量达到 100 万千瓦。

中国电建集团承建厄瓜多尔辛克雷水电站。这座南美地区装机规模最大水电站，安装了由中国哈尔滨电机厂自主研发、设计和制造的 8 台单机容量为 18.75 万千瓦的高水头冲击式机组，总装机容量 150 万千瓦，年发电量 88 亿千瓦·时，投产后可满足厄瓜多尔全国 40% 的电力需求。这是当时中国在海外建成投产的最大水电站，也是中国“一带一路”倡议向拉美国家延伸的重要标志性工程。

国电龙源电力所属龙源加拿大可再生能源公司与加拿大梅兰克森电力公司在北京签署收购加拿大德芙林 10 万千瓦风电项目协议。这是中国发电企业在海外自主开发、建设、运营的首个风电项目。

近年来，中国电力“走出去”投资、承建、运营的各类电力项目中，多数是亚非拉等发展中国家，同时也与欧洲、北美及其他沿线国家加强了交流合作。这些项目大多属于新投资、新项目，但也有一些通过收购海外优质资产而把企业触角延伸至海外市场的成功案例，为推进落实“一带一路”倡议，实现中国电力发展全球布局进行了有益的探索。

第五节 实现“双碳”目标的中国电力行动

为纪念联合国成立75周年和《巴黎协定》达成五周年，推动全球各国树立创新、协调、绿色、开放、共享的新发展理念，进一步动员国际社会强化气候行动，推进多边进程，2020年9月22日和2020年12月12日，国家主席习近平先后在第七十五届联合国大会和联合国气候雄心峰会上发表讲话，宣布中国将提高国家自主贡献力度，采取更加有力的政策和措施，力争2030年前二氧化碳排放达到峰值，努力争取2060年前实现碳中和。到2030年，中国单位国内生产总值二氧化碳排放将比2005年下降65%以上，非化石能源占一次能源消费比重将达到25%左右，森林蓄积量将比2005年增加60亿立方米，风电、太阳能发电总装机容量将达到12亿千瓦以上。

一、“双碳”目标与新型电力系统

中国是全球最大的发展中国家和碳排放国，处在工业化和城镇化快速发展的阶段，经济增长快，用能需求大，以煤为主的能源体系和高碳的产业结构，使中国碳排放总量和强度呈现“双高”。2021年3月15日下午，中共中央总书记、国家主席、中央军委主席、中央财经委员会主任习近平主持召开中央财经委员会第九次会议，研究促进平台经济健康发展问题和实现碳达峰、碳中和的基本思路和主要举措。会上，习近平提出：“要构建清洁低碳安全高效的能源体系，控制化石能源总量，着力提高利用效能，实施可再生能源替代行动，深化电力体制改革，构建以新能源为主体的新型电力系统。”

构建以新能源为主体的新型电力系统，是实现碳达峰、碳中和最主要举措之一。新型电力系统是以新能源为供给主体，以坚强智能电网为枢纽平台，以源网荷储互动和多能互补为支撑，具有清洁低碳、安全可控、灵活高效、智能友好、开放互动基本特征的电力系统。按照中央财经委员会第九次会议精神，实现碳达峰、碳中和是一场广泛而深刻的经济社会系统性变革，要把碳达峰、碳中和纳入生态文明建设整体布局，如期实现2030年前碳达峰、2060年前碳中和的目标。2021年9月22日，中共中央和国务院以中发〔2021〕36号文发布《中共中央 国务院关于完整准确全面贯彻新发展理念做好碳达峰碳中和工作的意见》(简称《意见》)。

《意见》提出实现“双碳”的主要目标是，到2025年，绿色低碳循环发展的经济体系初步形成，重点行业能源利用效率大幅提升。到2030年，经济社会发展全面绿色转型取得显著成效，重点耗能行业能源利用效率达到国际先进水平。到2060年，绿色低碳循环发展的经济体系和清洁低碳安全高效的能源体系全面建立，能源利用效率达到国际先进水平，非化石能源消费比重达到80%以上，碳中和目标顺利实现，生态文明建设取得丰硕成果，开创人与自然和谐共生新境界。

一个月后，即2021年10月24日，国务院以国发〔2021〕23号文印发《2030年前碳达峰行动方案》，提出“碳达峰十大行动”，十大行动之首是“能源绿色低碳转型行动”，共有六个方面的具体要求，其中，在“加快建设新型电力系统”部分提出：构建新能源占比逐渐提高的新型电力系统，推动清洁电力资源大范围优化配置。大力提升电力系统综合调节能力，加快灵活调节电源建设，引导自备电厂、传统高载能工业负荷、工商业可中断负荷、电动汽车充电网络、虚拟电厂等参与系统调节，建设坚强智能电网，提升电网安全保障水平。积极发展“新能源+储能”、源网荷储一体化和多能互补，支持分布式新能源合理配置储能系统。制定新一轮抽水蓄能电站中长期发展规划，完善促进抽水蓄能发展的政策机制。加快新型储能示范推广应用。深化电力体制改革，加快构建全国统一电力市场体系。到2025年，新型储能装机容量达到3000万千瓦以上。到2030年，抽水蓄能电站装机容量达到1.2亿千瓦左右，省级电网基本具备5%以上的尖峰负荷响应能力。

在2021年年底召开的年度中央经济工作会议上，“碳达峰”和“碳中和”再次成为会议的重要议题，措辞也更加贴近国内能源发展现实。会议提出：“要正确认识和把握碳达峰碳中和。实现碳达峰碳中和是推动高质量发展的内在要求，要坚定不移推进，但不可能毕其功于一役。”“传统能源逐步退出要建立在新能源安全可靠的替代基础上。要立足以煤为主的基本国情，抓好煤炭清洁高效利用，增加新能源消纳能力，推动煤炭和新能源优化组合。”“要确保能源供应，大企业特别是国有企业要带头保供稳价。要深入推动能源革命，加快建设能源强国。”“加强煤电油气运等调节，促进电力充足供应。”

二、煤电机组改造升级

电力行业是煤炭消耗的主要行业之一，是国家节能减排工作重点管控行业。“十一五”“十二五”“十三五”期间，电力行业按照国家的要求和部署，深入实施煤电节能减排升级改造，火电供电煤耗持续下降。2020年全国6000千瓦及以上火电厂供电煤耗为305.5克标准煤/（千瓦·时），比2015年下降9.9克/（千瓦·时），比2010年下降27.5克/（千瓦·时），比2005年下降64.5克/（千瓦·时）。以2005年为基准年，2006—2020年，供电煤耗降低累计减少电力二氧化碳排放66.7亿吨，对电力二氧化碳减排贡献率为36%，有效减缓了电力二氧化碳排放总量的增长。但是，目前我国发电和供热行业二氧化碳排放量占全国排放量的比重超过40%，是全国二氧化碳排放的重点行业。因此，进一步推进煤电机组节能降耗是提高能源利用效率的有效手段，对实现全国碳达峰、碳中和目标意义重大。

鉴于此，2021年10月29日，国家发展改革委和国家能源局下发《关于开展全国煤电机组改造升级的通知》（发改运行〔2021〕1519号），同时下发的还有《全国煤电机组改造升级实施方案》。《全国煤电机组改造升级实施方案》明确了全国煤电机组改造升级的主要目标：全面梳理煤电机组供电煤耗水平，结合不同煤耗水平煤电机组实际情况，探索多种技术改造方式，分类提出改造实施方案。统筹考虑大型风电光伏基地项目外送和就近消纳调峰需要，以区域电网为基本单元，在相关地区妥善安排配套煤电调峰电源改造升级，提升煤电机组运行水平和调峰能力。按特定要求新建的煤电机组，除特定需求外，原则上采用超超临界且供电煤耗低于270克标准煤/（千瓦·时）的机组。设计工况下，供电煤耗高于285克标准煤/（千瓦·时）的湿冷煤电机组和高于300克标准煤/（千瓦·时）的空冷煤电机组不允许新建。到2025年，全国火电平均供电煤耗降至300克标准煤/（千瓦·时）以下。

三、可持续的“双碳”行动方案

为贯彻《中共中央 国务院关于完整准确全面贯彻新发展理念做好碳达峰碳中和工作的意见》，各大电力企业都提出了构建以新能源为主体的新型电力系统的具体举措，并发布实现“碳达峰、碳中和”行动方案。

国家电网公司把构建新型电力系统、助力“双碳”目标作为重大战略任务，发布了国家电网公司碳达峰、碳中和行动方案和构建新型电力系统行动方案，出台了一系列务实举措，争当能源转型的引领者、推动者、先行者。

南方电网公司发布服务碳达峰碳中和工作方案。到2030年，推动南方五省区新能源再新增装机2亿千瓦左右；非化石能源装机占比提升至65%。到2030年南方五省区电能占终端能源消费比重由2020年的32%提升至38%以上，支撑南方五省区单位国内生产总值二氧化碳排放比2005年下降65%以上。

国家能源集团宣布在“十四五”时期实现清洁可再生能源的跨越式发展，计划新增装机7000万～8000万千瓦，实现新能源装机占比达到40%的目标。多措并举助力构建清洁低碳、安全高效能源体系，率先引领煤基综合能源企业低碳转型发展。

国家电力投资集团规划到2035年，电力装机达2.7亿千瓦，清洁能源装机比重提升到75%。国家电投还是首批银行间市场“碳中和”债券发行人，成功发行国家电力投资集团有限公司2021年度第一期绿色中期票据（碳中和债）。

中国华能集团提出，在碳达峰碳中和目标引领下，将以“三型”（基地型、清洁型、互补型）“三化”（集约化、数字化、标准化）能源基地开发为主要路径，全力打造新能源、核电、水电三大支撑，加快提升清洁能源比重，积极实施减煤减碳。

中国大唐集团提出构建“绿色低碳、多能互补、高效协同、数字智慧”世界一流能源供应商的发展愿景，明确了未来通过创新驱动发展、绿色低碳发展实现“双碳”目标的宏伟蓝图。同时，发布《中国大唐集团有限公司碳达峰与碳中和行动纲要》。

中国华电将在“十四五”期间，按照“优化发电结构、深挖煤炭潜力、加快科技攻关、创新金融服务、聚合内外力量”五大实施路径，重点开展“可再生能源发展、火电转型升级、煤矿绿色转型、低碳技术攻关、数字化智能化、绿色金融支持、深化国际合作、管理能力提升”八大专项行动。

第六节 中国电力工业发展的基本经验

从1882年7月26日始，以上海为起跑线，中国电力工业开始波澜壮阔的百年征程。经过数代电力人的殚精竭虑、励精图治，中国电力从无到有，从弱到强，描绘和书写出一幅气势磅礴的瑰丽画卷与壮美史诗。

回望140年电力工业发展历程，如果要画一条路线图，它的趋势有平缓，也有上坡，但始终是以上升的姿态在努力奔跑。这条曲线，呈现的恰好是一个民族、一个国家发展的轨迹。这140年，可以概括为五个阶段：第一个阶段，从电力开端到新中国成立前，部分大城市开始有电了；第二个阶段，从新中国成立到改革开放前夕，全国大多数人口都用上了电，但缺电现象普遍存在；第三个阶段，从改革开放初期到21世纪初，以“集资办电”“政企分开”为重要标志，电力工业进入发展快车道；第四个阶段，从21世纪初到中共十八大召开前，中国电力工业攻克了大规模、远距离输电的世界级难题，实现“电从远方来”；第五个阶段，进入新时代以来，中国电力工业坚持高质量发展，不断满足经济社会发展和人民美好生活的用电需求，以智能电网、特高压、清洁能源为主要特征的中国电力工业，成为世界电力工业发展的领先者。

总结140年，尤其是新中国成立以来，中国电力工业发展的基本经验，可以得出一个基本结论，即，电力工业具有独特的发展规律，电力工业的发展不仅要遵循一般的经济规律，还必须遵循其自身的客观规律，必须准确把握电力工业发展趋势及规律性。具体体现在以下几个方面：

必须始终坚持“人民电业为人民”的根本宗旨。“人民电业为人民”是老一辈革命家对电力事业提出的最崇高、最纯粹、最重要的指示，体现了电力行业发展的初心所在。必须时刻牢记电力事业是党和人民的事业，始终坚持以人民为中心的发展思想，深入贯彻创新、协调、绿色、开放、共享的发展理念，全面履行经济责任、政治责任、社会责任，当好电力先行官，切实做到一切为了人民、一切依靠人民、一切服务人民。在此前提下，遵循电力工业是公益性、基础性工业的特性，始终坚持电力工业应适度超前发展的理念。

必须始终坚持能源工业的发展要以电力为中心。电力是一种应用最广泛、使用最方便和最清洁的能源。国务院《能源中长期发展规划纲要（2004—2020年）》提出"坚持以煤炭为主体、电力为中心、油气和新能源全面发展的战略"，充分证明以电力为中心的能源工业发展战略是正确的。同时，必须坚持发挥电网作为能源转型枢纽和平台的作用。不断加强电网智能化水平，建设数字电网和能源互联网，大力推动多能协同互补，实现发电与用户需求双向响应，促进清洁能源余缺调剂和更大范围的优化配置。

必须始终坚持"安全第一"的电力生产方针。电力是一种特殊的商品，具有产供销同时完成的特点。电力生产的特点决定了在电力建设中必须执行"质量第一"的方针，在电力生产中必须执行"安全第一"的方针。电力行业不同于其他行业，一旦发生电力事故，会危及整个电力系统的发电、输电、配电和用电，危及全社会的生产和生活。为了防止电力系统发生稳定破坏、电压崩溃、电网瓦解等恶性大面积停电事故，电力工业必须统一规划、统一调度，始终保持电力系统的科学合理结构和严格规范的"三公"调度。

必须始终坚持深化改革和扩大开放。电力工业的高质量快速发展，离不开电力体制改革的持续深化和完善。这是被实践证明是一条正确的电力工业发展道路。电力工业的对外合作全面广泛，既"引进来"，又"走出去"，实现了资金、技术、装备、标准、管理等各环节的国际合作。通过大力推进电力标准国际化工作，中国在特高压、新能源、电动汽车充电设施等相关标准方面居世界领先地位。通过积极参与电力行业国际组织工作，中国在世界能源电力领域的硬实力、软实力和话语权全面提升。

必须始终坚持电力工业的高质量发展。实践充分证明，中国电力工业的发展离不开创新驱动。电力行业不断加强科技创新能力建设、对关键技术的攻关和重点装备的研发，实施科技创新示范工程，使得中国电力科技得到了高速发展，逐渐从设备进口和技术引进过渡到自主研发、自主设计、自主建造、具有自主知识产权的国际先进技术，科技水平迈入世界电力强国行列。电力工业的发展关键在于人才，只有造就一流的人才队伍，才能永葆电力事业的生机活力。

必须始终坚持“四个革命、一个合作”能源安全新战略。“四个革命、一个合作”能源安全新战略，为新时代我国能源发展指明了方向，开辟了中国特色能源发展新道路。在能源安全新战略的指引下，构建以新能源为主体的智慧电力系统是电力工业的发展方向。在能源供给侧实施清洁替代，能源消费侧实施电能替代，形成清洁主导、电为中心的能源格局，是能源转型的大势所趋。随着清洁能源的快速发展，电力系统将逐步发展成为以新能源为主体的新型电力系统。

自从有了人类，他们就生活在两个世界里，一个世界是由土地、空气、水和动植物组成的自然世界。另一个世界则是人类为着自己而用双手建立起来的社会结构与物质文明的世界。人类用自己制造的工具和机器，自己的科学发明以及自己的设想，来创造一个符合人类理想和意愿的环境。而电，这种既干净又易于使用，还容易分配的能源的出现，改变了人类的生产生活方式，也为人类创造一个理想、文明的生存环境提供了无限可能。人类社会的历史进程证明，第一次工业革命使 19 世纪的世界发生了翻天覆地的变化；第二次工业革命为 20 世纪的人们开创了新世界；第三次工业革命同样也将在 21 世纪从根本上改变人们的生活和工作。电力行业不仅是第二次工业革命的领跑者，也必将成为第三次工业革命的先行者。

参考文献

[1] 中国工业经济联合会，中国电力企业联合会. 中国工业史 · 电力工业卷 [M]. 北京：中共中央党校出版社，2021.

[2] 中国电力企业联合会. 中国电力工业史 · 综合卷 [M]. 北京：中国电力出版社，2021.

[3]《中国水力发电史》编辑委员会. 中国水力发电史（1904—2000）第一册—第四册 [M]. 北京：中国电力出版社，2005—2007.

[4]《中华人民共和国电力工业史 · 教育卷》编委会. 中华人民共和国电力工业史 · 教育卷 [M]. 北京：中国电力出版社，2007.

[5] 陈夕. 中国共产党与三峡工程 [M]. 北京：中共党史出版社，2014.

[6] 中国列电丛书编纂委员会. 中国列电 [M]. 北京：中国电力出版社，2019.

[7] 曾培炎. 西部大开发决策回顾 [M]. 北京：中共党史出版社，新华出版社，2010.

[8] 王永干. 中国电力工业体制改革历程 [M]. 北京：中国科学技术出版社，2001.

[9]《世界大型电网发展：百年回眸与展望》编撰委员会. 世界大型电网发展：百年回眸与展望 [M]. 北京：中国电力出版社，2017.

[10] 巴巴拉 · 弗里兹. 煤的历史 [M]. 时娜，译. 北京：中信出版社，2005.

[11] 李代耕. 新中国电力工业发展史略 [M]. 北京：企业管理出版社，1984.

[12] 中国南方电网有限责任公司. 中国南方电力工业志（1888~2002）[M]. 北京：中国电力出版社，2018.

本书照片资料提供者

国家电网有限公司

中国南方电网有限责任公司

中国华能集团有限公司

中国大唐集团有限公司

中国华电集团有限公司

国家电力投资集团公司

中国长江三峡集团有限公司

国家能源投资集团有限责任公司

中国电力建设集团有限公司

中国能源建设集团有限公司

中国核工业集团有限公司

中国东方电气集团有限公司

浙江省能源集团有限公司